»Ein furioses Buch« (Warnfried Dettling in DIE ZEIT)

Die westliche Welt sieht ihre demokratischen Freiheiten vor allem durch den – religiös, nationalistisch oder ethnisch gefärbten – Fundamentalismus bedroht. Diese Furcht ist berechtigt, wie in jüngster Zeit beispielsweise das Treiben der Taliban-Milizen in Afghanistan gezeigt hat. Aber sie kann auch blind machen für die zweite große Gefährdung der Demokratie, die aus der Mitte unserer eigenen Zivilisation kommt: Den hemmungslosen Turbo-Kapitalismus, der alles soziale Leben den Marktgesetzen unterordnet und blind ist für andere »Werte« als das Gewinnstreben.

Benjamin Barbers Feststellung, daß es hier eine Allianz zur Abschaffung der Demokratie gibt, mag überraschen, weil beide Strömungen ganz gegenläufige Ziele verfolgen. Der Fundamentalismus strebt einen Rückzug in engumgrenzte und »reine« Welten an, der Kapitalismus hingegen die Globalisierung, also die Aufhebung aller Grenzen und Unterschiede.

Gemeinsam ist beiden jedoch die Verachtung und die Blindheit für die Demokratie und die Menschenrechte.

Benjamin Barber stellt die Entwicklungstendenzen und die Wirkungen der beiden ungleichen Verbündeten detailliert dar. Sein zugleich nüchternes und engagiertes Buch hat in den USA und in Europa breite Debatten ausgelöst.

Benjamin Barber, geboren 1939, ist Politologie-Professor an der Rutgers University in New Jersey und Autor mehrerer vielbeachteter Bücher.

Benjamin Barber

Demokratie im Würgegriff

**Kapitalismus und Fundamentalismus –
eine unheilige Allianz**

Aus dem Englischen
von Günter Seib

Fischer
Taschenbuch
Verlag

Aktualisierte Ausgabe
Veröffentlicht im Fischer Taschenbuch Verlag GmbH,
Frankfurt am Main, Juni 1999

Lizenzausgabe mit freundlicher Genehmigung
des Scherz Verlags, Bern, München, Wien
Die Originalausgabe erschien unter dem Titel
›Jihad vs. McWorld‹ als Times Book bei Random House, New York
Die deutsche Erstausgabe erschien 1996
unter dem Titel ›Coca Cola und heiliger Krieg.
Wie Kapitalismus und Fundamentalismus Demokratie und Freiheit abschaffen‹
im Scherz Verlag, Bern
Einzig berechtigte Übersetzung aus dem Englischen von Günter Seib
© Scherz Verlag, Bern, München, Wien 1996, 1999
Alle Rechte vorbehalten
Gesamtherstellung: Clausen & Bosse, Leck
Printed in Germany
ISBN 3-596-13812-4

Inhalt

Vorwort zur Taschenbuchausgabe

Wir sind weder am Ende der Geschichte angelangt noch im Wunderland der Technik, das uns die Futurologen verheißen haben. Der Zusammenbruch des Kommunismus hat die Menschen mitnichten in eine sichere demokratische Zukunft entlassen, Bürgerkrieg und Brudermord verdüstern unsere jüngste Vergangenheit. Die einen blicken zurück und sehen alle Schrecken des altbekannten Völkerschlachtens im Zerfall von Staaten wie Bosnien, Sri Lanka, Ossetien und Ruanda wieder auferstehen, nichts scheint sich zu ändern. Die anderen sehen nach vorne, verheißen die kommerzielle und technologische Verflechtung, das virtuelle Paradies expandierender Märkte und weltumspannender Datentechnik und verkünden, in Bälde werde alles ganz anders sein. Solch konkurrierende Aussagen scheinen sich auf zwei ganz verschiedene Planeten zu beziehen.

Wer jedoch die Tageszeitungen genau studiert und beides zur Kenntnis nimmt, die Schlagzeilenmeldungen über Bürgerkriegsblutbäder und die Wirtschaftsnachrichten zur Datenautobahn und zu Fusionen auf dem Sektor der Telekommunikation, wer geistig beweglich genug ist, den ganzen Horizont von 360 Grad im Blick zu haben, ist sich darüber im klaren, daß unsere Welt und unser Leben gefangen sind in dem, was William Butler Yeats als ewigen Gegensatz von Gattung und Geist bezeichnete. Unsere säkularen Werte zerfallen. Die Gattung verkommt zum Vorwand blutiger Ressentiments, und der Geist schrumpft zum Erfüllungsgehilfen einer immer unersättlicheren Körperlichkeit, nach der er fortan seine Bedürfnisse bemessen muß. Beides bietet uns keine lichte Zukunft und verheißt auch kein Gemeinwesen, das nur im entferntesten demokratisch ist.

Einerseits besteht die beklemmende Aussicht eines Rückzugs großer Teile der Menschheit ins Stammeswesen, begleitet von Blutvergießen und Krieg. Dies hieße Balkanisierung von Nationalstaaten, bei der Kultur gegen Kultur, Volk gegen Volk, Stamm gegen Stamm hetzt, ein Dschihad im Namen hundert blinder Glaubensrichtungen gegen jede Spielart von Interdependenz, gegen jede hochentwickelte soziale Kooperation und gegenseitige Unterstützung, gegen Technik, Popkultur und Marktverflechtung, gegen die Moderne als solche und zugleich gegen die Zukunft, in die diese Moderne mündet. Andererseits besteht aber die Aussicht auf eine Zukunft, in der die nach vorn preschenden Kräfte von Wirtschaft und Technik eine Vernetzung und Vereinheitlichung einfordern und die Menschen allenthalben mit schneller Musik, schnellen Computern und schnellem Essen hypnotisieren, mit MTV, Macintosh und McDonald's, und die Völker zu einem gleichförmigen weltweiten Vergnügungspark vereinen, zum einheitlichen McWorld, vernetzt durch Kommunikation, Datentausch, Entertainment und Kommerz. Im Spannungsfeld zwischen babylonischem Chaos und Disneyland zerbröselt der Planet in immer kleinere Stücke und muß zugleich unfreiwillig immer enger zusammenrücken.

Manche Beobachter sehen nur das Chaos und reden von den tausend auferstandenen »Völkern«, die sich mit ihren Nachbarn am liebsten über Scharfschützengewehre und Mörser verständigen, während andere als eifrige Propagandisten Disneylands futurologische Plattheiten und die Verheißungen virtueller Computerwirklichkeit übernehmen und rufen: »Die Welt wird immer kleiner!« Recht haben beide. Aber wie geht das unter einen Hut?

Wir stehen vor einer Entscheidung zwischen einer sogenannten »Abendröte der Souveränität« und einem Ende der Geschichte in Entropie[1] oder einem Rückfall in die Vergangenheit mit der Drohung »weltweiter Anarchie« im Sinne von Miltons Pandämonium, einer völlig aus den Fugen geratenen Welt.

Das in diesem Buch behandelte Paradox aber ist, daß zugleich beide Tendenzen am Werke sind, Dschihad und McWorld, und beide manchmal ganz offen nebeneinander im selben Land. Iranische Fanatiker lauschen mit einem Ohr den Brandreden ihrer Mullahs vom Heiligen Glaubenskrieg und mit dem anderen Rupert Murdochs Satellitenfernsehen, das ihnen *Denver Clan*, *Donahue* und *Die Simpsons* direkt ins Wohnzimmer beamt. Chinesische Unternehmer umschleimen Parteifunktionäre in Peking und hangeln zugleich nach Lizenzverträgen für Kentucky Fried Chicken. In 28 Filialen in Städten wie Nanking, Hangschu und Xian füttern sie bereits täglich hunderttausend schnelle Esser mit panierten Hühnerbeinen ab. Die russisch-orthodoxe Kirche will mit der einen Hand die alte Rechtgläubigkeit erneuern und unterschreibt mit der andern ein Joint-venture mit Geschäftsleuten aus

Kalifornien, um als St. Springs Water Company Mineralwasser auf Flaschen zu füllen und zu vertreiben. Serbische Heckenschützen in Sarajevo schleichen auf Adidassohlen, hören im Sony-Walkman Madonna und holen sich dazu Zivilisten ins Fadenkreuz, die mit Kanistern um Trinkwasser für die Familien rennen. Jüdisch-orthodoxe Chassidim wollen ihre Heilsbotschaft ganz wie dumpfe Neonazis per Rockmusik an die heranwachsende Jugend bringen, und Fundamentalisten zetteln über Internet virtuelle Verschwörungen an.

Nun sind weder der Dschihad noch McWorld an sich etwas Neues. Daß am Ende der Menschheitsgeschichte Vernunft und Wissenschaft entweder obsiegen oder grauenvoll entarten, ist seit der Aufklärung schon immer ein Leitmotiv der Philosophen und Dichter gewesen. Yeats klagt »die Mitte zerfällt, Anarchie überzieht die Welt«, und Beobachter des Dschihad von heute haben dem außer ein paar historischen Nachträgen wenig hinzuzufügen. Mehr als Dschihad und McWorld selbst interessiert mich die Beziehung zwischen den beiden, denn die Welt wird von diesen beiden widerstreitenden Kräften zerrieben und aus der Bahn geworfen. Möglicherweise haben Dschihad und McWorld nur die Anarchie miteinander gemeinsam. Es fehlt ihnen jeder Gemeinwille und jeder Sinn für das, was wir bewußte und allgemeine, rechtlich überprüfbare Machtausübung durch das Volk nennen, der Sinn für Demokratie.

Der Fortschritt bewegt sich gelegentlich wie die Echternacher Springprozession: zwei Schritte vorwärts, ein Sprung zurück. Auf verschlungenen Pfaden kämpft der Dschihad nicht nur gegen McWorld, sondern begünstigt zugleich den Feind, und McWorld ist nicht nur eine Bedrohung für den Dschihad, sondern provoziert und intensiviert ihn zur selben Zeit. Ich will hier keine Einzeldarstellungen von McWorld und Dschihad geben, sondern bei meiner Untersuchung von McWorld den Dschihad im Auge behalten und beim Sezieren des Dschihad nie den Kontext von McWorld aus dem Blick verlieren, die krassen Unterschiede zwischen beiden zwar würdigen, aber auch aufzeigen, wie paradox und untrennbar beide voneinander abhängig sind.

Als Anhänger des Fortschrittsglaubens der Aufklärung meinten Hegel wie Marx, die List der Vernunft sei immer zugunsten des Fortschritts wirksam. Doch fällt es schwer zu glauben, beim Zusammenprall von Dschihad und McWorld könnte am Ende etwas Gutes herauskommen. Das Endergebnis dürfte die menschliche Freiheit eher pervertieren als stärken. Die beiden können gegeneinander auf dasselbe hinarbeiten, in äußerer Feindschaft und zugleich stillem Einvernehmen, doch die Demokratie wird davon sicher nicht profitieren. Ein spießbürgerlicher Sozialismus hat seine Stellung an den Kapitalismus abgetreten. Die Götter haben gewechselt, aber ist die Freiheit gewachsen?

Was also bedeutet eine vergleichende Betrachtung von Dschihad und McWorld konkret, wenn die Wegpfeile beider durch und durch antithetisch erscheinen? Dschihad und McWorld ziehen mit gleicher Kraft in entgegengesetzte Richtungen, der eine getrieben von engstirnigem Haß, die andere im Streben nach Vereinheitlichung der Märkte, wobei der erste uralte Binnengrenzen von Stamm und Volkstum blutig neu in die Landschaft kerbt und die andere die Grenzen souveräner Staaten von außen zerlöchert. Trotzdem haben Dschihad und McWorld eines gemeinsam: Beide erklären dem selbständigen Nationalstaat den Krieg und untergraben seine demokratischen Institutionen. Beide scheuen die Gesellschaft der Staatsbürger und achten ihre demokratischen Tugenden gering, keine der beiden will mehr Demokratie wagen. Beiden sind die Grundrechte egal. Der Dschihad erzwingt Gemeinschaft von Blut und Boden durch Ausgrenzung und Haß und will tyrannischen Paternalismus oder dumpfes Stammesdenken anstelle der Demokratie. McWorld dagegen schafft Weltmärkte für Konsum und Profit, will alle Fragen des öffentlichen Interesses und des Gemeinwohls aus der Zuständigkeit demokratischer Staaten und ihrer einst verantwortungsvollen Regierungen lösen und von der unsichtbaren Hand des freien Markts geregelt wissen. Eingeschüchtert von der Ideologie des Markts, zucken Regierungen gerade dort zurück, wo sie energisch eingreifen müßten. Was früher als Wahrung öffentlichen Interesses verstanden wurde, wird heute als Gängelung und Regelungssucht verunglimpft. Recht und Gesetz kapitulieren vor den Märkten, obwohl diese nach Felix Rohatyn einer »platten darwinistischen Logik folgen, nervös und gierig sind. Sie suchen Stabilität und Durchschaubarkeit, prämieren aber nicht eben die uns liebgewordene Form der Demokratie«.[2] Wo früher Grundgesetz und demokratische Verfassung in Ehren gehalten wurden, werden nun, wie George Steiner meint, »McDonald's und Kentucky Fried Chicken die neuen Ikonen der Freiheit sein«.[3]

Den Völkern der Welt, die nur noch zwischen alleinseligmachender Marktideologie und kriegsbeilschwingendem Stammesgeheul wählen dürfen, drohte ein atavistischer Rückfall ins finstere Mittelalter, als überall auf der Welt lokale Völkerstämme und ihre machtgierigen Fürsten das Sagen hatten und sich Mann und Frau vereint unter die allgemeinverbindliche Gedankenwelt des Christentums beugen mußten, während sie ihr kurzes Leben unter kriegerischen Feudalherrschern verbrachten. Wirkliche Macht erlangten die Fürsten und Könige dieser Welt allerdings erst, als sie auf den Nationalismus als Ideologie verfielen. Mit dem Nationalismus konnten größere Herrschaftsgebiete als bloße Stammesterritorien geschaffen werden. In ihnen entstanden mit der Zeit demokratischere Strukturen, aus denen sich schließlich der Nationalstaat bildete. Heute, am Endpunkt dieser Epoche, scheinen wir unbedingt wieder eine Welt erschaffen zu wollen, in der wir nur noch wählen können zwischen der säkularen Unausweichlichkeit des weltumspannenden Markts und der Alltagsenge des kriegerischen Stammes.

Im Chaos der Auseinandersetzung zwischen dem Welthandel und einer bis zur ethnischen Säuberung getriebenen hirnlosen Stammespolitik gehen die Tugenden der demokratisch verfaßten Nation über Bord und werden die Instrumentarien gefährdet, mit denen sich Völker zu Nationen erheben und im Namen von Freiheit und Gemeinwohl zu souveränen Mächten werden konnten. Weder Dschihad noch McWorld wollen den von ihrer staatsfeindlichen Praxis untergrabenen Staatsbürgertugenden neues Leben einhauchen, weder Weltmärkte noch Gemeinschaften von Blut und Boden sind dem Allgemeinwohl oder dem Streben nach Gleichheit und Gerechtigkeit verpflichtet. Eine unabhängige Justiz und gesetzgebende Versammlungen sind völlig bedeutungslos für umherschweifende Mordbanden, die sich zu Alleinvertretern neu befreiter »Völker« aufwerfen. Derlei demokratischer Firlefanz ist bestenfalls am Rande von Interesse für weltweit operierende multinationale Konzerne, die Sprecher und Vertreter der neu befreiten Märkte. Der Dschihad betreibt eine blutrünstige Volkstumspolitik, McWorld eine unblutige Profitwirtschaft. Mit der automatischen Zugehörigkeit zu McWorld wird jeder Mensch zum Konsumenten. Und jeder, der unbedingt sein Volkstum sucht, wird seinen Stamm zu diesem Zwecke finden. Staatsbürger aber ist von beiden keiner. Und wie soll Demokratie ohne Staatsbürger funktionieren?

Von der Selbstbestimmung zum Dschihad

Vor nicht allzu langer Zeit hat Daniel Patrick Moynihan die Prognose formuliert, das nächste halbe hundert Staaten, das im Laufe der kommenden 50 Jahre entstehen dürfte, werde ausnahmslos durch ethnische Konflikte zustande kommen, also durch Bürgerkrieg.[4] Allein aus der Sowjetunion und aus Jugoslawien sind zusammen schon mehr als zwanzig neue (alte) »Nationen« oder Kleinstaaten entstanden. In den dringendsten Fällen entsenden die Vereinten Nationen Friedenskräfte, obwohl ihre Mitgliedsstaaten immer zurückhaltender mit ihren eigenen Soldaten werden. 1998 waren Truppen der Vereinten Nationen in 16 Ländern stationiert, fast überall zur Ruhigstellung von Aufständischen und Bürgerkriegsparteien.[5] Die ausführlichere Liste des Carter Center in Atlanta führt 25 Krisenregionen auf, in denen Mitte 1996 30 bewaffnete Konflikte tobten.[6] Amnesty International verzeichnet in mehr als 60 Ländern politische Gefangene und politisch motivierte Hinrichtungen.

Die wirklichen Akteure dieser unruhigen Welt sind nicht Nationen, sondern Völkerschaften, die vielfach Krieg gegeneinander führen. Ihr Ziel sind neue Grenzziehungen und Aufteilungen – so im kurdischen Irak, im moslemischen Sudan oder im serbisch bewohnten Kroatien. Ein Land wie Afghanistan, das noch vor kurzem seine nationale Unabhängigkeit gegen eine fremde Macht verteidigte, ist inzwischen rabiat unter Pathanen, Hassara, Usbeken und Tadschiken aufgeteilt. Ethnische Reinheit wird durch Zerstückelung des Landes oder durch Vertreibung und Ausrottung unerwünschter Bevölkerungsteile bewerkstelligt, wie 1995 im Blutbad von Ruanda. Ist dieses Pandämonium nur die natürliche Folge eines jahrhundertelangen Strebens nach Selbstbestimmung? Oder der Ausbruch einer neuen Seuche, die den friedensstiftenden Nationalismus zersetzt und Tür und Tor zu einem ethnischen und religiösen Dschihad aufstößt?

In seiner harmlosesten Form beschreibt der Dschihad einen religiösen Kampf für Allah, eine Art islamisches Eiferertum. In seiner krassesten politischen Erscheinungsform bedeutet er einen blutigen Heiligen Krieg für eine kämpferische Identität, die metaphysisch definiert ist und fanatisch vertreten wird. Während Dschihad für viele Muslime vielleicht nur Eifer für einen Glauben bedeutet, der mit Recht als (nicht gerade ökumenische) Weltreligion angesehen werden darf, übernehme ich die Bedeutung, die er für jene Militanten hat, die das Abschlachten von »Ungläubigen« zur höheren Pflicht erheben. Ich verwende Dschihad in dieser militanten Bedeutung zur Kennzeichnung eines dogmatischen und gewalttätigen Ausschließlichkeitsanspruchs, der von Christen nicht weniger bekannt ist als von Muslimen und für den die Deutschen und die Hindus ebenso berüchtigt sind wie die Araber. Das so benannte Phänomen ist in seinen Anfängen noch recht harmlos: Identitätssuche und Streben nach der eigenen Kultur mögen in einer freien Gesellschaft legitime Strategien sein, der Vielfalt Ausdruck zu geben. Was sich zum Dschihad auswächst, kann als schlichte Suche nach ortsbezogener Identität, nach gemeinsamen persönlichen Attributen anfangen, um ein Gegengewicht zu der betäubenden und kastrierenden Vereinheitlichung der industriellen Modernisierung und zum kulturellen Kolonialismus à la McWorld zu setzen.

Die USA werden häufig als Vorbild für diese Art unschädlicher Multikulturalität zitiert, obwohl es dort auch Kritiker wie Arthur Schlesinger gibt, für den Bestrebungen in Richtung einer eigenen Kultur niemals harmlos sind, sondern sichere Zeichen dafür, daß auf lange Sicht Zerfall eingesetzt hat.[7] Verblüffenderweise sind weniger als zehn Prozent der Staaten der heutigen Welt, also etwa 20 Länder, durch und durch homogen und können sich folglich wie etwa Dänemark oder Holland nicht weiter zerlegen, wollen sie sich nicht in Familienklans aufspalten. In nur der Hälfte aller Staaten umfaßt die größte ethnische Gruppe fünfundsiebzig Prozent der Bevölkerung oder mehr.[8] Wie in den Vereinigten Staaten ist Multikulturalität die Regel, Homogenität die Ausnahme. Nationen wie Japan oder Spanien, die nach außen in sich geschlossen erscheinen, erweisen sich bei näherer Betrachtung als bemerkenswert multikulturell. Sollten wir eine eigene Sprache als wesentlichstes Attribut einer Nation zum Kriterium für das Recht auf Selbstbestimmung erheben, würde die Anzahl der Völker auf über sechstausend anwachsen.

Der moderne Nationalstaat hat als Faktor der kulturellen Integration gewirkt und sich pluralistische Ideale geschaffen, staatsrechtliche Ideologien und Formen des Verfassungspatriotismus, um die sich viele Klans und Stämme scharen konnten. Amerikaner, Franzosen oder Schweizer bekennen sich jeweils zu dem »Staatsvolk«, in dem sie als vielfältige Gruppierungen leben. Wie aber sieht es bei den Basken und den Normannen aus? Was wollen diese außer eigenem Blut und Boden? Und was ist mit den Kurden, Osseten, Ost-Timorern, Quebecern, Abchasen, Katalanen, Tamilen, Inkatha-Zulus, Japanern der Kurilen – allesamt Völker ohne Territorium, von Staaten vereinnahmt, die sie nicht ihr eigen nennen können? Wie ist es mit Völkern, die sich nicht nur gegen andere, sondern auch gegen die Moderne abgrenzen wollen, Völkern, die auf der Suche nach einem Halt nicht nach staatsbürgerlichen Glaubenssätzen streben, sondern vor ihnen davonlaufen? Wie will man Völker, die überm Schlachten ihrer Stammesnachbarn zu sich finden, zu einem Glauben überzeugen, der sich um abstrakte Staatsbürgerideale oder Freihandelszonen rankt?

McWorld und Dschihad lassen sich natürlich nicht nur in schwarzen Farben malen. Genau wie man die bisweilen raubgierigen Märkte von McWorld mit der Brille der demokratischen Wahlfreiheit ansehen kann, lassen sich die Interessen des Dschihad als Kampf um Selbstbestimmung etikettieren. Die Ideologie der Selbstbestimmung könnte sogar die Quelle einiger pathologischer Erscheinungsformen des Dschihad sein. Präsident Woodrow Wilsons eigener Außenminister Robert L. Lansing konnte die Begeisterung seines Chefs für das Selbstbestimmungsrecht der Völker nicht teilen und meinte, dieses führe zwangsläufig zu »Unzufriedenheit, Chaos und Rebellion. Die Parole steckt voller Dynamit. Sie wird Hoffnungen wecken, die sich niemals erfüllen können. Ich fürchte, sie wird Abertausende Menschenleben kosten. Was für ein Unheil, daß sie jemals formuliert worden ist! Wieviel Elend wird sie bewirken!«[9]

Lansings Befürchtungen scheinen sehr begründet. Schon zu Wilsons Zeit wurde Europa von der Politik des Selbstbestimmungsrechts balkanisiert, mit nationalistischen Flächenbränden überzogen und derart labil, daß sein Schwächezustand zum Aufstieg des Faschismus beitrug. Keine Stammesgruppe heute, keine ethnische Minderheit oder auch nur Stadtteilbande, die nicht nach Selbstbestimmung brüllt. »Don't dis me!« heißt es im Schreigesang des *gangsta rappers.* »I gotta get some respect.« (Deutsch etwa: »Laß mich nicht links liegen. Ich verdiene auch Respekt.«) Die hilflose Owen-Vance-Landkarte zur Aufteilung Bosniens, die eine Grenze nach der anderen um immer winzigere ethnische Gruppierungen zog, dürfte endlich die Logik der Stadtteilbande gewürdigt und dem absurden Grundsatz zum Durchbruch verholfen haben, daß beinahe jeder Stadtteil als Nation und fast jeder Wohnblock als potentielle souveräne Einheit behandelt werden muß. Zu anderer

Zeit hätte man diesen bankrotten politischen Schacher, der von einem verzweifelten Sicherheitsrat der Vereinten Nationen eine beträchtliche Zeitlang beurkundet wurde, schlicht als Anarchie bezeichnet.

Man darf allerdings nicht Kartographen oder Friedensstiftern die Schuld an der Absurdität des Dschihad geben. Sie sind schließlich nicht die Bühnenbildner und Akteure, sondern machen nur ein paar Standaufnahmen. Die willkürlichen Linien, die die Kolonialmächte damals durch die Landkarten zogen, haben jedoch Folgen gezeigt, unter denen die nachkoloniale Welt noch heute zu leiden hat, vor allem in Afrika und im Mittleren Osten.[10] Der Dschihad ist eine blindwütige Reaktion auf Kolonialismus und Imperialismus und auf deren ökonomische Abkömmlinge Kapitalismus und Modernität, er ist amoklaufende Vielfalt, krebsgewordener Multikulti oder Zellteilung, die auch dann noch weiterwuchert, wenn sie den gesunden Körper längst zerstört.

Selbst traditionell einheitliche Völker haben Grund, die Aussicht auf den Dschihad zu fürchten. Wachsende wechselseitige ökonomische und kommunikative Abhängigkeit der Welt bedeutet, daß solche Nationen, so geschlossen sie auch nach innen sein mögen, sich trotzdem in einer zunehmend multikulturellen globalen Umwelt behaupten müssen. Ironischerweise werden in einer Welt, die in Popkultur und Kommerz zusammenwächst, auch einzelne subnationale Ethnien, Religionsgemeinschaften und Rassen immer auffälliger, zu keinem geringen Teil in Reaktion auf McWorld. Im ständigen Trommelfeuer eines erzwungenen Austauschs können postmoderne Nationalstaaten ihre idiosynkratischen Bestandteile nicht mehr unter der Decke halten. Europa nach Maastricht erreicht zwar nicht die einst hochgesteckten Ziele, ist aber dermaßen integriert, daß allen Europäern sein multikultureller Charakter bewußt wird, mit alles andere als glücklichen und schon gar nicht einigenden Folgen. Je mehr von »Europa« sichtbar wird, desto zurückhaltender und selbstbewußter werden seine Einzelnationen. Was Günter Grass über Deutschland sagt – »nach der Wiedervereinigung waren die Deutschen uneiniger als je zuvor« –, gilt erst recht für Europa und die übrige Welt: Jeder weitere zentripetale Zusammenschluß löst größere zentrifugale Kräfte aus.[11]

In Reaktion auf McWorld verbieten und leugnen, bannen und verwerfen parochiale Kräfte die Moderne, wo immer sie auf sie stoßen. Gleichzeitig aber absorbieren und assimilieren sie, wie alle Einheimischen es mit den Kolonisatoren seit dem Einmarsch der Römer in Gallien machten. Als das Hilton Hotel die Hügel Budas eroberte, pfropfte ein lokaler Architekt den Neubau auf ein Kloster aus dem dreizehnten Jahrhundert. Als die Franzosen ihre Champs-Élysées in alter Pracht wiedererstehen ließen, verbannten sie daraus nicht McDonald's, aber seinen Schriftzug. Als die amerikanische Musik die Karibik überflutete, reagierte die Karibik, wie Orlando Patterson erinnert, mit einer eigenen neuen Welle, von der Reggae nur das bekannteste Beispiel ist.[12] Doch zu meinen, daß Vereinnahmung durch die Einheimischen und Globalisierung gleichstarke Kräfte seien, mit denen Dschihad und McWorld einander jeweils gewachsen wären, hieße die Durchschlagsgewalt der neuen weltumspannenden Märkte ordentlich zu unterschätzen. Das »Kloster« des Budapest Hilton beherbergt ein Spielkasino; McDonald's an den Champs-Élysées serviert Big Macs und Pommes mit oder ohne gelben Doppelbogen, Reggae hat auch auf lateinamerikanischen Märkten nur einen Bruchteil der Sendezeit von MTV. Echte Konkurrenz findet nicht statt.

Ein feudales Abhängigkeitsmuster bleibt hartnäckig bestehen. Und damit sind wir wieder bei der Metapher des Feudalismus, der rätselhaften Scherbenwelt, die vom Leim des Christentums zusammengehalten wurde. Die verbindende Abstraktion heute ist der Verbrauchermarkt, der mit seinem alles durchsetzenden materialistischen Säkularismus nicht weniger allgemeinverbindlich ist. Von Land zu Land zieht der Markt hinter McDonald's gelbem Doppelbogen her seine Bahn von Dollars und Yen, von Aktien und Börsengeschäften und von Werbung und Währungsspekulation rings um den ganzen Globus. Die Bemerkung von Günter Grass ließe sich auch umkehren: Vom Dschihad zerspellt und zersprengt, stellt sich die Welt vereinigter dar als je zuvor. Und erst recht in größerer wechselseitiger Abhängigkeit.

Die schrumpfende Welt von McWorld

Selbst hochentwickelte und scheinbar autarke Nationen können nicht mehr so tun, als besäßen sie noch echte Souveränität. Für sauren Regen, Ölpest, Überfischung, Grundwasserverseuchung, Ozonloch durch Chlorkohlenwasserstoffe, Radioaktivität oder geschlechtlich übertragbare Krankheiten sind nationale Grenzen irrelevant. Giftwolken kennen keine Verzollung, und Mikroben sind mit Paßkontrollen nicht aufzuhalten.

Die Sturmglocke für den Umweltschutz ist oft und laut genug geläutet worden, und es gibt hier wenig zu der umfangreichen Literatur über das bevorstehende Armageddon der Biosphäre hinzuzufügen. Wir wissen nur zu gut, wie tschechische Kohlekraftwerke deutsche Wälder und englische Industrieabgase schwedische Seen schädigen. Wir wissen, daß der Planet möglicherweise in Treibhausgasen ersticken wird, weil brasilianische Landlose Anschluß an das 20. Jahrhundert suchen und ihre tropischen Regenwälder für eine nur vorübergehend nutzbare Scholle brandroden, und wie viele Indonesier ihren Lebensunterhalt verdienen, indem sie ihren üppigen Tropendschungel in Zahnstocher für japanische Sushi-Liebhaber verwandeln und so die Kohlendioxydabsorber vernichten und die Lungen des Erdballs löchern.

Ökologische Wechselwirkungen sind jedoch eine Folge von Naturkräften, die wir nicht vorhersagen und auch nicht steuern können. Abhängigkeiten von McWorld aber, von ihm verursachte Einschränkungen der Souveränität, sind jedoch eine Folge von Marktkräften mit dem bewußten Ziel einer Globalisierung. Diese Kraftentfaltung von Wirtschaft und Handel in der letzten Runde des kapitalistischen Strebens nach weltweiten Absatzmärkten und Verbrauchern auf dem gesamten Globus aber ist das Hauptthema dieses Buches.

Jede Form der Abgrenzung einer nationalen Volkswirtschaft und alle Spielarten des Gemeinwohls sind heute dem Druck des Welthandels ausgesetzt. Märkte haben einen Abscheu vor Grenzen wie die Natur vor der Leere. In ihrem ausdehnungswilligen und durchlässigen Bereich ist das Interesse privat, der Handel frei, die Währung konvertierbar, der Zahlungsverkehr unbeschränkt, jeder Vertrag einklagbar (die einzige legitime Funktion in der Wirtschaft, die dem Staat zugestanden wird) und gehen Produktion und Konsum jeder Gesetzgebung und Rechtsprechung vor. In Europa, Asien und Amerika haben diese Märkte die Staatssouveränität bereits ausgehöhlt und eine neue Kategorie von Institutionen hervorgebracht – internationale Banken, Handelsgemeinschaften, transnationale Interessenverbände wie die OPEC, weltumspannende Nachrichtendienste wie CNN und BBC und multinationale Konzerne – alles Institutionen, die ohne erkennbare nationale Identität auskommen und Staatsgewalt als organisierendes oder regulatives Prinzip weder würdigen noch anerkennen. Während

Stahlwerke und Fabriken irgendwo auf nationalem Boden unter der Aufsicht und potentiellen Reglementierung von Nationalstaaten standen, sind Devisenhandel und Internet überall und nirgends zu Hause. So kann man also *über* das World Wide Web an jemanden schreiben, aber nicht *an* das Web selber. Denn dieses ist nur eine der virtuellen Abstraktionen des Cyberspace, das es selber erschaffen hat, ohne Faxnummer oder Web-Adresse. Und so werden sogar Produkte namenlos: die Arbeitskräfte welchen Landes wären wohl zu belangen, wenn ein defekter integrierter Schaltkreis folgendes Etikett trägt: Hergestellt in einem der folgenden Länder: Korea, Hongkong, Malaysia, Singapur, Taiwan, Mauritius, Thailand, Indonesien, Mexiko, Philippinen. Das genaue Herkunftsland ist nicht bekannt.[13] Wie sind gesellschaftliche und politische Ansprüche an Verantwortlichkeit unter derartigen Umständen noch zu halten?

Der Druck des Markts hat in der Tat Bestrebungen um Frieden und Stabilität auf internationaler Ebene als Vorbedingungen einer leistungsfähigen internationalen Wirtschaft gestärkt, ohne deswegen die Chancen für staatsbürgerliche Verantwortung, Rechenschaftspflichtigkeit oder Demokratie zu erhöhen. Kommerz und Handel brauchen zwar Frieden, sind aber nicht mit ihm synonym. Zu behaupten, Demokratie und freier Markt seien Zwillinge, ist ein Allgemeinplatz der Staatsoberhäupter geworden, besonders seit dem Hinscheiden des Staatssozialismus, nach welchem sich die Eiferer des Kapitalismus nicht nur als Sieger im kalten Krieg, sondern als die wahren Vertreter einer Demokratie betrachten, die (und da sind sie sicher) nur durch den freien Markt möglich wird. Auf diese Weise verwandeln sie die bereits umstrittene Behauptung, die Märkte seien frei, in die noch umstrittenere, die Freiheit des Markts ziehe automatisch Demokratie nach sich und sei sogar existentiell wichtig für sie. Präsident Clinton wiederholte bei seinem historischen Besuch Osteuropas und Rußlands Anfang 1994 die Formulierung *democratic markets* gebetsmühlenartig. Seine außenpolitischen Berater tun es ihm unbeirrt nach.[14]

Diese Rhetorik mit ihrer Grundannahme, kapitalistische Interessen seien nicht nur mit demokratischen Idealen vereinbar, sondern diesen sogar förderlich, deckt sich politisch keineswegs mit der Wirklichkeit der letzten 50 Jahre. Die Marktwirtschaft zeigte bemerkenswerte Anpassungsfähigkeit und blühte unter mancherlei tyrannischen Regimes, von Chile bis Südkorea, von Panama bis Singapur. Sogar der Staat mit einer der undemokratischsten Regierungsformen, die Volksrepublik China, verfügt über eine der Marktwirtschaften mit dem rasantesten Wachstum. Das kommunistische Vietnam liegt nicht viel dahinter und wurde inzwischen vom amerikanischen Handel erschlossen, vermutlich in der Überzeugung, daß Märkte am Ende jede Ideologie abräumen.[15] Um Erfolg zu haben, braucht der Kapitalismus Verbraucherzugang zu Märkten und ein stabiles politisches Klima, und beides wird nicht immer garantiert in der Demokratie, die manchmal chaotisch und sogar anarchisch sein kann, besonders in ihren Anfängen, und häufig einem Gemeinwohl verpflichtet ist, das dem privaten Markt zu teuer oder zuwider ist, wie etwa Umweltschutz oder Vollbeschäftigung. Auf der individuellen Ebene braucht der Kapitalismus Konsumenten, die sich bereitwillig in ihren Bedürfnissen formen und in ihren Wünschen manipulieren lassen, während die Demokratie im Gegenteil auf Bürger mit selbständigem Denken und eigenem Urteil setzt. Alexander Solschenizyn will »das wilde Tier Kapitalismus zähmen«, der Kapitalismus aber will der anarchischen Demokratie Zügel anlegen und scheint gegen Tyrannei nichts zu haben, solange sie Stabilität gewährt.[16]

Mit Sicherheit gefährdet das Hecheln nach freien Märkten ohne Rücksicht auf soziale Folgen die demokratische Entwicklung in vielen soeben vom Kommunismus befreiten Nationen. Sozialer Absturz und Massenarbeitslosigkeit wird Menschen, die von der Wiege bis zur Bahre die paternalistische Fürsorge der sozialistischen Bürokratie gewöhnt waren, wohl kaum zu einem demokratischen System bekehren, auf das sie in nichts vorbereitet sind. Das ist vielleicht der Grund, warum bis auf einige wenige exsozialistische Länder überall ehemalige kommunistische Funktionäre (meist mit neuem Parteietikett und neuer Ideologie) mit Mehrheit in die neuen demokratischen Volksvertretungen gewählt werden. Der Ökonom Robert McIntyre formuliert trocken: »Kommunisten und frühere Kommunisten gewinnen, weil die Wirtschaftsberatung vom Westen sinnlose und dysfunktionale Qualen zufügt und trotzdem keine Grundlage für ein Wachstum schaffen kann, das politisch und gesellschaftlich funktioniert.«[17] Das Recht auf Auswahl zwischen neun verschiedenen Videorecordern oder einem Dutzend Automobilmarken wirkt auf Arbeiter, deren Monatslohn kaum mit dem steigenden Brotpreis Schritt halten kann, schwerlich befreiend und auf arbeitslose Männer und Frauen schon gar nicht. Kapitalisten mögen Demokraten sein, aber Kapitalismus muß durchaus nicht zur Demokratie führen. Und schon gar keine Verwendung hat er für den Nationalstaat, den bisher zuverlässigsten Hort der Demokratie.

Damit soll nicht der Kapitalismus an und für sich kritisiert werden: Aktiengesellschaften mit ihrer beschränkten Haftung kümmern sich mit Recht in erster Linie um ihren Profit und scheren sich um Grundrechte und soziale Gerechtigkeit höchstens so lange, wie diese bilanzneutral bleiben. Außer der ihnen eigenen ökonomischen Nützlichkeit haben sie sogar gewisse Vorzüge wie Effizienz, Produktivität, Flexibilität, Gewinnträchtigkeit. Kapitalgesellschaften sind Gegner von Kirchturmpolitik, Abschottung, Zersplitterung und Krieg und Feind aller Einschränkungen wirtschaftlicher Wahlfreiheit und sozialer Mobilität, auch wenn sie dadurch kaum zu Liebhabern von Recht und Gesetz werden. Die Psychologie des Markts kann zudem mäßigend auf ideologische und religiöse Spaltung einwirken und Eintracht zwischen Produzenten und Konsumenten fördern, also Formen von Identität, die mit der engstirnigen ethnischen oder religiösen Kultur des Dschihad kaum vereinbar sind. Doch untergräbt sie auch skeptisches Hinterfragen, ohne das selbständiges Urteil und Widerstand gegen Manipulation unmöglich sind. Die Alternativen, die McWorld zum dogmatischen Traditionalismus bietet, könnten sich in materialistischem Konsumismus, relativistischem Säkularismus oder einträglicher Korruption erschöpfen. Zwischen der Demokratie und McWorld ist die Verbindung bestenfalls brüchig. Einkaufende halten zwar wenig von Ladenschlußgesetzen, seien sie nun von kneipenfeindlichem britischem Paternalismus, sabbatfrommer jüdischer Orthodoxie oder puritanischer Sonntags-Alkoholprohibition in Massachusetts diktiert, doch eine Abneigung gegen Ladenschlußzeiten bedingt noch nicht Verfassungspatriotismus oder Vertrauen in die Unabhängigkeit der Justiz. Im Kontext gemeinsamer Märkte orientiert sich die internationale Rechtspflege schon lange nicht mehr am Ideal der Gerechtigkeit. Sie verkommt langsam zum Erledigungsrahmen von Konfliktaushandlung, Vertragsklage, notarieller Geschäftsbeurkundung, Handels- und Devisenregulierung, Subventionskontrolle und Fusions- oder Konkursüberwachung. Moralisten konnten ehemals beklagen, daß das internationale Recht nicht imstande sei, gegen Rechtsbruch innerhalb von Nationalstaaten vorzugehen, doch beweist es inzwischen noch geringere Fähigkeiten, Märkten Einhalt zu gebieten, die schließlich nicht einmal eine Zustelladresse für Gerichtsverfügungen haben. Als Ergebnis einer Unzahl individueller Entscheidungen oder Konzernaktivitäten können Märkte keine kollektive Verantwortung tragen. Dagegen ist Verantwortlichkeit ebenso erstrangige Pflicht von Staatsbürgern wie Leitprinzip ihrer Institutionen.

Zwar zeugen sie weder gemeinsame Interessen noch gemeinsames Recht, doch erfordern gemeinsame Märkte neben einer gemeinsamen Währung eine gemeinsame Sprache; außerdem gemeinsame Verhaltensweisen von der Art, wie sie das kosmopolitische Stadtleben überall hervorbringt. Werbedirektoren, Programmierer, Filmregisseure, Devisenhändler, Medienspezialisten, Bohrturmingenieure, Fernsehstars, Ökologieexperten, Filmproduzenten, Bevölkerungsforscher, Bilanzbuchhalter, Professoren, Juristen, Sportler – alle zusammen ergeben einen neuen Menschenschlag, für dessen Arbeitsidentität Glaube, Kultur und ethnische Zugehörigkeit nur noch von marginaler Bedeutung sind. Obwohl Alltagssoziologen weiterhin zwischen japanischen und amerikanischen Moden unterscheiden mögen, trägt Einkaufen überall auf der Welt die gleiche Handschrift. Zyniker könnten sogar behaupten, es sei bei manchen der jüngsten Umwälzungen in Osteuropa nicht um Freiheit und allgemeines Wahlrecht gegangen, sondern um besser bezahlte Jobs und das Recht zu kaufen. Es ist daher wohl kaum überraschend, daß mit den an die Macht zurückgekehrten Kommunisten und Nationalisten in Rußland, Ungarn und anderswo nicht das Kaufen, sondern die Demokratie in Gefahr gerät. Kaufen heißt Konsum, und Konsum hängt davon ab, daß sowohl Waren erzeugt werden als auch das Bedürfnis nach ihnen, und letzteres durch einen Bereich, den ich als *Infotainment-Telesektor* der Dienstleistungsgesellschaft bezeichnen möchte.

McWorld ist das Produkt einer vom expansionistischen Kommerz hervorgetriebenen Massenkultur. Die Schablone ist amerikanisch. Die Waren sind sowohl Gegenstände wie Ikonen, ebenso ästhetische Kennmarken wie Markenerzeugnisse. Es geht um Kultur als Ware, um Accessoires als ideologische Versatzstücke. Symbole sind Harley-Davidsons und Cadillacs, die von den Straßen, wo sie vordem Fortbewegungsmittel waren, auf Podeste in Cafés mit weltbekannten Namen wie *Harley-Davidson's* und *Hard Rock* gehievt werden, wo sie sich in Kennmarken eines Lebensstils verwandeln. Man fährt sie nicht mehr, man spürt ihr Motorgeräusch und bewegt sich zu den Bildern von alten Filmen und neuen Stars, die sie heraufbeschwören. Musik, Video, Theater, Bücher und Vergnügungsparks, neue Kirchen einer Kommerzkultur, deren Forum die überdachten Einkaufsmeilen und deren Peripherie Stadtteile ohne Nachbarlichkeit sind. Alle werden sie für den Image-Export geschaffen und sollen einen einheitlichen Weltgeschmack und Gemeinsamkeit von Logos, Werbesprüchen, Stars, Songs, Markennamen und Textiletiketten erzeugen. An die Stelle von harter tritt sanfte Gewalt, dieweil sich Ideologie sozusagen in Videologie verwandelt, die alles Nötige über schrille Clips transportiert. Die Videologie ist chaotischer und weniger dogmatisch als die herkömmliche politische Ideologie: Sie könnte daher die Werte, die für den Erfolg der Weltmärkte nötig sind, weitaus nachdrücklicher einprägen.

Die Videologie von McWorld ist und bleibt die schärfste Konkurrenz für den Dschihad und könnte langfristig die Schlagkraft seines rückwärtsgewandten Stammesdenkens zersetzen.[18] Dennoch enthält das Arsenal der Datenrevolution auch die Lieblingswaffen des Dschihad. Die Identität der Hutus oder bosnischen Serben war weniger von historischer Erinnerung als von der Medienpropaganda einer Führungsclique geleitet, die darauf aus war, rivalisierende Klans auszurotten. Sowohl in Ruanda als auch in Bosnien wurde die Mordlust der Hörer durch Radiosendungen aufgepeitscht. Wie der Rockkritiker Jon Pareles in der *New York Times* bemerkte, »ist der Regionalismus in der Popmusik genauso zum Trend geworden wie Bier aus Hausbrauereien und Kabelfernsehen für Intellektuelle und aus denselben Gründen«.[19] Erst durch die weltumspannende Kultur kommt die lokale zu ihrem Medium, ihrem Publikum und zu ihren Zielen. Faschistischer Pop und chassidischer Rock sind kein Widerspruch; vielmehr zeigt sich in ihnen die Dialektik von McWorld auf besonders drastische Weise. Zu Radio Belgrad gehören Sender, die westliche Popmusik als Dämpfer gegen Miloševičs knallhart ultranationalistische Regierung ausstrahlen, und solche, die bodenständige Volksmusik voll ausländerfeindlicher und antisemitischer Ressentiments verbreiten. Sogar das Internet hat seine neonazistischen Übermittlungsdienste und seine blindwütigen armenischen Türkenfresser, die sogar gegen türkischen Honig wüten, wodurch selbst eine Abstraktion wie der Cyberspace vom Kulturterror einer grotesken Kulturterritorialität infiziert wird.

Die Dynamik der Verknüpfung zwischen Dschihad und McWorld ist zutiefst dialektisch. Japan zum Beispiel betont eigene traditionelle

Werte in den letzten Jahren genau in dem Maße immer stärker, wie sich die Japaner immer hemmungsloser McWorld ausliefern. Schon 1992 stand die Restaurantkette McDonald's in Japan nach Zahl der Esser auf Platz eins, unmittelbar gefolgt von Colonel Saunders Kentucky Fried Chicken.[20] In Frankreich, wo Kulturpuristen sich bitterlich über das Heraufziehen einer Sechsten Republik beschweren (*»la République Américaine«*), geht die Regierung massiv gegen *franglais* vor und subventioniert zugleich den Euro-Disneypark bei Paris. Im selben Geiste bekriegt die französische Filmindustrie amerikanische Importfilme, während sie Sylvester Stallone eine der höchsten Ehren Frankreichs verleiht, den »Chevalier des arts et lettres«. Dieselbe Ambivalenz in Indien. Direkt außerhalb von Bombay, unmittelbar angrenzend an Stadtteile, die noch in Armut versinken und für ihre Kindstötung unerwünschter weiblicher Säuglinge oder Verbrennung von Ehefrauen berüchtigt sind, ist eine neue Stadt namens SCEEPZ zu finden, die Santa Cruz Electronic Export Processing Zone, wo Computerprogrammierer, die Hindi, Tamil und Marathi sprechen, Software für Swissair, AT & T und andere auf Lohnkostenersparnis getrimmte multinationale Konzerne entwickeln. Indien ist so zugleich ein Hauptschauplatz für uralte ethnische und religiöse Spannungen und »eine aufstrebende Macht der internationalen Software-Industrie«.[21] Zur SCEEPZ zur Arbeit zu fahren, meint ein Angestellter, ist wie »das Überqueren einer Landesgrenze«. Nicht die Grenze zu einem andern Land, sondern zum virtuellen Niemandsland von McWorld.

Noch dramatischer als in Indien verläuft das seltsame Wechselspiel von Dschihad und McWorld in den Überbleibseln Jugoslawiens. In einem beklemmenden Bericht für *New Republic* erzählte Slavenka Drakulic jüngst die kurze tragische Liebesgeschichte von Admira und Bosko, einem jungen Liebespaar aus Sarajewo: »Geboren wurden sie Ende der sechziger Jahre«, schreibt sie. »Sie sahen Filme von Spielberg, lauschten Iggy Pop, lasen John le Carré, gingen jeden Samstagabend in die Disco und träumten von Reisen nach Paris oder London.«[22] In ihrer Sehnsucht nach Sicherheit wollten sie aus Sarajewo fort und hatten offenbar am Ende mit allen Seiten sicheres Geleit ausgehandelt. Bevor sie aber die magische Grenze überqueren konnten, die ihr verarmtes Land von der scheinbaren Zuflucht McWorld trennt, holte der Dschihad sie ein. Ihre Leichen lagen am Flußufer, durchsiebt von den Kugeln anonymer Heckenschützen. Das junge Liebespärchen hatte passend für

Auswanderer nach McWorld Jeans und Turnschuhe an. Die Mörder dürften das gleiche getragen haben.

Weiter östlich können Touristen, die ein Stück altes Rußland erleben wollen, ohne sich allzuweit vom amerikanischen Satellitenfernsehen zu entfernen, traditionelle Matrjoschka-Puppen mit ineinanderpassenden Figürchen von Bruce Springsteen, Madonna, Boy George, Dave Stewart und Annie Lennox erstehen.

In Ländern wie Rußland, Indien, Bosnien, Japan oder auch Frankreich neigt die moderne Geschichte also in zwei verschiedene Richtungen: zur aufgeblasenen Unvermeidlichkeit von McWorld, aber auch in die steife Brise des Dschihads und gibt schwankend sowohl den Besserwissern als auch den Schwarzsehern recht, bisweilen aus denselben Gründen. Die Besserwisser setzen auf Euro-Disney und Microsoft, während die Schwarzseher auf den Verfall aller Werte und eine Welt im Pandämonium gefaßt sind. Dennoch zwingen McWorld und Dschihad nicht wirklich zu einer Entscheidung zwischen derart polarisierten Drehbüchern. Zusammen werden sie eher ein erstickendes Gemenge aus beiden erzeugen, das unbeweglich im Chaos verharrt. Dschihad und McWorld, in jedem Detail antithetisch, sind dennoch dazu verschworen, unsere schwer (wenn auch nur halb) erkämpften Grundrechte und die Chancen einer demokratischen Weltzukunft zu untergraben. Auf kurze Sicht werden die Kräfte des Dschihad, die lautstärker und offener nihilistisch sind als die von McWorld, wahrscheinlich die nahe Zukunft beherrschen, das Antlitz unserer Zeit mit episodischen Lokaltragödien und regionalem Völkermord zeichnen und ein Klima der Instabilität mit vielfachen Kleinkriegen gegen die weltweite Vernetzung erzeugen. Auf lange Sicht aber sind die Kräfte von McWorld der Grund für das langsame, aber sichere Vordringen der westlichen Zivilisation und könnten als solche unaufhaltsam sein. Die Kleinkriege des Dschihad werden weit bis ins nächste Jahrhundert Schlagzeilen machen und Prognosen über ein Ende der Geschichte unsinnig erscheinen lassen. Doch die Homogenisierung durch McWorld dürfte einen übergreifenden Frieden erzwingen, der den Triumph von Handel und Märkten fördert, und dürfte denen, die über Datennetze, Kommunikation und Unterhaltung verfügen, die vollendete (wenn auch nicht bewußt erstrebte) Herrschaft über das Schicksal der Menschheit in die Hand geben. Wenn wir keine Alternative zum Kampf zwischen Dschihad und McWorld finden, könnte die Epoche, an deren Schwelle wir stehen, die postkom-

munistische, postindustrielle, postnationale und dennoch sektiereri-
sche, angsterfüllte und bigotte, zugleich auch die endgültig postdemo-
kratische sein.

I
Die neue Welt von McWorld

1. Die Entstehung von McWorld

Von Alfred M. Zeien, dem Vorstandsvorsitzenden von Gillette, stammt der Satz »Ich finde das Ausland nicht ausländisch«.[1] Da haben wir schon McWorld. Nichts ist vom Wesen her weltumspannender als Handel und Wandel, keine Ideologie interessiert sich weniger für das jeweilige Land als der Kapitalismus, nichts setzt sich kühner über Grenzen hinweg als der Markt. Konzerne sind heute in vielerlei Hinsicht bedeutendere Akteure als Staaten. Wir bezeichnen sie als multinational, doch sollten sie besser als transnational oder postnational oder gar antinational verstanden werden. Denn längst haben sie dankend auf die Idee der Nation verzichtet, genau wie auf alle anderen Horizontgrenzen, die ihrem Profitstreben räumliche oder zeitliche Schranken setzen könnten. Sie wollen ja nicht an Bürger eines bestimmten Staates oder Mitglieder eines Dorfklans verkaufen, sondern weltweit an die Gattung Konsumenten, deren Bedürfnisse und Wünsche grenzenlos sind. Dafür sorgt schon die raffinierte Werbung, falls sie nicht von allein darauf kommen. Geld riecht nach Rosen. Um Gertrude Stein abzuwandeln: ein Konsument ist ein Konsument ist ein Konsument.

McDonald's bedient rings um die Welt 20 Millionen Kunden täglich und damit mehr Menschen, als Griechenland, Irland und die Schweiz zusammen Einwohner haben.[2] General Motors (trotz schwankender Umsätze immer noch der weltgrößte Konzern) beschäftigt international mehr Menschen, als in etlichen kleineren Ländern der Welt leben.[3] Mit ihren Einnahmen von 2,4 Milliarden Dollar aus dem Pizzaverkauf hätte die Restaurantkette Domino's 1991 die Staatshaushalte von Senegal, Uganda, Bolivien und Island finanzieren können.[4] Toshiba als größter japanischer Elektronikkonzern rühmt sich in seinem Jahresbericht 1992, »als guter Konzernbürger« das Seine »zum Fortschritt innerhalb der Weltgemeinschaft beizutragen«. Doch es fällt nicht leicht, ein guter Japaner oder Weltbürger zu sein, wenn der Profit hartnäckig die Regeln setzt. Ein Profit, der durch den 1992er Konzernumsatz von 25 Milliarden Dollar immerhin beinahe dem Staatshaushalt Argentiniens entspricht.[5] Mit ihrer weltumspannenden Aktivität wollen die Konzerne nicht Weltbürger werden, sondern Geld verdienen. In der schicken neuen Restaurantkette Planet Hollywood steht internationales Fast food auf der Karte. »Der Reebok-Planet kennt keine Grenzen«, hieß es in der erfolgreichen Werbekampagne eines nur äußerlich »amerikanischen« Sportschuhherstellers. Auch das Herrenparfüm Safari von Ralph Lauren verhieß in seiner Markteinführungskampagne 1992 »ein Leben ohne Grenzen«.

Ein überall in den Vereinigten Staaten beliebter Autoaufkleber verkündet »Amerikaner kaufen amerikanisch«. Schwierig an dieser Aufforderung zum Konsumpatriotismus ist bloß, daß sich kaum herausfinden läßt, welches Auto wirklich »amerikanisch« ist: der in Mexiko aus importierten Teilen gebaute und dann in die Vereinigten Staaten zurückexportierte Chevrolet, der in deutschen Fabriken von türkischen Arbeitern zusammengeschraubte und in Hongkong und Nigeria verkaufte Ford oder der in Toyotas kalifornischem Designzentrum Newport Beach von Peter J. Hill gestaltete, in Georgetown in Kentucky von amerikanischen Arbeitern vorwiegend aus amerikanischen Vorfertigungsteilen montierte und auf der Teststrecke von Toyota in Arizona erprobte Toyota Camry. Diese internationalen »Japaner« sind ein Fall für sich: Um echt japanisch zu werden, muß das ganze Auto mehr sein als die Summe seiner amerikanischen Teile. So rühmt sich Honda in einem Anfall schizophrener Selbstbeweihräucherung seiner »uramerikanischen« Wurzeln (will sagen Bauteile) und lobt sich zugleich in *Motor Trends* als »Importmarke Nummer eins« in den USA.

Die Herkunft ist bei Autos so unüberschaubar geworden, daß die Regierung der Vereinigten Staaten ein Ursprungskennzeichnungsgesetz erließ, das seit 1. Oktober 1994 Autoaufkleber mit näheren Angaben zum amerikanischen Herstellungsanteil verbindlich macht, vom Motor bis zum Scheibenwischergummi. Da kann man dann lesen, daß Chryslers Dodge Stealth von Mitsubishi im japanischen Nagoya gebaut wird, während Mitsubishis Eclipse RS in Illinois montiert wird und seinen Motor von Chrysler hat.[6] Solche Etiketten können sogar irreführen: die Kühlwasserschläuche des in den USA vorwiegend aus amerikanischen Teilen zusammengebauten Nissan Altima stammen aus Paris, allerdings aus der gleichnamigen Kleinstadt im amerikanischen Bundesstaat Tennessee.

Für die Verfasser des nordamerikanischen Freihandelsvertrags

NAFTA (North American Free Trade Agreement) war besonders schwer zu entscheiden, welche Produkte in der neuen Freihandelszone zollfrei sein sollen, da so viele Produkte, die für Nordamerika aus dem »Ausland« kommen, dort dennoch aus amerikanischen Teilen zusammengesetzt werden. Was ist, wenn in mexikanische Fernseher Bildröhren mit japanischem Markennamen eingebaut werden? Nach herkömmlichen Regeln waren diese Fernseher »mexikanisch«, nach den Regeln der NAFTA müssen jetzt auch die Bildröhren und Kathodenstrahlbeschleuniger mexikanisch, amerikanisch oder kanadisch sein, sollen sie die Bedingungen für das Freihandelsabkommen erfüllen. Da aber japanische Firmen Mehrheitsbeteiligungen an den zwei »amerikanischen« Herstellungsfirmen für Glasbildröhren halten, sind alle nordamerikanischen Fernsehgeräte dem Wesen nach japanisch, auch wenn sie nach NAFTA-Regeln als amerikanisch gelten.[7] Autos *made in America* müssen nicht nur (nach Wert) zu 50 Prozent von einheimischen Arbeitskräften hergestellt sein (mit einer Vorgabe von 62,5 Prozent für das Jahr 2002). Aber werden die Autos dadurch wirklich »amerikanisch«? »Korrekte« Herkunftsetiketten auf Produkte zu kleben ist eine noch größere Herausforderung, als die ethnische Zugehörigkeit von Menschen zu bestimmen, denn dazu müßten die Produkte zerlegt und Einzelteil um Einzelteil danach etikettiert werden, woher die Inhaltsstoffe kommen, welcher Staatsangehörigkeit die Arbeitskräfte sind und zu welcher Kultur die Designer gehören, um daraus die groteske Schlußfolgerung ableiten zu können, welche ethnische Identität diese Produkte wohl aufweisen.

Henry Fords Streben, in Massen ein Motorfahrzeug herzustellen, das jeder amerikanischen Familie Freiheit bescheren würde, wird inzwischen mit vielen Vorzügen des amerikanischen Lebensstils und mit nicht wenigen seiner Laster assoziiert. Die Internationalisierung der Kultur des Automobils – von George Ball einmal als »Ideologie auf vier Rädern« bezeichnet – ist zusammen mit der Kfz-Produktion im Grunde eine Globalisierung Amerikas, egal, wer die Autos herstellt. Die Chinesen haben sich selbst vor noch nicht langer Zeit auf die Automobilherstellung als Grundlage wirtschaftlicher Modernisierung verpflichtet: Mehr als mit jedem anderen Grundsatzbeschluß dürften sie sich damit genau auf die Art Amerikanisierung eingelassen haben, die ihnen der größte Greuel ist.

So amerikanisch Autos von der Konzeption her sind, sie sind es schwerlich in der Herstellung, weder nach Teilen, noch nach Design oder Arbeitskraft. Konzerne lassen sich in der Tat zunehmend nicht mehr durch die Art ihrer Arbeitskräfte definieren, und schon gar nicht durch irgendein grenzgebundenes nationales Arbeitskräftepotential. Ignacio Ramonet behauptet, bestimmend für die Weltwirtschaft seien mittlerweile nicht mehr Kapital, noch Arbeit, noch Rohstoffe, sondern vielmehr das »optimale Verhältnis zwischen den dreien«, womit wir wieder in der Welt der Information, Kommunikation und Administration sind, in der herkömmliche Nationalstaaten wenig zu sagen haben und in der es ihnen immer unbehaglicher werden wird.[8] Robert Kuttner meint, der künftige postindustrielle Konzern – und mit Sicherheit auch der postnationale – sei die »virtuelle Firma«, in der »die Firma keine physisch faßbare Einheit mit gleichbleibendem Auftrag oder Standort ist, sondern eine wandlungsfähige Summe befristeter Kooperationsverhältnisse über Computernetz, Telefon und Fax«.[9]

McWorld ist eine Art virtuelle Realität, geschaffen durch unsichtbare, aber allmächtige High-Tech-Datennetze und fließende transnationale Wirtschaftsmärkte, und damit wird die virtuelle Firma zu mehr als einer provokanten Formulierung.[10] Unbeabsichtigt bestätigt das Julie Edelson Halpert in ihrer Darstellung des Mondeo-Projekts des Ford-Konzerns: »Im Bestreben, beim neuen Modellentwurf Monate und Dollarmillionen einzusparen, hat Ford die Leitung der europäischen, nordamerikanischen und asiatischen Designabteilungen über leistungsfähige, durch Ethernet Software von Silicon Graphics Inc. verbundene Computer zu einem einheitlichen internationalen Netz zusammengefaßt. Das System Ford ist jetzt in Dearborn im US-Bundesstaat Michigan unter einem gemeinsamen ›elektronischen Dach‹ beheimatet. Weitere Knotenpunkte des Netzes liegen im englischen Dunton, in Köln, in Turin, im kalifornischen Valencia, in Hiroshima und in Melbourne. Standleitungen über Satellit, Unterwasserkabel und Landverbindungen werden bei Telekommunikationsfirmen erworben.«[11]

Die virtuelle Firma tritt auch auf dem Arbeitsmarkt als Arbeitgeber »virtueller« statt realer Arbeitnehmer auf. Die ideale virtuelle Arbeitskraft ist der Roboter: ein interaktiver, »intelligenter«, durchprogrammierter Arbeiter, der ohne Erholungspausen und bei minimaler Wartung vierundzwanzig Stunden täglich rackern kann. Was für ein makabrer Vorgang: Im kalten, neuen Cyberspace von McWorld greift die altbekannte unsichtbare Hand des Marktes nach dem Ätherleib der neugeborenen virtuellen Firma der Zukunft, um deren unbeholfenes Säuglingspatschen in Richtung auf endlosen Profit zu lenken, und keine sichtbare Menschenhand ist mehr beteiligt.

Viele moderne Nationalstaaten haben eine staatliche Industriepolitik formuliert, die auf strategische Koordination von Wirtschaftspolitik und Beherrschung internationaler Märkte durch ihre Konzerne zielt, ausgehend von der Theorie, es werde den eigenen Staatsbürgern schon irgendwie nützen, Konzerne auch dann zu subventionieren, wenn nichts von diesen zurückkommt. Vollbeschäftigung ist zwar eine vorrangige Staatsaufgabe, aber kein Konzernziel. Firmen, die sich behaupten wollen, müssen effizienter, also kapitalintensiver produzieren, und um kapitalintensiver zu produzieren, muß die Belegschaft verschlankt werden. Übersetzt heißt dies, so viele Dauerarbeitskräfte wie möglich zu entlassen und auf diese Weise hohe Tariflöhne, teure Überstundenzuschläge, Sozialabgaben und Betriebsrenten einzusparen. Statt ihrer tauchen Automaten auf, Roboter, und Scharen von Arbeitnehmern mit »befristeten« Verträgen, mit denen in Wahrheit Dauerarbeitsplätze auf Zeit und ohne soziale Absicherung, ohne garantierte Tariflöhne oder Betriebsrente besetzt werden. Arbeitslosigkeit kann den Markt zwar letztendlich austrocknen, weil sie potentiellen Käufern die Kaufkraft nimmt, aber das schert die Konzerne wenig, denn sie blicken nicht aufs Ganze, sondern konkurrieren mit (höchstens) quartalsmäßigen Umsatzzielen blindlings gegeneinander. Wollen sie sich auf dem Markt halten können, müssen sie »schlank und aggressiv« bleiben. Arbeitskräfte sind überflüssiges Fett, aber jede Abmagerungsdiät der Konzerne bedeutet für noch mehr Arbeitnehmer strukturelle Arbeitslosigkeit.

Die amerikanische Landwirtschaft hat immer noch Weltmarktgeltung, doch wo einst 80 Prozent aller Arbeitskräfte für Aussaat und Ernte gebraucht wurden, genügen heute 2 Prozent. Die Fabrikproduktion folgt dem Beispiel der Landwirtschaft. IBM hat 1993 unter dem allgemeinen Beifall der Bilanzanalytiker 60 000 Arbeitskräfte entlassen und sich auf dem internationalen Computermarkt einen Konkurrenzvorteil verschafft, dessen Kosten für die Allgemeinheit erst in ein paar Jahren zutage treten und keinesfalls IBM direkt belasten werden.[12] 1993 war für viele Großkonzerne das Jahr der »Verschlankung« (Massenentlassungen), darunter auch für solche, die schwarze Zahlen schrieben und damit nur »zukunftsgerichtet« handelten. Der einzige noch arbeitsintensive Faktor an der modernen Fabrikproduktion ist die Kostenanalyse. Aus Angst vor markenfreien Waschmittelherstellern verkündete Procter & Gamble 1994 Pläne, über einen Dreijahreszeitraum 13 000 Arbeitsplätze zu streichen (und 30 von 147 Fabriken zu schließen), während Eastman Kodak 1995 in einer »Umstrukturierungsmaßnahme« 10 000 Arbeitsplätze vernichtete. In der EG liegt die Arbeitslosigkeit bei durchschnittlich 11 Prozent. Die allgemeine Rezession hat sich zwar verlangsamt, doch ist es unwahrscheinlich, daß Arbeitsplätze so üppig wiedererstehen werden wie vor der Rezession, eine Erfahrung, die schon bei der Erholung der amerikanischen Wirtschaft Mitte der neunziger Jahre gemacht wurde. Viele der neuen Arbeitsplätze entstehen in schlechtbezahlten Dienstleistungssektoren und bleiben ohne Sozialleistungen oder Altersabsicherung. Verschlankung ist letztendlich eine globale Marktstrategie in Reaktion auf die neuen ökonomischen Gesetze des Zeitalters von Automation, Elektronik und Datenvernetzung. McWorld hat wenig übrig für Vollbeschäftigung als solche und noch weniger für protektionistische Regierungen, die auf dem Markt der Ware Arbeit an Angebot und Nachfrage herumfummeln möchten.

Natürlich gibt es ängstliche und schwache (schwerlich nach kapitalistischen Kriterien geführte) Branchen, die wie die kränkelnden Gewerkschaften staatliche Interventionen begrüßen. Doch gehören sie mehr einer absterbenden merkantilistischen Wirtschaft an als McWorld. In den letzten Jahrzehnten konnten wir erleben, wie einige der größten Konzerne Amerikas, wie Chrysler oder Amtrak oder Sparkassen und Hypothekenbanken, um staatliche Subventionen bettelten und um die Übernahme ihrer Verluste durch den Steuerzahler, der für ihr unternehmerisches Versagen aufkommen sollte. Aus unserer Welt ist der Sozialismus zwar verschwunden, doch er geistert weiter durch die Vorstandsetagen fußkranker und überschuldeter Investmentgesellschaften, etwa solcher, die sich mit dem Peso verspekuliert haben und jetzt ihre Verluste dem leidgeprüften Steuerzahler aufbuckeln wollen.

Auch Gewerkschaften verstecken sich hinter Protektionismus und wollen den Besitzstand ihrer Mitglieder vor internationalem Lohndumping schützen. Doch wie Robert J. Samuelson schreibt: »Der Drang großer Konzerne, Weltmärkte zu erobern und Umsatz zu maximieren, setzt sich über jeden Protektionismus bis auf den allerdrakonischsten hinweg.«[13] Die soziale Gerechtigkeit vermag genausowenig gegen die Ideologie des Markts wie das nationale Interesse. Märkte sind ihrem Charakter nach unfair und wollen mit Fragen von öffentlichem

Interesse wie Gerechtigkeit, Vollbeschäftigung und Umweltschutz grundsätzlich in Ruhe gelassen werden. Denn Markt ist schließlich schrankenloser Austausch zwischen einzelnen Konsumenten und Produzenten im freien Spiel der Kräfte; und McWorld ist vor allem und ausschließlich Markt. Marktideologen behaupten, der Markt verhalte sich wie ein Strom, dessen natürliches Bett Ingenieure gegen gelegentliche verheerende Überschwemmungen dämmen und deichen und der dann am Ende ein viel schlimmeres Chaos anrichtet, als wenn man ihn seinen eigenen Zyklen überlassen hätte.

Regierungen sind absolut berechtigt und sogar verpflichtet, im Namen der Gerechtigkeit, der Ökologie, des strategischen Interesses, der Vollbeschäftigung oder anderer Aspekte des Gemeinwohls in die Wirtschaft einzugreifen, woran der Markt kein Interesse hat und auch nicht haben kann. Von den Bewohnern von McWorld kann nicht erwartet werden, daß sie solche Interventionen gutheißen oder davon ablassen, die Bemühungen der Regierung durch eigene politische Bestrebungen zu konterkarieren. Das ist der Hauptgrund dafür, daß Handelsaktionen und Liefersperren gemeinhin versagen. Das Profitstreben des Marktes hat wenig für politische Sanktionen übrig. Mit der seltenen Ausnahme eines Landes wie Irak, dessen Führung so verhaßt ist, daß sie ihre Gegner zusammenschweißt und einzelne Regierungen sogar veranlaßt, strafrechtlich gegen private Embargobrecher vorzugehen, sind Liefersperren nicht viel mehr als Ärgernisse. Südafrika, Serbien, Iran, Israel, Chile, Argentinien und bis vor kurzem sogar Kuba haben Embargos verschiedentlich mit bemerkenswertem Gleichmut überstanden; viele konnten anhaltendes Wachstum durch einen Außenhandel erzielen, der einfach immun gegen einzelstaatliche Strafaktionen oder UN-Sanktionen war. Sogar der Irak konnte sich durch Schleichhandel atomare Rüstungstechnik auch dann noch verschaffen, als das Regime bereits international geächtet war.[14]

Moderne transnationale Konzerne in ihrem Streben nach weltumspannenden Märkten können eigentlich gar nicht mehr begreifen, was »Außenpolitik« sein soll, weil es für den ehrgeizigen Weltgeschäftsmann überhaupt kein Außen mehr gibt. Wie für den Gillette-Vorstandsvorsitzenden Zeien existiert kein Ausland mehr: Für Produktion und Konsum gibt es nur eine Welt, und zwar McWorld.[15] Wie könnte die physische Unterscheidung zwischen innen und außen in einer durch elektronisches Nachrichtenwesen und unbegrenzte Märkte definierten virtuellen Welt auch noch Resonanz finden? 1950 belief sich das Welthandelsvolumen auf 308 Milliarden Dollar. 1968 umfaßte es bereits mehr als eine Billion oder 1000 Milliarden, und heute liegt es bei 3,5 Billionen. Inzwischen sind Zölle, das mächtigste Symbol nationaler Grenzen, von etwa 40 Prozent der durchschnittlichen Warenpreise auf etwa 5 Prozent gefallen.[16] Während der Welthandel einen immer größeren Anteil des Weltbruttosozialprodukts umfaßt, wird er vom Weltdevisenhandel noch kräftig überrundet, angeblich im Verhältnis eins zu drei.

In den achtziger Jahren spotteten die Japaner über amerikanische Firmen, die Fabriken in Übersee gründeten, um ihre Arbeitskosten zu senken, näher am Markt zu sein und sich unabhängig vom hohen Dollarkurs zu machen. In den neunziger Jahren verlegen die Japaner selbst ihre Herstellung außer Landes. 70 Prozent der »japanischen« Fernseher und 30 Prozent der Videorecorder werden inzwischen in Übersee zusammengebaut. Und während General Motors mehr als 40 Prozent seiner Autos außerhalb der USA produziert, hat die außerjapanische Produktion von Toyota immerhin schon 20 Prozent erreicht.[17] Mabuchi Motors, ein Konzern, der bemerkenswerte 50 Prozent des Weltmarkts bei Kleinelektromotoren für Zahnbürsten, Kamerazooms und automatische Autofenster kontrolliert, hat 33 000 Beschäftigte – doch nur 1000 davon sind Japaner, die anderen ausländische Arbeiter in Fabriken auf Billigarbeitsmärkten wie China.[18]

Für Nationalstaaten mag es zwar sinnvoll sein, Exportanreize zu bieten und Zollbarrieren gegen Importe zu errichten, doch Konzernproduzenten und Einzelverbraucher sehen das völlig anders. Produzenten sind grundsätzlich »Exporteure« im Wortsinne (sie vertreiben alles in den Fabriken Hergestellte nach »draußen«) und Konsumenten grundsätzlich »Importeure« (sie holen sich alles, was sie brauchen, von außen ins Haus). Diese Grundsätzlichkeit bedeutet in der Praxis, daß die Frage von Import oder Export für die Marktteilnehmer von geringem oder überhaupt nicht von Belang ist. Die amerikanische Textilfirma, die ihre Fabrik nach Indonesien verlegt und mit billigeren Arbeitskräften billigere Kleider über die Grenze zurückschicken kann, beschert ihrer Buchhaltung kein Außenhandelsdefizit, sondern nur mehr Profit. Die amerikanische Verbraucherin, die das Kleid kauft, verliert nicht ihre Arbeit, sondern ersteht ein Schnäppchen. Mit dem Handelsbilanzdefizit, das daraus folgen kann, soll sich gefälligst der Staat herumärgern. Manche amerikanischen Werktätigen verlieren womöglich ihre Arbeit, und manche amerikanischen Bürger müssen vielleicht höhere Hypothekenzinsen zahlen, die vom Handelsbilanzdefizit der USA herrühren, aber den amerikanischen Produzenten und Konsumenten als solchen ist das völlig egal.

Natürlich zerlegt niemand vorsätzlich die eigenen Lebensäußerungen derart schizophren: Menschen sind nicht nur Verbraucher, sondern auch Werktätige, und sogar in den engen Grenzen ökonomischer Effizienz hängt ihre Kaufkraft langfristig von einer ebenso langfristigen sicheren Beschäftigung ab, und das wissen sie auch. Sie sind nicht nur Konsumenten, sondern auch Bürger und müssen die öffentlichen Auswirkungen ihres Handelns auf den privaten Sektor bedenken. Die Marktidentität ist nur ein Bruchteil der gesamten Identität eines Menschen, die auch ethnische und staatsbürgerliche Dimensionen umfaßt, die mit der Marktidentität konkurrieren oder ihr sogar feindlich sein können. Der Verbraucher, der sich über niedrigere Preise freut, kann als Arbeitnehmer in einer Textilfirma wütend über den Export seines Arbeitsplatzes sein, der die Preise fallen läßt. Der Produzent, der Umweltvorschriften umgeht und daraus Gewinne zieht, mag als Staatsbürger den Schaden beklagen, den Wirtschaftstätigkeiten wie die seine der Umwelt zufügen, und als Staatsbürger Abgasverordnungen gutheißen, die seinen Umsatz bremsen.

Dennoch sind Vollbeschäftigung und Umweltschutz Güter der Gesellschaft und gehören nicht auf den privaten Markt. Die Befürworter von McWorld sehen Märkte und ihre Auswirkungen ausschließlich aus der eindimensionalen Perspektive kapitalistischer Effizienz. Aus diesem verengten und kurzfristigen Blickwinkel sind zum Beispiel Staatsbürgerschaft, ethnische Zugehörigkeit und Beschäftigungsstatus bestenfalls irrelevant und schlimmstenfalls Hindernisse, die überwunden werden müssen. Menschen und Nationen läuft es kalt über den Rücken angesichts der Verschlankungsstrategien von Konzernen, die zur massiven Arbeitsplatzvernichtung führen, der Markt aber feiert die neue Konkurrenzfähigkeit seiner Mitspieler.

Staaten betreiben vielleicht eine staatliche Wirtschaftspolitik, aber für den wahren Kapitalisten sind gesetzliche Vorschriften, Zölle, Importverbote, Exportverbote, Mindestlöhne, Beschäftigungsquoten, Umweltvorschriften und sogar angebliche Investitionsanreize oder Festpreisgarantien Anathema, samt und sonders verachtenswerte statische Bemühungen, einen »natürlichen Prozeß« zu verzerren, der nur dann richtig funktioniert, wenn er sich selbst überlassen bleibt. Deshalb der alte Schlachtruf der alten und neuen Kapitalisten: *laissez faire!* Laßt uns nur machen! Laßt uns tun, was Sache von Herstellern und Konsumenten ist: verkaufen, kaufen, herstellen, verbrauchen.

Diese klassischen Lehren waren für eine viel simplere Welt gedacht und gerieten schon mit Keynesianismus und Wohlfahrtsstaat an ihre Grenzen. Der moderne demokratische Staat wird vom Vorrang des Öffentlichen vor dem Privaten legitimiert. Das öffentliche Interesse kommt vor dem privaten, und das Gemeinwohl hat den Vortritt vor dem individuellen Streben nach den eigenen Bedürfnissen. Doch unter Bedingung des Internationalismus – der Welthandelspolitik und der weltweiten Märkte, die das ausmachen, was ich als McWorld bezeichne – gewinnen die alten Vorstellungen von Laissez-faire wieder neue Durchschlagskraft. Denn es gibt keinen internationalen Staat und daher niemanden, der ein internationales Gemeinwohl formuliert oder garantiert. Das internationale Chaos zwischen den Staaten verbleibt als eine Art Naturzustand und ist gekennzeichnet vom »Krieg aller gegen alle«, von dem »Streben nach Macht um Macht, das erst im Tode aufhört«, das Thomas Hobbes in seinem *Leviathan* vor mehr als 300 Jahren beschrieben hat.

Die unsichtbare Hand des Marktes erlangt also neue Bedeutung im Rahmen des unsichtbaren Cyberspace, wo virtuelle Konzerne realen Staaten den Rang ablaufen. Nur ist der Raum, in dem sich die Konzerne bewegen, so unsichtbar wie die Geisterhand des Markts geworden. Ich hebe die Bedeutung dieser neuen Hyperrealitäten des Marktes aus zwei Gründen hervor: Erstens wird die von ihnen rehabilitierte Ideologie des freien Markts zum Rammbock gegen die Mauern des Nationalstaats und zeigt, daß McWorld Gegner von Staatlichkeit jeder Art ist; und zweitens fechten diese virtuellen Konzerne die überkommene Darstellung des Markts als eines freien Handels mit Rohstoffen, Industriewaren und Dienstleistungen an und formulieren sie neu. Denn in der Ökonomie von McWorld treten die traditionell dominanten Rohstoffe und Fertigprodukte zurück vor einem neuen und ganz anderen Tätigkeitsbereich – dem sogenannten Infotainment-Telesektor –, der die ökonomische Realität von McWorld umdefiniert und die Beziehungen zwischen Nationalstaaten auf eine Art neu ordnet, die weder Francis Fukuyama noch Paul Kennedy erahnen konnten.

2. Rohstoffverknappung:
Das Ende der Autarkie und
der Untergang des Abendlandes

Der Handel mit Rohstoffen und tierischen, pflanzlichen oder minera-
lischen Produkten ist einer der ältesten und einträglichsten Bereiche
der Ökonomie und reicht bis zu den Anfängen menschlicher Wirtschaftstätigkeit zurück. Das Ausfindigmachen, Verarbeiten und Verbrauchen solcher Primärgüter war Lebensgrundlage von Sklaven-
halter- wie von Agrar- und Feudalgesellschaften. Landwirtschaft und
Handel mit natürlichen Rohstoffen sind die erste Stufe der Ökonomie
und in der heutigen Weltwirtschaft der Motor zur Entwicklung der
Dritten Welt. In Rohstofferzeugung und -handel betätigt sich auch das
knappe Dutzend Konzerne südlich des Äquators, das sich auf die Liste
der 500 größten Firmen der Welt vorgekämpft hat.

In die Landwirtschaft als zweiten Sektor der traditionellen Rohstoff-
wirtschaft investiert die Dritte Welt auch den größten Teil ihrer
Arbeitskraft (in vielen Ländern der Dritten Welt bis zu zwei Drittel),
allerdings nicht sehr produktiv. Länder der Ersten Welt erzeugen nämlich mit fortschrittlicher Technik Agrarprodukte sehr günstig und wenden dafür nur einen Bruchteil ihrer Gesamtarbeitskraft auf.[1]

Wenn wir den Anteil der Landwirtschaft am Bruttosozialprodukt
mit dem der Warenproduktion und der Dienstleistungen vergleichen,
wird augenfällig, wie hoch die Schwelle zwischen Erster und Dritter
Welt ist. In den Mitgliedsstaaten der Organization for Economic Co-
operation and Development (OECD) entfallen durchschnittlich nur 2,8
Prozent des Bruttosozialprodukts auf Ackerbau und Viehzucht, aber 33
Prozent auf Industrieproduktion und satte 57,6 Prozent auf Dienstleistungen. Dagegen beträgt der Anteil der Landwirtschaft in Osteuropa
17,2 Prozent, in Afrika südlich der Sahara 21,8 Prozent und in Südostasien sogar 34 Prozent, und entsprechend kleiner ist der Dienstleistungssektor mit 38,5 Prozent in Osteuropa und 18 Prozent im süd-
lichen Afrika und Südostasien.[2] Etliche verarmte Nationen haben nicht
nur keine Industriekapazität, sondern nicht einmal die einfachsten Na-
turrohstoffe und Möglichkeiten der Agrarproduktion und sollten daher auf lange Sicht nicht zur Dritten, sondern besser zu einer »Letzten

Welt« gezählt werden. Andere »Drittweltstaaten« wiederum sind im Begriff, zur Zweiten und Ersten Welt aufzusteigen. Sehr anschaulich wird an Ghana, wie trübe die Aussichten vieler Länder südlich der Sahara sind. Paul Kennedy hat festgestellt, daß das afrikanische Land Anfang der sechziger Jahre dasselbe Pro-Kopf-Einkommen von gut 200 Dollar hatte wie eine Handvoll asiatischer Staaten, darunter Südkorea. Heute hat sich Südkorea auf über 3000 Dollar oder das Zwölffache verbessert, während Ghana bei 200 Dollar stagniert.[3]

Sogar bei den Rohstoffen gilt jedoch im Zeitalter von McWorld, daß es immer müßiger wird, von nationaler Selbstbestimmung oder Versorgungsunabhängigkeit zu reden. Autarkie ist zwar für alle Völker seit Anbeginn ihrer Geschichte immer Wunschtraum gewesen, besonders für solche mit demokratischen Ambitionen, denn wirtschaftliche Abhängigkeit von anderen bedeutete politische Unterwerfung im Innern wie nach außen. Nach den klassischen Staatstheorien von Perikles über Machiavelli bis Montesquieu und Tocqueville kann eine Gesellschaft nur dann frei sein, wenn sie in Ernährung und Rohstoffversorgung autark ist. Schon die Demokraten in der Antike träumten von einem Utopia, dessen politisches Selbstbestimmungsrecht unerschütterlich auf wirtschaftlicher Unabhängigkeit beruhte. Nicht so sehr die Freiheit des Markts als seine Unabhängigkeit sollte dem Stadtstaat die politische Freiheit sichern. Doch konnten die Athener die Autarkie nie erreichen. Abhängigkeit erwies sich als Teil der Natur des Menschen, vielleicht weil er in seinen Bedürfnissen von Natur aus unersättlich ist.

Der Traum der Autarkie blühte auch kurz im Amerika des 19. Jahrhunderts, als das dünnbesiedelte, unendlich reiche Land, ein Füllhorn an Bodenschätzen, auf natürliche Weise umschlossen von zwei großen Meeren, eine Zeitlang glaubte, es könne sich als selbständige Welt behaupten. Die Amerikaner wiegten sich in dem Glauben, sie könnten sich immer selbst versorgen, und pflegten daher immer wieder einen Isolationismus, der periodisch dazu führte, daß sie sich aus dem Weltgeschehen zurückzogen. Kein Inselstaat lebt jedoch wirklich auf einer Insel. Obwohl die Amerikaner die unvermeidliche wechselseitige Abhängigkeit kaum akzeptieren mochten, erwies sich das Füllhorn ihres neuen Kontinentes als erschöpflich. Auch anderweitig werden selbst die reichsten Gesellschaften durch die ungleiche Verteilung von Ackerboden und Bodenschätzen auf dem Planeten immer rohstoffabhängiger, und viele Völker der Ärmsten der Armen bleiben zur Dauerverzweiflung verdammt.

Für Japan und die Schweiz, moderne und fortschrittliche, aber rohstoffarme Staaten, kam Autarkie nie ernsthaft in Betracht. Durch militärische Herrschaft über besser ausgestattete Nachbarvölker (»Großostasiatische Wohlfahrtssphäre« nannten die Japaner ihr mit eiserner Hand regiertes Imperium vor dem Zweiten Weltkrieg) oder durch weitgespannten Handel und behutsame Außenpolitik (wie die beispielhafte Neutralität der Schweiz) mußten solche Länder Verbindungen mit anderen eingehen und wandelten ihre Abhängigkeit so zum Vorzug. Die militärische Gewalt Japans über Ostasien zwang die Japaner zu eiserner Disziplin, denn ein kaiserliches Riesenheer mußte fremde Länder ständig besetzt und deren Bevölkerung unter strengster Überwachung halten. Das Wirtschaftswunder im Nachkriegsjapan hat die alten Machtverhältnisse fast wiederhergestellt, Japan aber von seinen heutigen Handelspartnern noch abhängiger gemacht als früher von seinen Kolonien.

Es gibt geographisch und geologisch besser ausgestattete Länder, denen es nicht viel anders geht. Potentielle Agrargiganten wie Rußland und Indien sind bisweilen kaum imstande, sich aus eigener Kraft zu ernähren. Das Versagen der Sowjetunion auf diesem Gebiet hat ihren Untergang beschleunigt. Es erweist sich, daß jedes Land Dinge braucht, die in einem anderen Land verfügbar sind. Viele Länder können ihren Bedarf nicht mehr selbst decken. Der Verfall der amerikanischen Autarkie bei Rohstoffen über die letzten hundert Jahre ist beispielhaft für die Geschichte Dutzender hochentwickelter Staaten.

Noch bis 1960 ließen sich die von den USA importierten Bodenschätze fast an einer Hand abzählen: Aluminium, Mangan, Nickel und Zinn. Heute müssen sie Zink, Chrom, Wolfram, Blei und natürlich Erdöl im Ausland zukaufen, und bald werden auch Kupfer, Kali, Schwefel und sogar Eisenerz rote Zahlen in die US-Handelsbilanz schreiben. Steinkohle und Ölschiefer reichen in den USA noch bis ins übernächste Jahrhundert, und die völlige Zerstörung des Agrarpotentials dürfte noch erheblich mehr Dummheit und Inkompetenz erfordern, als die reichlich damit gesegneten Manager bisher aufgebracht haben. Doch in den meisten anderen Bereichen muß Amerika – der neue Garten Eden und das Gelobte Land des 18. Jahrhunderts – wie Großbritannien oder die Schweiz, wenn nicht gar wie der Tschad oder

Bangladesch, mehr und mehr von dem importieren, was es zum Überleben braucht.

Bis vor weniger als 50 Jahren konnte kein noch so unerschrockener Aggressor darauf hoffen, ein Amerika, das so reiche Reserven im Hinterland hatte, auf dem Schlachtfeld zu schlagen. Aus eigenen Lagerstätten an Eisenerz und Bauxit, Phosphat und Erdöl konnten Fabriken und Werften die Front schier unerschöpflich mit Nachschub an Flugzeugmotoren, Schlachtschiffen, Mörsergeschossen und Handgranaten versorgen. Die urtümliche Fruchtbarkeit der großen Ebenen lieferte Furage und Uniformen für so viele Armeen, wie die Nation ins Feld zu schicken für nötig hielt. Doch bereits in den achtziger Jahren war der letzte Rest dieser hochgelobten Autarkie Geschichte und Amerika von Importen so abhängig wie die meisten seiner Handelspartner. Der Sieg der USA im Zweiten Weltkrieg hatte nämlich genau die Rohstoffautarkie erledigt, die ihn ermöglicht hatte. Die Vereinigten Staaten räumten ihr Rohstoffkonto fast ab, um die Führungsrolle in der Welt zu erlangen, und mußten noch mehr davon opfern, um sie in den ungestümen Nachkriegsjahren zu behalten, als sich die Beziehungen zur Sowjetunion auf den Gefrierpunkt abkühlten, während das wirtschaftliche Binnenwachstum heißlief.

Wie drastisch und rasant sich die Selbstversorgung der Vereinigten Staaten mit Rohstoffen verschlechterte, läßt sich an den Einfuhrzahlen für Bauxit ablesen. Bauxit ist das Ausgangsmaterial für Aluminium und Schlüsselrohstoff der Industrialisierung und besonders der Rüstung. Amerika ist von der Natur schlechter mit Bauxit als mit anderen Erzen und Erden bedacht worden, hatte jedoch noch nach dem Ende des Ersten Weltkriegs mehr als 50 Prozent der Weltförderung inne.[4] Wichtiger noch, es importierte im Laufe der zwanziger Jahre weniger als 10 Prozent des Inlandverbrauchs und erzeugte am Ende des Zweiten Weltkriegs immerhin noch 57 Prozent seines Eigenbedarfs.[5] Binnen fünf Jahren (bis 1950) steigerte sich der Import auf 65 Prozent des Verbrauchs, und dann folgte eine rasche Verschärfung der Importabhängigkeit auf 87 Prozent 1960, 90 Prozent 1980 und 94 Prozent im Jahr 1988.[6] Zudem sackte die eigene Bauxitförderung der USA in den Keller, während der Verbrauch steil anstieg. Während Amerika 1945 noch 27 Prozent der Weltförderung und mehr als die Hälfte des eigenen Verbrauchs erzeugte, war die Binnenproduktion bis 1950 auf 16 Prozent der Weltförderung gefallen, erreichte zehn Jahre später (1960) nur noch 7 Prozent, 1970 die Hälfte davon (3,4 Prozent) und ging 1989 gegen Null (0,5 Prozent).[7]

In den fünfzig Jahren seit dem Ende des Zweiten Weltkriegs ist Amerika also beim Aluminium, auf dem seine Führungsrolle in der Welt teilweise beruht, von genau den Ländern der Dritten Welt abhängig geworden, gegenüber denen es die Vormachtstellung übernehmen will.[8] Ganz ähnliche Bilanzen ergeben sich bei anderen Erzvorräten und könnten auch für andere Länder aufgestellt werden. Die Hauptkonkurrenten Amerikas, die EG und Japan, sind 85 bis 100 Prozent importabhängig bei Niob, Strontium, Mangan, Kobalt, Tantal, Platin, Chrom, Nickel, Zinn, Antimon, Eisenerz, Gold, Kupfer, Molybdän und Phosphat.[9] Wie Amerika ist Europa bei den wichtigen Metallen, die es braucht, um sich gegen mögliche Gegner zu behaupten, von ebendiesen potentiellen Feinden abhängig.

Obwohl Neuentdeckungen von Kupfer-, Blei- und Zink- (wie auch Bauxit-)Lagerstätten die Weltreserven schneller wachsen ließen, als sie durch den Weltverbrauch in den achtziger Jahren abgebaut wurden, hat sich die Abhängigkeit aller Staaten in bezug auf Förderung, Verarbeitung und Vertrieb erhöht. Das wird besonders deutlich bei Ländern wie Frankreich, Rußland und Amerika, die sich einst der Illusion der Autarkie hingeben konnten. Überdies wird in dem Maße, wie immer mehr entwicklungsfähige Staaten der Dritten Welt mit ihrer entstehenden Industrie sich dem Verbrauch der Ersten Welt nähern, der Weltbedarf die Weltproduktion immer stärker übertreffen. Das verschärft die Rohstoffabhängigkeit und bringt wieder T. R. Malthus' Theorien in die Diskussion: Wer soll vom schrumpfenden Vorrat unersetzlicher Rohstoffe wieviel erhalten? Wird China tatsächlich, wie 1994 angekündigt, für jedermann ein Auto produzieren? Eine Milliarde Kraftfahrzeuge würde Chinas Rohstoffselbstversorgung genauso den Garaus machen wie den Erz- und Erdöllagerstätten weltweit (von der Umwelt einmal ganz abgesehen). Wollten die Chinesen pro Kopf der Bevölkerung genauso viele Autokilometer jährlich zurücklegen wie die Amerikaner, wären alle bekannten Energiereserven der Welt binnen fünf Jahren erschöpft.

Der Kampf zwischen Technik und Natur geht natürlich weiter. Produzenten haben Ersatzstoffe für schädliche Kühl- und Treibgase gefunden und sie rascher als von staatlichen Auflagen gefordert eingeführt, so daß die Ozonlochprognosen nun erleichtert nach unten korrigiert werden dürfen. Staatliche Anreize können viel bewirken. Bei Erzen und Erden können infolge technischer Innovation beim Recycling sowohl die Erschöpfung der Rohstofflagerstätten gebremst als auch die dadurch entstehenden Abhängigkeiten gemildert werden. 1987 wurden die Abraumhalden bei Bergbau, Verhüttung und Metallindustrie in den USA auf fast 2 Milliarden Tonnen geschätzt. Die Wiederverwertung ist wegen des unterschiedlichen Erzgehalts solcher Abfälle zwar nicht billig, erfolgt aber trotzdem in zunehmendem Maße.[10] Die Umwelt wird dadurch erheblich geschont: Der Energieaufwand zur Gewinnung einer Tonne eines beliebigen Metalls durch Abbau, Erzaufbereitung und Verhüttung ist zwei- bis zehnfach so hoch wie der Aufwand für Recycling. Aus der Wiederverwendung können die Konzerne vielleicht nicht so große Profite schlagen, doch schont sie Mutter Erde und läßt mehr für künftige Generationen übrig. In der schönen Neuen Welt von McWorld finden wir vielleicht noch mehr Möglichkeiten, unseren Müll in Freiheit zu verwandeln und aus unseren Abfallprodukten einen Abglanz unserer verlorenen Unabhängigkeit zu gewinnen.

Die Technik hält auch einen neuen Stein der Weisen parat: Kunststoffe als neuartige Ersatzstoffe für Metall, die von natürlichen Rohstoffen unabhängig machen und bessere Gebrauchseigenschaften haben. Sie verheißt auch neuartige Möglichkeiten der Ausbeutung und Aufbereitung von Erzen, die zuvor für eine Förderung zu niedrigprozentig waren oder zu tief in der Erde oder im Meer lagen. Der Meeresboden des Pazifiks ist mit Manganknollen übersät, die mehr Kobalt, Nickel und Kupfer enthalten als alle bekannten Weltreserven auf dem Festland. Zur Zeit liegen sie noch in Tiefen, aus denen sie nicht gefördert werden können, aber es werden immer bessere Tauchboote konstruiert, und vollautomatische Staubsauger, die diese Schätze bergen können, stehen bereits auf dem Reißbrett.[11]

Letztendlich jedoch läuft es langfristig selbst dort, wo die Erschöpfung der Rohstofflagerstätten durch neue Produktionsmethoden und wirtschaftlichere Aufbereitungstechnik oder durch Wiederverwendung und technische Ersatzstoffe wettgemacht werden kann, auf unvermeidliche wechselseitige Abhängigkeit fast aller von allen bei beinahe allen Produkten hinaus. Das Feuer, das Prometheus bringt, kann nur von der Weltgemeinschaft insgesamt genutzt werden. Wissenschaft und Technik lassen sich nicht an Felsen schmieden und weder durch Grenzen noch durch staatliche Souveränität fesseln. Ihre Bedingung ist Kooperation, und sie erzwingen Interdependenz. Wenn die Völker der Welt eins nach dem anderen ihren natürlichen Reichtum aufgebraucht haben, können sie ihr Leben vielleicht noch durch Einfallsreichtum fristen, aber nur gemeinsam und in wechselseitiger Abhängigkeit: Es geht entweder global oder gar nicht. Die Tage des Nationalstaates sind gezählt.

Die Verknappung des Erdöls

Viele mineralische Rohstoffe lassen sich wiederverwerten oder gegen künstliche Ersatzstoffe austauschen, doch bei Energieträgern, vor allem fossilen Brennstoffen, ist das mit Sicherheit nicht in dem Umfang möglich, in dem sie gegenwärtig gebraucht werden. Erneuerbare Energien bieten wenig Hoffnung. Das gilt für Sonnenenergie aus Solarzellen, deren Produktion von 1981 bis 1991 trotz drastischer Verbilligung durchschnittlich nur um 15 Prozent jährlich zugenommen hat; Energie aus Erdwärme – durch Anzapfen von Heißwasser- und Dampfreserven –, aus der 1950 nur 239 Megawatt, aber heute fast 10 000 Megawatt oder der Energiebedarf von 6 Millionen energieverschwendenden Amerikanern gewonnen werden; die in nur 11 Jahren von 15 auf 2652 Megawatt hochgeschnellte Windkraft; die Wasserkraft, die in vielen Entwicklungsländern fast ein Drittel des Energiebedarfs deckt und seit 1950 von weniger als 50 000 Megawatt auf weit über eine halbe Million Megawatt zugenommen hat; und schließlich die Kernkraft – obwohl deren Zuwachs wegen der Umweltgefahren in den letzten Jahren nach einer Spitze von 328 000 Megawatt, also weniger als der Hälfte der Wasserkraft im Jahre 1990, praktisch zum Stillstand gekommen ist.[12] Dennoch haben alle diese Energiearten nur eine leichte Einbuchtung in der Kurve des Welterdölverbrauchs bewirkt – einen sehr viel kleineren als die Ölkrisen und die Rezession der siebziger und achtziger Jahre.[13] Die Weltproduktion hat sich nach einer Spitze von fast 63 Millionen Faß täglich 1979 seit 1989 zwischen 59 und 60 Millionen Faß täglich eingependelt, also bei immerhin 40 Prozent des täglichen Weltenergiebedarfs. Doch während die Produktion heute weit unter ihrer möglichen Spitze liegt, werden die langfristigen Aussichten immer schlechter. Die weit entwickelten Volkswirtschaften und Hervorbringer von McWorld sind abhängig vom Transportmittel Auto, das wiederum vom

Erdöl abhängt und in freiheitlichen, demokratischen Gesellschaften Wohlstand, Individualismus und Mobilität zugleich symbolisiert. Wie könnte man da Entwicklungsländer abhalten, ihre Gesellschaft so automobil zu machen, wie dies China jetzt vorhat?

Auf der Welt dreht sich immer noch alles um die Energie aus nicht wiederverwendbaren und unersetzlichen fossilen Brennstoffen. Die Vereinigten Staaten liefern ein besonders beklemmendes Beispiel, denn hier verfeuert einer der reichsten Produzenten fossiler Brennstoffe der Welt seine Eigenreserven in einer Orgie des Konsums, die sich weder in einer Steigerung des Lebensstandards noch in einem entsprechend höheren Bruttosozialprodukt niederschlägt. Auch haben die USA nichts aus zwei schweren Versorgungskrisen und ihrer immer lähmenderen Abhängigkeit von ausländischem Erdöl gelernt: Benzin ist nach wie vor lächerlich billig, seine Besteuerung ist (selbst nach dem Aufschlag von 4,3 Prozent pro Gallone durch die Clinton-Regierung) völlig bedeutungslos. Reserven für irgendeinen Ernstfall sind praktisch nicht vorhanden.

Mehr noch als Erze stellen offensichtlich Vorräte an fossilen Energieträgern eine Form von Macht dar, die schrumpft, je größer sie wird. Bereits Jean-Jacques Rousseau hat in der ersten ätzenden Kritik der Neuzeit die Ironie der Modernisierung beschrieben. Er erkannte, daß die Macht, die Wissenschaft und Technik zur Befriedigung unserer Bedürfnisse bereitstellen, diese Bedürfnisse in Wahrheit derart steigert und vervielfacht, daß wir um so unzufriedener werden, je mehr Macht über die Dinge wir erlangen. Wenn Glück sich danach richtet, ob sich unsere Bedürfnisse mit unserer Fähigkeit zu ihrer Befriedigung decken, wird »Fortschritt« immer bedeuten, daß Verfügungsmacht so schnell wachsen kann, wie sie will, und dennoch stets vom noch schnelleren Wachstum der Bedürfnisse überrundet wird. Daher die Zwickmühle des modernen Menschen: Je mehr Verfügungsmacht er gewinnt, desto elender fühlt er sich. Alles, was wir haben, dient nur dazu, unsere »Bedürfnisse« zu steigern, und je mehr wir besitzen, um so mehr brauchen wir, um das Vorhandene zu pflegen. Wie der sprichwörtliche Gutsbesitzer, der immer nur noch das Land dazuhaben will, das an sein Grundstück grenzt, braucht unser moderner Verbraucher immer gerade nur noch das Produkt, das zu dem bereits vorhandenen gehört. Zum Fernsehapparat »gehört« der Videorecorder und zu diesem wiederum der CD-Player, und der »erfordert« einen Computer, welcher endlos Software »benötigt«. Zum Auto gehört zunächst ein Radio und ein Kassettenrecorder, dann eine Wegfahrsperre und ein Bordcomputer, und dann fordert es Ausflugsziele, Drive-in-Restaurants und Autokinos, Parkplätze und Parkhäuser und alsbald alles, was die moderne Zivilisation ausmacht – lauter Waren, für die der Mensch sein ganzes Leben lang schuften muß, damit er sie sich halbwegs leisten kann. Und dann beklagt sich dieser Mensch natürlich, daß er keine Muße mehr hat, seinen »Besitz« zu genießen, von dem er eher besessen wird.

Was Hobbes als das Streben nach Macht bezeichnet hat, das erst mit dem Tode endet, ist zur Suche nach Ölquellen geworden, die im Bankrott von Wirtschaft und Umwelt enden muß. In Amerika schien es unvorstellbar, daß das Angebot an Erdöl je von der Nachfrage überholt werden könnte. Seit der Entdeckung von Erdöl in Pennsylvanien kurz vor dem Bürgerkrieg (John D. Rockefeller wurde steinreich daran) bis in die dreißiger Jahre schien die Entdeckung neuer Lagerstätten viel schneller zu gehen, als Öl von einer zunehmend industrialisierten Welt verbraucht werden konnte. Doch wenige Jahre nach dem Ende des Zweiten Weltkriegs rutschte Amerika allmählich in die Abhängigkeit, auch wenn Erdölimporte zunächst bloß als praktisch und kostengünstig betrachtet wurden.

Warum sollte man teures einheimisches Erdöl fördern, wenn ausländisches so billig war? In den ersten drei Vierteln des Jahrhunderts nahm der Erdölverbrauch in Amerika um etwa drei Prozent jährlich zu, während das Bruttosozialprodukt im Durchschnitt jährlich um vier Prozent wuchs.[14] Die einheimische Förderung hatte ihre Spitze 1970 und konnte mit dem Bedarf Schritt halten, denn 1970 wurden noch 88 Prozent des Verbrauchs aus Ölquellen im Inland gedeckt.[15] Doch als Ergebnis des Nahostkriegs von 1973 und des Ölembargos stieg der Importbedarf an Erdöl, in den sechziger Jahren noch ein Zehntel, bis 1974 auf das Dreifache, was zum erstenmal Alarmstimmung auslöste. Bis 1974 waren die Importe auf 28 Prozent des Verbrauchs und der Ölpreis von 1,73 Dollar pro Faß im Jahr 1970 auf 10,89 Dollar bis Ende 1974 gestiegen.[16] 1980 war der Importanteil bereits auf 38 Prozent des Binnenverbrauchs geklettert und 1990 auf 42 Prozent.[17] Heute liegt die amerikanische Importabhängigkeit trotz weltweiter Rezession und achterbahnähnlichem Auf und Ab beim Verbrauch, das die Welterdölförderung unter die Spitzenwerte der siebziger Jahre drückte, immer noch weit über 40 Prozent und hat 1994 erstmals die 50-Prozent-Marke überschritten.

Diese langfristige Steigerung spiegelt sowohl einen langsamen Rückgang der inländischen Förderung als auch einen Energiehunger wider, der Ende der siebziger Jahre zwar von steigenden Preisen gedämpft wurde, aber weiterhin zunimmt. Während die amerikanische Binnenförderung von einer historischen Spitze von 11,3 Millionen Faß täglich im Jahr 1970 (Erdöl und Erdgas) bis 1990 auf etwa 9 Millionen Faß täglich schrumpfte, stieg der Verbrauch von weniger als 15 Millionen Faß täglich auf eine historische Spitze von fast 18 Millionen Faß Ende der siebziger Jahre. Wenn die Preise so niedrig bleiben, sagen Experten der Energy Information Administration voraus, daß die amerikanische Binnenförderung bis 2010 auf etwa 6 Millionen Faß täglich zurückgehen und der Verbrauch auf fast 24 Millionen Faß täglich steigen wird. Das würde eine Versorgungslücke von beinahe 18 Millionen Faß pro Tag nach sich ziehen und zu einer Importabhängigkeit von fast 75 Prozent führen.

Das amerikanische Schicksal ist der Alptraum jeder entwickelten Nation. Lassen wir OPEC-Länder wie Qatar und Bahrain mit geringer Bevölkerungszahl und gigantischen Förderungsüberschüssen einmal beiseite, sind fast alle Industrienationen beim Erdöl importabhängig, manchmal bis zu 100 Prozent. Von den Staaten mit ungefähr der Hälfte des Weltbruttosozialprodukts (USA 27 Prozent, Japan 16 Prozent und Deutschland 7 Prozent) importieren die USA, Japan und Deutschland weitaus mehr als die Hälfte ihres Gesamtenergiebedarfs – die USA zwar weniger als 50 Prozent, aber Japan mehr als 90 Prozent, und Deutschland liegt dazwischen. Frankreich, das voll auf die Atomenergie gesetzt hat, produziert einen großen Teil seiner Energie selbst, ist jedoch nach wie vor importabhängig.[18] Von den Staaten der OECD sind nur Kanada und Australien und wegen des Nordseeöls Norwegen und das Vereinigte Königreich Nettoerzeuger von Energie – weshalb Norwegen auch auf den Beitritt zur EG durchaus verzichten kann. Andererseits sind die fünf größten Volkswirtschaften der Welt zugleich die größten Energieimporteure. Je stärker ein Land, desto geringer seine Unabhängigkeit.

In diesem statistischen Zahlenwust verbergen sich krasse Ungerechtigkeiten, die Licht auf die Schattenseiten von McWorld werfen. Auch wenn Nationalstaaten durch transnationale Märkte verdrängt werden, bleiben ihre Bürger Produzenten und Konsumenten des Weltmarkts.

Die ungleiche Verteilung der Rohstoffe in der Welt macht McWorld mit allen seinen Vorzügen und Nachteilen für die einen zum Tummelplatz und für die anderen zum Friedhof. Betrachten wir den Energieverbrauch der reichen Nationen, schießt Amerika den Vogel ab. Von Gerechtigkeit keine Spur. Nicht nur ist für alle immer weniger übrig, sondern das Vorhandene wird auch immer ungerechter und sinnloser verteilt. Ungleichbehandlung erweist sich als entscheidendes Merkmal von McWorld. Dieser Aspekt soll nicht vernachlässigt werden, auch wenn wir ihn hier nicht vorrangig abhandeln.

Rohstoff- und Energievorräte: Dschihad oder McWorld?

Die logische Schlußfolgerung aus unserer Betrachtung heißt, daß die wechselseitige Abhängigkeit, die aus der Globalisierung folgt, die Aufsplitterungstendenzen des Dschihad, die sie zu bekämpfen scheint, in Wirklichkeit eher verstärkt. Der Verbrauch von Rohstoffen und Energieträgern erhöht nämlich sowohl die gegenseitige Abhängigkeit, indem er eine wachsende globale Kooperation erzwingt, aber auch Ungleichbehandlung, Schwäche und Unrecht, was wiederum die neue Weltwirtschaft den Kräften des Dschihad ausliefert. Wie labil die in den entwickelten Ländern entstehende McWorld ist, wird schlagartig deutlich, wenn man einmal untersucht, wie viele Hauptenergieproduzenten außerhalb der OECD-Kandidaten für einen Dschihad mit all seinen pathologischen Entgleisungen sind: Bei wie vielen von ihnen sind innere Unruhen, politische Instabilität, Bürgerkrieg oder Zerfall in einzelne Stämme möglich? (Vgl. die Risikotabellen Seite 50ff.) Zu den Dschihad-anfälligen Produzentenländern können wir mit Sicherheit Iran, Irak, Algerien, Libyen, Nigeria und das ehemalige Jugoslawien als Hochrisikoländer zählen; zu den Staaten mit mittlerem Risiko gehören Argentinien, Brasilien, Peru, Venezuela, Albanien, Rumänien, die Republiken der ehemaligen UdSSR, Angola, Kamerun, der Kongo, Gabun, China, Indien, Malaysia und Mexiko und natürlich der ganze Mittlere Osten einschließlich Saudi-Arabien, Kuwait, Oman, Qatar, Ägypten, Syrien und die Vereinigten Arabischen Emirate. 1991 lieferte die Hochrisikogruppe täglich fast 8 Millionen von 60 Millionen Faß; also etwa 13 Prozent der Welterdölproduktion.

Dschihad und Ölförderung: Risiken

Angegeben sind die Fördermengen von 1992.

Die Zahlen beziehen sich auf 1000 Faß täglich. Die Weltförderung beträgt 60 029,4 (tausend Faß täglich) (1 *barrel* oder Faß = 143,19 Liter)

Erdölförderländer mit hohem Risiko	
Algerien	771,3
Irak	417,3
Iran	3415,3
Jugoslawien	22,2
Libyen	1468,7
Nigeria	1887,8
Summe	7981,8 (tausend Faß täglich)

13,3 Prozent der Welterdölförderung stammen aus Staaten, in denen zur Zeit ethnische Auseinandersetzungen stattfinden oder ein hohes Risiko solcher Konflikte besteht.

Erdölförderländer mit mittlerem Risiko

Ägypten	870,7	Kongo	182,7
Albanien	30,0	Kuweit	845,3
Angola	553,2	Malaysia	661,0
Argentinien	554,3	Mexiko	2775,7
Brasilien	640,7	Oman	729,0
China	2833,6	Peru	115,7
Gabun	302,7	Rumänien	140,0
GUS-Staaten*	8898,8	Saudi-Arabien	8206,7
Indien	573,8	V. A. Emirate**	2337,7
Kamerun	139,0	Venezuela	2328,7

SUMME   33718,8 (tausend Faß täglich)

56,17 Prozent der Welterdölförderung stammen aus Staaten mit mittlerem Risiko ethnischer Auseinandersetzungen

GESAMTSUMME   41700,6
                                             (tausend Faß täglich)

69,47 Prozent der Welterdölförderung stammen somit aus Staaten mit hohem oder mittlerem Risiko gegenwärtiger oder künftiger ethnischer Auseinandersetzungen.

Quelle: *The International Petroleum Encyclopedia* (Penn Well Publishing Company, Tulsa 1993), S. 350–354.

*   Aserbaidschan, Weißrußland, Kasachstan, Kirgisien, Rußland, Tadschikistan, Turkmenistan, Ukraine, Usbekistan, Armenien, Moldawien
** Abu Dhabi, Ajman, Dubai, Fujaira, Ras al-Khaima, Sharja, Umm al-Qaiwayn

Dschihad und Erdölreserven: Risiken

Weltüberblick über nachgewiesene Lagerstätten (mit derzeitiger Technik und zu derzeitigen Preisen förderbares Erdöl). Die Angaben stammen vom 1. Januar 1993.

Die Zahlen beziehen sich auf Milliarden Faß. Die Welterdölreserven betragen 997,04 Milliarden Faß.

Erdölförderländer mit hohem Risiko

	Erdölreserven	In % der Weltreserven
Algerien	9,2	0,92
Irak	100,0	10,03
Iran	92,86	9,31
ehem. Jugoslawien	0,08	0,008
Libyen	22,8	2,29
Nigeria	17,9	1,8
SUMME	242,84 Milliarden Faß	24,36

24,36 Prozent der Welterdölreserven liegen in Staaten mit derzeitigen ethnischen Auseinandersetzungen oder einem hohen solchen Risiko in der Zukunft.

Erdölförderländer mit mittlerem Risiko

	Erdölreserven	In % der Weltreserven
Ägypten	6,2	0,62
Albanien	0,17	0,012
Angola	1,5	0,15
Argentinien	1,57	0,16
Brasilien	3,03	0,3
China	24,0	2,41
Gabun	0,73	0,07
GUS-Staaten	57,0,	5,72
Indien	6,05	0,61
Kamerun	0,4	0,04
Kongo	0,83	0,08
Kuweit	94,0	9,43
Malaysia	3,7	0,37
Mexiko	51,3	5,15
Oman	4,48	0,45
Peru	0,38	0,04
Rumänien	1,57	0,16
Saudi-Arabien	257,84	25,86
Ver. Arab. Emirate	98,1	9,84
Venezuela	62,65	6,28
SUMME	675,50	67,75
	Milliarden Faß	

67,75 Prozent der nachgewiesenen Welterdölreserven liegen in Staaten mit mittlerem Risiko künftiger ethnischer Auseinandersetzungen.

GESAMTSUMME 918,34
                        Milliarden Faß Erdöl

Insgesamt 92,11 Prozent der nachgewiesenen Welterdölreserven liegen somit in Staaten mit hohem oder mittlerem Risiko gegenwärtiger oder künftiger ethnischer Auseinandersetzungen.

Quelle: The *International Petroleum Encyclopedia* (Penn Well Publishing Company, Tulsa 1993), S. 284–285.

In der Gruppe mit mittlerem Risiko liefern nichtarabische Länder etwa 21 Millionen Faß täglich (mehr als ein Drittel der Weltproduktion), während das Pulverfaß des Mittleren Ostens (ohne die Hochrisikoländer Irak und Iran) fast 13 Millionen Faß täglich oder ein weiteres Fünftel der Weltproduktion bestreiten. Das heißt: Mehr als drei Fünftel der gegenwärtigen Welterdölproduktion (und fast 93 Prozent der bekannten Lagerstätten) werden von Nationen kontrolliert, bei denen die geringste Wahrscheinlichkeit besteht, daß sie sich in McWorld zu Hause fühlen, und die höchste, daß sie künftig mit politischer, sozialer und damit ökonomischer Labilität geschlagen sein werden.

Die Ergebnisse sind genauso beklemmend, wenn wir Energieexporteure in den Kategorien mit hohem und mittlerem Risiko auf einer »Demokratieskala« einordnen. Da Demokratie mit Kontinuität der Regierung und somit mit Stabilität korreliert, und weil bei demokratischen Staaten eine geringere Wahrscheinlichkeit als bei nichtdemokratischen besteht, daß sie andere Demokratien bekriegen, bieten erdölfördernde Demokratien als Handelspartner für McWorld größere Sicherheit. Dennoch begnügten sich die Westmächte damit, die Ölförderung zum Beispiel in Kuweit wieder in Gang zu bringen, ohne auf demokratische Reformen zu dringen.

Nach strengen Maßstäben könnte man die lateinamerikanische Gruppe und Indien bestenfalls am demokratischen Rand einordnen, wobei diese lediglich sieben der von den Staaten aus der Gruppe mit hohem und mittlerem Risiko geförderten 42 Millionen Faß stellen und folglich mehr als vier Fünftel der Förderung aus diesen beiden Gruppen in nichtdemokratischen Händen verbleiben. Wenn alle erdölfördernden Republiken der ehemaligen UdSSR demokratisch würden, wären weitere 10 Millionen Faß täglich »sicherer«, aber dennoch verbliebe mehr als die Hälfte der Weltproduktion in der Risikogruppe. Zudem hat die Aufspaltung früherer großer Bundesstaaten wie Jugoslawien und der Sowjetunion in kleinere Länder frühere Erdölexporteure in Nettoimporteure verwandelt. Als sie noch Teil der Sowjetunion war, konnte sich die Ukraine als Teil eines Großproduzenten fossiler Brennstoffe und Holz betrachten. Doch mit der Unabhängigkeit ist sie nun zum bedürftigen Importeur geworden, der bei Rußland Öl, Erdgas und Holz erbitten muß. Yuri Byelomestnov, Direktor des ukrainischen Bergwerks Oktober, meint dazu sarkastisch: »Die Unabhängigkeit der Ukraine war falsch ... Nationalismus ist Verblendung. Früher bekamen wir 8000 Ausrüstungsteile monatlich aus Rußland – Transportbänder, Grubenholz. Heute kriegen wir gar nichts.«

Die Konsequenzen sind simpel und beängstigend: Sowohl der Dschihad als auch McWorld schwächen die Nationalstaaten. Der Dschihad splittert sie auf, verstärkt jedoch ihre Abhängigkeit von McWorld; McWorld zerrt Staaten aus Abschottung und Selbstgenügsamkeit, entmachtet sie aber, indem es sie in die Abhängigkeit drängt. So oder so leidet die Demokratie, besonders wenn sie, wie ich noch darlegen werde, historisch in nationalstaatlichen Institutionen wurzelt. Noch während wir durch Handel, Verträge, Gesetze, Zusammenarbeit und UNO-Streitkräfte den großen Frieden sicherer machen, werden die vom Stammesdenken des Dschihad ausgelösten Kleinkriege weltweit immer umfangreicher. Die wechselseitige Abhängigkeit macht die Grenzen nicht nur für das Gute durchlässig, sondern auch für das Schlechte, für den Dschihad nicht weniger als für McWorld.

3. Der industrielle Sektor
und der Aufstieg des Ostens

Was ändert sich, wenn man statt der Rohstoffe die Industriewarenproduktion, Grundlage jeder nationalen Volkswirtschaft, betrachtet? Die fabrikmäßige Herstellung von Investitions- und langlebigen Konsumgütern macht den traditionellen Industriesektor aus, der allgemein als Kriterium für das jeweils erreichte kapitalistische Entwicklungsniveau gilt. Bis in die jüngste Zeit hielt man diesen Sektor für den Motor aller entwickelten Volkswirtschaften. Daher wurde aus dem Niedergang der amerikanischen Industrie in Traditionsbranchen wie Stahlerzeugung und Automobilbau auf eine Schwächung der weltwirtschaftlichen Rolle der USA geschlossen. Erst war nur von einem »Rostgürtel« die Rede, aber dann galt ganz Amerika als riesige Industriebrache. Das von Henry Luces Zeitschrift *Life* noch 1941 gefeierte »amerikanische Jahrhundert« schien ganz unfeierlich schon irgendwann in den siebziger Jahren zu Ende gegangen, als die USA auf ihrem langen Weg von der größten Gläubigernation zum größten Schuldner der Welt in die roten Zahlen gerieten, alldieweil Europa und Japan nach Wiederaufbau und Nachkriegserholung den USA die Führung bei Automobilen, Haushaltsgeräten, Elektronik und Computern streitig zu machen begannen. Paul Kennedy, David Calleo und andere Pessimisten kamen daher zu dem Schluß, das amerikanische Zeitalter sei nach nur einem halben Jahrhundert schon zu Ende.[1]

Nach der gleichen Logik haben sich die aufstrebenden Wirtschaftsmächte, denen die Zukunft gehören soll, in den letzten Jahrzehnten durch wachsendes industrielles Produktionspotenial qualifiziert. Die immer zahlreicher werdenden »Tiger« auf der asiatischen Seite des Pazifiks, also Japan, die beiden Koreas, Taiwan, Singapur und China (mit Hongkong) holen europäische Wirtschaftsmächte wie Deutschland und Frankreich ein und überholen sie gar. Kleinere und unauffälligere Produzenten wie Israel, Irak, Kuba (vor dem Abgang seiner kommunistischen Subventionierer), Botswana, Kuwait und Libyen haben, verglichen mit ihrer Größe, inzwischen ebenfalls einen überproportional großen wirtschaftlichen Einfluß, während Chile, die Türkei und sogar

Mexiko noch in diesem Jahrzehnt überdurchschnittliche Zuwachsraten erzielen werden. In allen diesen Ländern entfällt die Hälfte des Bruttosozialprodukts auf die Industrie.[2] Dennoch beweisen diese Trends wenig. Vorhersagen aufgrund industrieller Fertigungskapazität sind grundsätzlich fehlerhaft, weil sie die Richtung nicht erfassen, in die sich die aufstrebende Volkswirtschaft bewegt. Im Zeitalter von McWorld entsteht Wirtschaftsmacht im Dienstleistungssektor, und hier zeichnen sich ganz neue und andere Maßstäbe und Führungsrollen ab als im traditionellen Industriesektor.

Joseph Nye hat überzeugend geschildert, wie sich der Schwerpunkt von »harter Gewalt« wie in Befehlsstrukturen bei Militär und in der Fließbandfertigung zu einer neuen Form »sanfter Gewalt« verschiebt, die durch Konsens geleitet wird und in der »allgemeinen Kultur eines Landes und in seiner Fähigkeit wurzelt, Regeln und Institutionen zur Förderung des Außenhandels zu schaffen«.[3] Seiner Meinung nach tritt in der Welt von heute sanfte politische Gewalt an die Stelle von harter. In ähnlicher Weise sage ich, daß sich parallel dazu in der Wirtschaft eine Verlagerung von der harten Industrieproduktion zum weichen Dienstleistungssektor (Information und Kommunikation) ergeben hat. In den kommenden Jahrzehnten wird sich daraus wirtschaftliche Macht entwickeln. Das wird auch die Negativprognosen über die USA ändern.[4] Die Vereinigten Staaten sind zwar nicht mehr die herrschende Industriemacht wie früher, haben aber einen Vorsprung bei der sanfteren Gewalt, die McWorld gestaltet und den USA ermöglichen wird, wieder nach der Weltführerschaft zu greifen. Amerikas Aufstieg und Niedergang als Industriemacht ist also nur Teil eines Prozesses, der noch lange nicht zu Ende ist.

1950, noch vor dem kalten Krieg und der Umorientierung von einsetzender Friedenswirtschaft auf erneute Rüstungswirtschaft, hatten die Vereinigten Staaten England und Deutschland längst hinter sich gelassen und sich zur unbestrittenen Weltmacht erhoben. Militärische und politische Faktoren schienen dafür ausschlaggebend, doch Grundlage war eindeutig die Wirtschaftskraft der USA. Ihre weltgeschichtlich einmalige strategische Vorherrschaft beruhte fast ausschließlich auf der im Zweiten Weltkrieg aufgebauten Kapazität der weltgrößten und produktivsten Industriekonzerne und des beweglichsten Finanzkapitals.

In dieser Nachkriegsperiode mit Amerika als erster Wirtschaftsmacht gab es weitaus größere kulturelle Vielfalt in der Welt als heute. In der Zeit, in der Amerika seine Hegemonie mit harter Gewalt ausübte, blieb die sanfte Gewalt vielen verschiedenen Lokalkulturen vorbehalten und war aufgesplittert und nicht weiter von Bedeutung. Kulturelle Symbole waren Eigentum in sich geschlossener Völker mit eigenständigem Selbstbild. In den fünfziger und sechziger Jahren war Europa noch nicht »europäisch«. In den Zeiten vor McWorld fuhren die Schweden noch Volvos und Saabs, kauften schwedische Waren und aßen schwedisch. Bei den Briten war das ähnlich, und andere Weltbewohner ahmten entweder ihre Kolonialherren nach oder bauten ebenfalls nationale Konsumwirtschaften um einheimische Produkte und um die eigene Kultur herum auf. In Frankreich wurde noch Rohmilchcamembert gegessen und in typisch französischen Cafés und Brasserien südfranzösischer Rotwein getrunken, im Autoradio Edith Piaf und Jacqueline Françoise gehört und im Citroën 2CV und Renault von Paris bis Marseille über baumbestandene französische Chausseen durch ein französisches Dorf nach dem andern gefahren. Ein Amerikaner in Paris hatte den Atlantik überquert, um Produkte wie Tastee-Freez, White Castle und Chevrolet hinter sich zu lassen und von ihnen in Frankreich unbehelligt zu bleiben. Deutsche studierten in Italien, um sich von der Mittelmeerkultur statt von der jenseits des Atlantiks überwältigen zu lassen. Abstrakt beherrschten die Amerikaner die Weltwirtschaft, doch die Franzosen waren in Frankreich, die Engländer in England und die Italiener in Italien immer noch Herren im eigenen Land.

Doch in der Zeit des Kalten Krieges entwickelten sich zwei konkurrierende Welten industrieller Macht. Während die Vereinigten Staaten und die Sowjetunion voll auf die Schwerindustrie in Rüstung und Luftfahrt setzten, konzentrierten sich Deutschland und Japan auf Verbrauchsgüter und nahmen damit ironischerweise den idealen Konsumenten, den flexiblen, aufgeklärten, selbständigen und wählerischen Amerikaner als natürlichen Hoffnungsträger ins Visier. Während Rüstung und Luftfahrt mit harter Hand und staatlichen Kommandostrukturen geführt wurden, orientierte sich die neue Konsumgüterwirtschaft auf den privaten Sektor und auf sanfte Gewalt.

Die wirtschaftliche Vorherrschaft der USA in der Nachkriegszeit beruhte auch auf der Richtungsentscheidung für das Automobil. Die Wahl von Straße statt Schiene und der Bau eines riesigen Autobahnnetzes sorgte dafür, daß autoabhängige Industrien (Stahl, Aluminium,

Chrom, Erdöl, Gummi, Beton, Asphalt und Elektronik) langfristig nicht nur von staatlicher Rüstung, sondern auch von privaten Verbrauchern alimentiert wurden. Die Motorisierung förderte die Zersiedlung und schob damit auch die Bauindustrie an. Die Ausdehnung der Städte in die Breite erforderte Straßen, Telefonnetze und ein elektronisches Heimkino und machte das Fernsehen so zum landesweiten Medium. Diese Produktionssteigerung auf dem privaten Sektor kurbelte zusammen mit der schwerindustriellen Produktion für die Rüstung die Volkswirtschaft kräftig an und brachte Amerika in der Weltwirtschaft die Führung ein. Das Wettrüsten zwang die Sowjetunion und ihre Zulieferländer wie etwa die damalige DDR zum Mithalten in der Schwerindustrie, eröffnete aber auch genau den Ländern eine neue Zukunft, die sich nunmehr auf Leichtindustrie und Konsumgüterproduktion werfen konnten. Die Vereinigten Staaten und die Sowjetunion brachten sich sozusagen gegenseitig um die Führungsrolle. Am Ende war die UdSSR totgerüstet und konnten die USA bis in die neunziger Jahre nur um den Preis eines erdrückenden Außenhandelsdefizits als höchstverschuldetes Land der Welt überleben, als unsicherer Kantonist in der von der eigenen Nachkriegspolitik heraufbeschworenen neuen McWorld.

Aus der amerikanischen Rüstungsforschung hervorgegangene Neuerungen der Elektronik und Computertechnik erleichterten die Entwicklung von Konsumgütern in den neuen europäischen und pazifischen Industriemächten. Die geringere Schubkraft der unterdimensionierten Raketen Amerikas beschleunigte die Miniaturisierung, während die Anforderungen einer hochentwickelten Waffentechnik Neuheiten in Elektronik und Computertechnik hervorbrachten, die alsbald von der Konsumgüterindustrie aufgegriffen wurden. Radios, Kameras, Telefone, Videogeräte, Küchen- und Haushaltsgeräte sowie Heimcomputer zur Ausstattung der wachsenden Zahl amerikanischer Privathaushalte und Privatautos wurden zur neuen Front der industriellen Warenproduktion. Trotz ihrer Führungsrolle in Forschung und Entwicklung verloren die USA ihren Konkurrenzvorteil rasch an die besiegten Kriegsgegner.

Obwohl sie immer mehr ins Hintertreffen kamen, blieben die Vereinigten Staaten eine starke Industriemacht und legten allmählich das Fundament für einen neuen Vorstoß auf den Dienstleistungssektor. Ihr Bruttosozialprodukt stieg bis 1993 auf fünf Billionen Dollar oder mehr als ein Fünftel des weltweiten Bruttosozialprodukts, erzeugt von einem Zwanzigstel der Weltbevölkerung. Von den 500 führenden Industriekonzernen der Welt waren 1992 161 amerikanisch, darunter fünf der ersten neun und die ersten drei (General Moters, Exxon und Ford). Verblüffend viele führende Konzerne der USA aber sind relativ jung. Die 1968 gegründete Intel Corporation erreichte bis 1993 einen Umsatz von 8,8 Milliarden Dollar und beschäftigte 30000 Menschen. Nike wurde 1972 gegründet, Microsoft 1975, Apple Computer und Gene Tech 1976. Diese Firmen sind nicht nur sehr neu auf dem Markt, sondern stellen auch eine neue Form wirtschaftlicher Macht dar.

Die wechselvolle Entwicklung der USA als Weltindustriemacht kennzeichnet allerdings weniger eine Machtverschiebung auf andere Länder, sondern eher den zunehmenden Bedeutungsschwund von nationalen Industriezweigen, die jedes Jahr in ihrer Konzernentwicklung länderübergreifender, in der Einzelteilbeschaffung multinationaler, bei den Arbeitskräften internationaler und in den Marktstrategien globaler werden. Man sehe sich nur Nike, Intel oder Apple an. Amerikanische Führung im Industriebereich bezieht sich schlicht nicht mehr auf Amerika, ebensowenig wie die japanische auf Japan. Industriekonzerne sind inzwischen so global wie die von ihnen bedienten Märkte.

Wenn von globalen Firmen und globalen Märkten die Rede ist, sind natürlich nur die zugelassenen Mitspieler gemeint, keineswegs der ganze Globus. Außer Erdöl- und Bergbaukonzernen ist unter den größten 500 kein einziger aus Afrika, Südamerika, dem Mittleren Osten oder Indien zu finden, und auch bei den Konsumstrukturen sieht es nicht besser aus, denn die Hauptproduzenten sind auch die Hauptverbraucher. So beliefen sich 1991 die Exporterlöse der Vereinigten Staaten aus Kanada auf 85 Milliarden Dollar, aus Japan auf 48 Millarden, aus Mexiko auf 33,3 Milliarden, aus Großbritannien auf 22 Milliarden und aus Deutschland auf 21,3 Milliarden. Diese fünf Spitzenmärkte nahmen zugleich fast 210 Milliarden Dollar an Warenexporten oder weit über die Hälfte des Jahresgesamtexports der USA auf.[5] Von den fünf größten Zuliefererländern Amerikas gehören vier zugleich zu seinen fünf wichtigsten Exportmärkten. Unter den ersten zehn Lieferantenländern der USA nehmen acht zusammen mehr als 77 Prozent der amerikanischen Exporte auf.

Die Amerikaner sorgen sich wegen ihres Handelsdefizits, denn sie stehen bei sieben der zehn Länder der Liste in der Kreide, außer bei

Land	Platz als Exporteur (in die USA)	Platz als Importeur (aus den USA)
Japan	1	2
Kanada	2	1
Mexiko	3	3
Deutschland	4	5
China	6	16
Großbritannien	7	4
Südkorea	8	6
Frankreich	9	6
Italien	10	12

Frankreich, Großbritannien und Mexiko. Dennoch sind auch defizitäre Handelspartner der USA deren Exportpartner. Die einzigen nichteuropäischen und nichtpazifischen Länder unter den ersten 25 Exportmärkten der USA sind die lateinamerikanischen Nachbarn (mit denen die USA ebenfalls defizitär handeln): Brasilien liegt dabei auf Platz 17 und Venezuela auf Platz 20. Fast 70, das heißt beinahe die Hälfte der Exportnationen der Welt zählten die USA 1987/1988 an erster, zweiter oder dritter Stelle unter den Empfängerländern ihrer Exporte auf. Für 40 Länder steht Amerika auf Platz eins, darunter für alle lateinamerikanischen Länder, aber auch für Südkorea, Japan, Nigeria, Mosambik, Irak, Uganda, Pakistan, Sri Lanka, Indien und das Armenhaus Bangladesch.[6] Kurz, die USA kaufen von der Konkurrenz und verkaufen an sie, und diese tut untereinander desgleichen, wenn sie nicht nach den USA exportiert. Innerhalb des Clubs kann es Differenzen um das Verhältnis von Importen zu Exporten mit innenpolitischen Folgekonflikten geben (wie um die NAFTA), doch kommt es vor allem darauf an, daß man überhaupt dazugehört.

Länder der Dritten Welt sind bei Im- und Exporten randständig, und die Ärmsten der Armen fallen ganz unter den Tisch. Es gibt krasse Handelsbilanzdefizite zwischen den Partnern, doch nur eine Handvoll Länder gehen überhaupt in die Rechnung ein. Das Nord-Süd-Gefälle ist weitaus größer als das zwischen Ost und West. Es spiegelt sich in fast jedem Entwicklungsbericht über Zentralasien, den Mittleren Osten und am eindrücklichsten über das Afrika südlich der Sahara, das als »Katastrophengebiet von Mensch und Umwelt von der übrigen

Welt abgeschnitten« ist und »kaum als zur selben historischen Epoche gehörig« betrachtet werden kann.[7]

Ironischerweise wird der Nationalstaat in den entwickelten Ländern mit der höchsten demokratischen Ausformung von den globalen Wirtschaftskräften geschwächt und in der Dritten Welt in seiner diktatorischen Ausprägung gestärkt. In allen Fällen wird damit die Freiheit untergraben. An beiden Enden der Entwicklungsskala ist die Demokratie unter den Verlierern. In liberalen Gesellschaften mit Wachstumswirtschaften löst sich die Verbundenheit eines Volkes mit seinem überlieferten Glauben und seinem Nationalbewußtsein allmählich auf und zerfallen die staatlichen Institutionen, die Demokratie und Marktwirtschaft anfangs erst möglich machten. In Despotien gibt es keinen solchen Zerfall von Nationalbewußtsein und Glauben, sondern beide werden im Gegenteil derart überbetont, daß sie der Modernisierung und Demokratisierung im Wege stehen. Nicht nur werden die reichen Länder immer reicher und die armen Länder immer ärmer, sondern die reichen Länder werden freier und die armen zunehmend versklavt.

Natürlich gereicht das der Demokratie langfristig weder in der Ersten noch in der Dritten Welt zum Vorteil. In der Dritten Welt nimmt ein Zuviel an staatlicher Gewalt Völkern, die zum wirtschaftlichen Aufschwung ansetzen, die nötige Freiheit, und in der Ersten Welt liefert ein Zuwenig an staatlichem Eingreifen die Einzelbürger schutzlos Marktkräften aus, die sie nicht vernünftig, auch nicht gemeinsam, zügeln können. Abhängigkeit von globalen Märkten infolge deren Größe mag vorteilhafter sein als Abhängigkeit von lokalen Despoten infolge von Armut, doch beides bedeutet Fremdbestimmtheit, und keines von beiden hilft gegen ein Ausgeliefertsein, das immer größere Unterschiede schafft, je geringer die Freiheiten werden.

Alle diese Dinge lassen weltweit die Ungerechtigkeit wachsen und die Aussichten auf Demokratie schrumpfen. Unser Kernthema, die Internationalisierung der Märkte und der sie bedienenden Konzerne, berühren sie aber eher am Rande. In der »ausschlaggebenden« entwickelten Welt, wo die Freiheit (zumindest theoretisch) in einem Mindestumfang gesichert ist, bleibt die Aushöhlung des Nationalstaats als wichtige Bedingung für den Konzernkommerz typisches Kennzeichen des industriellen Sektors. Die abnehmende demokratische Marktaufsicht auf der Ebene des Nationalstaats gefährdet sowohl Gerechtigkeit und Sozialpolitik als auch die Aussichten auf eine demokratische Kontrolle über die Wirtschaft weltweit. Unter den ersten 25 amerikanischen Firmen mit den größten Auslandsumsätzen finden sich für 1992 nicht nur Mineralölgiganten wie Exxon (77 Prozent), Mobil (68 Prozent), Texaco (53 Prozent) und Chemiefirmen wie Dow (50 Prozent) und DuPont (47 Prozent), sondern auch Philip Morris, Coca-Cola, Johnson & Johnson und Eastman Kodak.[8] Dow Chemical macht fast 40 Prozent seiner Umsätze in Übersee und betreibt fast doppelt so viele Fabriken im Ausland wie in den USA. Goodyear Tire and Rubber erzielt 43 Prozent des Umsatzes mit mehr als der Hälfte seiner 83 Fabriken in 25 Ländern außerhalb der USA.

Man braucht nur ein paar Firmen mit dem Wort »American« im Firmennamen abzuklopfen, und schon hört man, wie hohl Patriotismus klingt. Die American Greetings Corporation (Grußkarten und Geschenkartikel) macht 14 Prozent ihrer Umsätze im Ausland, American Express mehr als 20 Prozent, American Home Products 24 Prozent, American International Insurance 46 Prozent, American Standard (Sanitäranlagen) 49 Prozent, American Cyanid macht wie die meisten amerikanischen Chemiefirmen mit 51 Prozent mehr als die Hälfte und American President (Reederei) schließlich mehr als zwei Drittel des Umsatzes im Ausland, letztere mit Frachten über Auslandshäfen.[9]

Vor etwa 20 Jahren waren viele der amerikanischen Firmen, die jetzt den größten Teil ihrer Verkäufe im Ausland erzielen, fast ausschließlich auf den Binnenmarkt konzentriert. Eine »französische« Firma wie Michelin, die etwa 20 Prozent des Weltreifenbedarfs deckt, macht nur 19 Prozent ihrer Umsätze in Frankreich und die japanische Sony weniger als ein Viertel ihres Jahresumsatzes von 30 Milliarden Dollar in Japan, mehr als die Hälfte in den Vereinigten Staaten und Europa (jeweils 28 Prozent). Auch kleinere Länder haben schon die nominelle Souveränität über ihre Geschäftsfirmen verloren. Der schwedische Fertigmöbelgigant IKEA verkauft mehr als vier Fünftel seiner Produkte (für 3,2 Milliarden Dollar 1992) jenseits der schwedischen Grenzen, und sein Gründer Anders Moberg hat vor kurzem das Eigentum an IKEA auf eine Amsterdamer Stiftung übertragen, den Firmensitz nach Dänemark verlegt und ist selbst in die Schweiz gezogen.[10] Und wenn sogar der Stil schon »Danish modern« heißt, wie schwedisch ist der IKEA-Elch dann eigentlich noch?

In dem Maße, wie die Fertigung internationalisiert wird und traditionelle Industriemächte ihr Reich an neue Märkte mit Billigarbeitskräften abtreten, macht der industrielle Sektor selbst einen Wandel durch. Die Internationalisierung der Konzerne ist nur ein Teil dieses Wandels, denn auch die hergestellten Waren verändern sich, bis hin zu der Vorstellung, was ein Konsumgut eigentlich überhaupt ist. Es findet ein Übergang von »harten Gütern« zu »weichen Waren«, von »weichen Waren« zu Dienstleistungen statt, die wiederum zur Ware werden. Diesem Teil der Geschichte wenden wir uns jetzt zu.

4. Von harten Konsumgütern zu weicher Programmware

Während Herstellung und Verkauf von Waren auf den internationalen Märkten von McWorld immer noch die vorherrschende Form der Wirtschaftstätigkeit ist, werden Waren zunehmend mit symbolischen Interaktionen aus dem Dienstleistungssektor in seinen postmodernen, virtuell ökonomischen Erscheinungsformen verknüpft oder durch diese geschaffen. Der Trend von den schwerindustriellen Rüstungsgütern zur Produktion von Konsumgütern als Kennmarke des ökonomischen Entwicklungsniveaus hat sich während des letzten Jahrzehnts dahingehend gewandelt, daß harte Konsumgüter zunehmend in Zusammenhang mit weichen Technologien aus Nachrichtenwesen, Unterhaltung und Lebensgestaltung gebracht werden. Es tauchen Produkte auf, bei denen der Unterschied zwischen Ware und Dienstleistung fließend ist. Die alte kapitalistische Wirtschaft, in der Produkte hergestellt und gewinnbringend zur Befriedigung der Nachfrage von Verbrauchern verkauft wurden, die ihre Bedürfnisse unvermittelt auf den Markt trugen, tritt allmählich zugunsten einer postmodernen kapitalistischen Wirtschaft zurück, in der künstliche, am Angebot der Produzenten ausgerichtete Bedürfnisse erzeugt werden, die ihre Produkte vermittels Promotion, Huckepackverkauf, Koppelgeschäft und aggressiver Reklame vermarkten. Wo die alte Wirtschaft in Widerspiegelung harter Gewalt mit harten Konsumgütern für den Körper handelte, ist die neue Wirtschaft der sanften Gewalt auf weiche Dienstleistungen eingestellt, die Gemüt und Verstand ansprechen sollen (oder beiden den Garaus machen wollen). Diese Verheiratung von Technik der Telekommunikation mit Programmware aus den Branchen Information und Unterhaltung bezeichne ich als Infotainment-Telesektor. Dieser Sektor schiebt sich inzwischen über den Warensektor und zielt auf die menschliche Seele ab.

Ein Rückwärtssalto der Ökonomie? Die lange ruhende Sprache der Seele, bis vor kurzem völlig außer Mode, zumindest für die kapitalistische Konzernwirtschaft, feiert weltweite Auferstehung. Der postmoderne Kapitalismus, der so viele andere Ideologien vereinnahmt und sich anverwandelt hat, scheut auch nicht davor zurück, die Religion zu assimilieren und umzufälschen. Wenn Madonna mit einem Kruzifix erotische Spielchen treiben darf, warum sollten dann nicht auch Mazda und American Express den Heiligen Geist kommerziell ausbeuten? In einem Fernsehwerbespot von Mazda 1993 tönt die Baßstimme eines Fernfahrers: »Laster sind für mich Glaubenssache.« Der neue Mazda-Kleinlaster ist »wie ein Freund« – das heißt ein Freund »mit einem neuen V-6-Motor und der rechten Seele«. In einer anderen Werbekampagne verbündet sich American Express mit dem Body Shop von Anita Roddick, um Profit aus dem Umweltschutzdenken, den Menschenrechten und dem so bezeichneten »fairen Handel« zu münzen. Die Zeitungsanzeige schließt mit einem spirituellen Zungenschlag: »American Express kennt eine Menge Läden, die gut für Ihren Body sind. Und Anita kennt einen, der gut für Ihre Seele ist.«

Für die größten Markenartikelkonzerne Amerikas wie Coca-Cola, Marlboro, Kentucky Fried Chicken, Nike, Hershey, Levi's, Pepsi, Wrigley oder McDonald's heißt amerikanische Produkte verkaufen zugleich Amerika verkaufen: seine Volkskultur, seinen Wohlstand, seine allgegenwärtige Bilderwelt und mithin die amerikanische Seele. Die Marktstrategie bezieht sich genauso auf Symbole wie auf Waren und verkauft nicht Lebensbedarf, sondern Lebensstil – und das ist der moderne Weg vom Leib zur Seele. *Amerikanische Kultur erblüht in Südafrika* hieß es in einer Schlagzeile der *New York Times* über neue Investitionschancen in einem Land, wo in Vorbereitung auf die ersten nichtrassistischen freien Wahlen schwarze Südafrikaner »in einer Filiale von Kentucky Fried Chicken sitzen, Coca-Cola trinken und einem Song von Whitney Houston lauschen«, und wo sieben der zehn Hauptprogramme des Fernsehens aus Amerika stammen.[1] Inzwischen kündigt Marlboro *Marlboro Gear* für den Bekleidungssektor an und vermarktet so den selbsterfundenen Stil (»Marlboro Country«), um dem Tabakumsatz in einer Ära des Nichtrauchens aufzuhelfen.

Der vermarktete Stil ist typisch amerikanisch und dennoch potentiell global, denn für die amerikanischen Konzerne sind die USA gleichbedeutend mit der Welt. Der Außenwelt offeriert Amerika einen eklektischen, widersprüchlichen, aber verführerischen Stil, der weniger »demokratische« Kultur als Körperkult ist: jung, reich, urban, cowboyhaft, mit Hollywoodglanz, unerschöpflicher Garten Eden, gutwillig, sozial verantwortlich, politisch korrekt, dominiert von Einkaufszentren und ironischerweise häufig von Bildern aus Schwarzenghettos – wobei schwarz aber eher *hip* und *cool* als kriminell durchseucht und verelendet ist. Der Jahresbericht 1992 von Pepsi Cola zeigt auf der Vorder- und Rückseite des Umschlags hauptsächlich schwarze Tänzer und Tänzerinnen der Martha Graham Company und der School of American Ballet. Die Pepsi-Generation mit ihren vielerlei Hautfarben und Kulturen ist durch und durch amerikanisch. Zwei Michaels (Jordan und Jackson), drei Jacksons (Michael, La Toya und Jesse), der wahre und einzige King (Martin Luther) und ein Simpson (nicht die Simpson-Familie): So vermarktet das weiße Amerika eine Zufallsauswahl von Helden des schwarzen Amerika, um heroisch ins Auge gefaßte globale Märkte zu erobern. Helden stürzen – Michael Jackson und O. J. Simpson sind gefallene Engel –, aber das Leben als Gratwanderung macht die amerikanische Ghettokultur für Beobachter von außen halt so aufregend.

Beim Vermarkten Amerikas zwecks Vermarktung amerikanischer Waren ist auch die Werbung in globalem Maßstab zum großen Geschäft geworden. Von den 25 größten Werbeagenturen sind 15 amerikanisch. Der Weltumsatz der Werbeagenturen wird auf 150 bis 250 Milliarden Dollar geschätzt, davon fast die Hälfte in Amerika.[2] Die größte, in England ansässige Werbeagentur Saatchi & Saatchi ist in über 80 Ländern tätig und belegt nach Angaben des Medienexperten Ben Bagdikian weltweit 20 Prozent der Spots im Werbefernsehen: Für Pepsi Cola entwickelte sie eine Werbekampagne, die von einem Fünftel der Menschheit gesehen wurde.[3] Zu den neuen Filialen Coca-Colas gehören das große China und gewissermaßen auch die kleine und feine amerikanische Rutgers University. In China muß sich die Firma den Markt mit Pepsi und anderen Konkurrenten teilen, an der Rutgers University aber hat sie alle Konkurrenten ausgestochen und sich für 10 Millionen Dollar ein Marktmonopol für die eigenen Produkte zusammen mit dem Recht erkauft, mit dem Universitätsnamen zu werben. Im Spätkapitalismus geht es nicht mehr um Produkte oder um Konkurrenz. Das Image ist alles, und Coca-Cola wird also jetzt auch mit akademischen Meriten assoziiert. Diese neueren Siege einschließlich des Sponsoring der Olympischen Spiele sind Früchte aus der Verbindung, die Coke vor ein paar Jahren mit der Creative Artists Agency einging, einer Talentschmiede und Image-Anstalt unter Leitung von Michael Ovitz, die »weltweite Marketing- und Medienstrategien entwickeln hilft«. Coke hat den Zusammenhang zwischen der braunen

Limo und der amerikanischen Kultur begriffen: Nach Angaben eines Vorstandmitglieds »ist die amerikanische Kultur im weiteren Sinne – Musik, Film, Mode und Essen – zur Weltkultur geworden«.[4] Der Coca-Cola-Konzern entdeckt McWorld. Unbewußt aber hat er McWorld schon die letzten fünfzig Jahre mitgeprägt.

Inzwischen hat die Werbeagentur herausbekommen, daß sie die Synergie mit dem Sektor Nachrichtenwesen und Kommunikation steigern muß, wenn sie von McWorld für Konzerne wie Coca-Cola absahnen will. Im Sommer 1994 holte sich Ovitz Robert Kavner in seine Werbeagentur, den früheren Finanzchef von AT & T. Er sollte »Chancen von Regisseuren, Autoren und Darstellern in dem rasch expandierenden Gebiet der Vernetzung von Personalcomputern mit On-line-Diensten zunächst für Bildung, Teleshopping, Film und Videospiele ausloten«. Mr. Kavner ließ verlauten, »wir stehen vor etwas Ähnlichem wie der Industriellen Revolution«.[5]

Die Geschichte des Aufstiegs von McWorld ist zugleich die Geschichte des explosiven Wachstums der Werbebranche. Die weltweiten Werbeetats sind um ein Drittel schneller gewachsen als die Weltwirtschaft und dreimal so schnell wie die Weltbevölkerung. Von bescheidenen 39 Milliarden Dollar 1950 sind sie bis 1990 auf 256 Milliarden Dollar geklettert.[6] Die weltweiten Pro-Kopf-Aufwendungen sind von 15 Dollar 1950 auf heute fast 50 Dollar gestiegen. Während die Vereinigten Staaten mit fast 500 Dollar pro Kopf an der Spitze liegen, wollen Südkorea (dessen Werbebranche in den späten achtziger Jahren eine jährliche Zuwachsrate von 35–40 Prozent erlebte) und Indien (wo sich die Werbeausgaben in den achtziger Jahren verfünffachten) unbedingt aufholen.[7] Die Werbung spiegelt und verstärkt den Vorrang von Marken vor Produkten auf dem Weltmarkt. Markennamen wie Marlboro, Bud beer, Barbie und Nescafé sind meist Imageträger ihrer Mutterkonzerne (Philip Morris, Anheuser-Busch, Mattel und Nestlé), und der Markenwert sowohl der Firmennamen wie der Produktlinien beläuft sich jeweils auf mehrere Milliarden Dollar.[8]

Markennamen sind Chiffren für durch Werbung und Marketing sorgfältig gepflegte Assoziationen und Bilder, durch sie wird die Marktnachfrage künstlich erzeugt. In Verteidigung seiner marktschreierischen und zutiefst nihilistischen Plakataktionen, bei der Aidspatienten und Verbrechensopfer statt aufreizender Models und pastellfarbener Pullover gezeigt werden, behauptet Luciano Benetton: »wir schmieden eine neue Art der Kommunikation ... wir verbreiten keine Lügen mehr. Wir sagen, in dieser Welt gibt es Krankheit, Krieg und Tod«.[9] Wozu aber soll das Plakatfoto eines nackten Mannes mit der Tätowierung *HIV positiv* potentielle Käufer von Oberbekleidung auffordern? Zu sozialem Engagement? Ist es feinfühlige Mahnung gegen Diskriminierung oder ein plumpes Beispiel für ebendiese? Eine politische Provokation? Oder bloß die Vorstellung eines Werbedirektors von einem unterschwellig geilen Amalgam aus nacktem Fleisch, Krankheit und Schwulsein, das Grün zum dominanten Farbton in den United Colors of Benetton und den Tod zur aufreizenden Variante eines Lebensstils macht?

Auch American Express ließ eine Anzeigenkampagne mit ausgewählten Partnern des Konzerneinzelhandels laufen, die angeblich zu gesellschaftlichem Verantwortungsbewußtsein beim Einkaufen mahnen sollte, dieses aber in Wirklichkeit dem Kaufimpuls unterordnete. In einer dieser Anzeigen heißt es emphatisch: »Kunden kommen in den Body Shop, um sich ein Haarpflegemittel zu kaufen, und finden eine Geschichte über das Xingu-Reservat und die Kayapo-Indianer, die für uns Paranüsse sammeln.« Offenbar geht es dem Body Shop mehr um die Rettung des Regenwaldes als um den Seifenverkauf. Und wie soll das funktionieren? Indem die Kayapo-Indianer dafür bezahlt werden, das Nußöl zu pressen und so das Roden sein zu lassen und den tropischen Regenwald zu retten? Anita Roddick, die Gründerin des Body Shop, zeigt sich American Express erkenntlich für die raffinierte Verwandlung ihrer Seifenbude zur Umweltschutzorganisation, indem sie am Ende einer der Anzeigen hinzufügt: »Ich reise oft gefährlich. Ich komme an seltsame Orte in fernen Gegenden. Aber immer habe ich die American Express Card dabei.« Offenbar kann man bei den Indianern vom Xingu-Reservat mit der Kreditkarte von American Express bezahlen.[10]

Nach dem »Obsiegen« über den Kommunismus würden heute nur wenige die Aussage riskieren, daß der Kapitalismus imperialistisch sei. Doch Märkte müssen wachsen, und die Werbung neigt von ihrer Natur her dazu, wie Grundwasser in die Keller der zahlreichen Bauten der Kommerzkultur einzusickern. Die Werbefachleute sprechen von der Notwendigkeit, allenthalben leeren oder »ungenutzten« Raum füllen zu müssen, womit sie alles meinen, was noch nicht kommerziell ausgebeutet wird. In den USA werden heute bereits Klassenzimmer von

Channel One für Videowerbung genutzt. Und inzwischen kann man schon beim Warten auf eine Telefonverbindung Werbebotschaften lauschen[11], und bald werden elektronische Werbetafeln im Weltraum plaziert werden, die die Sterne mit Reklamesprüchen überstrahlen und dem leeren Raum der Nacht ein für allemal ein Ende machen. Der Vorstandsvorsitzende der Gesellschaft, die sich zur Weltraumwerbung anschickt, schwärmt begeistert von der »ungeheuren Chance für eine weltweit orientierte Firma, ihr Logo und ihre Werbebotschaft Milliarden von Menschen in einem historischen Moment auf einem hochwertigen Werbeträger vorzuführen«.[12] »Leben ohne Grenzen«, der Slogan von Ralph Lauren für sein Safari-Parfüm für Männer, gilt auch für die Kolonisierung des leeren Weltraums, will sagen des (noch) reklamefreien Raums, durch die Werbebranche.

Nach der Entscheidung der Reagan-Regierung von 1984, die Begrenzung der Fernsehwerbung aufzuheben, schwappte die Reklame inzwischen in verschiedene Formen von Unterhaltungs- und Nachrichtensendungen über und verwischt dabei alle Konturen. Werbespots ahmen Fernsehkommentare nach, sie schleichen sich in Magazinsendungen und verwandeln sie in ein Gemisch aus Reklame und Information, bei dem das Publikum nicht mehr weiß, ob es jetzt eine Fernsehsendung sieht oder Schleichwerbung. Werbesendungen werden in Fortsetzungen aufgezogen wie Familienserien. Allerdings sollten auch die »Seifenopern« von früher immer in erster Linie Seife verkaufen. Das komplette Netz von MTV ist auch ohne die Werbespots schon ein endloses Werbefließband für die Musikindustrie und ihre Produkte und für die Kommerzkultur allgemein.

Die Konzernsynergie von heute läßt es mit solchen Serien nicht bewenden. Die Schuhfirma Nike nennt Lesern in einer Anzeige eine Telefonnummer, wo sie Nikes spezielle Frauenliteratur auf Umweltschutzpapier bestellen können. Als Serien über Familie oder Arbeitswelt getarnte Werbefilme werden inzwischen in Buchform angeboten und Fans über Internet abrufbar gemacht, denn die zuständige Werbeagentur meint, »im Cyberspace ist nichts unmöglich«.[13]

Über diese Mischsendungen läßt sich Ware unterschwellig vermarkten. Der amerikanische Verband der Rundfunk- und Fernsehsender verstieg sich sogar zu der Behauptung, derlei halbstündige Dauerberieselung sei »im öffentlichen Interesse, weil sie den Verbrauchern mehr Informationen zur freien Produktwahl bietet als andere Werbeformen«. Stuart Elliot, Werbefachredakteur der *New York Times*, der wohl schon allerhand gehört hat, mußte immerhin staunen: »Wer hätte gedacht, daß dieser wilde Haufen von Hökern, Scheinkäufern und Marktschreiern mit der Anpreisung von Haarspray, Fitneßgeräten aus Plastik und überteuerten Kosmetikartikeln im öffentlichen Interesse tätig ist? Kein Hellseher hätte das ahnen können.«[14] Das *Time Magazine*, das auch mancherlei verhökert, gestand freimütig seine Meinung, diese redaktionell getarnten Werbesendungen vermittelten »Botschaften an ein Publikum, das gar nicht so recht merkt, daß es sie aufnimmt«.[15]

Das Lizenzwesen bietet den Werbeleuten weitere Formen der Kolonisierung. Die in einer kleinen Branche wie der Haute Couture sorgfältig gepflegten Namen können zu Vehikeln für den Weltmarkt werden, wenn sie für Produkte genutzt werden, mit denen der ursprüngliche Modeschöpfer nichts zu tun hat und die er vermutlich nicht einmal zu Gesicht bekommen hat. Pierre Cardin wurde zum Pionier dieser Vermarktungsstrategie, als er in den sechziger Jahren Lizenzen für 800 Produkte von Eau de Cologne bis zu Sonnenbrillen vergab.[16] Parfüm wird zu großen Teilen über Designer-Etiketten verkauft. Calvin Klein ging an seiner Mode fast pleite, aber seine nacheinander kreierten drei Parfümvarianten, von denen jede den Zeitgeist atmete, wurden kommerzielle Triumphe. *Obsession* (Hörigkeit) als Spiegel der hedonistischen achtziger Jahre, *Eternity* (Ewigkeit) als Zitat aus den neuen Werten der Familie und als bisher letztes *Escape* (Flucht) für abgeschlaffte Yuppies auf der Suche nach Auswegen hatten allesamt durchschlagenden Erfolg auf einem mit Neuheiten übersättigten Markt (jährlich mehr als 120 neue Parfüms). Hier geht es um keine Rosendüfte, sondern um das *non olet*. Der Markenname bringt das Geld.

Trittbrettgeschäfte und die Lizenzvergabe der Markenrechte von Welterfolgsfilmen wie *Jurassic Park* und *König der Löwen* (oder Oscar-Filmen wie *Forrest Gump)* bringen den Verleihfirmen nicht nur jeweils ein Vermögen ein (Disney erwartet aus der Lizenzvergabe für *König der Löwen* eine Milliarde Dollar), sondern verwischen auch die Konturen zwischen Branchen, die früher als getrennt angesehen wurden. Das Vermarktungsprogramm Disneys »verklammert die Marktsegmente Buch, Film, Bild- und Tonträger und Freizeitparks« zu einer Synergie, bei der keine andere Firma mithalten kann.[17]

Der Disney-Konzern ist offensichtlich Marktführer in Synergieeffekten, aber auch die Fußbekleidungsindustrie bietet ein treffendes, wenn auch nicht ganz so schlagendes Beispiel für den Vorrang des Markennamens vor dem Produkt und für die Psychologie der Assoziationen, die auch die Frauenbewegung und die Offenheit der Jugend für eine Vermarktung zu Profitzwecken einspannt. Turnschuhe sind zur modischen Fußbekleidung geworden, Nike ist neu im Schuhgeschäft (seit 1972) und behauptet folgerichtig seinen Marktanteil von beinahe 4 Milliarden Dollar nicht durch den Verkauf von Schuhen, sondern durch eine Pflege von Markennamen und Markentreue, die ganz auf die Wahl eines Lebensstils und auf dessen Vorbilder setzt. Auf der Suche nach einer wirksamen ganzheitlichen Marktstrategie beauftragte Nike die Traumfabrik Creative Artists Agency. Deren Chef Michael Ovitz erzählte Nikes Vorstandssprecher Phillip H. Knight, was dieser vermutlich schon wußte: daß »der Sport inzwischen größer ist als die Unterhaltungsbranche«.[18] Jahrtausendelang ist die Menschheit auf dem ganzen Erdball ohne das in den letzten Jahrzehnten für Berufssportler entwickelte Schuhwerk herumgelaufen. Heute, wo Nike, Adidas und Reebok den Ton angeben und Fußbekleidung schon zu 40 Prozent aus Sportschuhen besteht, geht niemand mehr ohne. Das aber ist Folge einer Entscheidung für einen Lebensstil, die von manipulierten Sport- und Siegergefühlen herrührt und mitnichten der Befriedigung von Bedürfnissen der Fortbewegung und Fußbekleidung dient.

Nike fing vor etwas mehr als 20 Jahren an und verkaufte Turnschuhe für mehr als 3 Millionen Dollar an Verbraucher im US-Staat Oregon, von denen viele noch meinten (wie die Firma selbst genüßlich vermeldet), die Schuhe hießen »Mike«. Heute macht die Firma weltweit einen Umsatz von mehr als 3,5 Milliarden Dollar. »Wir sind keine Schuhfabrik«, erläutert Nikes Pressesprecherin Liz Dolan, »sondern eine Sportfirma«.[19] Der Vorstandsvorsitzende Phillip H. Knight wird noch offener: »Wie wollen wir fremde Länder erobern?« fragt er im Jahresbericht 1992. »Genauso wie wir das hier gemacht haben. Wir exportieren einfach Sport, das beste Geschäft der Welt.«[20] Sport ist nicht ganz richtig, es geht um Image und Ideologie des Sports: Gesundheit, Siegerwille, Reichtum, Sex, Geld, Spannkraft – aber wozu davon reden, man muß es tun.

Wenn echte Sportler die einzigen Käufer von Sportschuhen wären, wären es viel zu wenige, um weltweit Milliardenumsätze zu machen. Der Witz ist, daß sich die Zuschauer auch in ihrem Fernsehsessel wie

Sportler fühlen, wenn sie Michael Jordan im Luftsprung den Ball in den Korb lüpfen sehen. Mr. Knight meint dazu kurz und bündig: »Unsere Zielgruppe waren jahrelang Zuschauer von John McEnroe und Charles Barkley. Die gefühlsmäßige Bindung ist bereits vorhanden.« Es geht um Zusehen, nicht um Sport treiben. Und um gefühlsmäßige Bindungen und nicht um reale Bedürfnisse. Nike will nicht Turnschuhe exportieren (nach eigenem Eingeständnis ein enger Markt), sondern Michael Jordan, der nach Angaben Knights bei den Chinesen gemeinsam mit Tschou En-lai (!) als bedeutendster Mann der Welt angesehen wird.

In der weltweiten Verkaufsstrategie von McWorld hat das Markenzeichen dem Artikel den Rang abgelaufen, und das Image ist für den Umsatz wichtiger geworden als das Produkt. Der Basketballstar Michael Jordan hat bis zu seinem zeitweiligen Abstieg in die zweite Liga 3 Millionen Dollar jährlich mit Basketball und 36 Millionen mit Werbeverträgen verdient.[21] Unter der Überschrift »Das Nike-Image« meldet der Jahresbericht der Firma, »die Werbung und Verkaufsförderung hat sich ursprünglich auf den Schuh, seine Merkmale und seinen Nutzen konzentriert ... doch die kommunikativen Fähigkeiten unserer Firma haben sich mit den Jahren verbessert und Nike zu einem der wenigen weltweiten Marktführer mit echter Produktpersönlichkeit gemacht«. Die neue Firma der virtuellen Realität wirft ihren Charakter als konkrete juristische Person ab und wird zur »echten« Produkt-Persönlichkeit. Die Kunden sollen von Nike nicht nur die Ware kaufen, sondern an Nike glauben, nicht nur die Qualität der Erzeugnisse schätzen, sondern von der »Motivation« der Hersteller überzeugt sein. Diese Rhetorik legt nahe, daß sich die Firma mehr wie ein Staat oder eine Staatsreligion denn als Schuhfirma verhält. Sie strebt »die Entwicklung starker europaweiter, asiatischer und lateinamerikanischer Medienkanäle« an, mit denen »Nike seine Botschaft und Persönlichkeit Verbrauchern in jedem Winkel der Welt vermitteln kann – ein unverzichtbares Element, um ein weltweit übereinstimmendes Markenimage zu gewährleisten«.

Indem Nike Botschaften mitteilt und eine Persönlichkeit vermittelt, gestaltet Nike die Gefühls- und Verhaltenskonturen von McWorld. Als Beleg dafür, daß der Globalismus ehrlich gemeint ist, wird der Bericht des Vorstandsvorsitzenden, aus dem diese Auszüge zitiert sind, auf Englisch, Japanisch, Französisch, Deutsch und Spanisch abgedruckt.

Die durch Information und Kommunikation im Cyberspace definierte neue virtuelle Realität von Nike, die weit von der uns bekannten Wirklichkeit entfernt ist, wird verdinglicht und wieder auf die Erde zurückverpflanzt. Dies geschieht zum Beispiel in den neuen Läden, wie den überall aus dem Boden schießenden »Nike Towns«, deren Vorbild in Portlands Vorstadt Beaverton (Oregon) als »halb Disneyland, halb MTV« beschrieben wird und mit Videobildschirmen, tropischen Aquariumsfischen, Flötenchören und mit dem allgegenwärtigen Dum-dum-dum eines gedribbelten Basketballs aufwarten kann. Die Nike-Towns sind zu Touristenattraktionen geworden und ziehen Menschenmengen an, die keine Schuhe, sondern »ihr Vergnügen« suchen.[22] Diese Läden verhalten sich zu herkömmlichen Geschäften wie die Imagevermarktung zum traditionellen Verkauf von Waren. Es sind Freizeitparks für Turnschuhe, in denen Sport (Siegen? Trainieren? Oder einfach Sport treiben?) die Wirklichkeit überdeckt. Weil die Öffentlichkeitsbeauftragten der Firma schnell gelernt haben, ist diese Realität ebenso auf modische politische Einstellungen wie auf modische Fußbekleidung ausgerichtet. So ist Nike sogar zu einem Gewissen gekommen. Nachdem die Firma Schuhe knallhart mit Bildern von Kindern aus dem Schwarzenghetto vermarktet hat, die sich die Treter allerdings wahrscheinlich nie werden leisten können, finanziert Nike inzwischen ein gemeinnütziges Jugendprogramm namens P.L.A.Y. (Participation in the Lives of American Youth). Es soll unter minimalem Einsatz von Eigenmitteln Käuferspenden für Großstadtkinder lockermachen, die einander mitunter berauben und abstechen, um an die sündteuren knöchelhohen Treter von Nike zu gelangen.

Nike verkauft sich in seinem Verbrauchersektor vielleicht am aggressivsten als Marke statt als Produkt, aber Reebok liegt nicht weit dahinter. In ihrer Eigenwerbung schildert sich die Firma als »weltweit führend in Design, Vermarktung und Vertrieb von Produkten für Sport, Fitneß und Lifestyle, auch von Schuhen und Bekleidung« und wirbt mit dem »Reebok-Planeten, der grenzenlos« ist. In den späten achtziger Jahren drängten sowohl Nike wie Reebok nach dem Erfolg auf dem amerikanischen Binnenmarkt auf den von den deutschen Firmen Adidas und Puma beherrschten europäischen Markt und seit kurzem auch auf andere Märkte der Welt.

Auf fast jedem Markt für weiche Konsumgüter wird der Ton zugleich immer amerikanischer und globaler. Die Schwierigkeiten sind dabei geringer als vermutet, weil die globale Popkultur bereits amerikanisch ist. Die zwei Giganten im Cola-Krieg, Coca-Cola und Pepsi, sind dafür typisch. Coke ist immer noch weltweit Marktführer bei alkoholfreien Getränken, 1992 mit mehr als zwei Dritteln des Jahresumsatzes im Ausland (gegenüber nur 20 Prozent bei Pepsi). »So weitläufig unsere Coca-Cola-Welt heute ist, ist sie doch nur ein winziger Splitter von der Welt, die wir noch schaffen können«, heißt es in der Eigenwerbung.[23] Coke hat schon lange weltweite Ambitionen. Aber heutzutage kann eine ehrgeizige Firma weltweite Verbrauchermärkte nicht einfach dadurch erobern, daß sie nur Ideologien nachäfft und sich an Geschmacksrichtungen anpaßt: Sie muß sich ihre Märkte durch genaue Planung und Steuerung selbst erschaffen. Die neuen Verfahren sind durchschlagender als die alten, und Coke hat sich inzwischen eine eigene Ideologie für Softdrinks zurechtgelegt, in der die olympischen Ideale, der Fall der Berliner Mauer und die Rutgers University zum ideellen Freizeitpark für Coca-Cola-Trinker verschmelzen. In den innovativen virtuellen Branchen von McWorld entstehen regelrechte Fabriken für virtuelle Bedürfnisse (Werbeagenturen, Firmenabteilungen für Öffentlichkeitsarbeit und Kommunikation), in denen Gefühle vermittelt und mit Bildern manipuliert werden, die neue Bedürfnisse erzeugen.

Durst kann man vielleicht nicht manipulieren, Vorlieben aber sehr wohl. Die Durstigen der Welt könnten zwar auch Wasser trinken (genau wie alle Weltbewohner ganz normale Lederschuhe tragen könnten): Aber wenn sie Getränke zu sich nehmen sollen, an denen was zu verdienen ist, muß der Konsum mit neuen »Bedürfnissen«, neuen Vorlieben, einem höheren Status assoziiert werden. Man soll trinken, um sich dabei (je nach Gusto) jung, sexy, bedeutend, »in«, stark, sportlich, klug, cool, geil, athletisch, voll drauf und Was-kostet-die-Welt zu fühlen; also alles in allem als Sieger, als Held, als Champion und vor allem erlebnishungrig. Nur in einem Fall soll man die braune Limo nicht trinken: Wenn man echt Durst hat. Da ist Wasser besser. Damit nämlich gleich die zweite Flasche gekauft wird, darf der ideale Softdrink nämlich nur so tun, als lösche er den Durst, während er in Wirklichkeit durch den Stoffwechsel, den er im Körper auslöst, durstiger macht als zuvor. Mit den richtigen Assoziationen läßt sich sogar H_2O profitabel verkaufen, etwa ein Modewasser wie Perrier. Ach, könnte man bloß Salzgebräu erfinden, das keinen Brechreiz auslöst ...

»Wie lange kann eine Firma unserer Größenordnung sich weiter ständig verdoppeln?« fragt Roberto C. Goizueta, der Vorstandsvorsitzende von Coca-Cola. »Wo sollen die nächsten 10 Milliarden Kisten hingehen? Und die 20 Milliarden danach?«[24] Die Antwort liegt für ihn auf der Hand. »Wir erschließen und entwickeln jetzt ernsthaft Märkte, in denen die Mehrheit der Weltbevölkerung lebt. Diese neuen Chancenwelten sind nicht nur dicht bevölkert, sondern kulturell und klimatisch reif für einen gesteigerten Verbrauch an Softdrinks.« Klimatisch reif, das leuchtet ein: Wo es heiß ist, sind die Leute durstig, und wenn man sie bloß vom Wasser wegkriegt ... Aber kulturell reif? Was soll das heißen? Coke ist alles andere als einfallslos: In Indonesien (dessen Pfadfinder mit Colaflaschen in der Hand das Deckblatt des Jahresberichts 1992 zieren) kann »aggressives Investieren« die Lokalkultur überwinden und die Nation veranlassen, »es den Gesellschaften nachzutun, die traditionelle Getränke wie Tee zu sich nahmen«, aber dazu gebracht werden konnten, »auf süßere Getränke wie Coca-Cola umzusteigen«. Die Menschen vom Wasser abzubringen, ist eine ökonomische Frage (Wasser ist kostenlos), ihnen aber den Tee zu verleiden, erfordert einen Kulturkampf. Der »Rückgang des Teeverbrauchs«, den Kulturanthropologen als ein unheilvolles Vorzeichen des Zerfalls der einheimischen Kultur ansehen, wird als Türöffner für Umsatz mit Süßlimo begrüßt. Ließe sich nur jeder Indonesier von Tee zu Coca-Cola bekehren, von Sandalen zu Nikes, vom Reis zu McNuggets, von Saris zu Kleidern von Laura Ashley, von Zugochsen zu amerikanischen Geländewagen, von einheimischen Filmen zu Videos mit Arnold Schwarzenegger und vom Buddhismus zum Konsumismus – welche »Chancenwelten« stünden den kühnen Konzernimperialisten von McWorld offen, und welchen homogenen und einträglichen weltweiten Markt würde diese einst selbständige Region bilden!

Sogar Afrika, obwohl in den Weltwirtschaftsberichten nicht von großer Bedeutung, soll in den Schoß von McWorld heimgeholt werden. Für die Ambitionen von Coca-Cola ist es nicht Heimstatt von großer Armut, AIDS und diktatorischen Regimen, sondern ein Limonadenmarkt von 568 Millionen Menschen mit »warmem Klima, niedrigem Durchschnittsalter und Regierungen, die sich auf die Marktwirtschaft zubewegen«. Gleiches gilt für Slowenien, Kroatien und Bosnien-Herzegowina, wo »leistungsfähige Abfüllbetriebe bestehen«. Wo normale Beobachter ein blutiges Schlachtfeld erblicken, sieht

Coca-Cola einen Markt von 24 Millionen Menschen, der bestimmt »Ziel größerer Investitionen werden kann, sobald die territorialen und politischen Spannungen abflauen«. Immerhin haben die Warschauer Passanten applaudiert, als die ersten Coca-Cola-Lastwagen auf den Straßen erschienen.

Indem Coca-Cola eine Welt nach dem eigenen Bilde schafft, definiert die Firma zugleich die politische und soziale Wirklichkeit um. Aus einem ungehemmten, die wirtschaftliche Lage beständig verschlechternden Bevölkerungswachstum, auf das AIDS nur geringe Auswirkungen hat, wird ein »niedriges Durchschnittsalter« einer Bevölkerung, die reif zur Ausbeutung als Verbraucher ist. Ethnische Säuberungen, Vergewaltigungen als Waffe und Völkermord werden zu »territorialen Spannungen« verniedlicht, die zwar dem Markt noch ein paar Millionen Verbraucher entziehen, aber letztendlich den weniger gewalttätigen und einträglicheren Kräften der Globalisierung Platz machen werden. Aus dieser Perspektive scheint der Weg aus AIDS, Elend und Völkermord zum amerikanischen *way of life* kürzer, als man sich hätte vorstellen können.

Es ist vielleicht unfair, Konzernen auf der Jagd nach Umsatzsteigerung, Nettogewinnmaximierung und Aktionärszufriedenheit eine Vision von globaler Vielfalt, internationaler Gerechtigkeit oder Weltdemokratie abzuverlangen. Dennoch erweisen sich ihre rein ökonomischen Ambitionen mitnichten als wertneutral. Wie gezeigt, greifen sie sogar große soziale Fragen auf, aber nur als Gewissenspflaster für eine pseudokritische Mittelschicht, auf deren Portemonnaie sie es wie eh und je mit klassischem Krämergeist abgesehen haben. Und sogar dort, wo multinationale Konzerne behaupten, sich ausschließlich für Produktions- und Verbrauchszahlen zu interessieren, können sie diese Zahlen zunehmend nur maximieren, indem sie aktiv genau in die gesellschaftlichen, kulturellen und politischen Belange eingreifen, von denen sie angeblich nichts wissen wollen. Ihre politischen Ziele sind vielleicht unpolitisch motiviert und ihre kulturellen kein Ergebnis von Kulturbeflissenheit, aber dadurch wird ihr Handeln nur noch unverantwortlicher und kulturschändender.

Verbraucherumsatz hängt von Gewohnheiten und Verhaltensweisen ab, und wer Verbrauchermärkte manipulieren will, muß Verhalten und Einstellungen beeinflussen. Das ist auch das Ziel der weltweit operierenden, milliardenschweren Werbewirtschaft. An Teetrinker kann man kein Coca-Cola verkaufen. Lange Mittagspausen bremsen die Ausdehnung von Fast-food-Filialen, und erfolgreiche Imbißketten machen den mediterranen Mittagsritualen unweigerlich ein Ende – egal, ob mit Absicht oder nebenbei. Ein hochentwickelter öffentlicher Nahverkehr hält die Autoverkäufe niedrig und dämpft den Absatz von Stahl, Gummi und Benzin. Ein bäuerlicher Lebensstil (Aufstehen mit dem Hahnenschrei, Ganztagsarbeit, frühes Zubettgehen) ist schlecht für Fernsehwerbung. Wer sich aus Sport überhaupt nichts macht, wird kein Kunde für Turnschuhe. Gesundheitsbewußtsein schadet der Zigarettenindustrie. Eine Moral der Bedürfnislosigkeit steht auf Kriegsfuß mit der ökonomischen Logik des Konsums. Können verantwortliche Konzernmanager sich da leisten, etwas anderes als unmoralische Fürsprecher von Genußsucht zu sein? Müssen sie sich als gute Geschäftsleute nicht von der Ideologie des freien Marktes freimachen und Kultur- und Lebensgewohnheiten zu beeinflussen trachten, was unter Umständen hochpolitisch sein kann?

Unter Berufung auf Karl Marx' Satz von der politischen Einfältigkeit des Landlebens brachte Edward C. Banfield in seiner Untersuchung des ländlichen Italien nach dem Zweiten Weltkrieg die bäuerliche Lebensweise in Verbindung mit moralisch rückwärtsgewandten politischen Werthaltungen.[25] Ob er recht hatte oder nicht, die Lebensweise scheint für die postmoderne politische Ökonomie immer wichtiger zu werden. Sie macht viel aus: Eine Mußegesellschaft nimmt sich mehr Zeit für Bürgerrechte, freiwillige Sozialdienste und Politik als eine Arbeitsgesellschaft. Das Leben in Schlafstädten kennt keinen öffentlichen und kommunalen Raum wie die Klein- oder Großstadt, elektronisch verkoppelte weltweite Vierundzwanzig-Stunden-Börsen und durch internationale Flüge verbundene globale Geschäftswelten machen Tagesabläufe und Routinen nach dem herkömmlichen Uhrzeiger zunichte. Märkte erheischen Freiheit von staatlicher Reglementierung und Einmischung, drängen aber zunehmend in Bereiche mit direkter Auswirkung auf Landeskultur und Gemeinwohl. Sie gelten als politikfrei, entlehnen und verfälschen aber politische Ideen und Begriffe. Eine Fast-food-Kette für Folienkartoffeln wirbt damit, daß sie ihren Laufkunden »das demokratische Wahlrecht« auf die Lieblingssoße gewährt. Markenwahl und innerhalb der Marke Produktwahl gelten in Marktgesellschaften inzwischen weitgehend als das Wesen der Freiheit und werden »neuen Demokratien« auch als dieses verkauft. Doch erweisen sie sich als fader Aufguß von echter Bürgerfreiheit. Die Ideologie der Freizeitgesellschaft ist tatsächlich nichts anderes als eine Ideologie.

Am augenfälligsten ist das in dem vermutlich größten Wachstumsbereich für Konsumgüter qua Dienstleistungen, in der Nachrichten- und Unterhaltungsbranche, die beide den harten Warensektor treiben und von ihm angetrieben werden, aber letztendlich von der Programmware abhängen.

5. Von der Programmware zu Dienstleistungen

Der Walkman ist ein Musterbeispiel dafür, wie sich neue harte Techniken auf Freiheit und Entscheidungsmöglichkeit auswirken, denn er scheint beide zu erweitern und schränkt doch beide ein. Nüchtern betrachtet, ist der Walkman gar nichts Neues, nur die neueste Ausgabe des altbekannten Plattenspielers. Doch wird er durch Tragbarkeit, Alleinhörenkönnen und Ortsungebundenheit zur leichtgewichtigen fünften Kolonne von McWorld, bläst den neuesten Lifestyle unmittelbar ins Ohr und verändert so überkommene Verhaltensweisen und damit die Gesellschaft. Durch den Walkman wird das Hören von Musik von einer geselligen zu einer einsamen Beschäftigung und vom orts- und zeitgebundenen Kunstgenuß zum allgegenwärtigen Hintergrundgeräusch bei anderen Lieblingsbeschäftigungen der Konsumgesellschaft wie etwa dem Joggen (Walkmen und Laufschuhe steigern gegenseitig ihren Verkauf). Das Hören wird zur Ganztagsgewohnheit und erheischt Produktion und Verkauf von immer mehr musikalischer Programmware.

Die Computertechnik hat ähnlich durchschlagende und unsichtbare Wirkung auf die Gesellschaft. Ein Computer übermittelt nicht nur Daten an seine Benutzer, sondern vereinnahmt sie auch für neue Formen der Interaktion, bei denen sie ihren Körper (ganz anders als etwa beim Bücherlesen) mehr oder minder vor dem Monitor als Pforte zu neuen und seltsamen Formen virtueller Gesellung zurücklassen. Sie versetzen sich in den Computer, tummeln sich dort im Cyberspace und betreiben eine Art virtuelle Polis. Was für eine Gemeinschaft das ist, bleibt sehr problematisch – aber irgendeine ist es ja wohl. Schon die Gestalt der Daten – als Video, als Text, digitalisiert, programmiert, zeitunabhängig, technikgebunden – schlägt stark auf Kultur und Politik und die dafür relevanten Einstellungen durch. Es heißt, leidenschaftliche Videospieler erwerben für bestimmte Berufe wesentliche Fertigkeiten der Koordination von Hand und Auge, vorteilhaft für Kampfflieger oder Labortechniker, die per Fernsteuerung mit Gefahrenstoffen hantieren müssen. Angeblich entwickeln solche Spieler aber auch weniger Phantasie oder Mitmenschlichkeit. Darüber gibt es jedoch bislang noch keine aussagefähigen empirischen Untersuchungen, doch daß es Auswirkungen gibt, ist naheliegend und dürfte schwerwiegende politische Folgen haben. Wem Demokratie, Kultur und Öffentlichkeit etwas bedeuten, der darf es nicht dem Zufall überlassen, in welche Richtung sie sich entwickeln.

Nach solchen Überlegungen läßt sich der Elektronik- und Computersektor der harten Warenwirtschaft nur noch schwer losgelöst vom hochtechnisierten Dienstleistungssektor oder von den gesellschaftlichen Einstellungen betrachten, die dieser vermittelt. Wer als Generalunternehmer die Datenautobahn bauen und dann die inhaltliche Steuerung und Überwachung des Verkehrs an andere abtreten würde, wäre völlig ahnungslos, wo in McWorld der Hammer hängt. Führende Konzerne wie IBM, Sony, Toshiba, Matshui und Nintendo sind mitnichten so naiv. Emsig dehnen sie durch Fusionen, Firmenkauf und feindliche Übernahmen ihr Geschäft vom harten Sektor (Datenautobahnbau) in die Programmbranche (Ampelanlagen, Verkehrsströmelenkung und Mautkassen) aus. Telefongesellschaften (besonders lokale), Kabelfirmen und Hersteller von Software (Filmstudios) und deren Vermarkter (Videos) belauern einander mit einer Freßgier, die regelrecht sozialdarwinistisch ist und auf der Überzeugung beruht, höchstes Ziel des Kapitalismus sei das Monopol, und bei dem bevorstehenden Kampf um die Programmware könne es nur einen Sieger geben.

Die an dieser inneramerikanischen Übernahmeschlacht sichtbar werdende Verschiebung von der Konsumgüter- zur Dienstleistungswirtschaft spiegelt einen volkswirtschaftlichen Trend und korrigiert den Eindruck, Amerika sei auf dem absteigenden Ast, der sich bei ausschließlicher Betrachtung des Sektors der hochtechnisierten Industrieproduktion aufdrängt. Den einstigen amerikanischen Monopolen in der Hardware ist heftige Konkurrenz von den Europäern und Japanern erwachsen. So hatten die Vereinigten Staaten etwa noch 1974 ein geschlossenes Monopol bei Hochleistungsspeichermodulen, ohne die man keine Computer bauen kann. Bis 1980 war der Anteil der USA auf 56 Prozent zurückgegangen und der japanische auf 40 Prozent gestiegen. Weitere sieben Jahre später produzierten die USA weniger als ein Fünftel und die Japaner mehr als drei Viertel aller Speichermodule.[1] Ähnliches zeigt sich bei Halbleitern, wo der amerikanische Anteil 1980 doppelt so hoch war wie der japanische, aber heute unter diesem liegt, und bei Fernmeldeeinrichtungen, wo sich Japan vom vierten Rang 1980 bis heute auf den ersten vorgeschoben hat, während die Vereinigten Staaten inzwischen knapp vor Schweden auf Platz drei liegen.[2] Sogar der Aufwand für Forschung und Entwicklung, wo die Amerikaner lange den Rekord hielten, ist von 94 Milliarden Dollar im Jahre 1989 mittlerweile auf unter 90 Milliarden geschrumpft.[3] Solche Trends lassen sich durch vieles erklären, unter anderem durch den Verzicht der USA, die japanische Industrie- und Handelspolitik mit eigenen Subventionen zu kontern, und durch die hohen amerikanischen Rüstungslasten, von denen die Japaner fast gänzlich verschont blieben.

Doch das richtig große Geschäft wird jetzt mit Dienstleistungen und Programmware gemacht, und hier schneiden die USA weitaus besser ab. Dienstleistungen sind kein Mauerblümchen der Weltwirtschaft mehr, sondern stehen inzwischen auf Platz eins. Dem Magazin *Fortune* fiel nach jahrzehntelangen Bilanzberichten über die Industrieproduktion 1990 endlich auf, daß Dienstleistungen nicht nur in der Gastronomie und in Reisebüros erbracht werden, sondern z. B. auch in Banken und im Nachrichten- und Fernmeldewesen, 60 Prozent des Bruttosozialprodukts ausmachen und acht von zehn amerikanischen Arbeitnehmern beschäftigen.[4] Das Ergebnis war eine neue jährliche Liste der »weltgrößten Dienstleistungsunternehmen«. Unter den ersten 500 dieses Sektors hielten die USA 1990 mit 150 die Spitzenposition (Japan lag mit 106 auf Platz zwei, Großbritannien hatte 49 und Deutschland 41 Nennungen). Zwei Jahre später lagen die USA mit den 135 größten Dienstleistungsfirmen noch immer in Führung, trotz Überrundung in einzelnen Sparten, so bei den Handelsbanken (8 unter den ersten 10 und 31 unter den ersten 100 waren japanisch und nur 8 unter den ersten 100 amerikanisch, wobei Citicorp als größte amerikanische Bank Platz 27 besetzte) und bei den Lebensversicherungen (7 unter den ersten 10 waren japanisch). Japan, das 1992 bereits 128 der 500 größten Dienstleistungsfirmen stellte, scheint zur amerikanischen Spitzenposition aufzuschließen.[5] Bei Software, Nachrichtenwesen, Datenbanken und Unterhaltung zieht Amerika jedoch souverän davon.

Welch überragende Bedeutung der neue Infotainment-Sektor für die Weltwirtschaft hat, läßt sich daran ermessen, wie er sich auf das häufig beklagte amerikanische Außenhandelsdefizit auswirkt. Das US-Handelsbilanzdefizit von 40 Milliarden Dollar ist in Wahrheit nur die bereinigte Summe aus einem Warenhandelsminus von 96 Milliarden

Dollar und einem Dienstleistungsplus von 56 Milliarden Dollar. Auf dem Dienstleistungssektor erwirtschaften die USA einen fulminanten Überschuß. Und bei einem heute auf 600 Milliarden Dollar geschätzten Jahresumsatz an Dienstleistungen wächst diesem Vorsprung immer größere Bedeutung zu. Die Werbeexporte können es inzwischen umsatzmäßig mit den Automobilexporten aufnehmen. Zudem sind all diese Zahlen eher untertrieben: Das Handelsministerium bekennt sich zu einer traditionellen »Fixiertheit auf Waren« und dürfte damit meinen, daß Dienstleistungsexporte immer noch kräftig unterbewertet werden.[6]

Kritiker werden nun darauf verweisen, daß Amerika sogar auf dem Dienstleistungssektor, wo es dominant scheint, nur im Einzelhandel weltweit führt, wo Sears und Wal-Mart unerreichte Giganten bleiben. Im Bank- und Versicherungswesen seien die USA von andern Ländern überholt worden und nicht mehr unter den ersten zehn. Doch ist es keineswegs so, daß alle Dienstleistungssektoren im Hinblick auf die entstehende postmoderne Wirtschaft von McWorld gleichbedeutend wären. Nur an der dinglichen Wirtschaft gemessen, scheinen Banken und Versicherungen vielleicht von Bedeutung zu sein, doch aus der Sicht der virtuellen Ökonomie machen Telekommunikation, Information und Unterhaltung das Rennen. Auf den dreien, besonders aber auf der Unterhaltung, ruht die wirkliche Macht von Banken und Versicherungen. Hier haben sich die Vereinigten Staaten eine unangefochtene und weithin unbemerkte Überlegenheit bewahrt. Die Folgen für die Demokratie weltweit müssen sorgfältig untersucht werden.

Von den 100 größten »diversifizierten Dienstleistungsunternehmen« auf der Liste von *Fortune* 1992 sind 11 auf Unterhaltung, Telekommunikation und Informationsdienste spezialisiert. Darunter aber sind acht amerikanische, dagegen nur jeweils ein japanisches, britisches und kanadisches. Von den ersten 100 amerikanischen diversifizierten Dienstleistungsfirmen haben nur 17 mit Unterhaltung, Telekommunikation oder Information zu tun, aber diese 17, zusammen nur ein Sechstel der Branche, erzielen einen Umsatz von 140 Milliarden Dollar oder ein Drittel des Gesamtumsatzes aller 100 Firmen von 421,5 Milliarden Dollar.[7] Im folgenden soll dargelegt werden, daß es bei der Vorherrschaft dieser Firmen um weitaus mehr als um Umsatz geht.

Das Ergebnis unserer kurzen Tour von der Nachkriegs- zur postmodernen Wirtschaft ist schlicht: eine Bewegung von Waren zu Dienst-

leistungen, von einfacher zu hochentwickelter Technik, von Konsumgütern zur Programmware, vom Reellen zum Virtuellen, vom Körper
zur Seele. Die Lehre für heute lautet daraus, daß es bei der McWorld von
morgen mehr um Waren als um Rohstoffe, mehr um Programmware
der Telekommunikation und Information als um industriell produ-
zierte, mehr um Dienstleistungen als um Waren, mehr um Information,
Telekommunikation und Unterhaltung als um allgemeine Dienstleistungen und weniger um Software im eigentlichen Sinne als um
kulturelle Programmware von der Art geht, wie sie in Bild- und
Tonfetzen von Werbeagenturen und Filmstudios sichtbar wird. Folgen
wir der Logik dieser wirtschaftlichen Evolution, stehen die USA mit
jedem Jahr besser da und wirken Prognosen zu Amerikas Abstieg immer
unwahrscheinlicher. Bemerkenswert aber ist dabei, daß das zwar schön
ist für die wirtschaftliche Führungsrolle der USA, aber schlecht für die
Demokratie. Der nationalstaatliche Kapitalismus hat einst die Demokratie mitbegründet. Der globale Kapitalismus von McWorld aber
könnte ihr Untergang werden.

Dennoch muß die Darstellung ergänzt werden. Weil die neue Infor-
mations- und Dienstleistungswirtschaft globale Marktstrategien und
Umsätze definiert, formt sie zugleich die neue Ideologie von McWorld
und wird sogar zu dieser selbst. Der Kapitalismus mußte einst politische Institutionen und Eliten vereinnahmen, um Politik, Philosophie
und Religion zu beherrschen und mit ihnen seine Ideologie des Profits
verbreiten zu können. Heute ist gerade Ideologie eines seiner haupt-
sächlichen und einträglichsten Erzeugnisse geworden. Der Kommunismus ist aus inneren politischen und ökonomischen Gründen zusam-
mengebrochen, doch stand er auch unter Druck von außen. Hollywood
und die Madison Avenue haben die bürgerliche Revolution praktisch
überflüssig und die proletarische fast unmöglich gemacht: Es gibt keine
»Arbeiter« mehr, sondern nur noch Verbraucher, keine Klasseninteres-
sen, nur noch eine weltweite Popkultur, die die wirtschaftlichen Konturen verflacht und das geistige Spielfeld einebnet. Fernseher, Fotoko-
pierer und Faxgeräte, Fernreisen und Freizeitideologie beschleunigten
das Ableben maroder kommunistischer Regime nur noch. Solche harten Konsumgüter sind zwar reine Vehikel, doch transportieren sie die
Videologie von McWorld, und diese gehört nicht zum Warensektor,
sondern zu den Dienstleistungen.

Der Dienstleistungssektor: ein Überblick

Die Dienstleistungswirtschaft ist ein merkwürdiger Zwitter, da sie sowohl alte und grundlegende Tätigkeitsbereiche wie Ernährung, Bildung und Gesundheitswesen als auch neue Technologien der Information und Kommunikation umfaßt, die fast schneller erfunden und eingeführt werden, als man sie beschreiben kann. Bei dieser weitgefaßten Wirtschaftskategorie werden also schlechtbezahlte Krankenhauspfleger ohne Gewerkschaft und McDonald's-Bulettenbrater ohne Zukunft in den gleichen Sack gesteckt wie Organisationsprogrammierer, Zivilpiloten und Nachrichtentechniker. Handelsbanken gehören dazu, wo Japan Amerika und Europa längst überrundet hat, aber auch die Unterhaltungsindustrie, wo die USA ihre Weltvorherrschaft sogar noch ausbauen und bis weit ins nächste Jahrhundert gesichert haben dürften. Indem ich vorführe, wie sich McWorld im Dienstleistungssektor die Videologie des einundzwanzigsten Jahrhunderts auf den Leib schneidert, möchte ich zeigen, warum ich McDonald's, Macintosh und MTV (Schnellimbisse, Computersoftware und Musikvideos) in einen Topf werfe. Wenn McDonald's Videos von *Der mit dem Wolf tanzt* und *Jurassic Park* und Disney-Plastikfiguren verkauft, um trittbrettfahrend irgendwie von Multikulti, Umweltbewahrung oder Artenschutz zu profitieren, oder seine Frikadellenbrötchen durch Werbung mit Basketballstar Michael Jordan sportlich aufmotzt, tritt an die Stelle schlichter Befriedigung körperlicher Bedürfnisse komplexe Seelenmassage. McWorld ist vor allem ein Produkt einer vom expansionistischen Kommerz beflügelten Allerweltskultur. Das Urmuster ist amerikanisch, die Form ist Stil, die Waren sind Bilder. McWorld ist eine neue Welt weltweiter Markenlizenzen, und anstelle des einstigen »Proletarier aller Länder, vereinigt euch! Ihr habt nichts zu verlieren als eure Ketten!« ertönt heute die Werbebotschaft: »Verbraucher aller Länder, vereinigt euch! Wir haben alles für euch in unseren Ladenketten!«

Bevor ich auf McWorld eingehe, muß ich allerdings zunächst die seltsamen Mitbeteiligten auf dem ausschlaggebenden Dienstleistungssektor schildern. Es gibt nämlich drei sehr verschiedene Unterbereiche der Dienstleistungswirtschaft, die sich voneinander in vielem stärker unterscheiden als gemeinsam von der Rohstofferzeugung oder Industrieproduktion. Nach Ausbildung, Einkommen, Zukunftsaussichten und Selbstwertgefühl hat eine »Köchin« bei Burger King, die fließbandproduzierte tiefgefrorene Frikadellen brät, mit der Näherin in einem Sweatshop, die an der Nähmaschine billige Röcke fertigt, viel mehr gemeinsam als mit dem Computerfachmann, der für Spielotheken virtuelle Computerspiele programmiert, obwohl dieser zum Dienstleistungssektor zählt und die Näherin zur Industrie. Nach ihrer Klientel unterscheide ich drei Unterbereiche des Dienstleistungssektors:

Der traditionelle Dienstleistungssektor umfaßt die unmittelbar in Ernährung, Verkehr, Gesundheitswesen und Haushalt Beschäftigten, also Köche und Kellner, Hotelpersonal, Piloten und Zugschaffner, Ärzte, Sozialarbeiter und alle, die unmittelbar *Dienst am einzelnen Menschen* leisten.

Der infrastrukturelle Sektor umfaßt die politischen, wirtschaftlichen und sozialen Systeme, ohne die eine moderne Gesellschaft nicht funktioniert, also Juristen, Buchhalter, Betriebswirte, Banker, Versicherungsvertreter, Programmierer, Telefonfräulein und alle, die die vernetzte staatliche und weltweite Infrastruktur bereitstellen, also *Dienst an der Gemeinschaft* leisten.

Der neue Informationssektor, den ich als Infotainment-Telesektor bezeichne und der alle umfaßt, die die Welt der Zeichen und Symbole als Vermittler aller Information, Kommunikation und Unterhaltung erzeugen und beherrschen, also Begriffserfinder und Imagepräger wie Werbefachleute, Filmregisseure, Journalisten, Intellektuelle, Autoren, Informatiker und desgleichen entsprechend ihrer Beteiligung an der Schaffung von Zeichen und Bildern Lehrer, Prediger, Politiker und Fernsehkommentatoren, kurz alle, die im *Dienst der individuellen und kollektiven menschlichen Seele* stehen.

Diese drei Unterbereiche, von denen jeder seine professionellen (oder weniger professionellen) Beschäftigten hat, stehen zueinander grob gesagt ähnlich wie die drei grundlegenden Wirtschaftssektoren (Rohstofferzeugung, Industrieproduktion und Dienstleistungen) in einer Hierarchie, die zugleich eine ökonomische Evolution bezeichnet. Der neue Unterbereich Information stellt die Vorhut der wirtschaftlichen Entwicklung dar, und Firmen oder Staaten, die ihn steuern können, dürften als potentielle Weltführer wahrscheinlich das kommende Jahrhundert beherrschen. Der Teilsektor Dienstleistungen, wie er bisher bekannt ist, stellt sozusagen die »Dritte Welt« des Dienstleistungsbereichs dar, denn er stützt sich an seinem unteren Ende auf angelernte

Arbeitskräfte und unkomplizierte Arbeit. Es ist der erste, aber möglicherweise auch der letzte Schritt auf der Treppe zur Macht und ganz gewiß keine Fahrkarte zur Weltherrschaft. Ärzte und Verkehrstechniker fallen zwar kraft der von ihnen erbrachten direkten Dienste am Verbraucher in diesen untersten Teilsektor, sind aber zugleich auch Informationstechniker und gehören somit nach Maßgabe ihres Ausbildungsstands und der Wissenschaftlichkeit ihrer Dienstleistung mindestens teilweise zugleich in den fortgeschrittenen Informationssektor. Zwischen den beiden Teilsektoren, die die Parameter definieren, liegt die mächtige neue Welt der Banker, Buchhalter, Juristen und Programmierer, die der teils realen, teils virtuellen Gemeinschaft dienen, die den Weltmarkt von McWorld ausmacht. Obwohl dieser Teilbereich hochprofitabel und beruflich lohnend ist, wird er manchmal überschätzt, denn er leistet weder der Masse der Weltbevölkerung Dienste, noch verfügt er über die entscheidenden Möglichkeiten der Information und Telekommunikation, von denen die Gesamtbevölkerung abhängig ist und die potentiell über deren Verstand und Seele bestimmen werden. Dieser Sektor ist zwar der allzuständige Hausmeister für das Weltgeschäft, wird gut bezahlt und hält alles am Laufen, doch Vorgaben kann er keine machen. Diese Aufgabe nimmt der Infotainment-Telesektor wahr, von dem McWorld seine informellen und zumeist gar nicht ausformulierten Direktiven erhält.

Die herkömmliche Klassenanalyse stellt eine Beziehung zwischen Produktionsweise und Klassenaufbau her. Marx meinte, die frühere Sklavenhaltergesellschaft habe auf der Verfügungsgewalt über die Arbeitskraft beruht (wer die Arbeit beherrschte, war Herr seiner Welt und hatte letztendlich auch politisch das Sagen), die Feudalgesellschaft auf der Verfügungsgewalt über Grund und Boden (wer das Land besaß, beherrschte die Welt) und die kapitalistische Gesellschaft auf der Verfügungsgewalt über das Kapital (wer Maschinen finanzierte und Arbeitskraft kaufte, kaufte sich damit in die herrschende Klasse ein). Soweit es eine solche Beziehung zwischen der Herrschaft über die ökonomische Produktionsweise und dem Zugang zur politischen Macht gibt (und es gibt sie, wenn auch nicht so eindeutig, wie Marx glaubte), ist der Infotainment-Telesektor der Dienstleistungswirtschaft soeben im Begriff, die postmoderne Verfügungsgewalt zu erringen. Wer weltweit Information und Kommunikation beherrscht, hat potentiell die Herrschaft über den Planeten. Diese Verfügungsgewalt ist jedoch sanft und bewirkt Herrschaft durch Überredung statt durch Befehl, Beeinflussung durch Suggestion statt durch Zwang. Diese kaum sichtbare Form der Herrschaft kann kaum zur Verantwortung gezogen werden. Ihre schlecht wahrnehmbaren Folgen sind auf mancherlei Weise viel beklemmender als die der vom Dschihad erzeugten Anarchie (vgl. Teil III).

Da »das Universum aus Information besteht«, wie ein Werbespot von MCI zur amerikanischen Meisterschaft von 1994 im Orange-Bowl-Stadion behauptete, ist der neue Semisouverän dieser Welt die Funktionsschicht der Spezialisten für Information und Kommunikation, die die Software unserer Weltzivilisation herstellen, darüber verfügen und sie beherrschen – als Bücher, Filme, Computerprogramme, Zeitschriften, Videos, Märchenparks, Anzeigenseiten, Lieder, Computersoftware, Zeitungen und Fernsehprogramme. Ted Turner und Jane Fonda sind das Musterpaar dieser neuen Zeit, während Kulturschaffende wie der Disney-Vorstandssprecher Michael Eisner, der Regisseur Steven Spielberg, der Werbepapst Michael Ovitz und der Medienzar Michael Malone die Industriekapitäne von heute sind. Sie haben die Herrschaft nicht über Artefakte (Tonbänder, Drehbücher, Spielothekgeräte, Filmrollen, die womöglich Eigentum diverser »amerikanischer« oder »japanischer« multinationaler Konzerne sind), sondern über Worte, Bilder, Töne und Moden als Bestandteile des eidetisch-affektiven Bereichs, durch den das Materielle unserer physischen Welt interpretiert, kontrolliert und dirigiert wird. Wer den Infotainment-Telesektor gestaltet, wird unweigerlich die Macht von ihm erben, weil ein politischer Gestaltungswille auf diesem Feld nicht existiert. Vielleicht streben die dort Tätigen die Macht gar nicht aktiv an und sehnen sich nicht einmal passiv nach ihr, doch sie wird ihnen zwangsläufig in den Schoß fallen.

Ich sehe hier keine Verschwörer am Werke, keine stummen Tyrannen, welche sich Daten zunutze machen, um ihre Vorherrschaft zu zementieren. Eher ist es das politische Ergebnis von Zufall und Absichtslosigkeit, wobei das scheinbar harmlose Streben des Markts nach Genuß, Produktivität und Profit umfassenden kulturellen Flurschaden anrichtet und das Selbstbestimmungsrecht von Menschen wie von Staaten aushöhlt. Wo die Wirklichkeit den Zukunftsroman einholt, wirken die literarischen Metaphern von Autoren des Cyberspace weniger überspannt. Pat Cardigan schreibt in dem Cyberspace-Roman *Syn-*

ners: »Erst guckst du Video, dann trägst du Video, dann ißt du Video, und am Ende bist du Video.«[8] Die Zocker haben schon begriffen, was an Videogucken, Sichkleiden, an Essen und bloßem Dasein zu verdienen ist, und Hollywood als Firmensitz von Columbia Pictures ist genau deswegen immer noch stärker als Tokio mit seinem Firmensitz von Columbias Muttergesellschaft Sony, weshalb Sony (wie noch im einzelnen gezeigt wird) zwar Berge versetzte, um sich 1988 CBS Records und 1989 Columbia Pictures für eine Gesamtsumme von fast 7 Milliarden Dollar einzuverleiben, aber doch nur erwarb, was es niemals besitzen kann.

Sony hoffte, das zu besitzen und davon zu profitieren, was in Sonys Walkmen und Watchmen dudelt und flimmert, auf denen die Firma anfangs ihr Imperium errichtete, aber der Film bestimmt auch dann noch über die Kamera, wenn er von ihr bezahlt wird und in ihr drinsteckt. Entscheidend sind die laufenden Bilder und nicht die metallkalte und plastikglatte Hardware. Der weiche Bauch von McWorld ist Hollywood, und wer ihn verschlingen will, wird selber gefressen und verdaut. Tokio kann Hollywood kaufen, aber es kann Hollywood niemals besitzen. Der amerikanische Regisseur Robert Altman sagte voraus, daß »die Japaner aus Hollywood verschwinden. Sie haben eine Menge Geld hereingepumpt. Ihre Beteiligung werden sie letztendlich veräußern. Sie sind hier sozusagen veräppelt worden, und ich glaube, sie merken es so langsam. Sie sagen selbst, sie hätten künstlerisch oder kulturell nichts zu bieten. Also was suchen sie dann hier? Sie sind reine Geldgeber, und genauso werden sie behandelt, und das wird ihnen irgendwann stinken.«[9] Es fängt schon an. 1995 verkaufte Matsushita MCA zurück an eine nordamerikanische Firma (an Edgar Bronfmans Seagram). Ob japanisches Geld bleibt oder geht, es wird die amerikanische Popkultur immer nur anmieten und ausbeuten können. Selbst erschaffen oder ersetzen kann und will es sie nicht. Den Franzosen allerdings sind die ideologischen Wirkungen der amerikanischen Vorherrschaft im Infotainment nicht gleichgültig: »Natürlich ist die amerikanische Filmindustrie big business«, meint der französische Filmproduzent Marin Karmitz, »aber hinter dem gewerblichen Aspekt steht auch ein ideologischer. Bild und Ton wurden schon immer für Propaganda benutzt, und der eigentliche Krieg wird zur Zeit darüber ausgetragen, wer über die Bilder der Welt verfügen und so eine bestimmte Lebensart, eine bestimmte Kultur, bestimmte Produkte und bestimmte Ideen verkaufen kann.«[10]

Die heutige Vorrangstellung des Infotainment-Telesektors enthält eine Ironie. Unter den drei geschilderten traditionellen Wirtschaftssektoren und den hier erörterten drei Unterbereichen des Dienstleistungssektors gibt es keinen, der eine derart große globale ideologisch-politische Auswirkung auf den Nationalstaat und seine demokratischen Institutionen hat. Dennoch gibt es zugleich auch keinen, der geringeren einzelstaatlichen Zwängen oder gar einem demokratisch verfaßten Gemeinwohl unterworfen wäre. Keiner ist enger mit den globalen Marktimperativen verbunden. Meine Prognose, daß der Dschihad irgendwann (vielleicht schon bald) von McWorld geschlagen werden wird, stützt sich fast ausschließlich auf die langfristige Fähigkeit globaler Information und globaler Kultur, ideologische Engstirnigkeit an die Wand zu drücken und Teilidentitäten entweder einzusaugen oder auszutilgen. Wenn wir am Ende (wie der französische Autor Debray schreibt) nur noch die Wahl »zwischen dem lokalen Ayatollah und Coca-Cola«[11] haben, wenn »die Satellitenschüssel unmittelbar gegen den ehrwürdigen Propheten und gegen den Koran zentriert ist«[12], dann werden die Mullahs verlieren, weil gegen Satellitenfernsehen und Videokassetten langfristig kein Kraut gewachsen ist. Worauf würden Sie langfristig setzen, auf den serbischen Nationalismus oder auf Paramount Pictures? Auf Scheich Omar Abdul Rahman oder Shaquille O'Neal? Auf den Islam oder auf Disneyland? Kann die fundamentalistische Triebkraft Religion ihre Zähmung, Verwandlung zur Ware und Trivialisierung zu etwas wie einer Kindersendung, einem Verbrauchermärchen überleben? Die Religion kann sich natürlich auch des Fernsehens bemächtigen, und die Fanatiker des Dschihad verschmähen die moderne Technik nicht immer. Der Widerspruch aber, daß Erweckungspredigten von der Mattscheibe kommen, geht normalerweise auf Kosten des Glaubens: Das Medium ist nämlich die Botschaft, und abgerechnet wird in Spendendollars und nicht in geretteten Seelen.

Die neuen Industrien von Telekommunikation und Unterhaltung ignorieren und vernichten die Seele letztendlich nicht, sondern schlürfen sie ein, dröseln sie auf und setzen sie anschließend wieder zusammen. In ihren Händen wird sie zu einem viel leistungsfähigeren Motor des Konsums als der Leib mit seinen physischen Grenzen. Durst und Hunger sind allzuleicht zu stillen, doch die Sehnsüchte der Seele kennen keinerlei Grenzen. Läßt sich die Seele für knetbare und gar nur eingebildete körperliche Bedürfnisse einspannen, kann sie einen Markt ohne Grenzen garantieren.

Für die genauere Betrachtung der Weltmärkte von McWorld bleibt noch die Aufgabe, den Teilbereich Information der Dienstleistungswirtschaft zu untersuchen. Diesen Sektor behandeln heißt eine gewisse amerikanische monokulturelle (oder popmonokulturelle) Hegemonie beschreiben. Manche werden bestreiten, daß hier wirklich eine »Kultur« vorliegt. Um eine Stellungnahme zu Euro-Disney gebeten, tat Ariane Mnouchkine vom Pariser Théâtre du Soleil es als »kulturelles Tschernobyl« ab. Aber auch eine korrupte Kommerzkultur, sogar eine radioaktive Kultur bleibt immer eine Kultur, also eine allgegenwärtige Menge von gemeinsamen Symbolen und Bildern, die eine Gemeinschaft zusammenhalten und vielleicht sogar ausmachen kann.

Andere werden behaupten, die globale Popkultur sei nicht wirklich amerikanisch, auch überhaupt keine Monokultur. Sie sei dank der englischen Popmusik, der französischen Haute Couture, des italienischen Designs, des skandinavischen Minimalismus und der japanischen Technik inzwischen internationalisiert. Natürlich haben sie recht. Wenn aber »international« nichts anderes als eine Sammlung westlicher europäisch / englisch / amerikanischer Bilder ist, die in New York verpackt und vermarktet und in Memphis und Hollywood auf Magnetband und Film gebannt werden, bedeutet »international« lediglich eine andere Formulierung für global amerikanisch und ist damit schließlich doch monokulturell.

Wichtiger noch ist, daß die Weltkultur Englisch spricht – oder besser noch Amerikanisch.[13] Nach den Begriffen von McWorld ist das Englisch der Königin heute wenig mehr als ein arroganter Dialekt, etwas für Werbeleute mit der Zielgruppe anspruchsvoller amerikanischer Verbraucher mit Geld. Das amerikanische Englisch ist sowohl in der Kultur und in den Künsten wie in der Wissenschaft, Technik, im Handel, Verkehr und Bankwesen zur vorrangigen transnationalen Sprache geworden. Die Debatte darüber, ob Amerika oder Japan die Weltführerschaft errungen haben, wird auf Englisch geführt. Das Musikfernsehen singt, jault und rappt auf Englisch. Französische Kinowerbefilme sind inzwischen häufig in Englisch. Kritiker des neuen Zeitalters der Information beklagen das Nachrichtenmonopol von CNN und BBC, aber auf Englisch. Somalische Klanchefs und arbeitslos gewordene Geheimpolizisten der haitianischen Diktatur verfluchten die Amerikaner in medienwirksamem Englisch. Die harte Hegemonie des Kolonialismus, politische Vorherrschaft und Wirtschaftsmacht Amerikas werden so bekriegt, daß die weiche Hegemonie der amerikanischen Popkultur und ihre Sprache davon profitieren.

Die Kultur von McWorld spricht zuallererst englisch, verfügt aber auch über ein noch elementareres Esperanto, auf das sie zurückgreifen kann, wo das Englische versagt. Gibt es einen noch so entlegenen Ort in der Welt von heute, wo ein Tourist unverstanden bleibt, wenn er das Markenlexikon zitiert? Er braucht bloß »Marlboro, Adidas, Madonna, Coca-Cola, Big Mac, CNN, BBC, MTV, IBM« zu stammeln, und die babylonische Sprachverwirrung ist vorüber. Kürzlich antwortete ein Heckenschütze in Sarajevo auf die Frage, warum er zum Mörder geworden sei: »Ich beschütze euch vor dem islamischen Fundamentalismus, irgendeiner muß die Drecksarbeit ja machen. Und übrigens, wie geht es Michael Jordan?« Das allesverbindende Esperanto von McWorld sticht sogar gegen den spaltenden Haß der Killing Fields des Dschihad.

Die weiche Hegemonie der amerikanischen Popkultur ist nicht nur anekdotisch. Sie wird überall in harten Daten über vier Schlüsselelemente dieser Kultur sichtbar: in Filmen, Fernsehen, Büchern und Vergnügungsparks. Doch ist sie nicht auf solche Elemente beschränkt, denn die sind nur Bruchstücke einer hypnotisierenden globalen Mediologie, die allenthalben das Bewußtsein unterwandert. Diese Mediologie benutzt Werbekommentar und Nachrichtenreklame, Fiktion und Faktion, erzeugt Mythen und zerstört Images, um Leben in Konsum, Konsum in Bedeutung, Bedeutung in Vorstellung, Vorstellung in Realität, Realität in virtuelle Realität zu verwandeln, und in geschlossenem Kreislauf virtuelle Realität wieder zurück in Alltag, so daß sich der Unterschied zwischen Realität und virtueller Realität auflöst. Tatsächlich werden alle Unterschiede verwischt. Der Sender ABC legt die Redaktionen für Nachrichten und Sport zusammen; Nachrichtensendungen gehen nahtlos in Unterhaltungsprogramme über und erzeugen so ein neues Boulevardfernsehen, das (nach neuer Sprachregelung) nicht mehr realitätsüberfrachtet ist; in Filmen werden (gegen Entgelt) Markenzeichen eingeblendet, Präsidenten spielen sich selbst auf der Mattscheibe (Präsident Ford in einer Fernsehsondersendung), während abgehalfterte Gouverneure (Cuomo und Richards) Werbespots für Knabbergebäck machen, in denen sie über ihre Wahlniederlagen witzeln. Hollywoodstars kandidieren (Sonny Bono, gegen den Ronald Reagan ein intellektueller Riese ist, wurde 1994 in den Kongreß gewählt), und Fernsehkommentatoren werden Politiker (David Gergen und Pat Buchanan wechselten unter nur zurückhaltender Kritik ihrer Berufskollegen mehrfach die Seite). Politiker können nichts Rechtes mehr tun, Prominente nichts Unrechtes. Nicht mal ein Doppelmord ist noch, was er mal war.

In Erkenntnis der Macht, die in diesen Kräften liegt, streiten Firmen aus den Welten des Verlagswesens, der Telekommunikations- und Unterhaltungsbranche darum, wer wen schlucken oder aufkaufen, wer mit wem zusammengehen oder fusionieren darf: Das Tempo wird nur noch davon bestimmt, wie schnell die Finanzen beschafft und die Aktionäre geschmiert werden können. Gerichte schalten sich ein, nicht etwa, um das öffentliche Interesse zu schützen oder ein entstehendes Monopol zu verhindern, sondern nur um die Aktionärsgewinne – einziges Kriterium solcher Geschäfte – zu sichern (wie in einem Urteil des Obersten Gerichtes des US-Bundesstaates Delaware, mit dem Paramount gezwungen wurde, ein niedrigeres »freundliches« Gebot von Viacom auszuschlagen und ein höheres Gebot von QVC mit »feindlicher« Übernahme anzunehmen). Unter dem Banner der Synergie tun sie alles, um sich die monopolistische Herrschaft über das zu sichern, was sie mittlerweile als ein zusammengeschaltetes, hochtechnisiertes Medienpaket betrachten, mit dem die Weltwirtschaft und alle ihre früher diversifizierten Märkte beherrscht werden können. Während die Megakonzerne kämpfen, sitzen Regierungen (auch die der Vereinigten Staaten) alles aus und lispeln Protest gegen die Einschränkung des freien Markts, als gehe es überhaupt nicht um öffentliche Interessen oder als könnten die restlos verzerrten Märkte von McWorld alles aufs beste unter sich regeln. Das aber können sie nicht und werden sie auch nicht tun.

Wer denn überhaupt noch das öffentliche Interesse oder das Gemeinwohl in dieser darwinistischen Welt räuberischer Konzerne vertreten soll, denen die Herrschaft über die unverzichtbaren symbolischen Bestandteile der Zivilisation in den Schoß gefallen ist, bleibt ungeklärt. Nur wenige fragen noch danach. Die Vielfalt der Sender- und Kabelprogramme hat die Ausgewogenheitsformel veralten lassen und die Rundfunkaufsicht so gut wie ausgehebelt. Eine bescheidene Gesetzesvorlage zu neuen Technologien blieb 1994 im Kongreß (mit vielen anderen Gesetzesvorhaben) stecken. In der Vorlage von Senator Ernest F. Hollings ging es nicht nur um Monopolbeschränkung, sondern auch um erweiterte Regelungen zur Datenautobahn, und die davon ebenfalls betroffenen lokalen Telefongesellschaften waren sogar enttäuscht über das Scheitern, denn sie hatten gehofft, damit das Recht zur Expansion ins Kabelfernsehen und in den Bereich der Ferngespräche zu erwerben.

Gesetzgebung zum Schutz des Gemeinwohls ist unterdessen in der Telekommunikation fast unmöglich geworden. Der Wandel gegenüber früher ist mit Händen zu greifen. Als der klassische Musiksender WNCN in New York in den 70er Jahren auf Rockmusik umschalten wollte, fanden wütende Hörer Verbündete in der Rundfunkaufsicht und zwangen den Sender, bei der Klassik zu bleiben. Als der Sender 1993 erneut die Klassik dichtmachte, war die Rundfunkaufsicht nirgends mehr zu finden, und die Eigentümer von WNCN konnten unwidersprochen die Behauptung verbreiten, zwei Klassiksender in einer Stadt mit mehreren Dutzend Sendern und Millionen von Zuhörern »übersättigten« den Markt, einer sei genug. Wer also sollte da die Funktion der Rundfunkbehörde oder der Regierungsaufsicht oder einer demokratischen Reglementierung und Rechenschaftspflicht übernehmen? Gibt es in einer Zeit, in der ein republikanisch beherrschter Kongreß den öffentlichen Rundfunk abschaffen oder privatisieren und die Reste des bundesweiten Aufsichtsapparats zerschlagen will, überhaupt noch Hoffnung auf ein »elektronisches Grundgesetz«, wie es Fred Friendly vor Jahren genannt hat? Wie kann die Öffentlichkeit durch Märkte vertreten werden, denen es in erster Linie um den Konsum individueller Konsumenten geht, die aber deren gemeinsames Wohl, das sie zu mehr als bloßen Konsumenten macht, auf keinerlei Weise mehr durchsetzen können? Wo gibt es denn Anreize für den Markt, das öffentliche Interesse wahrzunehmen?[14]

Diese Fragen legen nahe, daß wir uns nach der Betrachtung der Internationalisierung und Amerikanisierung von Film, Fernsehen, Büchern und Vergnügungsparks der neuen Fusionswut und Übernahmemanie auf dem Informationssektor zuwenden sollten. Das heftige Streben nach vertikaler Konzentration im Namen der freien Produktwahl und der freien Märkte könnte nämlich in ein Monopol münden, das der Freiheit gefährlicher wird als jedes frühere, von Rohstoff- und Investitionsgütermonopolisten wie John Rockefeller oder Andrew Carnegie jemals erträumte.

6. Hollywood:
Die Videologie von McWorld

Als was kann man dieses ausgehende Jahrhundert bezeichnen? Ist es das amerikanische Jahrhundert? Vielleicht. Das Jahrhundert der Weltkriege und des Holocaust? Gewiß. Das Jahrhundert der Wissenschaft? Zweifellos. Ich aber stimme für den Film und seinen kleinen Vetter, das Videoband. Denn mehr als alles andere war es das Jahrhundert des Films, eine Ära, in der Film und Video und deren Bilder Druckerschwärze und Bücher und das Wort ersetzt haben, vormals die wichtigsten Werkzeuge von Rede, Überzeugungsarbeit und Unterhaltung unter den Menschen. Daten wurden digitalisiert und computerisiert und das Tempo der Kommunikation beschleunigt, und nun wird »Wissen« den meisten Menschen rund um den Globus per Tonbild »mitgeteilt«. Nachrichten haben sich in einem solchen Umfang vom gedruckten Wort aufs Video verlagert, daß sogar Zeitungen inzwischen das Fernsehen nachahmen. *USA Today* etwa ist Fernsehen im Stil einer Boulevardzeitung, und selbst die ehrwürdige *New York Times* druckt ihre anzeigenpralle Sonntagsausgabe inzwischen bunt. Zudem sind viele Zeitschriften heute über Internet zugänglich.

Der Tisch für McWorld wird von Hollywood gedeckt. Wo die beweglichen Lettern (zusammen mit dem Schießpulver und der Navigation) die mittelalterliche Welt von Status, Hierarchie und allgemeiner Unwissenheit in einer kolossalen Reformation der Lebensbedingungen zu Fall brachten und die Menschheit über die Schwelle zur Neuzeit hoben, haben bewegliche fotografische Bilder (später Elektronenstrahlen auf der Mattscheibe) die Welt der Druckerschwärze in Frage gestellt und uns aus der Moderne in die Postmoderne katapultiert. Format und Verpackung haben sich gewandelt (Fernsehen, Videos und Computerbildschirme), Inhalte sich verändert (Musikvideos, Werbekommentare und Reklamenachrichten) und Leitungsbahnen sich vervielfacht (Satelliten, Standleitungen und Glasfaserkabel), doch am Ende laufen immer noch Bilder vor Menschenaugen. Tonbildaufzeichnungen ersetzen zunehmend die Worte, Zahlen und anderen Verschlüsselungen, über die sich die Menschen traditionell miteinander verständigten. Abstrakte

Sprache kann mit aufdringlichen Bildern nicht konkurrieren. Der Schaden für die Phantasie muß erst noch ermittelt werden, denn diese schläft ein, sobald sie arbeitslos wird, und ebenso der Schaden für das Gemeinwesen, für das Worte der unerläßliche Kitt sind, sowie der Schaden für das vom reflektierten Wechselgespräch vernunftbegabter und belesener Bürger abhängige Allgemeinwohl.

Wie andere Bestandteile der Kultur von McWorld werden Filme und Videos um so einheitlicher, je globaler sie verliehen werden. Mehr und mehr Menschen rings um den Globus sehen sich Filme an, die immer geringere Abwechslung bieten. Nirgends ist die amerikanische Monokultur offensichtlicher oder gefürchteter als in Filmen und Videos. Obendrein zerfließen die Unterschiede zwischen Telefongesellschaften, Kabelfirmen, Funkmedien und Programmproduzenten. Gigantische Kommunikationskonzerne vermischen sich und verschmelzen und verschlimmern damit die Monokultur. Vielfalt wird durch Einheitsbrei ersetzt und Konkurrenz durch Monopol. Wo wenige weltumspannende Konglomerate darüber bestimmen, was erzeugt wird, wer es verleiht, wo es gezeigt werden darf und was für Folgelizenzen daraus fließen, wird schon die bloße Vorstellung eines Markts mit Konkurrenz von Ideen und Bildern zum Luftgespinst. Damit entfällt auch der einzige Vorzug, den Märkte unbestritten vor demokratischen Einflußstrukturen haben – jene Kohorte von Werten, die gemeinhin mit Pluralismus und Vielfalt, überraschendem Zufall, Verschiedenartigkeit und Spontaneität assoziiert wird.

Wenn Technologieexperten wie Jeff Miller fragen: »Sollten Telefongesellschaften Filme drehen?« und dann die Frage aus Gründen der Effizienz oder Spezialisierung verneinen, reden sie am Thema vorbei.[1] Fusionen werden nicht von wechselseitiger Abhängigkeit zwischen Gleichen vorangetrieben, sondern vom Primat der Programmgestaltung: der Inhalt bestimmt über die Formenvielfalt, die er im Zeitalter von McWorld annehmen kann. Rockefeller kaufte Eisenbahn und Vertriebsnetze auf, damit das Öl, das schwarze Gold von früher, ungehindert fließen konnte. Das schwarze Gold von McWorld sind Daten, und wer über Daten»leitungen« verfügt, fühlt sich natürlich veranlaßt, sich auch um das zu kümmern, was darin fließen soll. Keine Kleinigkeit in einer Volkswirtschaft, wo die audiovisuelle Branche nach der Flugzeugindustrie der zweitgrößte Exportfaktor ist. Allein 1992 wurde Medienware für 3,7 Milliarden Dollar nach Europa exportiert, vielleicht ein Anhaltspunkt, warum die Europäer (vor allem die Franzosen) so verstört waren, daß sie 1993 das Scheitern der GATT-Verträge riskierten, nur um audiovisuelles Material von der Freihandelsliste zu streichen.[2] »Früher war Kino im Welthandel die Salatbeilage«, so ein französischer Beobachter, »jetzt ist es das Hauptgericht«.[3]

Mit oder ohne Widerstand erliegen Länder mit stolzer eigenständiger Filmtradition wie Frankreich, England, Schweden, Indien, Indonesien und Japan in der Tat allmählich der unwiderstehlichen Verlockung eines Produkts, das nicht nur vorwiegend aus Amerika kommt, sondern auch als heimisches Produkt nach der amerikanischen Dreieinigkeit von Sex, Gewalt und Geld mit seiner Fertigsoße von Rock and Roll strebt. Wo es noch Filmemacher außerhalb Amerikas gibt, widmen sie sich meist Low-budget-Versionen von Kassenschlagern aus Hollywood. Der neue Universalismus ist nicht viel mehr als allgegenwärtige amerikanische Hausmannskost, in andere Sprachen synchronisiert und von multinationalen Koproduzenten finanziert. Mit der Privatisierung werden Subventionen für Filmemacher gestrichen und diese dem Angriff des amerikanischen Kinos ausgeliefert, nachdem krisenanfällige einheimische Filmindustrien durch Freihandelsabkommen wehrlos gemacht worden sind. Einheimische Filmemacher können nicht einmal ansatzweise gegen internationale Monopolriesen mit ihrem weltweiten Zugriff auf Produktion, Verleih und Kinos (neue Multiplex-Filmtheater) mithalten. Koproduktionen mit Kooperation von Finanz- und Schaffenskräften aus verschiedenen Ländern wurden früher als Rettungsanker nationaler Filmindustrien gefeiert. Daß der neuseeländische Film *Das Piano* vom französischen Privatfernsehsender CIBY 2000 finanziert wurde, macht Jane Campions preisgekrönten Film aber schwerlich zu einem französischen.

Die ungarische Filmindustrie, traditionell der produktivste Markt Osteuropas und sogar noch in der finanziell schwierigen nachkommunistischen Zeit aktiv, hat feststellen müssen, daß das ungarische Publikum die eigenen Filme nicht mehr sehen will. Dutzende ungarischer Filme werden gedreht, aber nur eine Handvoll werden in wenigen »Filmkunsttheatern« in Budapest vorgeführt. Die Großkinos zeigen fast ausschließlich amerikanische Produkte. Folglich stammten die acht Filme mit dem größten Einspielergebnis in Ungarn 1991 (wie schon mehrere Jahre vorher) allesamt aus den USA. Amerikanische Filmemacher meinen dazu lakonisch, der Markt habe gesprochen. Ihre ungarischen Kollegen sagen, Finanzkapital und Marktmacht und deren Bereitwilligkeit, den normalerweise grauenhaften Massengeschmack zu bedienen, drücke sie an die Wand.

Selbst Länder mit einer aggressiv protektionistischen Kulturpolitik wie Indonesien oder Frankreich konnten die amerikanische Flut nicht eindämmen. Aus politischen wie aus kulturellen Gründen hatte Indonesien versucht, sein Kino zu retten. Doch die Regierung in Jakarta brachte es als Bauernopfer dar, um weiterhin Textilien nach den USA exportieren zu dürfen.[4]

Die Franzosen sind regelrecht verzweifelt darüber, wie sich die Amerikaner beim französischen Kinopublikum breitmachen, und das Maß war 1991 voll, als amerikanische Filme nicht nur an den französischen Kinokassen am meisten absahnten, sondern unter anderem mit dem Streifen *Barton Fink* der Gebrüder Coen gar das Filmfestival von Cannes völlig dominierten und die höchsten Auszeichnungen der Hochkultur abräumten. Verzweifelt erkämpfte sich der französische Film in einer Kampagne eine Ausnahmeklausel für volkswirtschaftlich schutzwürdige Branchen nach dem Vorbild des Obst- und Gemüseanbaus. Damit sollten Filme ganz wie landwirtschaftliche Produkte vom Freihandel ausgenommen werden, wie in den GATT-Gesprächen vorgesehen war. Der frühere Kulturminister Jacques Lang verkündete den totalen »Krieg« gegen den Kulturraub Hollywoods. Anfang der neunziger Jahre wurde gesetzlich bestimmt, daß 60 Prozent aller Filme im französischen Fernsehen aus Europa und 40 Prozent der Musik im französischen Radio und Fernsehen aus Frankreich sein müsse. Warum diese protektionistische Panik? Bis in die achtziger Jahre erzielten amerikanische Filme nur ein Drittel der französischen Einspielergebnisse und wurden von französischen Kritikern in nostalgischer Sehnsucht nach den Gangsterfilmen der Schwarzen Reihe und Jerry Lewis' Grimmassenkomik positiv besprochen.

Obwohl die Franzosen heute immer noch 150 Filme jährlich drehen (gegenüber etwa 450 aus Hollywood), gehen fast 60 Prozent der Einspielergebnisse nach Amerika. Die französische Geduld ist allmählich erschöpft. Amerika beherrscht jetzt weit über 80 Prozent des europäischen Markts, während Europa in den USA weniger als 2 Prozent Marktanteil hält.[5] Am Erstaufführungswochenende blockierte der amerikanische Superfilm *Jurassic Park* fast ein Viertel von Frankreichs achtzehnhundert Kinoleinwänden und löste damit einen Aufschrei von

Verteidigern der Nationalkultur wie Jacques Langs Nachfolger Kultur-minister Jacques Toubon aus.[6] Lang hatte nichtfranzösischsprachige Filme vom Wettbewerb um den Filmpreis César ausgeschlossen, obwohl damit auch zahlreiche französische Regisseure mit Filmen in englischer Originalversion vor der Tür blieben (darunter Jean-Jacques Annaud mit seiner Verfilmung von Marguerite Duras' *Der Liebhaber* und Louis Malle mit *Verhängnis*). Er erklärte amerikanischen Verleihvertretern den Krieg und schaffte es 1993 erneut, audiovisuelle »Produkte« unter die Ausnahmeklauseln des GATT-Vertrags aufnehmen zu lassen. Frankreich gewann das GATT-Scharmützel in letzter Runde und rettete seine Quoten und staatlichen Filmsubventionen von 350 Millionen Dollar jährlich. Aber EuroDisney bei Paris nahm (trotz finanzieller Anfangsschwierigkeiten) den Dauerbetrieb auf, und amerikanische Filme und Fernsehprogramme bestreiten das Hauptprogramm mächtiger neuer »französischer« Abonnementsender wie CANAL PLUS und CIBY 2000. Die französischen Filmemacher dürften wohl kaum an ihre Erfolge der fünfziger und sechziger Jahre anknüpfen können. Mit 150 Filmen jährlich, von denen etwa zwei Dutzend exportfähig sind, verfügt Frankreich immer noch über eine der großen Kinokulturen der Welt. Tatsächlich bestimmt es noch immer über fast die Hälfte dessen, was auf der eigenen Leinwand gezeigt wird, und stellt noch immer Filme her, die sowohl typisch französisch sind als auch weltweit verliehen und allenthalben gefeiert werden. Im Vergleich zu Berlin oder Budapest, wo Hollywood unangefochten regiert, führen auch die Pariser Hauptstadtkinos immer noch eine große Zahl französischer Streifen auf. Doch große Filmstudios schließen, und trotz aller zornigen Proteste weiß niemand, wie den Amerikanern Paroli zu bieten ist. Eine Gruppe europäischer Regisseure schrieb einen offenen Brief an »Martin« (Scorsese) und »Steven« (Spielberg) mit der Bitte um Verständnis, daß die Europäer nur »verzweifelt versuchen, das europäische Kino vor seiner völligen Vernichtung zu retten«. Würden Filme nicht vom Freihandelsabkommen ausgenommen, sagten sie voraus, »gibt es im Jahr 2000 keine europäische Filmindustrie mehr«.[7] Jacques Lang aber hatte wohl die Schrift auf der Leinwand genauer gelesen, denn noch während er im Namen der französischen Kultur gegen den amerikanischen Filmkoloß focht, verlieh er Sylvester Stallone das Kreuz der Ehrenlegion.

Vincent Malle, Louis Malles Bruder und Produzent, sieht die Zukunft ebenfalls trübe. Er seufzte angesichts des Kassenerfolgs eines Films wie *Ein Hund namens Beethoven:* »Was in Chattanooga geht, geht jetzt auch im sechsten Arrondissement von Paris; es ist schon ein wenig trist.«[8] Vielleicht trifft der französische Produzent Charles Grassot den Nagel auf den Kopf: »Das amerikanische Kinopublikum ist schlicht und einfach infantil.«[9] Doch die übrige Welt als potentielles Publikum der amerikanischen Popkultur scheint darauf versessen, blindlings zusammen mit Hollywood zu regredieren. Infantilismus, das Stehenbleiben auf einer kindlichen Entwicklungsstufe, kann McWorld nur recht sein, denn kindliche Konsumenten können sich nur mit »will haben, will haben, will haben« und »gib her, gib her, gib her« äußern. Und das ist nicht bloß »ein wenig trist«, sondern todtraurig.

In einem Artikel über die Ruinenlandschaft von Europas einst stolzem Kino bemerkt David Stratton bitter, die Begeisterung und Freude der sechziger Jahre, als Bergman, Antonioni, Visconti, Truffaut, Godard und Buñuel ihre Kunst in Ländern mit einer lebhaften einheimischen Filmindustrie pflegten, sei inzwischen vom Winde verweht.[10] Er klagt, »obwohl die Zahl der Kinogänger heute etwa die gleiche ist, bekommen sie weitaus eher typisch amerikanische Streifen als neue Werke von Nachfahren Bergmans, Godards oder anderen zu sehen«.[11] Übrig bleibe nur der »amerikanische Moloch«, der nicht nur die landestypische Filmindustrie erdrücke, sondern auch jede andere ausländische Konkurrenz. Während 1972 nur 86 oder ein Drittel der 255 ausländischen Filme in der BRD aus Amerika stammten, waren es 1991 schon 162 oder fast zwei Drittel von insgesamt 262.[12] In Europa werden heute mit amerikanischen Filmen etwa 85 Prozent des Umsatzes oder 1,7 von 2 Milliarden Dollar Einspielergebnis erzielt.[13] Europa wehrt sich, so gut es kann: Unter französischer Federführung beschloß die EG eine Verpflichtung für alle Fernsehsender, mindestens 50 Prozent einheimische Programme (auch Filme und Serien) zu senden. Pay-TV und Satellitenfernsehen scheren sich allerdings wenig darum, und die Regelung hat zwar die GATT-Verhandlungen von 1993 überlebt, wird aber schließlich den Marktkräften von Satellit, Heimvideo oder anderen neuen Technologien erliegen. Die Zeit ist nicht mehr fern, in der es nur noch *eine* Bildersprache geben wird – Amerika durch die amerikanische Brille.

Der triste Bericht über den europäischen Film läßt sich auf alle andern Länder der Welt übertragen. In Indien waren 1991 trotz einer leistungsstarken einheimischen Filmindustrie 78 von 124 Importfilmen amerikanisch.[14] Im revolutionären Iran, wo eifernde Zensoren die meisten Importe verbieten und »nichtssagende, opportunistische, pseudo-revolutionäre Filme voll politischen Geschwafels« subventionieren, wurden *Der mit dem Wolf tanzt* und *Miss Daisy und ihr Chauffeur* immerhin zugelassen und fanden ein Riesenpublikum.[15] Harmlos genug, möchte man meinen, doch in einem Land, wo »selbst die Verantwortlichen nicht genau wissen, was das islamische Kino eigentlich wollen soll« (wie der iranische Regisseur Bahram Bayxai meint), könnte der Fuß in der Tür zum Tritt in den Hintern für eine islamische Inselkultur werden, die sich politisch und kulturell gegen den Westen behaupten will.

Diese allgemeinen Trends sind fast für jedes Land auf der Welt belegt, wo Filme gedreht und in Kinos oder im Fernsehen gezeigt werden. Sie gelten für Megamärkte wie Japan und Deutschland mit einer starken einheimischen Kulturtradition, aber auch für Märkte wie China und Kuba, die westlichen Filmen noch verschlossen sind und die zwar keinen amerikanischen Schund importieren, aber eigenen ganz im Sinne der von der Propaganda verdammten und von der Zensur bekämpften amerikanischen Fixierung auf Sex, Gewalt und Kitsch produzieren. Amerikaner nehmen hervorragende Filme wie Chen Kaiges *Lebe wohl, meine Konkubine* (erste Goldene Palme für einen chinesischen Film 1993 in Cannes) und Zhang Yimous *Rote Laterne* zur Kenntnis. Doch keiner dieser Filme war in China in der Originalfassung zu sehen, und die chinesische Zensur scheint bei qualitativ hochwertiger einheimischer Produktion strenger zuzuschlagen als bei einem Kung-Fu-Streifen aus Hongkong oder einem blutrünstigen amerikanischen Thriller. Diese werden auf Raubkopien gezogen und verhökert, im stillen Einvernehmen mit einer chinesischen Regierung, die lieber massive amerikanische Handelssanktionen riskiert, als das Treiben zuzugeben und zu unterbinden. Der chinesische Filmemacher Chen ist wenig optimistisch: »Vor einem Vierteljahrhundert waren wir verrückt nach Politik. Jetzt sind wir verrückt nach Geld. Unser Denken hat sich nicht wirklich gewandelt. Ich fürchte, eines Tags sind wir Banausen mit Geld, aber ohne Kultur.«[16] Da McWorld dem Wohlstand folgt, werden die Chinesen wahrscheinlich nicht kulturlos sein, nur ohne eine eigenständige Kultur.

Amerikanische Filme beherrschen den Weltmarkt in einem Umfang, der die amerikanische Führungsrolle auf jedem andern Gebiet weit überflügelt. In Rußland klagt Peter Shepotninik, Chefredakteur einer führenden Moskauer Filmzeitschrift: »Kauf und Verleih eines unbekannten drittklassigen amerikanischen Films kommt heute billiger, als einen russischen zu drehen.«[17] 1991 spielten *Der mit dem Wolf tanzt* in neun Ländern und *Terminator II* in sechs Ländern am meisten Geld ein. In weiteren acht Ländern hielt jeweils einer dieser beiden Filme Platz zwei.[18] Fünf weitere erstplazierte Filme waren ebenfalls amerikanisch, darunter *Robin Hood* und *Kevin – Allein zu Haus*, die zudem in vielen weiteren Ländern auf dem zweiten oder dritten Platz standen. Von den 222 Filmen, die in 22 Ländern jeweils die ersten 10 Plätze belegten, waren 191 amerikanisch.[19]

Nichts änderte sich 1992, als *Basic Instinct, Die Schöne und das Tier, Brennpunkt L. A. – Die Profis sind zurück* und *Kevin – Allein in New York* in unterschiedlicher Reihenfolge die ersten fünf Plätze in denselben Ländern belegten, wo inzwischen auf 7 bis 8 der ersten 10 Plätze Produktionen aus Hollywood standen. Durch Monopolisierung lokaler Märkte gräbt Amerika bisherigen Filmexportländern das Wasser ab und erhöht damit deren Schwierigkeiten auf ihrem Binnenmarkt. Koproduktionen sollten die amerikanische Stoßkraft entschärfen, wirkten sich aber entgegengesetzt aus. Weiß etwa noch jemand, daß Arnold Schwarzeneggers Durchbruch *Die totale Erinnerung – Total Recall* vor ein paar Jahren ein französisch finanzierter Film mit einem holländischen Regisseur und einem österreichischen Star gewesen ist? Ausländisches Geld, ein Star aus Europa, ein außeramerikanischer Verleih wurden zu einem Hemd verwoben, das auf jeden, der es sich anzieht, ganz und gar amerikanisch wirkt. Ein Hollywood an der Seine bringt Europa vielleicht ein paar kalifornische Superprofite, dehnt aber McWorld eher noch weiter aus.

Allgemein gehen amerikanische Filmemacher zum Drehen nicht ins Ausland. Dagegen ziehen die besten und erfolgreichsten Filmemacher aus anderen Ländern traditionell nach Hollywood.[20] Chen Kaige zum Beispiel, der gefeierte chinesische Regisseur von *Lebe wohl, meine Konkubine*, häufig als der erfolgreichste Filmemacher jenseits von Hollywood bezeichnet, folgte seinem Film nach Amerika und sagte dort in einem Interview, er wolle jetzt einen amerikanischen Film nach dem Vorbild des *Paten* drehen.[21] Paul Verhoeven könnte es ihm vorgemacht haben: Er kam in einem Hollywood mit namenlosen Autorenkollektiven für Schund wie *Robocop, Die totale Erinnerung – Total Recall* und *Basic Instinct* groß heraus. Und so beschwert sich Michael Ciment vergeblich über »schwachsinnige Teenagerfilme, die Hollywood ausspuckt und mit denen in der Sauregurkenzeit Hunderte französischer Kinos zugemüllt werden«[22], während Filmschaffende aus Europa nach Hollywood pilgern, um dort reich und berühmt zu werden.

Es gibt scheinbare Ausnahmen von der amerikanischen Hegemonie. Mexiko erlebt offenbar eine bescheidene filmische Wiedergeburt, und der Erfolg von *Bittersüße Schokolade* wird als Beleg aufgeführt. Doch der größte Teil seiner Filmbranche produziert eifrig Softporno-Raufboldfilme für lateinamerikanische Außenbezirke von Los Angeles und Seifenopern sowohl für das private Fernsehnetz TELEVISA als auch für die immer zahlreicheren spanischsprachigen Programme im amerikanischen Kabelfernsehen. Und wie in Frankreich und andern Ländern, in denen es noch eine eigene Filmindustrie gibt, hängt die mexikanische am staatlichen Tropf, subentioniert vom Instituto Mexicano de Cinematográfica (IMCINE), einer wohl freihandelswidrigen Neugründung Präsident Gortaris von zweifelhaftem Bestand. Doch unter den Ländern mit leistungsfähiger eigener Filmindustrie ist das, was in Indonesien passiert, eher die Norm. Dort liegt der einheimische Film im Sterben, nach Ansicht des Kritikers Philip Shenon »erdrückt vom amerikanischen Riesen«.[23] Im Oktober 1992 zeigten 66 von 81 Kinos in Jakarta ausländische Filme. Indonesische Schmuckstücke wie *My Sky, My Home*, in Deutschland und Frankreich und (ironischerweise) sogar in Amerika preisgekrönt, finden in Indonesien keinen Verleih. »Die Präsenz so vieler amerikanischer Filme«, schreibt Shenon, »suggeriert einer ganzen Generation, Indonesien könne keine eigenen großen Filme produzieren.« Der neunundzwanzigjährige Indonesier Franky Boyoh meint: »Meine Freunde und ich sehen uns nur amerikanische Filme an. Gute indonesische gibt es nicht.«[24]

Der Nachweis, daß amerikanische Filme die Konkurrenz auf dem Kinoweltmarkt zunehmend ausbluten, ist allerdings noch keine Prognose allfälliger kultureller Folgen. Totalpräsenz auf dem Markt ist nicht dasselbe wie bestimmender Einfluß. Dennoch beherrschen amerikanische Filme alles – das Fernsehen weltweit noch stärker als die Leinwand. Sie gelten als Unterhaltung, vermitteln aber auch eine Weltanschauung und werden wohl Gewohnheiten und Einstellungen verändern. Hollywood ist der Geschichtenerzähler von McWorld und verbreitet Säkularismus, Teilnahmslosigkeit, Ersatzbefriedigung und einen hektischen Lebensrhythmus, ohne daß sich dies an seinen Themen und Stories festmachen ließe, sondern nur daran, was Hollywood ist und wie es seine Produkte zum Konsum darbietet. Geschichtenerzähler eines Stammes am Lagerfeuer lassen die Menschen zusammenrücken und sind Ausdruck ihres gemeinsamen Kulturerbes. Was durch die *Laterna magica* über die Leinwand oder Mattscheibe flimmert, erhält seine Bestimmung durch den speziellen medialen Kontext. Disneyfilme und Disneyland sind durch unsichtbare Fäden verbunden und spinnen mystische Geschichten um Comicfiguren. Sie ebnen Unterschiede der Wirklichkeit ein und scheinen gerade Multikulturalität dadurch zu zelebrieren. Sie verwandeln ehemals aktives Engagement in eine neue Art virtuellen Zuschauersports, kindliche Neugier in dumpfe und stumpfe Konsumhaltung. Ende 1993 eröffnete der Filmverleiher Warner Brothers mit einer großen Werbekampagne in New York einen sogenannten *Warner Brothers Studio Store*, wo man »New Yorks neuestes Unterhaltungseinkaufserlebnis entdecken« könne. Inzwischen gibt es überall solche Studioläden. McWorld ist ein Kaufrauschparadies, bei dem Fußgängerzonen, Großkinos, Vergnügungsparks, Sportstätten, Fast-food-Ketten und Einkaufsfernsehen zu einem einzigen riesigen Unternehmen verschmelzen, das die Menschen mit seinem Streben nach Profitmaximierung unmerklich verändert.

Viele Menschen, die große Mehrheit in den entwickelten Ländern und eine aufstrebende Minderheit in den Entwicklungsländern, verbringen jeden Tag viel zu viele Stunden in einer der neuen, von Hollywood und seinen Satelliten erfundenen Kommerzwelten, also vor dem Fernseher, oder in einem Einkaufsparadies, in einem Kino oder Schnellimbiß bei gleichzeitiger Berieselung mit einem Werbeausschnitt für einen neuen Film oder für den dazu passenden Plastikkitsch. Und sie verbringen dort viel mehr Zeit als in Schule, Kirche, Bibliothek, Clubhaus, Ortsverein, Bürgerinitiative oder beim Sport. Dort allerdings wird aktives und engagiertes Bürgerverhalten gefordert, und wir müssen uns als selbständige Glieder kulturell, religiös oder ethisch geprägter Gemeinwesen betätigen. Während Bilderkünstler die Wortschöpfer verdrängen, empfinden sich gebildete Leser und nachdenkliche Bürger zunehmend als aussterbende Gattung. Der Sprecher des Repräsentantenhauses, Newt Gingrich, eifert gegen die staatliche Gängelung des privaten Sektors. Wer aber befreit die bürgerliche Gesellschaft von der Gängelung durch private Profitgier?

McWorld drängt uns, uns selbst als private Einzelwesen zu sehen, die hauptsächlich durch kommerzielle Transaktionen miteinander verkehren, bei denen das »Ich« das »Wir« verdrängt. Ausschließlich umsatzorientierte Privatkonzerne dürfen darüber bestimmen, worin das öffentliche Wohl der von ihnen bedienten Einzelpersonen und Gemeinwesen besteht. Die NAFTA als Globalstrategie von McWorld in ihrer nordamerikanischen Ausformung dient sowohl der amerikanischen Wirtschaft wie den Weltmärkten und ist zweifellos zukunftsgerichtet. Vollbeschäftigung, Wertschätzung der Arbeit, schöpferische Gestaltung der Freizeit, Umweltschutz, soziale Sicherheit und Sicherung der Renten wird und kann sie nicht nützen. Die Vertreter von McWorld werden argumentieren, »der Markt diene« dem einzelnen, indem er ihm »die freie Auswahl« gestatte. *Ob* etwas gekauft oder konsumiert werden soll, ist aber nie Gegenstand dieser Freiheit, sondern allenfalls das *Was*. Ebensowenig sichert die Freiheit ein Arbeitseinkommen, das vom Konsum nicht von vornherein ausschließt, und sie bezieht sich auch nie darauf, wie dieser Konsum so reglementiert und gebremst werden kann, daß er nicht viel wichtigere Gemeingüter zunichte macht, die ohne öffentliche demokratische Institutionen nicht gepflegt werden können. Auf dem globalen Markt von McWorld beschränkt sich die aktive Volkssouveränität auf die freie Auswahl der Lieblingssoße zur Folienkartoffel. Der Rest ist passiver Konsum. Wird der Profit zum einzigen Kriterium, an dem wir jede Ware, jede Tätigkeit, jede Einstellung, jedes Kulturerzeugnis messen, gibt es außer Profit bald nichts anderes mehr. Wo der Markt herrscht, sind die Banausen mit Geld die Könige und regiert die Verschwendung.

Filme sind entscheidend für die Ideologie des Markts. Wenn man sie betrachtet, sieht man, wie gleichförmig McWorld ist. Man betrete eine protestantische Kirche in einem Schweizer Dorf, eine Moschee in Damaskus, die Kathedrale von Reims, einen buddhistischen Tempel in Bangkok, und man wird zwar jedesmal eine Andachtsstätte mit einer gemeinsamen Aura von Frömmigkeit vorfinden, aber jeweils auch bemerken, daß man sich in einer anderen Kultur befindet. Danach begebe man sich in ein modernes Großkino, auf die Zuschauertribüne eines Sportplatzes, in ein Einkaufsparadies, ein modernes Hotel oder in ein Fast-food-Restaurant in einer beliebigen Stadt auf der Welt und versuche, das Land herauszufinden. Dort nämlich ist man überall und nirgends zugleich, Bewohner einer Abstraktion, im Cyberspace verirrt wie auf der Jagd nach Pixeln mit einem Nintendo, und die Welt ringsum wird gesichtslos. Vor oder auf MTV blenden weltweit gleiche Bilder die Augen und betäuben weltweit gleiche Mißtöne die Ohren in einem herzrasenden Rhythmus, der alles verrät, bloß nicht, wo man gerade ist. Wie heißt das Land? Es heißt McWorld.

Man begebe sich in ein Theater, und schon wenige Sekunden nach dem Aufgehen des Vorhangs weiß man genau, in welcher Region, welcher Kultur man sich befindet. Vor dem Fernseher kann man tagelang nicht ermitteln, auf welchem Planeten man gelandet ist – so nicht gerade der Reebok-Planet in der Werbung ist. Zwar bestehen kleine Unterschiede zwischen McDonald's in Moskau, Budapest, Paris, London und dem Original-McDonald's von Ray Kroc, das 1955 in Des Plaines im US-Bundesstaat Illinois entstand. Aber kneift man die Augen zusammen, verschwinden diese kleinen Unterschiede, und übrig bleibt nur der gelbe Doppelbogen, ein virtueller Schemen, der auf den Champs-Élysées sogar dann noch über die Netzhaut flimmert, nachdem er von dort verbannt wurde. Die Prophezeiung des Regisseurs Alain Corneau von der »Welt, die nur noch ein einziges Bild kennt«, ist wahr geworden.

In einem Schnellrestaurant oder sogar Kino ist der Cyberspace natürlich Metapher. Im Fernsehen aber ist er virtuell die Realität und mithin virtuelle Realität.

7. Fernsehen und MTV:
McWorlds lärmende Seele

Filme sind McWorlds liebste Software, das bevorzugte Medium aber ist nicht das Kino, sondern das Fernsehen. Denn McWorld ist mit dem Fernsehen eins, der vereinzelte Mensch und Cyberspace stehen einander in vorzüglicher Direktheit gegenüber – mit dem Bildschirm als vollkommenem, unvermitteltem Medium. Wo das Kino noch zeitliche und räumliche Einschränkungen setzt, ist das Fernsehen die Kinodauerkarte für immer und überall. Es ist das private Fenster zu McWorld und bietet persönlichen Zugang über Computer, Satellit, Kabel und Telefon zu Wissensquellen, Datensammlungen, Einkaufszentren, Bankdiensten und dem inzwischen schon fast berüchtigten Internet. Das Sammelsurium aus vernetzten Computern, interaktiven Briefkästen, Videospielen, Datenbanken, Videovermarktern und Normalverbrauchern soll angeblich eines Tages jede andere Interaktion in unserem Leben mehr oder minder ersetzen. Noch denken wir uns die Datenautobahn als Möglichkeit, von einem Ort zum andern zu gelangen, doch die Industrie wünscht sich statt starrer Fahrpläne elektronischer Züge die Flexibilität des Individualverkehrs. Der Vorstandssprecher der Telefongesellschaft Bell Atlantic, Ray Smith, sagte bei einer Pressekonferenz nach dem Scheitern seiner Übernahme des größten amerikanischen Kabelnetzes T. C. I.: »Wir bieten die Beweglichkeit des Autos. Sie können fahren, wann und wohin Sie wollen.«[1]

Aber wie die Vaganten, Abenteurer und Straßenräuber von ehemals wissen manche von uns vielleicht gar nicht, wo wir hinwollen, und führen am Ende ein Leben auf der Landstraße. Oder mit einer anderen Metapher gesagt: Eine Kinoleinwand verhält sich zu einem an die Datenautobahn gekoppelten Computermonitor wie das Flugzeug zum Vogel. Das Flugzeug fliegt von A nach B, und man muß vorher genau wissen, wohin man will und wann. Ein Vogel kann das auch, aber außerdem ein Nest bauen, Eier ausbrüten, Nahrung suchen und Junge füttern, beliebig landen, emporschweben, herabstoßen, piepsen, picken und scharren. Das Kino zeigt Filme und Punktum. Das Fernsehen aber ist die Pforte zur Datenautobahn und kann viel mehr.

Auf die Breitleinwand eines Kinos projiziert, erreichen Filme nur einen geringen Prozentsatz der Weltbevölkerung zu ganz bestimmten und engumgrenzten Zeiten. Die neuen interaktiven Systeme aber werden den Benutzern ermöglichen, sich Filme auszuwählen, Unterhaltung und Kultur, weiche Daten und harte Pornos, Komisches und Sachliches. Und das alles auf Anforderung, so daß jeder zu jeder Zeit alles sehen und alles kaufen kann. Durch das Fernsehen sprechen Filme also potentiell jeden Menschen auf Erden täglich vierundzwanzig Stunden hindurch an.

Seit Film und Fernsehen gemeinsame Programmstrategien verfolgen, ist Hollywoods Schaffensmonopol gewachsen. Die weltweite Amerikanisierung des Fernsehens verläuft sogar noch rascher als die Eroberung der Welt durch amerikanische Kinofilme. In England, wo Fußball und Cricket früher das Sportprogramm am Wochenende beherrschten, wird den Zuschauern jetzt das Spiel der Woche im American Football geboten, und sogar in Frankreich gibt es ein solches *jeu de semaine.* Kommentiert wird es von einem Sportreporter in hektischem Französisch mit einem absichtlich grauenhaften amerikanischen Akzent.

Die Vorliebe anspruchsvoller Amerikaner für die Engländer findet ihre Entsprechung in der Anhänglichkeit der britischen Unterschicht gegenüber Amerika. Auf der Mattscheibe ist Hollywood Vorbild. Neben Imitationen der amerikanischen Serien *Gladiators* gibt es die *Brighton Belles* (als Lizenzausgabe von *Golden Girls),* und das dumpfbackige amerikanische Jugendmagazin *The World,* in dem Persönlichkeiten wie der Basketball-Superstar Shaquille O'Neal und der Pornostar Jeff Stryker zu Wort kommen und ein Polizist aus Albuquerque, der sich den Penis verlängern ließ (leider nicht live).[2]

Osteuropa hechelt seinen westlichen Nachbarn hinterher, um Amerika ins Fernsehen zu holen, mit allem Drum und Dran. Der ungarische Journalist Miklos Vamos schreibt: »Ungarn, Tschechoslowaken und Bulgaren versuchen, alles Amerikanische nachzuahmen – und damit meine ich wirklich alles ... Staatliche Kultursubventionen gibt es keine mehr, aber auch kein Netz von Stiftungen oder andern privaten Fonds, wie sie im Westen die Schönen Künste unterstützen. Literatur und Film in Osteuropa können mit den Amerikanern nicht mithalten. Wenn wir so weitermachen, verlieren unsere kleinen Länder allmählich ihre eigene Kultur.«[3] In Budapest wird *The Cosby Show* ständig wiederholt – allerdings in deutscher Synchronisation, da es noch keine ungarische gibt. Im Rußland Boris Jelzins wird Fernsehzuschauern ein Abklatsch vom *Glücksrad* geboten, bei dem die glücklichen Gewinner Sony-Videorecorder erhalten, in die sie dann ihre raubkopierten Kassetten besonders beliebter amerikanischer Filme schieben können.

Polen schneidet noch besser ab, weil dort das (polnisch synchronisierte) echte *Glücksrad* zusammen mit der Lizenzversion *Kolo Fortuna* läuft, die Donnerstagabends von 70 Prozent der polnischen Haushalte eingeschaltet werden. 25 Prozent der polnischen Haushalte haben gegen relativ geringe Gebühr Zugang zu Kabel oder Satellit.[4] Wo Dschihad und McWorld im Fernsehen zusammenstoßen, gibt es kaum Zweifel, wer Sieger bleibt. Die katholische Kirche mag zwar Geländegewinne wie bei der Abtreibung erzielen (in Polen 1992 verboten), und Kommunisten mögen ein politisches Comeback erleben, aber Sieger im Kulturkampf bleibt das amerikanische Fernsehen. Das räumt inzwischen auch die Kirche ein und wirbt im übrigen Europa auf VH1 und MTV um Kandidaten fürs Priesteramt, dargestellt als eine Art neue, AIDS-freie Form kühler Sachlichkeit.

In Asien, wo der Anschluß mit Kupferkoaxial- oder Glasfaserkabeln noch unerschwinglich ist, erzielt das Satellitenfernsehen den größten Durchbruch. Das Satellitennetz Asian Star (inzwischen bei Murdoch) erreicht Abertausende Inder, die auf westliche Hausmannskost scharf sind. Immer mehr Schüsseln werden auch in China montiert, in krasser Mißachtung der staatlichen Kampagne gegen »geistige Verschmutzung«. 1993 wurden Verkauf und Besitz von Satellitenschüsseln durch Staatsdekret 129 untersagt. Dennoch werden sie von unzähligen elektronischen Gesetzesbrechern installiert, und gegenwärtige Schätzungen gehen von mehr als einer halben Million »Himmelsfäden« (wörtliche Rückübersetzung von Satellitenantennen auf Mandarin) aus, die 15 Millionen Zuschauern ein Bild des Kapitalismus vermitteln, das dem Regime nicht paßt. Premierminister Li Peng klopft harte Sprüche, aber bis heute wurden keine Schüsseln heruntergerissen. Schwer vorstellbar, wie er einen Krieg gegen McWorld gewinnen will, wo er doch in andern Branchen so angestrengt Anschluß sucht.[5] Er hat allerdings Grund zur Sorge, denn was die Chinesen über ihre Schüsseln zu sehen bekommen, ist unverwässertes westliches Zivilisationsgut, einschließlich BBC, CNN, MTV und eines Sportprogramms in englischer Sprache. Die Sender, die Asien bedienen, haben sich von der gewaltigen

Aufgabe, passende Programme für Indien und China zu finden, noch nicht zur Diversifizierung verleiten lassen. Im Gegenteil, die frei Haus gelieferten Botschaften und Sendeerzeugnisse werden trotz ständig wachsender Zuschauerzahlen, verbesserter Empfangsmöglichkeiten und expandierender Märkte immer einheitlicher. Die kommerziellen Betreiber des Satellitenfernsehens interessieren sich für Profite und nicht für Politik, und Rupert Murdoch war sich nicht zu fein, zur Beschwichtigung der chinesischen Regierung das Nachrichtenprogramm von BBC von Star TV abzuklemmen.

Das in Hongkong ansässige Star-Satellitennetz trat ursprünglich als selbständiger asiatischer Konkurrent westlicher Konzerne auf, doch vier seiner fünf Kanäle senden auf Englisch. Ende 1993 wurde es für etwas mehr als eine halbe Milliarde Dollar an Rupert Murdochs News Corporation veräußert. Der gebürtige Australier und eingebürgerte Amerikaner Murdoch besitzt allein in den USA Fox Television, 20th Century Fox Film, TV *Guide*, Harper Collins Publishers und die *New York Post*. Neben seinem weltumspannenden Zeitungs- und Zeitschriftenkonzern hält er außer Fox Television auch einen 50prozentigen Anteil an British Sky Broadcasting (dem größten Satellitensender Europas). Mit dem Erwerb von Star TV hat er weitere achtunddreißig Länder mit einem potentiellen Publikum von zwei Dritteln der Weltbevölkerung hinzugewonnen.[6] Das bedeutet, daß mehrere Milliarden Asiaten seine Programme hören und sehen können. Doch von Murdochs Absichten ist lediglich bekannt, daß es ihm weder um Rettung einheimischer Kulturen noch um die demokratische und liberale Nutzung von Medien und Nachrichtenwesen geht. Die BBC-Weltnachrichten kippte er auf Ersuchen der chinesischen Regierung vielleicht nur deswegen aus seinem Programm, weil er nur zu gut weiß, daß McWorlds wahres Trojanisches Pferd für fremde Kulturen und feindliche Ideologien nicht CNN oder BBC ist, sondern das Dudelfernsehen MTV.

Musikvideos und McWorld

MTV bietet einen faszinierenden Blick auf den rasanten Wandel, mit dem Fernsehen und Musik aus den USA weltweit Zugriff auf das Publikum erlangten. Das Musikfernsehen und -video wurde erst 1981 geboren, ironischerweise als Nebenprodukt von Performance und Experimentalfernsehen im Kulturprogramm. Binnen fünf Jahren war das MTV-Netz Normalität geworden und hatte die Eigentümerfirma Viacom in das Rampenlicht der Medien gezerrt, von dem aus es seither im wuchernden Dschungel der konkurrierenden Sender räubert. Als der Eigner Sumner Redstone in der Übernahmeschlacht um Paramount gegen Barry Dillers Fernsehshopping-Netz QVC obsiegte, ging Viacom aus diesem Kampf als einer der mächtigsten Medienkolosse der Welt hervor. Trotz dieses Nackenschlags durch Viacom wächst das Einkaufsfernsehen QVC kräftig weiter. Das größte elektronische Einkaufszentrum der Welt aber ist MTV, das ausschließlich zur Vermarktung der Produkte der Musikindustrie dient. John Seabrook schrieb:»Einer der Gründe für die bahnbrechende Wirkung von MTV in der Mediengeschichte liegt darin, daß die Grenze zwischen Unterhaltung und Werbung völlig aufgehoben ist.«[7]

Mitte der achtziger Jahre, als die Gruppe Dire Straits MTV nutzte, um ihren Riesenhit »Money for Nothing« loszulassen, sendete MTV bereits international. Anfang 1993 verfügte der Sender weltweit über ein Publikum von fast einer Viertelmilliarde Haushalten (allein 60 Millionen in den USA) mit mehr als einer halben Milliarde Zuschauer in 71 Ländern (vgl. Karte Seite 112). Die Zuschauerzahlen steigen täglich und haben CNN überrundet, das zwar in 130 Ländern empfangen werden kann, aber viel weniger Haushalte erreicht und nicht die unter Dreißigjährigen, sondern die Generation der über Vierzigjährigen anspricht. MTV Europe nahm seine Sendungen für die ehemalige DDR zwei Tage vor dem Fall der Mauer auf und machte dieses historische Ereignis, überspitzt gesagt, beinahe überflüssig.

MTV ist fast überall in Landessprache zu empfangen. Doch obwohl Orlando Patterson meint, eine »Homogenisierung der Weltmusik« finde schlicht nicht statt, sehen junge Zuschauer am liebsten amerikanische Programme, die von MTV auf den Markt gedrückt werden. Sumner Redstone, der Eigner von MTV, dreimal so alt wie der Durchschnitt seiner Beschäftigten, hört sich an wie der Gillette-Vorstandssprecher Zeien, wenn er behauptet: »Durchschnittskinder in Tokio haben viel mehr mit Durchschnittskindern in London gemeinsam als mit ihren Eltern.« In Belgien wurde aufgrund von Beschwerden flämischer Zuschauer ein flämisches MTV-Programm eingestellt und durch das englische ersetzt.[8] Englisch-amerikanischer Pop macht den größten Teil der MTV-Musik aus, und wo lokale Popgruppen Sendezeit bekommen,

Sendebereich von Music Television (MTV) weltweit

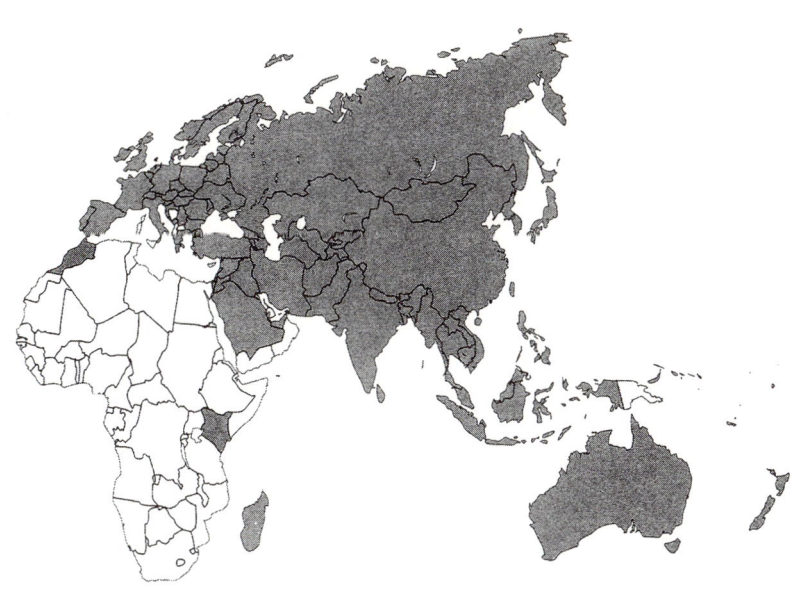

■ Länder mit MTV-Empfang
□ Derzeit nicht von MTV erreichte Länder

äffen sie meist amerikanische nach. Der Kritiker Helmut Fest klagt, einheimische europäische Gruppen auf MTV würden ins »Ghetto« verwiesen, unter der Rubrik »seht doch mal die komischen Typen da«.[9] Wer in Berlin MTV satt hat, kann statt dessen die besten Musikgruppen von David Lettermans *Late Night* auf einem anderen Kanal hereinholen.

Asien behauptet, seinen eigenen Weg zu gehen, und marschiert doch im Gleichschritt mit Amerika. Das neue Asia Television Network (ATN) tritt nominell als Kulturwahrer auf und hat das erste Programm ganz in Hindi auf dem Subkontinent in Gang gebracht, sendet aber zugleich MTV Europe, um mit dem Rivalen Star konkurrieren zu können.[10] Star hat seine eigene asiatische Version von MTV (mit vielen amerikanischen Hits), womit Inder, Malaysier und Pakistani jetzt unter zwei »einheimischen« MTV-Sendern wählen können, die seichte amerikanische Popmusik oder einen einheimischen Abklatsch davon anbieten. Sobald sich neue Medien festgesetzt haben, steht die Tür zur Außenwelt sperrangelweit offen, wie konservativ die kulturellen Absichten der Nutzer auch sein mögen.

Das Publikum von MTV, trotz aller ideologischer Differenzen und kultureller Zurückhaltung durch Satellit und die United Colors of Benetton verbunden, umfaßt nicht bloß Taiwan, sondern auch China, nicht nur Israel, sondern auch Iran und Saudi-Arabien, das abtrünnige Georgien ebenso wie das aufstrebende Ungarn, Brasilien und Mexiko, Bangladesch und Vietnam, Indien und Hongkong und neben Südkorea auch Nordkorea (vgl. Karte Seite 113).

Satelliten scheren sich wenig um den Dschihad und sind auch in den fanatisiertesten ethnischen Enklaven Botschaftsträger für McWorld. Fast hysterisch bekannte ein islamischer Jugendlicher einer iranischen Zeitung: »Ich kann nicht mehr studieren, ich werde fickrig, schwach und nervös. Ich fühle mich gelähmt von den vulgären und erregenden Bildern ...« aus dem westlichen Fernsehen und von MTV über Satellit.[11]

Selbstkritische Amerikaner machen sich Sorgen über den »kulturellen Kolonialismus« von MTV.[12] Doch auf solche Warnungen reagiert das Zielpublikum in Osteuropa mit der Behauptung, Rockmusik sei Freiheit, eine Waffe sowohl gegen die Altkommunisten wie gegen die Neonationalisten. Und natürlich hat es auf kurze Sicht recht: Im heutigen großserbischen Belgrad spielen kritische Radiostationen wie B-92 westliche Rockmusik, um ihren Abscheu vor ethnischer Engstirnigkeit zu bekunden, ganz wie russische Dissidenten einst Jeans trugen, Winstons rauchten und ebenfalls die Rockmusik lobten, um ihre kommunistischen Herren zu ärgern. Und vor wenigen Jahren schrieb der europäische Sendeleiter Bill Roedy über MTV, der Sender sei »Teil des Demokratisierungsprozesses in Osteuropa«. MTV, begeisterte er sich, »ist mehr als ein Fernsehsender. Für manche Zuschauer sind wir die Verbindung zur übrigen Welt. Mit unserem freien Informationsfluß und unserer Redefreiheit sind wir ein Fenster zum Westen«.[13] Redefreiheit vielleicht, aber Information? Demokratisierung? Auch deutsche Neonazis ziehen sich Popmusik rein, und die Anhänger Wladimir Schirinowskijs, des Führers von Rußlands extrem nationalistischer liberaldemokratischer Partei (die alles andere als liberal und demokratisch ist), gründeten »Schirinowskijs Rock Store« für »Fans von Hard Rock, die sich der Sache des russischen Nationalismus verschrieben haben.«[14]

Die Videologie von McWorld verfügt über eigene rhetorische Nebelwerfer. Die früheren Herren waren Tyrannen, muffig und für jedermann sichtbar, und genossen unbestreitbar keinerlei Legitimität. Die neuen Herren sind verborgen und locken mit einem Sirenengesang von Märkten mit Freiheit als ewigem Refrain. Vielleicht dulden die Behörden in Serbien deswegen B-92 nicht nur, sondern haben dem Programm auch eine günstige Frequenz im staatlichen Rundfunk zugeteilt. Die Direktoren des Senders behaupten, er werde nicht behelligt, weil die Behörden dem Westen so ihren »Liberalismus« beweisen könnten. Aber vielleicht sind sich diese durchaus darüber klar, wie wenig Rockmusik gegen ihre Politik und Militärstrategie ausrichten kann. MTV fördert die Freiheit – aber nur eine bestimmte. Musikfernsehen ist bestimmt gut für die Wahlfreiheit des Konsums, aber bürgerliche Freiheiten stehen auf einem ganz anderen Blatt. MTV sendet Interviews mit Präsident Clinton, sponsert periodisch eine »Rock the Vote«-Kampagne zur Registrierung und Wahlbeteiligung amerikanischer Jungwähler und treibt damit genau wie manche Werbeagenturen ein zynisches Spiel mit Themen sogenannter politischer Korrektheit.

Andere behaupten, eine solche Debatte nehme MTV viel zu ernst: Sie tun das Sendenetz als hirnlose Musik für eine Generation von Jugendlichen ab, die mit der Zeit zu BBC, CNN und NBC abwandern werden. Dennoch hat MTV die Videologie nicht nur mit McWorld gemeinsam, sondern ist an ihrer Erschaffung beteiligt. Ein russischer Regisseur bemerkte zu der Frage, ob das Kulturleben in Hollywood wirklich besser sei als unter dem Stalinismus: »Früher mußte ich den Zensor foppen, dann konnte ich meinen Film drehen. Jetzt muß ich mich selbst um alles Geld und Material kümmern … Anstatt geachtet zu sein und in der Gesellschaft bestimmenden Einfluß zu haben, ist der Schriftsteller oder Künstler zum bloßen kulturellen Wertschöpfer geworden.«[15]

Der erste Imperativ von McWorld lautete, die kulturellen Werthaltungen zu erzeugen, die für materiellen Konsum unerläßlich sind. Vor dreißig Jahren quietschten Disneys kleine Verkaufshelfer den Vergnügungsparkbesuchern zu: »Die Welt wird doch immer kleiner.« Diese immer kleinere Welt verblödet jetzt an Beavis und Butt-head und an Heavy Metal. Der *Cop killer rap* suggeriert einem rastlosen Teenagerpublikum rund um die Welt, Polizistenkillen sei verboten, Frauenverachtung cool und Erwachsenwerden überflüssig, auch wenn die Vertreter der Musikfirmen versichern, das sei alles gar nicht so gemeint. Freilich ist MTV ein komplexes Medium mit einer vielfältigen Botschaft: unterschwellig bietet es freiheitssehnsüchtige und autoritätsverachtende Kurzeinblendungen an (daher sein Reiz für Widerstandsbewegungen), katalysiert den Konsum (daher das Interesse von Werbekunden), verstärkt Identität (wir sind die Welt!) sogar dann noch, wenn es Unterschiede hervorhebt, flirtet mit der Gewalt und macht Sex zu einem bisweilen brutalen Sport, mit Mädchen als Fleisch und Jungmannen als Fickmaschinen. Der Sender feiert die Jugend und fördert eine ewigkindliche Bewußtseinsarmut, in der Leben als passive Konsumfreude definiert ist. Am Rande engagiert er sich für seichte, aber freudige, verschwommen liberale, aber zugleich häufig kulturfeindliche und bisweilen sogar Anstoß erregende Kampagnen (wie für schwarzen Rap und Hiphop), die aber letztlich so fade und geschmacklos sind wie die inhaltslose Tendenzlyrik seiner skandalösesten Songs. »Rock the vote«, schreit der Sender, wickelt Madonna ins Sternenbanner und drängt die Jugend zur Einschreibung ins Wählerregister. *Live Aid, Free Your Mind, Choose or Lose* – die Rockmusiker lassen ihre rachitischen politischen Muskeln für alles spielen, was so harmlos und unverbindlich ist, daß Kampagnen wenig schaden können, aber auch nicht viel zu bewegen drohen.

Politische Gewalt ist für MTV durchaus keine sorgfältig abgewogene Prinzipienfrage, sondern mehr eine der Ästhetik und des Geschmacks.

Als New Yorker Jugendliche im Sommer 1993 anfingen, Mädchen in den überfüllten Schwimmbädern der Stadt sexuell zu belästigen, beredete der Bürgermeister David Dinkins Rapgruppen zu schleimigen Songs wie »Don't dis your sis« (Tu das deiner Schwester nicht an). MTV-Songtexte können Liebe oder Haß verkaufen, zur Nachbarschaftshilfe oder zum Abschlachten auffordern, eine geeinte Welt verherrlichen oder paranoide Angst vor Ausländern, Bullen, Schwarzen, Weißen oder Juden schüren. Zur gleichen Zeit, als Madonna in das Sternenbanner gehüllt wurde, um der Wahlbeteiligung aufzuhelfen, drängte ein bekannter karibischer Rapper die Hörer, Homosexuelle abzumurksen, und deutsche Skinheadgruppen konnten sich im Takt musikalisch verbrämter Fremdenfeindlichkeit wiegen.

Um die Songtexte geht es aber letztendlich nicht. Gangsta Rapper glaubten, mit Rock gegen die offizielle Kultur anzusingen, doch in Wirklichkeit gehören sie mit Haut und Haaren dazu und werden nur benutzt. Es geht nicht um die Texte, die in weiten Teilen der Welt sowieso nicht verstanden werden, und nicht immer um die Musik, sondern um Bilder zur Darstellung von Musik und um den Umsatz, der damit zu machen ist. Bei MTV geht es um den Sound von Amerika, um Stil und Effekt, wo nichts so ist, wie es scheint, wo schlecht gut ist und die Freundin eine Hure und Mord eine spannende Sache, wo die Politik nichts gilt, aber mit Bildern Politik gemacht wird. Frank Biondi, der Vorstandssprecher von Redstones Konzern Viacom, der die Schlacht um Paramount 1994 für sich entschied und dem MTV gehört, erläutert: »Es wird MTV-Filme, MTV-Produkte geben. Warum auch nicht? Sie sehen ja, Disney geht ins Kreuzfahrtgeschäft. Vielleicht gibt es auch MTV-Kreuzfahrten und MTV-Massenkonzerte. Der Auftrag von MTV ist es, eine Beziehung zum Publikum, zur MTV-Generation herzustellen. Wir wollen der MTV-Generation einen Standpunkt bieten. Warum lesen Sie die *New York Times*, wenn Sie doch fast alle Nachrichten on-line hereinholen können? Weil Sie einen Standpunkt brauchen, ein Lebensgefühl, und genau das verkaufen wir.«[16] Es ist schwer festzustellen, was das Verkaufen von Lebensgefühl über reinen Konsum hinaus für eine Wirkung haben, wie sich das Anbieten von Rockmusik in den USA oder in hundert anderen Kulturen auf das Jugendpublikum niederschlagen wird. Haßgeladene Songtexte sind schnell verurteilt. Auch wenn allerhand Musiker wegen Körperverletzung und sogar Mord belangt werden, sind solche Songtexte wohl kaum Ursache der brutalen

Wirklichkeit, die sie spiegeln oder übertreiben. MTV-Sprecher, die von der Förderung von »Freiheit, Befreiung, persönlicher Kreativität, ungehemmtem Vergnügen und Hoffnung auf eine radikal bessere Zukunft« faseln, meinen nicht, Anarchie und brutale Gewalt zu schüren.[17]

Präzise Untersuchungen sind bitter nötig, denn auch wenn wir uns vielleicht nicht vorstellen können, wie die Wirkung der Musik letztendlich aussieht, steht doch fest, daß es eine solche gibt, und zwar unabhängig von bestimmten Songtexten. Vermutlich katastrophal wird sie für Volkswillen und Politikgestaltung in traditionellen Nationalstaaten sein, die das Gemeinwohl schützen oder die eigene Kultur bewahren wollen. MTV trägt weder Lederhosen noch Bauernkittel und spricht weder serbokroatisch noch chinesisch. Der Sender verehrt weder Buddha noch Jesus, Familie und Staat sind ihm schnurz. Nur die Dollarerträge zählen, und Profit ist die oberste Instanz. Rocker und Rapper mögen im Knast landen, doch die Musikfirmen und Kabelsender scheffeln weiter das große Geld. Robert Scheer sagt über Michael Jacksons letzten Skandal: »Jackson ist weder Junge noch Mann, sondern ein Produkt. Nur fünf seiner fünfunddreißig Jahre ist er nicht rücksichtslos von geldgierigen Erwachsenen vermarktet worden, die seine kranken Marotten so lange dulden, wie sie umsatzfördernd sind.«[18]

Manche Kommentatoren äußern ein naives Vertrauen zum wesenhaft populistischen Charakter des Fernsehens. Michael J. O'Neill glaubt steif und fest, Fernsehen sei eine Form von »Volksmacht«. Er ist überzeugt, daß »nicht mehr Staatsmänner die Regie auf der politischen Bühne haben, sondern umgekehrt die Bühne die Staatsmänner dirigiert«, und hierin hat er recht.[19] Aber zu glauben, daß das »Volk« jetzt die Herrschaft über das Fernsehen habe, nachdem die Staatsmacht sie abgeben mußte, ist eine gefährliche Illusion. In Italien kam Silvio Berlusconi durch ein Medienmonopol an die Macht, durch das er »Träume und Wunder« verkaufen und sich als Populist darstellen konnte.[20] Dabei waren die Fronten klar: Das Volk bestimmte nicht über Berlusconi, sondern Berlusconi über das Volk; aber Berlusconi selbst beherrschte nicht das Fernsehen, sondern umgekehrt dieses ihn. Tatsächlich wurde er vom Fernsehen so gleichmütig gestürzt wie zuvor auf den Schild gehoben. In Amerika wird oft über das Fernsehen Politik gemacht. Ein einziges Bild der geschändeten Leiche eines amerikanischen Soldaten in Somalia löste den amerikanischen Rückzug aus. Das Pentagon nimmt heute nur ungern Verluste hin, nicht nur wegen des anhaltenden Traumas Vietnam, sondern aus Medienangst. Es gibt keine abstrakte Doktrin, sei es Durchhaltepolitik, Demokratie, Antikommunismus oder gar Imperialismus, die gegen das Bild eines sterbenden jungen Amerikaners bestehen könnte.

Manche mögen einwenden, das sei gut für den Frieden oder zumindest für die einfachen Leute, denn genau deren Perspektive werde vom Fernsehen gezeigt. Das Fernsehen aber bietet keine andern Bilder als die eigenen an. Wenn es so ist, wie Gore Vidal in seinem brillanten Streifzug durch den Film schrieb, daß »Geschichte macht, wer sie auf die Leinwand bringt«, haben nicht die das Heft in der Hand, deren Geschichten über die Leinwand flimmern, sondern die andern, die sie verfilmt haben.[21] Das Medium hat sein eigenes Programm vorangetrieben, von Hollywoods Videologie und McWorld's Konzernbilanzen, und es zeigt amerikanische Soldatenleichen nicht, um die Geschichte oder die amerikanische Außenpolitik zu beeinflussen, sondern um Werbeminuten zu verkaufen und damit die Zuschauer nicht zwischendurch pinkeln gehen. Der Medienkritiker Mark Crispin Miller schreibt: »Hauptzweck des Fernsehens ist, daß die Leute dranbleiben«, und so ist das Medium bemüht, die Zuschauer zu Hause und anderswo zu bannen und ihre Realität durch seine eigene zu ersetzen.[22] Das Fernsehen überflutet eine flache Ebene nur knöcheltief, aber das Wasser ist überall, und obwohl es nur ein seichtes Gewässer bildet und die bekannten Landschaftsmerkmale wie Zeitungsbäume und Buchkirchtürme und so manches kunstvolle Hausdach sichtbar bleiben, verlieren Millionen die Richtung und ersaufen in flimmernden Reflexen, ohne daß es jemand so richtig gewahr wird, die Betroffenen am allerwenigsten. Kinder können schon in flachen Pfützen ertrinken. Die Seichtigkeiten des Fernsehens sind viel gefährlicher.

Früher erkannten Staaten die Bedeutung des Fernsehens als Instrument von Propaganda, Sozialisierung und Bürgererziehung (bei den Berlusconis und Murdochs und Turners von McWorld gilt das immer noch). In der ersten Zeit sprachen die Gesetzgeber von »öffentlichen Trägerwellen« und wollten den »öffentlichen Rundfunk« reglementieren. Fernsehen war Staatsmonopol nicht nur in kommunistischen Ländern, sondern auch in vielen westlichen Demokratien, wo man sein erzieherisches oder verderbliches Potential für zu groß hielt, um es dem

privaten Kapital zu überlassen. Dieses beweist nämlich zuviel mono-
manisches Profitstreben und abgrundschlechten Geschmack, als daß es
als Erfüllungsgehilfe des Gemeinwohls herhalten könnte. In den Vereinigten Staaten wurde zur Errichtung der Rundfunkbehörde 1934 der
Federal Communications Act verabschiedet, mit Grundsätzen zu fairer
Berichterstattung, Rundfunkfreiheit und gesellschaftspolitischer Verantwortung (etwa bei Nachrichtensendungen). Das neugeschaffene
Amt sollte sogar »neue Anwendungen des Rundfunks untersuchen,
Versuchsfrequenzen bereitstellen und allgemein die erweiterte und
wirksamere Nutzung des Funkwesens für das Gemeinwohl fördern«.

Heute gibt es wenige Anzeichen dafür, daß irgendwer, am allerwenigsten die amerikanische Bundesregierung, darauf versessen wäre,
eine erweiterte und wirksamere demokratische Nutzung von Satellit,
Glasfaserkabel, Computer und Datenbank im öffentlichen Interesse zu
fördern. Die erwartete explosive Erweiterung des Medienzugangs über
Kupferkoaxial- und Glasfaserkabel bietet der Regierung die Ausrede,
sich aus dem undankbaren Geschäft der Regulierung fortzustehlen.
Obwohl US-Vizepräsident Gore auf Gefahren der neuen Technologien
aufmerksam zu machen sucht, entstehen neue Medienmonopole (wie
unten beschrieben) ohne auch nur ein Stirnrunzeln von Bundesbehör-
den, die früher sofort nach Anwendung der Kartellgesetze gerufen hätten. Da die frühere Regulierung auf »Mangel an Bandbreite« (der
scheinbaren Endlichkeit von Sendefrequenzen und Einschaltmöglich-
keiten) beruhte, hat die explosionsartige Erweiterung der Medienzu-
gänge und Übermittlungsmöglichkeiten (Glasfaserkabel mit einer
Übertragungskapazität von Millionen digitalisierter Daten und Bilder,
Kabelsysteme für mehr als fünfhundert Programme und Weltraumsa-
telliten noch dazu) in Verbindung mit der derzeitigen Verherrlichung
von Markt und Privatisierung jede staatliche Reglementierung un-
denkbar gemacht. Damit können wir die Haupterfindung von
McWorld – das Fernsehen – nicht zur Verteidigung unseres öffentlichen Wohls und unserer Identität gegen die Scheinwerte von
McWorld einsetzen. Wir können nicht einmal die öffentlichen Funk-
frequenzen für öffentliche politische Zwecke (Wahlen) benutzen, ohne
an die privaten Konzerne, denen wir diese Frequenzen verpachtet
haben, Millionen und Abermillionen Gebühren zu entrichten. Kenichi
Ohmae, Japans berühmtester Managementguru, hat den Geist der
Videologie vollkommen erfaßt, wenn er an die Macht der Kundschaft

glaubt, »über den Menschen als Gängler zu triumphieren«, denn »fürchten müssen wir bloß noch die Gängler«.[23]

Ein paar Länder versuchen immer noch, eine gewisse Kontrolle, wenn schon nicht das Monopol, über die traditionellen Funkmedien zu behalten, doch gegen die immer breitere Auffächerung der Technik, auf die sich die neuen Medien stützen, mit sinkendem Erfolg. In dem Maße, wie sich die Kommunikation von Funkfrequenzbändern und Kabel auf Computer-Faxgeräte, Telefonmodems und Satelliten verlagert, verliert schon der bloße Gedanke einer staatlichen Reglementierung alle Glaubwürdigkeit, ganz zu schweigen von der Angst vor »totalitärer« Überwachung. Der amerikanische Kongreß droht derzeit damit, den öffentlichen Rundfunk zu privatisieren oder ganz abzuschaffen. Theoretisch könnte das eine gute Sache sein: Indem er das staatliche Monopol zerschlägt, macht der Markt dem Monopol als solchem ein Ende. In der Praxis schafft er bloß die öffentlichen Monopole und mit ihnen die Pflicht zur Rechenschaftslegung und Verfassungstreue ab und liefert das Feld neuen, relativ gesichtslosen Monopolen aus, die anders als eine Regierung nicht einmal theoretisch rechenschaftspflichtig sind, und erst recht nicht praktisch. Diese Monopole zeichnen sich derzeit immer deutlicher ab in dem Maße, wie sich Firmen aus den einst gesonderten Bereichen Programmgestaltung (Software), Programmausstrahlung (Sendenetz und Rundfunkgesellschaften), Übertragungssysteme (Kabel, Telefon, Satellit) und Hardware (Herstellung von Fernsehgeräten und Computern) gegenseitig schlucken. Rupert Murdochs News Corporation hat ihren Hauptsitz im australischen Sidney, besitzt aber ein weltweites Konglomerat medienvernetzter Firmen und Dienstleistungen, darunter in den Vereinigten Staaten: Fox-Television, Fox Video, die Zeitschriften *New York Magazine*, *TV*-Guide, HarperCollins Publishers, Delphi Internet Services, den Scott-Foresman-Schulbuchverlag, Nachrichtenagenturen und elektronische Datendienste, den Kesmai-Konzern für Videospiele, Etak Inc., die Digital map data company, die Modezeitschrift *Mirabella* und Dutzende von Zeitungen und unabhängigen Fernsehstationen. Außerhalb der USA gehören dazu die Londoner *Times* zusammen mit der Boulevardzeitung *The Sun*, das Luftfahrtunternehmen Ansett Transport, der englische Satellitensender BSky B, das oben beschriebene asiatische Satellitennetz Star TV, der Landkartenverlag Geographia Ltd. sowie Fox-Video-Gesellschaften in Spanien, Japan, Frankreich, Deutschland, Neuseeland und Australien. Murdochs News Corporation ist ein Einfirmen-Infotainment-Telesektor für sich.

Eine einfältige Markttheorie behauptet, mit der Abschaffung des staatlichen Fernmeldemonopols sei das Monopol weg und das Gemeinwohl gesichert. Tatsächlich aber ist das Gemeinwohl weg und das Monopol gesichert, in neu privatisierten und folglich nicht rechenschaftspflichtigen Formen. Profit ist an sich nichts Schlechtes. Als Motor des Kapitalismus ist er gut für Aktionäre, Verbraucher und die Gesellschaft insgesamt. Doch zeigt sich, daß er eine keineswegs geringere, aber weniger dem öffentlichen Wohl verpflichtete Zwangsgewalt ausübt als der Staat. Er erzwingt seine ganz eigene Einförmigkeit, die sich jedoch hinter dem Konkurrenzdruck des freien Marktes verbirgt. Murdochs weltweiter Einfluß wird vielleicht kaum erkannt und schon gar nicht gespürt. Das Diktat Hollywoods wird womöglich als angenehm empfunden – bestimmt als viel angenehmer als das von Stalin, Deng oder Honecker –, dürfte aber mit seinen Produkten nach Schema F genauso deprimierend öde ausfallen wie der sozialistische Realismus bei Heldendenkmälern. Die gängige Münze von Sex und Gewalt wird vielleicht von einem zwangsfreien (wenn auch heftig manipulierten) Privatmarkt geprägt, verliert aber ebenso rasch an Wert wie die grünen Scheine eines Staates, der den Goldstandard aufgegeben hat. Unter dem Sowjetkommunismus konnte Dissidentenlyrik nur insgeheim vervielfältigt und privatim gelesen werden. Unter dem russischen Kapitalismus wird überhaupt keine mehr veröffentlicht, teils weil sie sich an nichts Handgreiflichem mehr reiben kann, doch hauptsächlich weil Lyrik keinen Profit abwirft und keine Chance gegen Stephen King hat. Die Klage der französischen Politikwissenschaftlerin Dominique Moisi über Frankreich gilt für die ganze Welt: »Es gibt immer weniger Frankreich im Ausland und mehr Ausland in Frankreich.«[24]

Während Fernsehen und Computerdatenübertragung auf Telefonkabel verlagert werden, die entweder gegen Glasfaserkabel ausgetauscht oder an die neue »geschaltete« Netzsteuerung gehängt werden, mit der altmodische Telefondrähte ein Vielfaches an Sammelverkehr aufnehmen können, erhalten Softwareproduzenten immer umfassenderen Zugang zur Weltbevölkerung. Von ihrem Standpunkt aus ist das Ziel ein sofort wirksames, interaktives, holografisches, virtuelles Netz mit verbesserter Tonqualität und realen Bildern, durch das jeder Mensch auf Erden von jedem andern Menschen erreicht werden kann und jeder mit jeder Firma verbunden ist, die etwas mitzuteilen oder zu verkaufen hat, sei es ein dauerhaftes Konsumgut, eine Dienstleistung, ein Wissensbröckchen, eine Unterhaltungssendung oder eine echte politische Botschaft – obwohl es in McWorld's Videologie nur *eine* politische Botschaft gibt, nämlich Unterhaltung. Wird das die freie Auswahl vergrößern? Vervielfachung der Zugänge und Auffächerung der Übertragungssysteme muß nicht unbedingt Produktpluralismus fördern oder die Programmvielfalt erhöhen. Sie könnte genausogut tausend verschiedene Möglichkeiten eröffnen, ein einziges weltweites Produkt zu bewerben und zu verkaufen – Coke, die Simpsons (je nach Wahl Bart oder O. J.), Michael Jackson oder einen Kandidaten für ein Staatsamt.

Der Abstand zwischen Paramount Pictures und dem Verkaufsfernsehen war schon vor QVCs vergeblichem Versuch der feindlichen Übernahme dabei zu schrumpfen, und das lange bevor Internet Computer-Einkaufsdienste anbot. Mit fünfhundert Fernsehprogrammen werden sich die Zuschauer nicht unbedingt freier fühlen als mit fünfzig oder auch nur mit fünf, und da auf jeden Fall dieselbe altbekannte Handvoll Kulturanbieter für die Programme zuständig sind, wird es nicht unbedingt größere Vielfalt geben, nur ein anderes und viel schlagkräftigeres Monopol. Dazu eine radikale Segmentierung derselben alten Märkte; amerikanische Popkultur statt indonesischer, eine von den Märkten gestaltete Weltpolitik statt einer von Technokraten formulierten französischen Außenpolitik; eine inoffizielle Ästhetik von MTV statt einer offiziellen Kulturpflege in Hindi. Und Unterschiede, wie sie insbesondere in »Schmalspur«-Programme eingebaut werden, die eine Programmvervielfachung erleichtern sollen, dürften die Zuschauer nur in horizontale Marktsegmente unterteilen – ein Programm für Sportliche und eins für Sofalümmler, eins für schwule Unionschristen und eins für rauchende Sozialdemokraten.

Entscheidungskompetente Menschen werden nicht geboren, sondern erzogen. Damit freie Märkte eine echte Auswahl bieten können, müssen die Verbraucher zur Urteilsfähigkeit erzogen werden und muß die Programmgestaltung echte Varietät und nicht bloß alternative Einkaufsmöglichkeiten anbieten. Ein großer Teil von McWorlds Strategie bei der Schaffung globaler Märkte beruht auf systematischer Ablehnung jeder echten Verbraucherkompetenz oder kostenträchtigen Programmvielfalt – aber geschickt gekoppelt mit dem schönen Schein unendlicher Vielfalt. Verkaufen hängt von fixierten Vorlieben ab (von den Verkäufern fixiert) und von gebündelten Wünschen (von den Vermarktern gebündelt). Coca-Cola-Abfüller können es sich genausowenig erlauben, in Indonesien das Teetrinken zu fördern, wie Fox Television Menschen ermuntern kann, ihre Abende in der Bibliothek mit dem Lesen von ausleihbaren, kostenlosen Büchern zu verbringen. Paramount besitzt zwar den Verlag Simon & Schuster, kann es sich aber eigentlich nicht leisten, daß Menschen Bücher lesen, sofern es keine nachgeschobenen bebilderten Buchversionen von Filmen der Paramount sind. Nach derselben Logik kann Disneyland trotz seiner Plastikkathedralen Teenager unmöglich auffordern, am Wochenende eine Synagoge, Kirche oder Moschee zu besuchen und um die Kraft zu beten, ein nicht ganz so materialistisches, vergnügungsparkfreies Leben ohne regelmäßigen Kinobesuch zu führen. Vielfalt steht im besten Falle für das Produkt oder den Profit eines anderen Anbieters, aber gar kein Produkt und Nullprofit fallen nicht darunter.

Wenn Channel One Fernsehwerbung ins Klassenzimmer trägt, können Lehrer sich darauf verlassen, daß damit keine audiovisuelle Unterrichtshilfe zur Schulung kritischen Denkens angeboten wird. Ohne pädagogischen Vorsatz dürfte Fernsehen keine Lernhilfe sein. Es ist weitaus geeigneter, Neigung zur Kritik einzuschläfern, als sie zu entwickeln. Eine kritische Darstellung des privaten Konsums könnte bei Jugendlichen durchaus das Empfinden wecken, daß das Gemeinwohl schutzwürdig ist – aber das würde den Prämissen von McWorld genau zuwiderlaufen. Kommerzfernsehen aber kann Schulkinder nur als künftige Konsumenten und nicht als künftige kritische Bürger behandeln.

Bildung wird vermutlich nie erfolgreich auf »dem offenen Markt« mit Unterhaltung konkurrieren können, weil »einfach« und »schwierig« niemals gleichberechtigt gegeneinander antreten, und für noch nicht im disziplinierten Lernen Geschulte wird »Freiheit« immer bedeuten, daß etwas simpel ist. Vielleicht dachte Tocqueville deswegen, Freiheit sei das »anspruchsvollste aller Lehrjahre«. Um uns zu einem reifen besseren Ich zu entwickeln, brauchen wir die Unterstützung unseres erwachenden besseren Selbst, vermittelt durch allgemein anerkannte Wertmaßstäbe, verbindliche Erziehung und Gespür für das Gemeinwohl. Der Konsum akzeptiert uns unverbildet, je triebhafter und gieriger, desto besser. Die Erziehung stellt sich gegen unsere Triebe und zügelt unsere Gier mit Lektionen über gegenseitige Abhängigkeit und höhere Werte unseres Gemeinwesens. Landes- und Bundesregierungen mit Zuständigkeit für das Schulwesen nahmen es einst auf sich (als dieses »sich« noch »wir« hieß), dem Markt Paroli zu bieten und unserem besseren Ich die helfende Hand zu reichen. Nun droht sich der Markt über McDonald's-Gutscheine am staatlichen Bildungswesen zu rächen. Dieser traurige Zustand ist nicht das Werk von finsteren Schurken oder Schafsköpfen. Er ergibt sich allzu selbstverständlich aus der Kultur von McWorld in einer transnationalen Epoche, in der Regierungen lieber darauf verzichten, das gemeine Wohl festzulegen oder zu vertreten.

8. McWorlds Bildschirmliteratur
und Vergnügungsparks

Als Produkte einer allmählich veraltenden Drucktechnik sind Bücher
Relikte einer untergehenden Kultur des Wortes. Sie sind die unver-
zichtbare Währung der Demokratie und das bröckelnde Bollwerk gegen
die neue Welt der Bilder, die mit einer Geschwindigkeit über die Mattscheibe rasen, die jedem Nachdenken spottet. Demokratie braucht Zeit
wie ein gutes Buch. Geduld ist vielleicht ihre unauffälligste, aber dennoch unverzichtbarste Tugend. Fernsehen und Computer sind atemlos
schnell und daher definitionsgemäß Feind des gemächlichen Gangs
sorgfältiger Überlegung, wie ihn jede öffentliche Debatte und Entschei-
dungsfindung über das Gemeinwohl zur Voraussetzung hat. Einer der
Gründe dafür, daß das lichtschnelle Medium Fernsehen kaum allge-
meinbildend genutzt werden kann, liegt darin, daß Fernsehen überflie-
gen will, Erziehung aber nur mit der ganzen Trägheit einer reflektierten
und behutsamen Pädagogik vorankommt. Sie ist nicht unterhaltsam
für jemanden, der nicht von sich aus lernen und wachsen will. Bil-
dungsfernsehen ist letztendlich ein Widerspruch in sich.[1] Welchen
Platz haben also Bücher in unserem Videoland-Tohuwabohu? Überhaupt keinen – sofern sie sich nicht in Assimilierung und Übernahme
fügen und zur Randgarnierung der Kommerzkultur des Infotainment-
Telesektors werden, also zur sogenannten Bildschirmliteratur.

Assimilierung des Neuen heißt für Verlage Veränderung (lies: Ver-
besserung) genau durch die Technologien, durch die sie verdrängt werden, und das Buch ist besonders anfällig für die Computertechnik. »Die
Technik verschlingt die Welt der College-Lehrbücher«, hieß die
Schlagzeile eines Artikels im *Wall Street Journal* mit der düsteren
Warnung: »Wenn wir Lehrbuchverleger nicht aufwachen und lernen,
wie man noch andere Dinge als Bücher herstellt, vermarktet und ver-
treibt, verlieren wir den Boden unter den Füßen.«[2] Der amerikanische
Schriftstellerverband ist so beunruhigt, daß er seine Mitglieder mobilisiert und in einer »Stellungnahme zu elektronischen Veröffent-
lichungsrechten« verkündet, daß die »Veröffentlichungstechnik sich
rasch verändert und die Arbeit eines Schriftstellers in vielen Formaten

zugänglich gemacht werden kann – unter anderem über CD-ROM und interaktive CDs. Durch neue Technologien können Arbeiten in Journalismus, Literatur, Kunst, Fotografie, Musik, Film und Video in multimedialen und interaktiven Formen kombiniert werden.« Die Kosten für die Verleger seien dabei »viel geringer als im traditionellen Verlagswesen«.[3]

Die Hersteller von CDs würden am liebsten natürlich gar keine Tantiemen zahlen. Eine Firma namens Bureau Development hat Hunderte von Auszügen aus alten und gemeinfreien (also tantiemenfreien) Klassikerausgaben zusammengetragen, oft von geringerer Übersetzungsqualität und manchmal verballhornt, und sie auf einer CD-ROM »Große Literatur« versammelt. Der postmoderne Klassikerfreund benötigt »einen PC oder einen PS/2-kompatiblen Computer, ein CD-ROM-Laufwerk, das den ISO-9660-Standard erfüllt, mit Netzkabel und Software, die Microsoft Extensions Verson 2.0 oder eine neuere, mindestens einen Arbeitsspeicher von 640K RAM mit 500 verfügbaren K, sowie DOS 3.1 oder eine neuere Version.« Ein wenig komplizierter als blättern in einem Buch, aber hat man erst mal die Ausrüstung, »kann man große Literatur direkt vom CD-ROM-Laufwerk laden. Nur ins CD-ROM-Laufwerk einloggen und LIT eingeben.«[4] Die große Literatur in dieser neuen Form dürfte so ungelesen und harmlos bleiben wie die Kunstledersammelbände »Weltliteratur«, die seit Jahrzehnten die Schrankwände fernsehender Nichtleser zieren.

Sobald sie aber auf CD-ROM-Scheiben sind, geraten alte und neue Bücher gewissermaßen unter Druck durch verbündete neue Technologien. Meg Cox berichtet im *Wall Street Journal*, infolge der Verdrängung von Lehrbüchern durch neue Computertechnologien »werden Arbeitsaufgaben routinemäßig in Multimedia dargestellt und Texte mit Ton und Videobildern unterlegt«.[5] Die Exklusivbibliothek auf CD aus dem Hause Bureau Development wartet mit Bildern und Geräuschen auf, die aus manchen Werken der Weltliteratur regelrechte Freilichtaufführungen machen. Werden literarische Werke zur bloßen Grundlage für Multimedia-Darstellungen und ihre Texte durch Bildchen verhübscht, ist die Buchkultur in größter Gefahr.

Der Status von Büchern im heutigen McWorld belegt auf traurige Art, wie zersetzend die Bildzauberer in das Druckwesen und weiter in die Demokratie eingreifen. Wenn wir gestatten, Werbeanzeigen in Büchern zu plazieren und staatliche Bildungseinrichtungen mit Fernsehen (einschließlich Werbung) zu berieseln, verabschieden sich Lesefreude und Lust an der Literatur aus den Bildungszielen. Tritt ein einziges Bild einer geschändeten Soldatenleiche in der Formulierung von Prioritäten der Außenpolitik an die Stelle gesetzter Rede und wägender Debatte, geben wir die Demokratie als reflektierte Praxis preis.

Film und Fernsehen können Bücher natürlich nicht völlig verdrängen, sondern nur parasitär von ihnen zehren. Statt sich aus Büchern zu bilden, erzeugt Fernsehen ungebildete Bücher. Howard Stern und Rush Limbaugh »schreiben« Bestseller als Buchversion ihrer skandalträchtigen Funk- und Fernsehauftritte. Lektüre wird zu einer Spielart von Klatsch – wie im O.-J.-Simpson-»Buch«, das begleitend zur Lifeübertragung vom Mordprozeß vermarktet wurde. Weil es nur noch wenige Leser gibt, ist es der beste Dreh, Bücher herauszubringen, die auch von Nichtlesern erworben werden, egal ob sie sie lesen oder nicht. Der Konsum von McWorld erheischt nur, daß wir Produkte, die wir von vornherein nicht »brauchen«, zwar kaufen, aber nicht, daß wir sie wirklich nutzen. Eine Lawine peinlich auflagenstarker Lebenshilfebücher veranlaßte die Rezensionsbeilage der *New York Times* schließlich, die ganze Kategorie aus ihrer Bestsellerliste herauszunehmen, denn sie wurden so erdrückend, daß »echte« Bücher nicht mehr mithalten konnten. Die vorderen Plätze der Listen wurden danach aber nicht von Literatur eingenommen, sondern von zur Verfilmung vorgesehener Massenware in Vorbereitung von Kassenschlagern im Kino. Im Herbst 1993 fielen von den ersten zehn »Belletristik«-Titeln auf der Liste der *New York Times* sieben unter Spannungsromane und stammten von nur zwei Autoren: von Michael Crichton und John Grisham, die früher schon die Kinohits *Die Firma* und *Jurassic Park* geliefert hatten. 1994 konnten die beiden Autoren unveröffentlichte und noch gar nicht geschriebene Bücher für Millionenbeträge an Hollywood verkaufen.

Freilich stehen fürs Kino geschriebene Spannungsromane schon lange auf den vordersten Plätzen der Bestsellerlisten. Der Inzest in den Medien hat jedoch auch schon die Sachbücher erfaßt. Auf ihrer Bestsellerliste vom 28. November 1993 waren 5 Medienverbundtitel unter den ersten 15. Dabei standen Machwerke des erzkonservativen Fernsehjournalisten Rush Limbaugh, der Radiodreckschleuder Howard Stern und des Possenreißers Jerry Steinfeld jeweils auf dem ersten, zweiten und vierten Platz. William Shatners Buch zur Serie *Star Trek* folgte auf Platz neun. Michael Jordans Basketballmemoiren *rare AIR* standen auf fünfzehnter Stelle bei gebundenen Büchern und zugleich auf der zweiten bei Taschenbüchern, unmittelbar hinter einem früheren Buch von Limbaugh. Letzterer besetzte damit sowohl bei den gebundenen wie bei den Taschenbüchern den ersten Platz. In derselben Woche hielt der gebundene Comic *Beavis and Butthead* nach der gleichnamigen Serie von MTV, die wegen ihrer stumpfsinnigen Grausamkeit und Unbedarftheit von den Produzenten aus der besten Sendezeit hinausverlegt werden mußte, den vierten Platz bei den Sachbüchern. Die sonst recht pingelige *New York Times* berichtete nicht nur über dieses Mediokratenspektakel, sondern leistete ihm Vorschub, indem sie wochenlang einschließlich sonntags Rezensionen von Howard Sterns peinlichem Versuch einer pornographischen Lebensbeichte (kurz nach Erscheinen 1 Million Auflage und wahrscheinlich der schnellste Kassenrenner der Verlagsgeschichte) von Kritikern darbot, die sich so höflich und respektvoll wie über ein schwer lesbares, aber leicht verruchtes, postmodern skeptizistisches Opus eines liebenswerten Exzentrikers äußerten – eines Oscar Wilde der Radiowellen. Howard Stern hatte schon vorher erkannt, wieviel Feigheit im »Literaturbetrieb« herrscht. Auf Sendung vertraute er seinen Hörern an, er habe bereits das Radio fest im Griff, und nach allem, was er inzwischen über Buchrezensenten und Verleger wisse, könne er auch diese mit Leichtigkeit düpieren. Und so kam es auch. Wo Literatur zum Stützpunkt für McWorld wird, kann sie von kommerziellen Großmächten mit Sterns Dreistigkeit oder Limbaughs Arroganz ohne weiteres vereinnahmt werden.

Die Hauptbedeutung von Autoren und Prominenten in McWorld (springender Punkt ist auch das Schwinden des Unterschieds zwischen beiden) liegt darin, daß sie dem ständig nach »Geschichten« und »Fortsetzungen« hungernden Fernsehen Drehbuch- und Besetzungsfutter in Form von Abartigkeiten und einschaltquotenträchtigen Skandälchen »aus dem prallen Menschenleben« liefern. Deshalb waren Viacom und QVC bei ihrer Jagd auf Paramount zugleich auch hinter dem Verlagshaus Simon & Schuster her, und genau aus diesem Grund hat sich der Mediengigant Bertelsmann einen neuen Wolkenkratzer am Times Square gekauft, im Zentrum des Imagegewerbes und der Unterhaltungsindustrie von New York. Deswegen werden auch Dokumentarfilme nicht über gerade gewählte Amtsträger, sondern die Drahtzieher im Hintergrund (wie *The War Room* über James Carvilles Rolle bei Clintons Wahlsieg) Kulthits für das Establishment. Norman Ornstein,

ein behutsamer und gemäßigter konservativer Analytiker der Washingtoner Politik, bemerkt dazu: »In letzter Zeit zerfließen bei Prominenten die Trennlinien zwischen Hollywood, New York und Washington. Schauspieler spielen jetzt politische Gestalten, und Politiker schauspielern, aber ich glaube nicht, daß davon irgendwas gut sein kann für unser Land.«[6]

Amerikanische Bücher machen sich im weltweiten Verlagswesen ähnlich breit wie amerikanische Filme und Fernsehfilme. Bestseller in Rußland, Deutschland, der Schweiz, Brasilien, England und Holland entsprechen heute den Kassenschlagern des Kinos: Sie sind fast hundertprozentig amerikanisch. Auf der Liste lieferbarer Titel des führenden holländischen Verlags De Boekerij stehen 90 Prozent Übersetzungen, und fast alle aus dem Amerikanischen. Scheinbar ohne Probleme ist der Verlag den weiten Weg von Anne Frank zu Amy Fisher gegangen und hat Ende 1993 mit der Übersetzung von deren Memoiren Kasse gemacht.

In Osteuropa und Rußland sind die Aussichten für Literatur sogar noch trüber. Der sozialistische Realismus war eine Herausforderung, die eine kraftvolle Literatur des Widerspruchs hervorbrachte. Der kommerzielle Realismus zeigt nur, wie unwiderstehlich die Macht des Marktes ist. Eine russische Kommentatorin berichtet, »Verleger – sowohl alte, vom Joch der Parteilinie befreite, als auch neue private – halten nicht mehr Ausschau nach phantasievollen und originellen Texten, sondern nur noch nach vermarktbarer Ware«.[7] Übersetzte Raubdrucke von Science-fiction, Krimis und Pornos überschwemmen die Büchertische und verdrängen alles Einheimische außer lauen Aufgüssen wie in einem Buch über »Lecker und gesund essen« oder über »Die Sexualität der Frau«. In der wirtschaftlichen Anarchie Rußlands schießen Verlage wie Pilze aus dem Boden (mehr als vierhundert in den letzten Jahren), gelesen wird aber immer weniger, und der Lesergeschmack stößt mit der Erholung des Marktes in Abgründe vor. Der Kommerz bietet Anreize, die die Literatur nachhaltiger schädigen als die Verbote der ehemaligen Zensoren. Das Land kannte unter den Zaren und Kommissaren zwar körperliche Unterdrückung, doch ließ diese offenbar zugleich Nahrung für die Seele wachsen. Jean-Paul Sartre bemerkte einmal, er habe sich nie freier gefühlt als unter der Nazibesatzung. Oppositionelle Literatur hat ein Ziel, auf dem Markt aber muß sie Dollars bringen, den Massengeschmack bedienen und Verlegern Profite sichern.

In der ehemaligen DDR reagierte ein Leipziger Auslieferungslager auf den freien Markt mit der Verbrennung von 10 Millionen preiswerter Bücher aus der Zeit vor der Wende, darunter auch Werken von Stefan Heym und Christa Wolf (die ins kalifornische Malibu flüchtete, vielleicht um der Vergewaltigung durch McWorld durch freiwillige Unterwerfung zuvorzukommen). Nach der Videologie von McWorld haben kommerzielle Einäscherungen im Osten zwecks Preiserhöhung genau wie das Einstampfen unverkaufter Bücher im Westen nichts mit Bücherverbrennung zur Unterdrückung von Literatur bei den Nazis zu tun. Autoren und Leser aber erkennen den Unterschied womöglich nicht, und für die literarische Kultur kann sich das Leipziger Geschehen von 1991 verhängnisvoller erweisen als die Bücherverbrennung von 1934. Auf seine typisch ironische Art fleht Bertolt Brecht in seinem Gedicht »Die Bücherverbrennung« die Brandstifter an: »Verbrennt mich!… Verbrennt mich! Tut mir das nicht an! Laßt mich nicht übrig! Habe ich nicht immer die Wahrheit berichtet in meinen Büchern? Und jetzt werd ich von euch wie ein Lügner behandelt! Ich befehle euch: Verbrennt mich!« Doch welcher heutige Autor würde meinen, seine Integrität hänge davon ab, daß auch seine Werke zu dem Zweck verbrannt werden, die Bücherpreise zu erhöhen? In einem Nachspiel zum Leipziger Scheiterhaufen verlieh eine Göttinger Stiftung den »Göttinger Preis« an Pfarrer Martin Weskott wegen seiner Bemühungen, eine halbe Million Bücher »von der Müllhalde« zu retten und sie »dem vorgesehenen Gebrauch zuzuführen«, indem er sie bei Spendenaktionen versteigerte und den Erlös für »Brot für die Welt« stiftete.[8] Schwerter zu Pflugscharen und Worte zu Brot.

Wenn das Verlagswesen die Filmindustrie und deren globalisierende Vertriebsmuster nachäfft, imitiert es sie auch in seinem Streben nach internationalem Monopol. Eine freie und demokratische Gesellschaft beruht auf dem Wettbewerb der Ideen und der Heterogenität der Veröffentlichungschancen. Doch schrumpfen Zahl und Vielfalt der Buch-, Zeitschriften- und Zeitungsverlage mindestens seit den sechziger Jahren stetig, während der Zugriff der Monopole auf die Welt immer umfassender wird. Ben Bagdikian hat die Firmenzusammenschlüsse in den Medien über Jahre verfolgt, seine Statistik zeigt eine unablässig wachsende Konzentration.[9] Bagdikian stellt fest, daß nach dem Zweiten Weltkrieg 80 Prozent der amerikanischen Zeitungen selbständig gewesen sind. 1989 waren bereits 80 Prozent im Besitz von Zeitungsketten, 1981 verfügten noch 20 Konzerne über die Hälfte der 11 000 Zeitschriften der USA, doch bis 1988 waren daraus 3 geworden.[10] Bagdikian schätzt, daß nur noch 23 Konzerne »den größten Teil des Geschäfts an Tageszeitungen und Zeitschriften, Fernsehen, Büchern und Filmen« beherrschen.[11] Bagdikians 23 beherrschende Konzerne sind:

1. Bertelsmann (Bücher)
2. Capital Cities / ABC (Zeitungen, Rundfunk)
3. Cox Communications (Zeitungen)
4. CBS (Rundfunk)
5. Buena Vista Films (Filme)
6. Dow Jones (Zeitungen)
7. Gannett (Zeitungen)
8. General Electric (Fernsehen)
9. Paramount Communications (Bücher, Filme)
10. Harcourt Brace Jovanovich (Bücher)
11. Hearst (Zeitungen, Zeitschriften)
12. Ingersoll (Zeitungen)
13. International Thomson (Zeitungen)
14. Knight Ridder (Zeitungen)
15. Media News Group (Zeitungen)
16. Newhouse (Zeitungen, Bücher, Zeitschriften)
17. News Corporation Ltd. (Zeitungen, Zeitschriften, Filme)
18. New York Times (Zeitungen)
19. Reader's Digest Association (Bücher)
20. Scripps Howard (Zeitungen)
21. Time Warner (Zeitschriften, Bücher, Filme)
22. Times Mirror (Zeitungen)
23. Tribune Company (Zeitschriften)

Vertikale und horizontale Konzentration gehen Hand in Hand: Es besteht ein Zwang zur Produktionstiefe und -breite. Wer Filmstudios hat, muß Buchverlage, Vergnügungsparks und Ligamannschaften dazukaufen (Paramount kauft Simon & Schuster, Viacom Paramount). Wer Hardware hat, muß Programmware erwerben (Sony schluckt Columbia). Wer Fernsehsender hat, muß Filmarchive kaufen (Turner erwirbt die Filmothek von Metro-Goldwyn-Mayer). Wer Telefonleitungen hat, muß ebenfalls Programmware kaufen. Es geht nicht bloß darum, die Konkurrenz auszuschalten, die vom gleichen Geschäftszweig profitieren will, sondern darum, alle aufzukaufen, die was anderes machen, das sich auf das Eigengeschäft auswirkt. Wer Kabel hat, muß Fernsehprogramme erwerben. Wer ein Filmstudio hat, braucht einen Satellitensender, um an Sendelizenzen zu kommen. Wer Zeitungen besitzt, muß Kabel- und Satellitensysteme erwerben, um Nachrichten über alle Medien verkaufen zu können. Wer Filme dreht, muß Verlage übernehmen und deren Autoren einspannen. Wer unabhängig ist, muß wie der erfolgreichste Regisseur der Welt, Steven Spielberg, der vor kurzem bei Disney ausgeschiedene schwerreiche Produzent Jeffrey Katzenberg und der Tonträgermilliardär David Geffen einen neuen Koloß erschaffen. Sich mit andern zusammenschließen, ein bißchen Synergie herbeizaubern, etwa mit Bill Gates von Microsoft interaktive Multimedia-Unterhaltungsprodukte planen, eine halbe Milliarde Dollar Investitionsmittel bei Gates loseisen und das komplette Joint Venture (wie anders auch?) *Dreamworks* nennen. Die Zeitungen verglichen den Deal zwischen diesem Triumvirat mit der Gründung der United Artists durch Mary Pickford und ihre Freunde vor sechzig Jahren, aber das hieße, eine Schlachtflotte mit ein paar Kindern mit Spielzeugpistolen im Ruderboot gleichzusetzen. Steven Spielberg wurde in einem offenbaren Versprecher deutlich, als er erklärte, er gründe gerade »ein neues Land«.[12]

Skeptiker werden nach dem Mißerfolg von Sony und Matsushita im Filmgeschäft immer noch behaupten, Firmeneigentum rühre nicht an künstlerische Freiheit, und es sei eigentlich egal, wem Verlage gehörten. Diesen Kinderglauben hatte wohl auch Richard Snyder, der langjährige Verlagschef von Simon & Schuster, als Viacom dessen Konzernmutter Paramount fraß. Der unangefochtene und erfolgreiche Snyder galt als zu unternehmensverwachsen und unersetzbar, um entlassen werden zu können, stand aber innerhalb eines Jahres vor der Tür. Geschockte Beobachter wie der Literaturagent Mort Janklow meinten, Viacom wolle wohl Bücher wie Popcorn verkaufen.[13] Doch Viacom weiß genau, daß auf den globalen Märkten von McWorld zwischen Büchern und Popcorn kein Unterschied ist, und das ist der springende Punkt. Warum hätten sie sonst Paramount kaufen sollen? Unter Viacom hat Paramount einen weiteren Großverlag übernommen, die Macmillan Publishing.[14] Noch bevor die Fusion in trockenen Tüchern war, verkündete Paramount, es würden »Abteilungen reorganisiert, die

Zahl der Auflagen und Titel verringert und bis zu zehn Prozent« der zehntausend Arbeitnehmer der Firma entlassen.[15]

Tatsächlich ist das Büchergeschäft von der Fusionswut keineswegs ausgenommen. Schon in den sechziger Jahren warfen sich Großkonzerne, viele davon mit Rüstungsaufträgen wie IBM, ITT, Litton, RCA, Raytheon, Xerox, General Electric und Westinghouse, auf das Geschäft mit Lehrbüchern. Seither haben auch Film- und Telekommunikationskonzerne Verlage geschluckt, sogar dann noch, während sie selbst schon von größeren Industriekonzernen gefressen wurden. Bowkers »Literary Market Place« führt fast 26 000 Verleger auf, doch Bagdikian schätzt, daß von diesen nur etwa 2500 mehr als ein Buch im Jahr herausbringen. Dennoch kassieren nur sechs Firmen mehr als die Hälfte der Erlöse aus Büchern – Paramount (Simon & Schuster; Ginn & Company), Harcourt Brace (Academic Press), Time Warner (Little, Brown; Scott Foresman), Bertelsmann (Doubleday, Bantam sowie RCA Records und Arista), Reader's Digest Association und Newhouse (Random House, *The New Yorker*).[16] Fünf davon tummeln sich auch in anderen Medien einschließlich Fernsehen, zwei unmittelbar im Filmgeschäft, und eine Firma – Time Warner – ist einer der größten Medienkonzerne der Welt und zugleich die zweitgrößte Werbefirma und einer der weltgrößten Verlage.

Ähnlich verlaufen die Trends in Europa, wo Bertelsmann in Deutschland, Murdochs News Corporation in England und Hachette in Frankreich zu Goliaths in einer Welt chancenloser Davids geworden sind. Bertelsmann war ehemals ein deutscher Verlag, ganz wie Honda ein japanischer Motorradhersteller. Nun hat die Firma ein steinernes Denkmal am New Yorker Times Square, betreibt Buchclubs in England, druckt amerikanische Zeitschriften wie *Parents*, besitzt Doubleday, Bantam und Dell, hat die Literary Guild übernommen und betätigt sich unter den Marken RCA und Arista auf dem Tonträgermarkt. Zusammen mit 74 Zeitschriften weltweit veröffentlicht der französische Verlag Hachette (der *Paris Match* und fast ein Drittel des französischen Buchmarkts beherrscht) die »Encyclopedia Americana«, dominiert den größten Buchvertrieb in der spanischsprachigen Welt und hat dazu Zeitungen und Zeitschriften in Deutschland, England, Belgien und den Vereinigten Staaten.[17] Den Medienkraken Rupert Murdoch News Corporation Ltd. habe ich bereits beschrieben und füge nur noch hinzu, daß er im Druckwesen, außer HarperCollins und einer Beteiligung an Viking, Penguin und Reuters, zwei Drittel der australischen Zeitungsauflage, die Hälfte der von Neuseeland und ein Drittel der britischen beherrscht. Murdoch ist darüber hinaus auch der weltgrößte Vertreiber von Videokassetten – aus denen ein immer größerer Anteil seiner Profite stammt und von denen die Entwicklungsfähigkeit seiner Verlagsbeteiligungen immer abhängiger wird.

Wenn Bücher zur Nischenkategorie für Medienkraken verkommen, die zwar wie Murdoch oder Viacom ihre Tentakel nach kommerzieller Unterhaltung, politischen Nachrichtenprogrammen, Fernsehen und Verlagswesen ausstrecken, aber kein kulturelles oder literarisches Grundkonzept besitzen, steht das Wort mit den von ihm abhängigen kulturellen und demokratischen Werten vor einer ungewissen Zukunft. Wenn Worte gegenüber Bildern (in Film, Fernsehen oder Videokassette) nachrangig werden, während Produzenten sich ausschließlich am Profit orientieren, wird die Demokratie wohl kaum den Nutzen davon haben. Man denke sich ein Gericht, vor dem Beweisaufnahme und Plädoyer nur in Bildern erfolgen: Kann es dort noch Gerechtigkeit geben? Oder eine Parlamentsdebatte, geführt mit der Bilderflut von MTV. Wer soll da noch abwägen? Was ist Phantasie ohne Worte: veredelt oder verdorben? Oder gar nicht mehr vorhanden? Man stelle sich eine Ontologie, eine Wissenschaft vom Sein im Cyberspace vor: Die Realität selbst wird zu ihrem virtuellen Vetter, zu einem Derivat der Wirklichkeit, das zu gleichen Teilen aus Behauptung, Illusion und Täuschung besteht. Die Virtualität verdrängt die Realität, und Platos Höhlengleichnis, wo zuckende Schatten an einer Felswand einziger Anhaltspunkt für das »Reale« sind, wird buchstäblich unsere Welt. Worte öffnen die Fenster der Seele für Ideen, und mit dem Diskurs in Worten wagen wir ein Gespräch. Gelingt es, dieses Gespräch von Ungleichheit und verborgenen Herrschaftsansprüchen freizuhalten, befähigt es uns zur Kooperation, zum Leben in der Gemeinschaft mit andern und sogar zu Gerechtigkeit. Wo Worte als Voraussetzung von Rationalität, Gemeinwille und Gleichheit der Dünger der Demokratie sind, gebraucht der Kommerz lieber Bilder. Denn Bilder können Bedürfnisse heraufbeschwören, ja herbeizwingen. Wie der Trieb den Verstand überwindet, spielen Bilder Worte an die Wand, zumindest immer dann, wenn auf Erziehung und mühsames Leben verzichtet wird. Bücher in Bildern sind der Untergang der Literatur. Bilderfabriken mit Verfügungsgewalt über Bücher sind der Untergang der Demokratie.

McWorld als Vergnügungspark

Es gibt kein besseres Symbol für die Verwandlung der Realität durch den Kommerz und die Verdrängung aktiver Lesephantasie durch passives Beglotzen als die kommerziellen Vergnügungsparks, die sich immer mehr in der Landschaft breitmachen. Sie sind Tempel der Modernität, weltliche Kirchen, wo Werte von Spiel, Fitneß, Spaß, Reiselust, Freizeit und die amerikanische Lebensart in einer harmlosen Liturgie gefeiert werden, ein Konglomerat aus Unterhaltung, Wissensbruchstücken und der Illusion von Bildung ohne Mühe. Die Themen der Vergnügungsparks von McWorld sind zugleich die Themen von McWorld.

Vergnügungsparks meine ich hier gattungsspezifisch, nicht nur als Anspielung auf Six Flags Parks, Walt Disney World und MGM-Filmstudios, sondern auch auf Einkaufsparadiese auf der grünen Wiese, überdachte Fußgängerzonen und Kettenrestaurants. In gewissem Sinne ist McDonald's ebenfalls ein Vergnügungspark: eine Imbißkette mit eigener Mickymausfigur (dem Clown Ronald McDonald), kleinen Rutschbahnen auf den »Spielplätzen«, der Vermarktung von Plastikfiguren von Berühmtheiten wie Michael Jordan und Larry Bird und von Kinoerfolgen wie *Der mit dem Wolf tanzt, Batmans Rückkehr* und *Jurassic Park* und einer lautstarken Werbung für den amerikanischen Lebensstil – all das macht es zu weitaus mehr als einer Imbißkette. Der eigene Jahresbericht feiert mit Recht McDonald's als »einen der stärksten Markennamen der Welt mit höchstem Wiedererkennungswert« und als »weltweit führenden Gastronomiebetrieb«.[18] McDonald's erteilt jedes Jahr bis zu tausend neue Restaurantlizenzen und kann sich brüsten, inzwischen eine Filiale am Platz des Himmlischen Friedens zu besitzen, wo vor Äonen ein junger Mann die Welt in Atem hielt, indem er eine kettenrasselnde Panzerkolonne durch bloßes Sich-Davorstellen stoppte. Die Firma gibt pro Jahr 1,4 Milliarden Dollar für Werbung aus und plant eine Erweiterung auf weltweit 42 000 Verkaufsstellen (bis jetzt sind es 15 000).[19]

Dazu Jim Cantalupo, Vorstandsmitglied für das Auslandsgeschäft: »McDonald's ist mehr als bloß preiswert. Wir sind ein Gesamterlebnis, wie es unsere Kunden inzwischen von uns erwarten. Die Drive-ins, die Spielplätze, das Lächeln am Tresen, das alles ist Erlebnisgastronomie.«[20] Markennamen sollen ein Erlebnis verkaufen, und dieses wird zum entscheidenden Attribut einer Imbißkette, die zugleich Konsumtheater und Vergnügungspark eines Lebensstils ist. Das käufliche Erlebnis muß mehr sein als bloß ein schneller Happen. Fast food paßt zum Leben auf der Überholspur der Computerwelt, in der Körper und Kopf mit Happen und Bytes in halsbrecherischem Tempo durch den Tag gehetzt werden. Iß schneller und opfere damit der Effizienz, dem Götzen des Geschäfts. Bediene dich selbst und schaff damit Arbeitsplätze ab. Iß im Stehen oder im Gehen und verwandle die Nahrungsaufnahme von einer geselligen in eine einsame Angelegenheit. Wechsle (in Asien) von Reis oder Gemüse zu Fleisch und steigere damit Fettzufuhr, Kosten für das Gesundheitswesen und Produktionsdruck auf die Landwirtschaft (Getreidemast ist grotesk unökonomisch und kostet bis zum Zehnfachen einer Brot- und Reisversorgung). Die Eß(un)kultur von McDonald's ist eine Lebensweise: eine als Vergnügungspark verpackte Ideologie, viel durchschlagender (wenn auch stiller) als jede andere von Marx bis Mao.

Die Anfänge der Vergnügungsparks liegen in den großen Welt- und Industrieausstellungen, im neunzehnten und Anfang des zwanzigsten Jahrhunderts als Werbeveranstaltung von Kaufleuten ersonnen, die auf dem sich abzeichnenden Weltmarkt Wissenschaft zugunsten einer lichten Zukunft kommerziell für Industrie und Technik nutzen wollten. In seinem beeindruckenden Essay »See you in Disneyland«, zitiert Michael Sorkin die Rede Prinz Alberts zur Eröffnung der Londoner Weltausstellung von 1851. Kein Newt Gingrich kann dem in seiner futurologischen Begeisterung bemerkenswert modernen Albert rhetorisch das Wasser reichen:

»Wir leben in einer Epoche der wunderbarsten Veränderungen, in der rasch jenes große Ziel näherrückt, auf das unsere gesamte Geschichte hinausläuft – die Einheit der Menschen ... Die Entfernungen zwischen den verschiedenen Nationen und Weltteilen schrumpfen rasch vor den Leistungen modernen Erfindergeists, und wir können sie heute mit unglaublicher Leichtigkeit durchmessen ... Ideen werden schnell wie der Blitz übertragen und sogar mit seiner Kraft ... Produkte aus allen Erdteilen stehen uns zur Verfügung, und wir brauchen nur zu wählen, was für unsere Zwecke am besten und billigsten ist, und die Kräfte der Produktion sind den Triebkräften von Konkurrenz und Kapitalismus anvertraut.«[21]

Wenn, wie Sorkin meint, »die Bemerkung des Prinzgemahls über das Schrumpfen der Welt durch die Technik und die globale Arbeitsteilung das Urthema des Vergnügungsparks ist«, dann ist sie auch das Leitmotiv von McWorld und Prinz Albert der natürliche Vorläufer Ronald McDonald's und des Cyber-Enthusiasten Newt Gingrich.

Was immer die Ahnen des Vergnügungsparks gewesen sein mögen, er findet seine verbreitetste Ausformung heute nicht in den Vergnügungsparks von Anaheim und Orlando, sondern in jedem Einkaufsparadies in den USA. Diese überdachten Einkaufsstraßen sind nämlich Freizeitzentren, um die vielfältigen Formen des Kaufrauschs herumgebaut. Früher waren Läden in Innenstadtvierteln zwischen Werkstätten, Kirchen, Kneipen, Theater, Schulen und Rathäusern Bestandteile einer Architektur öffentlicher Räume, die Einkaufen mit anderen geselligen Tätigkeiten verband und Handel und Wandel eine nutzenbezogene Ergänzungsfunktion zuwies. Die Abtrennung des kommerziellen Raums von jeder anderen Öffentlichkeit, in den Weltausstellungen angedeutet und mit dem Bau von Einkaufsparadiesen vollzogen, machte den Kommerzkonsum in der Öffentlichkeit dominant und jede andere menschliche Betätigung dort zu einer Spielart von Kaufen und Verkaufen. Margaret Crawford, eine kluge Beobachterin der Einkaufsstraßenkultur, hat bemerkt, das ausdrückliche Ziel der Planer bestehe darin, die Welt ins Einkaufsparadies hereinzuholen. Sie zitiert das Selbstlob eines der Gründer des größten Einkaufszentrums der Welt zur Eröffnung: »Unsere gemeinsame Leistung hier bedeutet, daß Sie nie wieder nach New York, Paris, Disneyland oder Hawaii fahren müssen. Wir haben jetzt alles für Sie an einem Ort zusammengefaßt, hier in Edmonton, im kanadischen Alberta!«[22] Joan Didion vermutet, Einkaufsparadiese seien regelrecht suchtbildend, ein Raum, wo man »sich nur eine Weile bewegen muß, und schon wird nicht nur die Beleuchtung diffus, sondern auch das Urteilsvermögen, nicht nur das Urteilsvermögen, sondern die ganze Persönlichkeit«.[23] Die Abschottung der Einkaufszentren von der Welt draußen soll das Weltgeschehen ausblenden: Es gibt nur wenige Ausgänge und überhaupt keine Uhren. Genau wie Fast food die Konsumenten aufs Einkaufen einstimmt (geruhsames Speisen würde Einkaufszeit abzwacken) und Großkinos konsumorientierte Unterhaltungsreize bieten, darf auch die Architektur der Einkaufszentren (Lage der Rolltreppen, Gruppierung von Läden nach Preisniveau, Innenarchitektur und Dekor, Lenkung von Fußgängerströmen) nichts anderes bezwecken als Konsum.

Das Einkaufsparadies ist nicht bloß Teil der Stadtaußenbezirke, es ist ihr Wesen. Vorstädte gestalten sich selbst schon als Vergnügungsparks.

Ein Prospekt des kalifornischen Touristenbüros fordert dazu auf, Orange County mit neuen Augen zu sehen (kurz nach Drucklegung ging der ganze Distrikt mit Pauken und Trompeten bankrott):

Orange County ist ein Vergnügungspark von 768 Quadratmeilen unter dem Motto »alles, was Sie nur wollen«. Nirgends ist Kalifornien kalifornischer, filmreifer, historischer, traumhafter. Orange County ist Pionierland und Zukunftshoffnung. Besuchen Sie Orange County. Dort ist es schöner als daheim.[24]

Selbstverständlich haben die Läden in solchen Einkaufsparadiesen jeweils ihr eigenes Motto und sind auf Impulskäufe spezialisiert.

Verkaufsstellen für den Alltagsbedarf an Haushaltswaren, Drogerieartikeln sowie traditionelle Billigkaufhäuser fehlen fast völlig. An ihrer Stelle schießen Naturkostläden, Antiquitätentempel, Boutiquen, Läden für Computerspiele und Musik und Minimärkte wie The Sharper Image und Brookstone wie Pilze aus dem Boden. Sie verkaufen nichts, was der Mensch braucht, aber alles, was er haben möchte – kaum daß er den Laden betreten hat. Neben den Minimärkten gibt es Markenartikelgeschäfte und Kleinausgaben der ganz großen Vergnügungsparks. Hunderte von Disney-Läden, Frühstarter im Einkaufsstraßenwettlauf, haben inzwischen Konkurrenz von anderen Studioläden wie Warner Brothers und MGM bekommen. Bei der bombastischen Eröffnung des Warner Studioladens in Manhattan liefen statt Mickymaus seine Rivalen Bugs Bunny und Tweetie Bird lebensgroß herum und forderten verdrossene und gelangweilte New Yorker auf, die angebotenen Zylinderhüte aufzusetzen, um »New Yorks neuestes Kaufunterhaltungserlebnis zu entdecken«. Was auf schlichte Weise die Frage klärt, wann ein Laden zum Vergnügungspark wird: wenn er »ein Kaufunterhaltungserlebnis« bietet.

Um sicherzustellen, daß Einkaufszentren Spaß machen, installieren viele Investoren technisch aufwendige Spielotheken mit Geräten für virtuelle Realität zu extremen Kosten (bis 2 Millionen Dollar), um den Unterschied zwischen Disneyland, McDonald's (auch dort probeweise Aufstellung von Spielautomaten) und dem vorstädtischen Einkaufsparadies restlos zu verwischen. Ein Investitionsberater meint: »Solche Freizeitangebote dürften für Einkaufszentren als Anziehungspunkt unerläßlich werden.«[25] Die Verwandlung von Stadtvierteln in Einkaufsparadiese und deren anschließende Verwandlung in Vergnügungsparks macht sie zur unvermeidlichen Anlaufstelle für jeden Mann und jede Frau, vor allem weil in den Außenbezirken (wo heute die Hälfte der amerikanischen Bevölkerung lebt) das Einkaufszentrum der einzige »Mittelpunkt« und weil der kommerzielle der einzig erkennbare kommunale Raum ist.

Als Vergnügungsparks verkleidete Einkaufsstraßen und als Einkaufsstraßen verkleidete Vergnügungsparks gibt es überall. Filmstudios bauen sie sich als reale Denkmäler ihrer Phantasiewelten, Produzenten von Konsumgütern gründen sie als marktstrategischen Unterhaltungszweig (wie Nike Town weiter oben), und Kommunalverwaltungen und Staatsregierungen fördern sie in der Hoffnung auf Imageverbesserung, Denkmalpflege oder Steuererträge. Dieselbe französische Regierung, die die französische Filmindustrie erfolgreich aus der GATT-Runde heraushielt, spielte wenige Jahre zuvor (gemeinsam mit führenden französischen Finanzbanken) eine Schlüsselrolle bei der Arrondierung der Grundstücke für EuroDisney und den nötigen Hotelbau. Sie bezahlte sogar einen Bahnhof für den Hochgeschwindigkeitszug, den Stolz Frankreichs. Französisches Privatkapital ist an EuroDisney heute mit 51 Prozent beteiligt, auch wenn die Investoren nach den müden Anfangsjahren sauer sind und der Disney-Konzern womöglich vor seiner ersten Schlappe steht.

Mit der übertriebenen Bescheidenheit einer von allen Seiten bestürmten Regierung hält sich der Staat weitgehend zurück. Kommunalbehörden könnten Investoren im Gegenzug für Flächennutzungspläne und Baugenehmigungen Auflagen machen, aber sie schleimen ihnen lieber hinterher, drücken beide Augen zu und verlangen fast nichts. H. Wayne Huizenga, der Videomagnat der Firma Blockbuster, der auch ein paar Berufsfußballvereine besitzt und Blockbuster vor kurzem mit Viacom verschmolzen hat, nachdem Viacom Paramount geschluckt hatte, konnte das Staatsparlament von Florida überreden, ihm den Bau eines »Blockbuster Parks« auf 1000 Hektar Sumpfland nördlich von Miami sozusagen als achtundsechzigsten Verwaltungsbezirk Floridas zu gestatten. In der Genehmigungsvorlage wird das Areal als »Privatrechtliche Sondernutzungsfläche für Tourismus, Sport und Unterhaltung« ausgewiesen, dieweil die Ortsansässigen »Wayne's World« dazu sagen. Verwaltet wird es angeblich von einem fünfköpfigen Rat der Grundeigentümer. Doch in Wirklichkeit gibt es nur einen: die Firma Blockbuster. Der sehr projektfreundliche Vorsitzende der

Dade County Commission meint dazu: »Wir machen hier eine Gratwanderung mit der Demokratie, wie wir sie bisher kennen – indem wir Regierung und Verwaltung privatisieren.«[26] Noch vor kurzem hätte man eine solche Aussage als unsinnig oder schwachsinnig bezeichnet. Wenn es etwas gibt, was definitionsgemäß unveräußerlich öffentlich sein muß, dann sind es Regierung und Verwaltung. Doch die Souveränität des Staates Florida endet offenbar an den Toren eines Vergnügungsparks.

Die Verwandlung der Wirklichkeit zum Vergnügungspark findet auch anderswo eifrige Nachahmer. Unter Federführung des ehemaligen DDR-Bürgers und Berliner Konzertagenten Frank Georgi erörtern deutsche Geschäftsleute zur Zeit einen »Ossi-Park« von 100 Hektar auf einem Kasernengelände bei Wandlitz, über dem einstigen Atombunker Erich Honeckers. Nach Angaben der Planer sollen künftige Besucher des Ossi-Parks im Zeitraffer ein typisches DDR-Jahr erleben, darunter Massenaufmärsche wie zum 1. Mai. Tagesbesucher müssen bis Mitternacht ausreisen, mit Ausweiskontrolle durch Grenzpolizisten, Fluchtversuche werden mit (stundenlangem) Gefängnis geahndet, alle Besucher müssen sich einem Mindestumtausch fügen. Zur politischen Einstimmung wird eine Neuauflage des *Schwarzen Kanals* gesendet, ergänzt durch griesig gestörtes Westfernsehen. Mauer, Stacheldraht und schnüffelnde Stasileute sollen das Angebot ergänzen und ein Klopapier namens »Stalins Rache«, nach einem alten DDR-Witz so kratzig, »daß auch der letzte Arsch rot wird«.[27]

Ob der läppische Plan, der allerdings kaum dümmer ist als manche inzwischen im Bau befindlichen Projekte von Disney, zur Ausführung gelangen wird, ist angesichts der schwierigen ostdeutschen Finanzlage unsicher. Daß er überhaupt gefaßt werden konnte, zeigt aber, wie weit sich die Vergnügungsparkideologie seit ihrer ersten Formulierung in London 1851 oder ihrer Zweitauflage in Anaheim 1955 entwickelt hat.

Walt Disney World ist die gute Stube von McWorld. Die Comic-Realität, mit der Walt Disney vor fast einem halben Jahrhundert in Anaheim den ersten Vergnügungspark eröffnete, war ein Vorgeschmack auf McWorlds verführerische Mischung aus Kommerz, Illusion, Bedürfnismanipulation und Ersatzbefriedigung. In einem alten Werbeprospekt heißt es:

Disneyland gründet sich auf den Idealen, Träumen und harten Tatsachen, die Amerika schufen, und wird diesen gewidmet sein. Und es wird diese Träume und Fakten auf nie dagewesene Weise dramatisieren und sie als Quelle von Mut und Anregung über die ganze Welt verbreiten. Disneyland wird zugleich Handelsmesse, Ausstellung, Vergnügungspark, Begegnungsstätte, lebendiges Museum und Schaufenster für Schönheit und Zauber sein. Es wird erfüllt sein von den Errungenschaften, Freuden und Hoffnungen der Welt, in der wir leben. Und es wird uns mahnen und vormachen, wie wir diese Wunder zu einem Teil unseres Lebens gestalten können.[28]

Eileen Orgintz schreibt in einem offenbar als Lobhudelei intendierten Artikel (der *Los Angeles Times*), »Disney World ist ein unwirklicher Ort, und erwarten Sie bitte keine störende Realität. Alle sind glücklich und satt. Überall ist es sauber. Alle sind zuvorkommend. Lassen Sie Ihr Mißtrauen fahren. Warten Sie, bis Sie wieder daheim sind, bevor Sie sich wegen der vielen Mißstände auf der Welt schuldig fühlen.«[29]

Ganz wie die Sonne über dem britischen Weltreich nie unterging, kann sich Disney heute rühmen: »Die Wonne folgt jetzt der Sonne um den Globus.«[30] Disneyland in Anaheim, das Grundmuster aller späteren Ableger, ist schon ein halbes Jahrhundert alt, Walt Disney World älter als 20 Jahre, Tokio Disneyland besteht seit mehr als 10, hatte in den ersten neun Jahren mehr als 100 Millionen Besucher und seither weitere 16 Millionen. Japanische Brautpaare verbringen ihre postmodernen Flitterwochen in Disneys Vergnügungspark. EuroDisney vor Paris ist bisher die Ausnahme von der Regel. Auch wenn es ihm gelingt, nicht das erste Disney-Bankrottland zu werden, wird es doch in Europa nur schwer Fuß fassen. Denn in Europa sterben die Träume, die Träumer sind in wärmere Klimazonen abgewandert, nach Amerika. Florida, der Spielplatz der USA, ist Disneys natürliche Heimat. Auch jetzt noch, wo Florida manchen ängstlichen europäischen Touristen wie Mörderland vorkommt, hält es für sie die Verheißungen von Walt Disney World, Disney-MGM-Studio-Vergnügungspark, Disney Dixie Landings Resort und Bonnet Creek Gold Club, Disney Vacation Club Resort, Epcot Center und der geplanten Disney-Jubiläumsstadt parat. Die Disney-Vergnügungsparks erzielen weltweit 3,3 von Disneys Jahresumsatz von 7,5 Milliarden Dollar. Filme haben einen Anteil von 3,1 Milliarden und (an Vergnügungsparks und Filme gekoppelte) Disney-Artikel einen von 1,1 Milliarden Dollar. Alle drei Sparten Disneys gehen auf einen einzigen Satz Comicfiguren zurück, der von einer im

Umdefinieren der Wirklichkeit erfahrenen Abteilung Produktentwurf in endlosen Varianten ausgeworfen wird.

Seit ein paar Jahren macht sich die Firma Disney daran, die amerikanische Geschichte zu virtualisieren und die Politik zu karikieren. In der beliebten Halle der Präsidenten der Walt Disney World in Florida wurde vor kurzem auch Bill Clinton aufgestellt. Wie Abraham Lincoln vor ihm ist Bill Clinton als Roboter konzipiert, der gehen und sprechen kann und allerhand verblüffende Sprüche von sich gibt. Beinahe hätte der Disneykonzern es geschafft, einen »Disney's America«-Bürgerkriegsfreizeitpark in Manassas zu errichten, wo der blutigste amerikanische Krieg gegen Eintrittsgeld (mit dem heute zwangsläufigen knallharten Realismus) in seinem ganzen brudermörderischen Chaos dargeboten werden sollte. Politischer Widerstand im Staate Virginia und im District of Columbia konnte gemeinsam mit einer landesweiten Protestkampagne empörter Historiker das Manassasprojekt gerade noch kippen, aber die Leute von Disney suchen weiterhin einen Standort für ihren patriotischen Klimbim. Denn der gescheiterte Bürgerkriegsfreizeitpark »mit nachgebauten Indianerdörfern, einem historischen Bauernhof, nachgestellten Bürgerkriegsschlachten«, alles »in unmittelbarer Nähe echter alter Indianerpfade, historischer Bauernhöfe, eines ländlichen Marktplatzes und einer von Unionstruppen geplünderten und niedergebrannten Stadt«, war von renommierten Historikern unterstützt worden.[31] Gelehrte debattierten über den Umweltschutzaspekt solcher neuen Freizeitparks, während die Firma Disney ihre anspruchsvollen Maßstäbe zu erfüllen suchte. Doch um Umweltschutz ging es hier keineswegs, und die akademische Steigbügelhalterei für eine virtuelle Realität unmittelbar neben realistischer Bürgerkriegsreproduktion entbehrte durchaus nicht der Komik.

Disneys Schöpfungen sind allerdings nicht der Wahrheit verpflichtet, sondern der täuschenden Ähnlichkeit, der Meta-Wahrheit des Virtuellen. Bei der virtuellen Realität geht es genau darum, daß sie *beinahe* wie die Realität ist, die sie unbedingt vermeiden muß und auch nicht sein kann. Weder kann man es auf der Pirateninsel miteinander treiben, noch auf der Rundfahrt durch Disneys Neuschwanstein nach Bayern geraten und auch nicht in der Halle der Präsidenten ein Attentat auf Lincoln verüben. Kaufen kann man nur eine Zuschauerkarte für etwas ohne Folgen, ohne Engagement und Verantwortung. Vielleicht stieß Dexter King (der jüngste Sohn Martin Luther Kings) deshalb auf solche Widerstände mit seinem Plan, die Gedächtnisstätte seines Vaters in Atlanta in einen disneyähnlichen Vergnügungspark umzufunktionieren, der als Martin Luther King jr. Time Machine and Interactive Museum beworben werden sollte.[32]

Die Familie King ist eine Sache und Disney eine ganz andere. Man kann von Disney nicht mehr wollen als Unterhaltung. Das Ziel der Firma ist recht harmlos, sogar fast betulich: bloß nicht an der Wirklichkeit rühren, nur ein paar Stunden oder Tage (oder besser Wochen, damit die Betten ausgebucht sind) Flucht und Entspannung für die erschöpften Massen. Vergnügungsparks gestalten nicht nur McWorld, sondern werden auch von McWorld gestaltet, dessen Werte sie vollkommen spiegeln. In gewissem Sinne ist McWorld selbst ein Vergnügungspark – ein Park namens Marktland, wo alles käuflich und stets ein anderer verantwortlich ist. Dort gibt es weder Gemeinwohl noch öffentliches Interesse, und jeder darf so lange bleiben, wie er bezahlen kann und sich mit Zuschauen und Konsumieren begnügt.

McWorld als Marktland ist allerdings nichts Natürliches, von irgendeiner wohlwollenden Gottheit ersonnen. McWorld ist künstlich geschaffen und im Privatbesitz, und Eigentumsverhältnisse sagen allerhand über den Charakter aus.

9. Wem McWorld gehört:
Die fieberhafte Medienfusion

Der Infotainment-Telesektor ist das Herz von McWorld und nimmt sich zunehmend wie das Alleineigentum einer Handvoll mächtiger Konzerne aus, deren Zahl jeden Monat geringer und deren Ehrgeiz größer wird. Hinter dem neuen Fusionsfieber in den Medien steht der neumodische Begriff »Synergie«. Er beschreibt die angebliche kulturelle Kreativität und wirtschaftliche Produktivität, die sich aus dem Zusammenwerfen der verschiedenen Branchen ergibt, die früher jede für sich die drei Sektoren des Infotainment-Telesektors beherrschten: die Software der Programmgestaltung, die Leitungen zur Verteilung und die Hardware zum Abspielen. Die Film- und Fernsehproduktionsgesellschaften, die Telefon-, Kabel- und Satellitenfirmen und die Hersteller von Fernsehgeräten, Computern und die Betreiber von Großkinos gehören in der idealtypischen Wirtschaft von McWorld alle in die Hand einer einzigen Riesenfirma. Synergie erweist sich als höfliche Umschreibung für Monopol. Und im Bereich der Information ist Monopol eine höfliche Umschreibung für Gleichförmigkeit, was wiederum eine höfliche Umschreibung für Zensur ist – Zensur nicht als Ausfluß politischer Entscheidungen, sondern als Folge von mangelnder Marktelastizität, von Wettbewerbsverzerrung und von Losgrößendegression –, des Strebens nach einem einzigen Produkt, das einem einzigen Unternehmer gehört und an jeden lebenden Menschen auf dem Planeten verkauft werden kann.

Statt wie bisher auf ein Monopol in einem bestimmten Medium richten sich jetzt die Bestrebungen auf ein Monopol über *alle* Medien. In den neunziger Jahren erzielten nach Angaben Bagdikians 17 Medienkonglomerate die Hälfte vom Gesamtumsatz »aller Medien«, das schließt Firmen für Musik, Kabel und Videokassetten ein.[1] Durch die Konzentrationsprozesse ist die Zahl der Mitspieler von 46 im Jahre 1981 bis 1991 auf 23 zurückgegangen, von denen etliche wirklich medienübergreifend tätig sind. Außerdem beschreibt Bagdikian die Lage unmittelbar vor den japanischen Übernahmen und vor der jüngsten Auflösung der Grenzen zwischen der Übertragung durch Telefon,

Glasfaserkabel und Satellitenfunk, durch die der Konzentrationsprozeß noch erheblich beschleunigt wurde.

Konzerne wollen die Herrschaft über jeden Schritt des Bilderzeugungsprozesses von der Quelle bis zum Verbraucher. Früher schrieb ein Autor ein Buch und verkaufte es (vielleicht über einen Agenten) an den Verlag, der es dann druckte, Vorabdrucksrechte an eine Zeitschrift verkaufte und es anschließend in die Buchläden brachte. Dann vergaben der Autor, sein Agent oder der Verleger die Filmrechte an ein unabhängiges Studio in Hollywood, das den Film über einen ebenso selbständigen Verleih in selbständige Kinos oder Kinoketten brachte. Der Filmverleih verkaufte die Fernsehrechte an einen selbständigen Sender. Nach Abschluß der kompletten Vermarktung waren etwa ein Dutzend selbständige Wirtschaftssubjekte an einer komplexen, konkurrenzgeprägten Verwertung beteiligt gewesen, in deren Rahmen ein Kunstwerk dem Publikum in einem Prozeß nahegebracht wurde, bei dem viele verschiedene kreative und finanzielle Subjekte mitmachen und wieder ausscheiden konnten und die Wahlfreiheit und Chancenvielfalt für Kulturschaffende und Kulturkonsumenten gleichermaßen optimiert war. Kraft der Wunder der Synergie kontrolliert nun ein einziges Wirtschaftssubjekt den gesamten Prozeß von Anfang bis Ende. Der Konzern, dem das Konglomerat gehört, besitzt aller Wahrscheinlichkeit nach nicht nur einen Stall voll Verleger, von dem einer dann ein bestimmtes Buch zu veröffentlichen hat, sondern auch die Agentur, die das Buch vermittelt, die Zeitschrift für den Fortsetzungsroman, das Studio zur Verfilmung, den Verleih, die Kinokette, den Videoexporteur für den Weltmarkt und vielleicht sogar die Satelliten oder Kabel zur Ausstrahlung und die Fernsehapparate und Videorecorder, auf denen das Produkt schließlich irgendwo in Indonesien oder Nigeria vorgeführt wird. Das ist keine Synergie, sondern kommerzieller Totalitarismus, bei dem ein einziger Wert (der Profit) und ein einziger Eigentümer (der Monopolist) alle Unterschiede einebnen, die Wahlfreiheit beseitigen und die Idee der Vielfalt zu einem schlechten Witz machen. Kein Wunder, daß selbst eingefleischte amerikanische Republikaner angesichts eines Treffens zwischen dem republikanischen Sprecher des Repräsentantenhauses Newt Gingrich und Rupert Murdoch Bauchschmerzen bekamen und Kritik nicht nur an dem (inzwischen ausgesetzten) Vertrag über 4,5 Millionen Dollar für ein ungeschriebenes Buch, sondern an der Begegnung selbst laut wurde.

Der Prozeß, der zur vertikalen Konzentration führt, scheint sich von selbst zu ergeben: Telefon- und Sendegesellschaften wollen darüber bestimmen, was durch ihre Kanäle geht, Kulturschaffende wollen Kontrolle über die Sender und Netze, die ihre Produkte verbreiten, und Beteiligung am Gewinn, Hersteller von Software wollen die Hardware, auf der ihre Produkte laufen, beherrschen und daraus Profit schlagen. Und jeder will ein Stück vom kreativen Kern, wo »der Stoff« entsteht, der alles andere erst möglich macht. Warum eine Leitung für die Musik von jemand anderem bereitstellen, wenn man sowohl den Komponisten als auch das Werk aufkaufen kann? Als Folge aber verschwinden die Grenzen zwischen den Sparten, in die der Wirtschaftssektor unterteilt war – Bücher, Filme, Fernsehen und Vergnügungsparks –, und die Regierung sieht dabei tatenlos zu. *Newsweek* schreibt: »Im Grunde will jeder ein Stück von dem Kuchen. Sony bringt jetzt Mariah Carey auf dem Sony-Walkman, das *Glücksrad* auf dem Sony-Trinitron-Fernseher und *Schlaflos in Seattle* mit Sonyschall in den konzerneigenen Sony-Loews-Kinos.«[2] Der Vorstandssprecher des Telekommunikationskonzerns AT & T erklärte zum (knapp gescheiterten) Übernahmeangebot seines Konzerns von 12,6 Milliarden Dollar für McCaw Cellular Communications Inc.: »Wir würden das Markenzeichen von AT & T gern landesweit verbreitet sehen. Wir können Rundumservice anbieten.«[3] Der Schlüssel zu allem ist und bleibt der kreative Kern, die Software. Sumner Redstone dazu knapp: »Nur Programmware sticht.«[4]

Die vertikale Medienkonzentration ist ein relativ neues Phänomen. Bagdikians präzise Untersuchung zeigt, daß die meisten Zeitungen und Zeitschriften von Ende des Zweiten Weltkriegs bis in die siebziger Jahre selbständig blieben. Die frühen Fusionen fanden branchenintern statt und schufen Zeitungsimperien, Buchkonzerne und Filmstudiogiganten – ein unerwünschter Einbruch von Monopolen, der aber noch die Abgrenzung zwischen verschiedenen Arten von Information und Unterhaltung respektierte und die Produktion langlebiger Konsumgüter bzw. Geräte für Zuschauer und Zuhörer mied. Noch in den siebziger Jahren gab es Hunderte selbständiger Zeitungen, Zeitschriften und Verlage mit jeweils eigener Marktnische, Dutzende selbständiger Filmstudios (und lebensfähige Filmindustrien in mehreren Dutzend Ländern der Welt), drei große Fernsehnetze in den USA mit einer großen Zahl unabhängiger Sender und nur eine einzige Telefongesellschaft, die für das Telefonieren und für sonst nichts zuständig war, und Dutzende Hersteller von dauerhaften Konsumgütern, mit denen das Publikum die konkurrierende Programmware aller Produzenten von Unterhaltung und Information empfangen konnte – Fernsehgeräte, Telefonkabel, Kassettenrecorder, Stereoanlagen, Computer, usw.

Dagegen wurden zu Beginn der achtziger Jahre, zum Teil in Reaktion auf die allgemeinere Fusionswut, in erster Linie von ehrgeizigen und visionären Medienzaren wie Robert Maxwell und Rupert Murdoch alle möglichen Schwellen übersprungen. In Nachahmung des Präzedenzfalls der Übernahme von Paramount durch Gulf & Western 1966 für 125 Millionen Dollar nahmen Murdochs News Corporation, Matsushita und Sony Unterhaltungsfirmen nicht bloß zur Diversifizierung in ihr Fadenkreuz, sondern als Weg ins Herrscherhaus der entstehenden Zivilisation von McWorld. Mitte der neunziger Jahre schlugen relativ neue Firmen wie Home Shopping Network, Viacom und Blockbuster Video schon wilde Übernahmeschlachten und gingen als beherrschende Unterhaltungs-Verkaufskonzerne des neuen Jahrtausends in die Startlöcher.

Diese Übernahmemanie begann Anfang der achtziger Jahre mit buchstäblich Hunderten von Medienfusionen und Übernahmen, von denen ich auf der unten folgenden Tabelle nur eine repräsentative Auswahl wiedergebe.

Während jeder von Synergie redet, läuft alles in eine Richtung: Bei fast allen Fusionen ging es um Firmen mit schöpferischen Produkten, ohne die weder die Hersteller von Hardware noch die Sender und Verleiher irgend etwas senden oder zeigen könnten. Margo L. Vignola, eine Modeanalytikerin bei Salomon Brothers, bemerkt treffend, es sei eine »Knappheit an kreativer Begabung und Produktion gemeinsam mit einem danach hungernden gigantischen Überhang an Technologie« gewesen, die letztendlich die Übernahme- und Fusionswut vorangetrieben habe. Ihre Darstellung des Kriegs zwischen Viacom und QVC um Paramount kommt zu dem Schluß: »Firmen wie den regionalen Telefon- und Kabelgesellschaften sind die Hände gebunden, weil sie keine sendefähigen Produkte haben, und eine Firma mit sehr mäßigem Betriebsergebnis wie Paramount wird da zum Juwel, wie Madonna es besingt. Alle reißen sich darum.«[5]

Jahr	Objekt	Käufer	Preis in $
1966	Paramount (erste Runde)	Gulf & Western (Umbenennung in Paramount 1989)	125 Mio.
1982	Columbia Pictures	Coca-Cola	750 Mio.
1985	Fox Broadcasting	Murdoch's News Corp. (20th Century Fox, Fox Television, Fox Broadcasting Co.)	575 Mio.
1985	MGM/United Artists	Turner Broadcasting (behält MGMs 3000 Filme, verkauft den Rest für 800 Mio.)	1,5 Mrd.
1986	NBC Network (RCA)	General Electric	6,5 Mrd.
1988	CBS Records	Sony (als Vorspiel zur Attacke auf Columbia)	2,0 Mrd.
1989	Columbia Pictures	Sony (Barpreis ohne 1,3 Mrd. Schuldenübernahme und Auszahlung von Coca-Colas 49%-Anteil)	3,8 Mrd.
1989	Warner Communications (Warner Bros. Pictures)	Time Inc. (Gründet Time Warner. Paramount geht dagegen mit feindlichem Übernahmeversuch von Time Inc. vor!)	14 Mrd.
1990	MCA (erste Runde) (Universal Pictures & Music) mit MCA Records, Geffen Records, Motown; Verlagsgruppe incl.	Matsushita (Panasonic)	6,1 Mrd.

Jahr	Objekt	Käufer	Preis in $
	Putnam, Berkley, Jove, Grosset & Dunlap, Coward-McCann, Vergnügungsparks incl. Universal City Studios, Hollywood, Florida		
1992	Videoland (Videoverleihkette)	Philips	148 Mio.
1992	MGM (Filmstudio)	Crédit Lyonnais (aus ital. Konkursmasse mit Weiterverkaufspflicht binnen 5 Jahren)	1,3 Mrd.
1993	Time Warner	U. S. West (regionale Telefongesellschaft kauft 25 %)	2,5 Mrd.
1993	McCaw Cellular Communications	AT & T	12,6 Mrd.
1993	Hauser Communications (Kabelgesellschaft)	Southwestern Bell (regionale Telefongesellschaft)	650 Mio.
1993	Grupo Iusacell (Mexiko)	Bell Atlantic (Telefon)	1,04 Mrd.
1993	MCI (Fernverbindungen)	British Telecom (Erwerb von 20 %)	4,3 Mrd.
1993	Sprint	France Telecom, Deutsche Telekom	2,1 Mrd.
1994	Wometco & Georgia (Kabelfernsehen)	U. S. West (Telefongesellschaft)	1,2 Mrd.
1993	Castle Rock Films, New Line Cinema	Turner Broadcasting	672 Mio.
1993	Republic Pictures (Verleih)	Blockbuster Video (Videokette und Mitbieter bei Viacom für Paramount)	100 Mio.

Jahr	Objekt	Käufer	Preis in $
1993	Liberty Media	Tele-Communications Inc. (als Vorspiel zur Bell-Atlantic-Fusion, kauft Liberty nach Spekulationsgewinn zurück)	8,3 Mrd.
1993	T.C.I. (Tele-Communications Inc., weltgrößte Kabelfirma mit 25 % US-Beteiligung)	Bell Atlantic (Abschluß nicht sicher)	26 Mrd.
1994	Nextel	Motorola	1,76 Mrd.
1994	Times Mirror Cable	Cox Cable	2,3 Mrd.
1994	Paramount (zweite Runde)	Viacom (Redstones Kabelreich, nach langem Übernahmekrieg mit Barry Dillers Einkaufsfernsehen QVC)	10 Mrd.
1994	Blockbuster	Viacom (als Ergänzung zu Paramount)	7,6 Mrd.
1995	Houston Industries	Time Warner	2,3 Mrd.
1995	Cable Vision Industries	Time Warner	2,3 Mrd.

Man sieht es auf den ersten Blick: Auch wenn viele Abschlüsse eher Fusionen als Übernahmen sind, ist das Zielobjekt fast in jedem Fall eine Firma, die über Kreativprodukte für McWorld verfügt – ein Filmstudio, ein Filmarchiv, ein Videoverleih, ein Sendernetz oder eine Kabelfirma. Und die Liste enthält nur eine Auswahl mit den größten Summen. Jede dieser Firmen war bereits in kleinere Übernahmen und Fusionen verwickelt. Deshalb besitzt ein ehemals reines Filmstudio wie Paramount auch so viele Firmen. Paramount ist ein regelrechtes Feinschmeckerbuffet von Waren und Produkten für McWorld. Schon 1989, als die Firma eine Fusion von Time Warner Communications mit einem feindlichen Übernahmeangebot von 10,7 Milliarden Dollar für Time verhindern wollte, hatte Paramount sich zu seinem umfangreichen Film- und Videobesitz bereits den Verlag Simon & Schuster (selbst schon ein Verlagskonzern, der auch Prentice-Hall einschließt) und das Sportstadion Madison Square Garden zusammen mit den dort beheimateten Basketball- und Hockeymannschaften einverleibt (die vom neuen Eigentümer Viacom schon wieder weiterverkauft wurden). Time Inc., der Paramounts Attacke gegolten hatte, beherrscht außer traditionellen Zeitschriften wie *Life, People, Sports Illustrated, Fortune* und *Money* das Kabelnetz Home Box Office, Cinemax, die Kabelgesellschaft American Television und Communications Corporation, Time-Life Books und den Verlag Little, Brown & Company. Als Paramount Ende 1993 ins Spiel kam, damals selbst schon Ziel einer Übernahmeschlacht zwischen dem freundlichen (und letztendlich siegreichen) Bieter Viacom und dem unfreundlichen Piraten QVC, gehörten zu Paramounts Besitzungen bereits die Trans-Lux Theater Corporation, USA network, Famous Music Corporation, die Miss Universe Organisation und die Vergnügungsparks von Paramount. Kein Konzern ist komplett ohne seinen eigenen Vergnügungspark.

Mitten in den Verhandlungen mit Viacom und QVC erwarb Paramount Macmillan Publishing und prüfte ein Angebot von Chris-Craft, gemeinsam ein fünftes Fernsehnetz aufzuziehen. Der Firmenbesitz von Paramount ähnelt dem seiner halben Dutzend Konkurrenten, darunter Time Warner, Sony-Columbia, Matsushita-MCA, Murdoch's News Corporation, S. I. Newhouses Advance Publications / New House Broadcasting und Capital Cities / ABC. Sonst auf dem Markt sind noch die unabhängig gebliebenen Konzerne wie MGM / United Artists unter der vorübergehenden Zwangsverwaltung der Crédit Lyonnais und Disney als letzter wirklich eigenständiger Konzern, dazu noch die sieben regionalen Telefongesellschaften und ihre Neuerwerbungen auf dem Kabelsektor und im Ausland, die auch hinter programmwareproduzierenden Firmen her sind. Außerdem eine Handvoll reiner Verlagsgiganten wie Bertelsmann (der vor kurzem Bantam Books und RCA Records erworben hat), Dow Jones und die New York Times Company sowie Computerchip- und Softwareproduzenten wie Intel und Microsoft. Und darüber hinaus nur noch etwa zwei Dutzend Firmen, die fast jedes Pixel des Infotainment-Telesektors beherrschen. Im letzten Teil des Buches wird viel von freien Märkten und ihren Vorzügen und

Nachteilen die Rede sein, aber auf dem Infotainment-Telesektor gibt es nicht viel freien Markt. Die Abschaffung jeder staatlichen Reglementierung hat keinerlei echte Konkurrenz oder wirkliche Produktvielfalt und Eigentumsstreuung geschaffen und wird es auch nicht tun. Hier bedeutet Deregulierung zur Förderung des Wettbewerbs wie in so vielen anderen Sekren in der Praxis vertikale Konzentration bis hin zum Monopol.

Die komplizierten, ineinander verschachtelten Konzernstrukturen dieser Firmen verdecken nicht die Ausstrahlung jener schillernden Persönlichkeiten, die Cecil B. DeMille und Sam Goldwyn auf den Olymp von Hollywood nachgefolgt sind. Michael Eisner, Ted Turner, Rupert Murdoch, Sumner Redstone, Barry Diller, Martin S. Davis, David Geffen, George Lucas, Michael Ovitz, Bill Gates, Jeffrey Katzenberg, H. Wayne Huizenga, John C. Malone und Steven Spielberg stehen zur Zeit auf dem Gipfel, hoch über dem ungewissen Wellenschlag der Konzerne. Sie sind die Haie im Ozean und träumen von einer Welt, die nur sie allein sich vorstellen und auch real schaffen können.[6] Die Bündnisse verschieben sich, die Flut kommt herein, aber die Spieler wechseln nicht: Von Eisner enttäuscht, hat sich Katzenberg mit Geffen und Spielberg verbündet; nachdem er Paramount geschluckt hat, freut sich Redstone auf das Festmahl mit Huizenga; von Davis schlecht behandelt, tut sich Diller mit Murdoch zusammen, nur um sich wieder zu lösen und am Ende hinter Davis' Paramount herzujagen.

Die Geschichte dieser letzteren Gestalt, Barry Diller vom Einkaufsfernsehen QVC, zeigt sich als Symbol der Raubtiermentalität der neuen Medienmonopole, die zwar kurzfristig den Aktionärsinteressen dienen mag (offenbar der einzigen Form von öffentlichem Interesse, für das sich die Gerichte interessieren), aber weder dem Wettbewerb, noch der freien Auswahl, noch der Kreativität und weder kurzfristig noch langfristig dem Allgemeinwohl. Barry Diller ist in Hollywood seit vielen Jahren ein Machtfaktor und landete Anfang der achtziger Jahre nach einer Lehrzeit in der Filmproduktion bei Paramount, wo er rasch in eine leitende Stellung aufstieg und für junge Produzenten wie Scott Rudin zum Mentor wurde. Spannungen mit dem damaligen Chef von Paramount, Martin Davis, führten zu seiner Entlassung. Diller zog weiter zu Fox, wo er das Fox Television Network aufbaute und sich wohl fühlte, bis Fox 1992 von Rupert Murdoch aufgekauft wurde. Obwohl zum Bleiben aufgefordert, wollte Diller eine finanzielle Beteiligung an Fox, die Murdoch nicht bereit war, ihm zu geben, so daß Diller also wieder weiterzog, nach Ansicht vieler damaliger Beobachter in eine Karrieresackgasse – zum Teleshopping QVC. QVC war früher als die meisten anderen über eine der einfachsten und liebsten Wahrheiten von McWorld gestolpert: Fernsehen ist Konsum, und Werbesendungen sind die beliebtesten Programme. Man lasse die Verbraucher kaufen, was sie sehen, und schon hat man Fernsehen und Einkaufsparadies beisammen – die beiden mächtigsten Bereiche von McWorld. Wie MTV und die neueren, sehr beliebten und einträglichen halbstündigen und einstündigen *informercials* beweisen, merkt das Publikum kaum noch, wo das Werbeprogramm aufhört und die Werbung beginnt. Sofern die Zuschauer überhaupt entscheiden können, ist ihnen vielleicht sogar *Der Preis ist heiß* lieber. Für Diller verkörperte QVC nicht nur die Konzernideologie guter Bilanzergebnisse, die Fusionen erheischt, sondern bot ihm auch das Sprungbrett für sein eigenes Imperium. Als Sumner Redstone Paramount im Sommer 1993 ein freundliches Übernahmeangebot machte, sah Barry Diller die Chance, seine Werbegesellschaft in Hollywood an die Macht zu verhandeln und zugleich mit Martin Davis abzurechnen, seinem alten Feind bei Paramount. Durch Synergie im Kommunikationssektor verstärkter persönlicher Ehrgeiz schuf noch viel größere Synergie und hätte Barry Diller beinahe ermöglicht, mit Hilfe von Gerichtsbeschlüssen, die Paramounts Vorliebe für Viacom kritisierten, seine feindliche Übernahme durchzuziehen, mit der er das letzte große unabhängige Filmstudio außer Disney hätte annektieren können.

In Hollywood, wo kein Mensch eine Insel ist und jede Übernahme zumindest eine Inselgruppe von Konzernen erfordert, bekam Diller Hilfe. Redstone von Viacom leierte eine Kriegskasse von etwa 600 Millionen Dollar aus Blockbuster Video unter H. Wayne Huizenga heraus (mit dem er am Ende fusionierte und der bereits Republic Pictures und Spelling Entertainment sowie drei Sportlizenzen von Miami besaß). Außerdem 1,2 Milliarden Dollar von NYNEX, die gerade ein anderes Synergiegeschäft mit der japanischen Tomem Corporation abgeschlossen hatte, um dort Kabel- und interaktives Fernsehen zu entwickeln – die lokalen Telefongesellschaften suchen nach Sendestoff zur Einspeisung in ihre Telefonkabel und Regionalnetze. So forderte Diller die Fox Enterprises und S. I. Newhouses Advance Publications (unter anderem 26 Zeitungen, ein Kabelsystem und den Verlag Random House) auf, ihm jeweils einen Kampffonds von 500 Millionen Dollar bereitzustellen. Nicht ganz so forsch ging er John C. Malone an, den anerkannten »Kabelkönig« und einen der reichsten Männer Amerikas. Er hat die Mehrheit im größten Kabelnetz der USA, an Tele-Communications (die inzwischen selbst für 33 Milliarden Dollar eine gigantische Fusion mit Bell Atlantic anstreben, von der aber noch nicht sicher ist, ob sie zustande kommt) und an Liberty Media, einer Fernsehprogrammfirma, die Black Entertainment Television besitzt und einen Anteil von 22,5 Prozent an QVC hält. Zusammen mit Time Warner (25 Prozent Beteiligung) hat Malones Tele-Communications (23 Prozent Anteil) auch die Mehrheit bei Turner Broadcasting System, das sich Finanziers von außen suchen mußte, als Turner sich bei seinen eigenen Firmenkäufen übernahm. QVC mit seiner beinahe geglückten feindlichen Übernahme von Paramount gehört selbst nicht nur Barry Diller (12,6 Prozent), sondern auch John C. Malone (über Malones Liberty Media mit ihrem Anteil von 22,2 Prozent) und Brian Roberts Comcast Cable mit weiteren 12,5 Prozent. Time Warner, dem zusammen mit Malones Tele-Communications Turner Broadcasting gehört, hält weitere 9 Prozent. Nichts ist ganz so, wie es scheint. Jeder hält eine Beteiligung an jedem. So bleibt keiner wirklich im Regen stehen. Wie bei den Einkaufsparadiesen spielt sich das ganze Draußen drinnen ab.

Aber um diese Einzelheiten von Verknüpfung und Verflechtung geht es hier eigentlich gar nicht. Nächstes Jahr werden sich die Fusionen und Bündnisse erneut verschoben haben und erfolgreiche Aufkäufer wieder von anderen Konzernen geschluckt worden sein. Die Spieler wechseln allerdings nicht, nur die Mannschaftsaufstellung für das nächste Spiel. Es wird immer noch eine Vielzahl verflochtener Konzernstrukturen mit Verschiebungen auf schwankendem Grund geben. An den Schnittstellen dieser Strukturen bewegen sich dann immer noch einige wenige mächtige Männer, nur eine winzige Minderheit wird beim Management oder auf der kreativen Ebene zu entscheidenden Spielern werden. Malone ist ein Manager mit Geld (ein »Milliardenlakai«, wie er sich selbst in seiner neuen Rolle als Vizevorsitzender von Bell Atlantic bezeichnet), Diller ein potentielles schöpferisches Genie.[7] In der Übernahmeschlacht zwischen QVC und Viacom wurden Diller und Malone überrundet und behielten Sumner Redstone und Martin Davis vorübergehend die Nase vorn. Mit dieser Runde jedoch ist die Zahl der Mitspieler erneut geschrumpft, und das berechtigte In-

teresse der Öffentlichkeit an unbeschränktem Zugang zur Datenautobahn, an maximaler Angebotsbreite, kultureller Vielfalt und echter
Wahl- und Meinungsfreiheit war sowieso der Verlierer.

Der Sieg des Dollars über jedes denkbare andere öffentliche oder private Interesse führt nicht nur dort zur krassen Kommerzialisierung,
wo Nachrichtentreue und Unterhaltungsvielfalt herrschen sollten,
sondern auch zu einem Monopol, das die demokratische Gesellschaft
und den freien Bürgersinn scheut, wenn nicht gar den Konkurrenzka-
pitalismus selbst. Daß sich »schöpferische Genies« wie Spielberg, Katzenberg und Geffen zusammenschließen, macht ihren Konkurrenten
Alpträume, belebt aber nicht unbedingt die Konkurrenz und nicht einmal die Kreativität, obwohl die Kommentatoren wieder mal die Synergie feiern werden. Doch wie kann ein Edgar Bronfman (Seagram) Matsushita / MCA / Universal Pictures übernehmen, ohne damit sein eigenes Megamonopol zu schaffen? Wozu auch immer die Fusionen von
McWorld im entscheidenden Infotainment-Telesektor dienen mögen,
Kultur, Freiheit oder Demokratie befördern sie nicht.

Dieser traurige Schluß führt uns zurück zu den schon oben aufgeworfenen Fragen zur ökonomischen Wirkung von Märkten in
McWorld. Zuschauer können mit ihren Dollars und mit ihren privaten
Seh- und Kaufgewohnheiten abstimmen, aber wer vertritt im Holly-
welt-Bereich von McWorld das Publikum? Gibt es ein globales Äquiva-
lent selbst einer so zahnlosen Einrichtung wie der amerikanischen
Rundfunkaufsicht? Wenn im Zusammenhang mit Vergnügungsparks
jetzt von der »Privatisierung von Regierung und Verwaltung« und
Übernahme zahlreicher staatlicher Funktionen die Rede ist, können
Bürger da überhaupt noch dagegenhalten und den Arkanbereich mo-
nopolistischer »privater« Märkte öffentlich und rechenschaftspflichtig
machen und zumindest ein gewisses Maß an Gemeinnützigkeit einfordern? Welche Institutionen können im Namen von Qualität, Vielfalt
oder Gemeinwohl eine Gegenmacht gegen Einkaufsparadiese, Vergnügungsparks oder Medienmonopole ausüben?

Staaten, die in den letzten Jahren eine bescheidene Regulierung versuchten, werden als merkantilistische Folterkammern verunglimpft
und von Marktanhängern und Freihandelseiferern zum Gewährenlassen gedrängt. Es gibt heute nur wenige demokratische Regierungen,
und ganz gewiß nicht in Amerika oder England, die noch Gefallen an
Reglementierung oder Aufsicht im Namen des Allgemeinwohls fin-

den. Regierungen sind zur Zielscheibe entfremdeter und unzufriedener Kunden geworden und scheinen nicht mehr als die Instrumente betrachtet zu werden, mit denen Bürger einen wildgewordenen Kapitalismus zähmen könnten. Die Märkte sind als triumphierende Sieger aus dem mindestens seit Adam Smith geführten Krieg gegen den Nationalstaat und das von ihm vertretene öffentliche Interesse hervorgegangen. Drei konsensgeneigte Rivalen wie der Japaner Kenichi Ohmae, der Deutsche Herbert Henzler und der Amerikaner Fred Gluck einigten sich 1990 auf einer »Unabhängigkeitserklärung der Welt für 2005«. Das umwerfende Neue darin war die Aufforderung an die Regierungen, »sich dahingehend zu wandeln, daß sie allen Menschen Zugang zu den besten und billigsten Waren und Dienstleistungen überall auf der Welt gewähren, Firmen bei der Schaffung stabiler und anspruchsvoller Arbeitsplätze überall auf der Welt ohne Rücksicht auf Nationalität unterstützen und Aktivitäten mit anderen Regierungen koordinieren, um Konflikte aus Partikularinteressen zu minimieren und abrupten Kurswechseln in ökonomischen und sozialen Grundfragen vorzubeugen«.[8] Abrupte Kurswechsel wie Demokratisierung? Partikularinteressen wie staatliche Umwelt- oder Beschäftigungspolitik? Die Erklärung fordert den Nationalstaat auf, seine eigene Abschaffung zu betreiben. In vielen Regionen des Westens scheint der Staat sich dieser Forderung zu beugen, mit tatkräftiger Hilfe und Unterstützung zorniger Menschen, die eindeutig mehr auf ihre Rechte als Kunden und Konsumenten pochen als auf ihre Bürgerrechte und -pflichten.

Vielleicht machen sie dabei nur aus der Not eine Tugend. Denn wo Regierungen noch zu regulieren, sanktionieren, subventionieren oder zu intervenieren trachten, sind ihre Bemühungen zunehmend müßig, weil der Markt für Unterhaltung und Information so global, seine technischen Mittel von lokaler Zensur so unabhängig und die Freihandelsideologie so alldurchdringend geworden sind. In den USA verlangen Vertreter der Regulierung wie Vizepräsident Gore »allgemein zugängliche Dienstleistungen« auf der neuen Datenautobahn und drängen darauf, daß das »Schulkind in Tennessee sich in die Kongreßbibliothek einschalten und daheim zeit- und einkommensunabhängig« arbeiten kann.[9] Der Repräsentantenhaussprecher Gingrich macht sogar Vorschläge, sozial Schwache mit Computern auszustatten. Hochherzige Ideen, aber in dem gegenwärtigen Klima regierungsfeindlicher Ressentiments und transnationaler Märkte so weltfremd wie nur irgendwas.

So stellt sich erneut die Eingangsfrage: Wie kann die Demokratie in einer Welt überleben, in der der Nationalstaat und seine demokratischen Institutionen von den Spaltungskräften des Dschihad zur selben Zeit geschwächt und zerschlagen werden, wie die Vereinheitlichungskräfte von McWorld sie veralten und überflüssig werden lassen? Wo gibt es auf der hochgelobten Datenautobahn eine Abzweigung zur Gerechtigkeit oder Kanäle, durch die sich das Volk Gehör verschaffen kann? Wie können Gemeinwesen nach dem Niedergang von Despotien und undynamischen politischen Ideologien einschließlich der demokratischen ihr Gemeinwohl gegen das Imperium der Profite und des kulturellen Monopols verteidigen? Welche demokratische Ideologie kann es mit der Vorspiegelung der »freien Wahl« auf »freien Märkten« aufnehmen und uns wieder in den Stand versetzen, daß wir uns gemeinsam für das öffentliche Wohl entscheiden können und uns so von den nachteiligen öffentlichen Folgen aller dieser ach so freien Marktentscheidungen befreien, die sich als Inbegriff der Freiheit verkleidet haben? Ist eine öffentliche Debatte über solche Fragen jetzt überhaupt noch möglich, wo die stillen Präferenzen des Kommunikationssystems von McWorld die Einstellung der Öffentlichkeit unter Ausschluß jeder Debatte verändern und zu privatistischem Verhalten führen?

Es wäre albern zu vermuten, daß hier eine Verschwörung oder rücksichtsloser politischer Ehrgeiz am Werke seien. McWorld läuft auf Autopilot: So funktioniert ja gerade der Markt. Seine Einflußkräfte werden nicht vom Imperativ der Herrschaft gesteuert, sondern nur vom Imperativ des Umsatzes. Die absurde Logik der Umsatzsteigerung mündet am Ende in einen einzigen Konzern, der ein einziges Produkt zur Befriedigung aller Bedürfnisse herstellt: einen Sportschuh mit eingebautem Big-Mac und angekoppelter Sonnenbrille, die Coca-Cola direkt in die Adern des Innenohrs flößt und dazu Videoclips in die weitgeöffnete Iris blitzt. Die politischen Folgen dieser Logik sind ungewollt: eine Art Totalitarismus durch Gewährenlassen, ganz ohne totalitäre Regierung. Es gibt nur noch Unterdrückte und keine Unterdrücker, Männlein und Weiblein werden nur noch von den eigenen Begierden geknechtet und nicht von dem viel harmloseren Tyrannen, der vormals als »Diktator« oder »Staatspartei« gefürchtet wurde.

Schon die Idee der Öffentlichkeit ist inzwischen so eng mit dem Nationalstaat verbunden, daß eine weltweite Öffentlichkeit, die der weltweiten Privatheit von McWorld Paroli bieten könnte, unvorstellbar scheint, besonders in Anbetracht der weiteren Aufsplitterung lokaler politischer Einheiten durch den Neotribalismus des Dschihad. In der solipsistischen virtuellen Realität des Cyberspace scheint das Gemeinwesen als solches in Gefahr. Wo kann es noch Gemeinsamkeit geben, wenn die Gemeinschaft selbst verschwindet und Frau und Mann in der Abstraktion zu Hause sind? Vielleicht entwickelt sich hier einmal eine neue Form von Gemeinsamkeit unter den zahllosen Einzelgängern, die vor ihren Monitoren hocken und nur über Fingerkuppen mit dem neuen virtuellen Internet verbunden sind. Doch die politische Struktur dieser »Gemeinschaft« muß erst noch erfunden werden, und sie dürfte schwerlich demokratisch sein. Die Leute schwatzen im Netz von ihrem Gemeinschaftserlebnis, aber wann haben sie sich zuletzt mit einem Nachbarn unterhalten?

Woody Guthrie besang das potentielle Gemeinwesen Amerikas einst in glühender Hoffnung: »Dies Land ist euer Land, dies Land ist mein Land«. Aber wessen Land ist Disneyland? Oder Steven Spielbergs neues »Land«? Wem wird McWorld gehören? Werden seine Besitzer es den völlig verantwortungslosen und zufälligen Individuen oder den verantwortungslosen und völlig monopolistischen Konzernen entwinden können, die es gegenwärtig halten? Weniger begabte Poeten als Guthrie wissen neuerdings die Antwort und jubilieren »We are the World«. Aber wessen Welt sind wir? Wer ist das »Wir« in McWorld? McWorld anerkennt Myriaden von Ichs, die impulsiv auf einen anonymen Markt einwirken, gibt aber nicht den geringsten Hinweis auf eine gemeinsame Identität oder darauf, wo das Gemeinwesen auf dem Markt seinen Ort haben soll. Kein Wunder, daß die den Nationalstaat bekriegenden neuen Stämme in McWorld nur die Zerstörung all dessen sehen, was ihre gemeinsame Identität ausmacht. In beiden Richtungen scheint die Demokratie zu den Verlierern zu gehören. Der Dschihad strebt anderes als Demokratie an, und unter den Prioritäten von McWorld taucht sie ebenfalls nicht auf. Kann sie unter solchen Umständen neue Ausdrucksformen, neue Institutionen, neue Einstellungen finden, mit denen sie überleben kann?

Solche Fragen sind ganz sachlich Gegenstand von politischer Theorie und Politikwissenschaft. Sie verweisen auf den letzten Teil unseres Porträts von Dschihad und McWorld mit der Fragestellung: Ist Demokratie unter den Bedingungen von Dschihad und McWorld überhaupt noch möglich? Vor der Antwort auf diese Frage müssen wir die Kräfte des Dschihad genauso sorgfältig untersuchen wie die von McWorld. Denn der Dschihad ist die zweite Herausforderung an die Demokratie in unserem dritten Jahrtausend, und auf kurze Sicht könnte von ihm die größere Gefahr für unsere demokratischen Einrichtungen ausgehen.

II
Die alte Welt des Dschihad

10. Dschihad gegen McWorld
oder Durch McWorld zum Dschihad?

Die Menschen sind psychisch derart bedürftig, so abhängig von Gemeinschaft, so voll Sehnsucht nach einer Bruderschaft, die der kommerzielle Konsum verweigert, so geneigt zu einer Schwesternschaft, wie sie das Ichsein mit seinen Forderungen nicht dulden kann, daß McWorld keine andere Wahl hat, als dem Dschihad Vorschub zu leisten, ja ihn einzuwickeln und zu verkaufen. Wir sehen, wie mit Laufschuhen vorwiegend die schwarzamerikanische Subkultur verkauft wird, wie American Express Weltreisen (ein Privileg von McWorld) zur Safari in exotische Kulturen stilisiert, die trotz der durch American Express ermöglichten Heimsuchungen und Verwüstungen immer noch irgendwie intakt sind. Oder wie sich McDonald's mit Rotwein in Frankreich und russischem Rindfleisch in Rußland an lokale Gepflogenheiten »anpaßt« und dabei zugleich zwingend seinen Lebensstil überstülpt, der alles lokal Gewachsene entwertet. McWorld kann folglich nicht ohne den Dschihad auskommen, sondern muß auch kulturelle Beharrungskräfte nutzen, um seinen endlosen Hunger stillen zu können. Und dennoch kann auch der Dschihad nicht ohne McWorld auskommen: Denn wo bliebe Kultur ohne die kommerziellen Produzenten, die sie vermarkten, und ohne die Informations- und Kommunikationssysteme, die sie bekanntmachen? Christliche Fundamentalisten von heute dürfen sich daher ins Glaubensforum auf CompuServe einloggen, während Moslems im Internet surfen können, bis sie bei Mas'ood Cajees Cybermuslim landen. Kein Computerfehler: der Briefkasten heißt tatsächlich »Cybermuslim«.[1] Religion wie Kultur sind gleichermaßen auf die Technologien und Märkte von McWorld angewiesen. Ohne sie dürften sie langfristig nicht überleben.

Nun setze ich freilich McWorld mit den entscheidenden Entwicklungen gleich, die erst durch die Neuerungen in Technik und Kommunikationswesen Ende des zwanzigsten Jahrhunderts möglich geworden sind. Aber McWorld ist auch Scheitelpunkt eines Prozesses der Modernisierung – andere mögen sagen, der Verwestlichung –, der sich seit der Geburt der modernen Wissenschaft in der Renaissance und ihres Paradigmas von der Macht des Wissens vollzieht. Bei näherem Hinsehen gibt es wenig an McWorld, das philosophisch wenn nicht von der Renaissance, dann von der Aufklärung skizziert worden wäre: das Vertrauen in die Vernunft, die Freiheitssehnsucht und damit nicht ganz unverbunden die Fixierung auf Verfügungsgewalt, das Bild des menschlichen Verstandes als einer *tabula rasa*, die nur beschrieben werden muß und so von den herrschenden technischen und pädagogischen Eliten kodiert werden kann. Dazu das Vertrauen in den Markt, die Skepsis gegenüber Glauben und Gewohnheit und die kosmopolitische Geringschätzung bodenständiger Kultur. Voltaire verachtete die Geschichte und hielt sie für nicht viel mehr als ein Register menschlicher Fehler und Dummheiten. Die Aufklärung dagegen ging davon aus, daß es nur eine einzige, allgemeingültige menschliche Natur gebe, die in der rechten Vernunft wurzele und, wie in Alexander Popes »Versuch vom Menschen« beschrieben, in der erhabenen Harmonie der Schöpfung verankert sei.

Der schrille Talmi und der betäubende Kommerzialismus von McWorld mag neu erscheinen, erst recht durch die sagenhaften Wunder der Virtualität, angesichts derer schon fraglich wird, was Wirklichkeit eigentlich ist. Sie werfen allerdings das Problem auf, ob im Internet organisierte virtuelle Gemeinschaften von irgendwie relevantem politischem oder öffentlichem Charakter sind und ob solche Computernetze Öffentlichkeit und staatsbürgerliches Engagement erweitern oder zersetzen. Ungeachtet solcher Neuheiten gibt es in unserer postmodernen Gesellschaft doch nicht viel, was Vertreter der Aufklärung und der Spätaufklärung wie Pope, Voltaire, J. S. Mill oder Max Weber überraschen oder auch nur Kassandrarufern wie Rousseau und Nietzsche mit ihrer schon recht guten Vorahnung vom selbstausgelösten dumpfen Kontrapunkt der Aufklärung eine späte Genugtuung verschaffen würde. Allan Bloom etwa konnte die meisten seiner Vorwürfe an unsere verkommene Welt von heute aus den zornigen Klagen der Alten über die Welt von damals bestreiten.[2]

Was ich als Kräfte des Dschihad bezeichnet habe, könnte also als Rückfall in vormoderne Zeiten erscheinen, als Versuch der Wiedergewinnung einer Welt aus der Zeit vor dem kosmopolitischen Kapitalismus, mit ihren Glaubensmysterien, Hierarchien, verbindlichen Überlieferungen und ihrer historischen Unbeweglichkeit. So könnten die Kräfte des Dschihad als denen von McWorld diametral entgegengesetzte wirken. Dennoch ist der Dschihad weniger das krasse Gegenteil als die heimliche Ergänzung zu McWorld, mithin eine dialektische Reaktion auf die Moderne und in seinen Merkmalen überhöhte Spiegelung der Vorzüge und Laster der modernen Welt – eher ein Dschihad *durch* McWorld als ein Dschihad *gegen* McWorld. Die Kräfte des Dschihad werden nicht nur von McWorlds Feinden wiederentdeckt und mobilisiert, sondern auch von McWorlds Freunden und Fürsprechern geweckt und provoziert.

Die Moderne läuft ihren Kritikern voneweg und fördert und bedingt sie damit. Und auch wenn diese Kritiker auf dem Weg zur Bekämpfung der Moderne versuchen, alte Bräuche und klassische Normen wiederzubeleben, sind solche Bräuche und Normen – etwa Stammesbewußtsein, fundamentalistische Religion, Nationalismus und Kultur – selbst mindestens teilweise nur Kopfgeburten des rastlosen modernen Verstandes. Der Dschihad ist nicht nur der Gegner, sondern auch das Kind von McWorld. Die beiden umklammern sich also in einer Art Freudschem Schlüsselmoment des derzeitigen Kulturkampfs, wobei keiner mit dem anderen leben kann, aber auch nicht ohne ihn. Benedict Anderson hat vollkommen recht, wenn er als treibende Kraft hinter dem Dschihad den Gedanken der Nation als einer »imaginierten politischen Gemeinschaft«[3] vermutet. Womit wir zur entscheidenden Frage kommen, zum Nationalismus und seiner Rolle im Kampf des Dschihad gegen McWorld.

Die Bedeutung des Nationalismus

Unter den Triebkräften des modernen Dschihad dürfte die Religion die erhabenste und zugleich gefährlichste sein, doch fällt keine so auf wie der Nationalismus, der nach Ansicht Walter Russell Meads und vieler anderer »heute die mächtigste politische Kraft auf Erden ist«.[4] Problematisch ist nur, daß man sich zwar über die Durchschlagskraft des Nationalismus einig ist, nicht aber darüber, was mit Nationalismus gemeint ist. Es gibt alten Nationalismus und neuen, guten und schlechten, Verfassungspatriotismus und arrogante Volkstümelei, Nationalismus als Wiege großer Staaten und als ihr Sarg. Es gibt osteuropäischen Nationalismus gegen die Fremdreiche der Osmanen, Russen, Österreicher und westeuropäischen Nationalismus gegen die Kleinstaaterei, es gibt den Nationalismus des liberalen Nationalstaates und den Nationalismus der Ethnie: das Rassen- und Stammesdenken.

Als Bestandteil der Antimodernität des Dschihad fördert der Nationalismus Engstirnigkeit, Antagonismus und Spaltungswillen und scheint primär negativ zu existieren – als völkischer und kultureller Partikularismus, der den Nationalstaat zerschlagen und multikulturelle Einheiten zugunsten monokultureller Splitter beseitigen will. Für Anhänger von Freihandel und McWorld ist Nationalismus ein Schimpfwort zur Bezeichnung eines spalterischen und antikosmopolitischen Stammesdenkens, das blutigen Fraternalismus und ein Miasma von Engstirnigkeit und Primitivität ausdünstet.

Dies heißt jedoch eine viel dialektischere Auffassung des Nationalgedankens in der Geschichte verzerren. Zwar scheint der Nationalismus heute die staatliche Einheit auszuhöhlen, doch half er einst genau die Staaten zu schaffen, die die Aufklärung hervorbrachte. Er erhielt dadurch einen kräftigen Impetus und wurde durch die von der Aufklärung bewirkten (leider bisweilen nicht so vernünftigen) Vernunftrevolutionen in Amerika, Frankreich und Deutschland zum Inbegriff der Moderne. Das Streben nach einem »liberalen Nationalismus«, der kosmopolitische Ideen von Freiheit und Gleichheit mit Gemeinschaftsidealen von Brüderlichkeit und Solidarität verbindet, motivierte die amerikanischen Verfassungsväter genau wie die Jakobiner und ermöglichte von Kultur und Geschichte gefesselten Völkern dennoch, sich auf Recht und Vernunft gegründete Verfassungen zu geben. Der Griechenaufstand gegen die Osmanenherrschaft 1824 gewann nicht nur Lord Byron, sondern auch andere englische Romantiker und Liberale als tatkräftige Unterstützer, weil nationale Selbstbestimmung als Bedingung der Erlangung von Freiheit und Freiheit als höchstes Ziel des Nationalismus angesehen wurden. Kein geringerer Liberaler als John Stuart Mill hatte den unverzichtbaren Zusammenhang von Freiheit und nationaler Identität formuliert und damit Rousseaus Aussage aufgegriffen, nur eine geeinte Nation könne Trägerin einer republikanischen Verfassung sein. Liberale und romantische Nationalisten von Herder bis Mazzini verschrieben sich ohne Zögern einem Menschheitsglauben, der eine kosmopolitische Auffassung der Natur des Menschen und einen lebhaften Nationalismus vergöttlichte. In Mazzinis erhabener Rhetorik ist »Nationalität die Rolle, die jedem Volke von Gott als Menschenwerk aufgetragen ist«.[5]

Während einer kurzen Gnadenfrist (in der Französischen Revolution und unmittelbar danach), als mit Patriotismus sowohl die Liebe zu den Mitbürgern als auch die Vaterlandsliebe (Rousseau) gemeint war und *la patrie* sich nicht weniger auf die demokratische Republik wie auf die Nation bezog, schien diese großartige Verbindung aus individualistischem Ideal und Streben nach gemeinschaftlicher Identität als Synthese von Menschheitsglauben und weltlicher Völkergeschichte es erstmals möglich zu machen, daß die Vernunft Wurzeln schlug und so die Persönlichkeitsrechte in einer fundierten Identität aus nationalistischem Fleisch und kulturellem Blut lebensfähig machte. Partikularismus und Kosmopolitismus verbanden sich zu einer französischen Ideologie von Fortschritt und Revolution, und ein echter Kosmopolit war, wie Paul Hazard erkannte, »einer, der *à la française* dachte«.[6] Dieses Verständnis der Nation ermöglichte die Errichtung eines Verfassungsstaates mit Volkssouveränität, also genau des Nationalstaats, der seinerseits der Demokratie die gesetzliche Grundlage bot. Soweit unsere heutigen demokratischen Einrichtungen mit dem Gedanken des Nationalstaats verbunden sind, ist das ein Vermächtnis ebendieser Allianz zwischen Nationalismus und Liberalismus.

Es war jedoch eine seltsame Ehe, eine von vornherein ungleich definierte Partnerschaft. Und obzwar die Geschichte anfangs mitspielte und die erste Hälfte des neunzehnten Jahrhunderts die Stabilisierung aufstrebender liberaler Nationalstaaten in Kanada und Amerika (und in gewissem Sinne auch in Frankreich) sowie deren Zustandekommen in Italien und Preußen erlebte, klafften Liberalismus und Nationalismus am Ende des Jahrhunderts auseinander. Obwohl die Ehe auf unbedingter Vereinbarkeit von Freiheit und parochialer Identität gründete, war in Amerika, Frankreich und Kanada auch der Pluralismus in die nationale Identität eingebunden und ihr unerläßlicher Kitt. In Italien, Deutschland, Griechenland und auf dem Balkan aber fehlte dieser Kitt, und es kam nach geraumer Zeit zur Scheidung. Die Folgen waren fürchterlich. In Eric Hobsbawms Analyse war der Nationalismus bis zum Ende des neunzehnten Jahrhunderts »von einem mit Linksliberalismus assoziierten Begriff zu einer chauvinistischen, imperialistischen und fremdenfeindlichen, rechten, ja sogar rechtsradikalen Bewegung mutiert«.[7]

Das Hinscheiden des liberalen Nationalismus als historisches Experiment bedeutete allerdings nicht das Ende seiner sozialtheoretischen

Laufbahn. Einem integrationistischen liberalen Nationalismusideal wird bis heute von Idealisten das Wort geredet, denen die Persönlichkeitsrechte eine zu schmale und abstrakte Identitätsbasis sind, aber zugleich die realen Archivalien des historizistischen Nationalismus zu bluttriefend und völkisch, als daß sie die Grundlage eines Bürgerrechts von Gleichen sein könnten. Ortega y Gasset wies in den zwanziger Jahren, einer Zeit des Zerfalls der Reiche und der in die Balkanisierung des Ostens mündenden »nationalistischen« Bewegungen, die unserer heutigen nicht wenig ähnelt, darauf hin, daß der Nationalismus nach seinen Integrationstriumphen unbedingt die Strategie wechseln mußte. Er schrieb: »In Zeiten der Konsolidierung hat der Nationalismus einen positiven Wert und ist ein hohes Ideal. Aber in Europa ist alles überaus konsolidiert, und der Nationalismus nur noch eine Manie.«[8] In unserer eigenen äußerst konsolidierten Zeit scheint der neue Nationalismus zwar eine gefährliche Manie der Dekonstruktion von Staaten geworden zu sein, doch gibt es immer noch überzeugte Befürworter des integrationistischen Modells. So glaubt Yael Tamir, daß »die liberale Tradition mit ihrer Respektierung von persönlicher Autonomie, Reflexion und Selbstbestimmung und die nationale Tradition mit ihrer Hervorhebung von Zugehörigkeit, Staatstreue und Gemeinschaftlichkeit zwar allgemein als unvereinbar erachtet werden, einander aber dennoch Raum lassen«. Sie meint, ungeachtet der Geschichte seien »Integration und Selbstbestimmung nicht absolut antithetisch«.[9]

Vielleicht sind sie es nicht, doch waren sie es allzuoft in der Geschichte. Das Streben nach Dialektik ist in diesem Jahrhundert schon häufig an der Wirklichkeit gescheitert. Freiheit und Brüderlichkeit waren fraternistische Konstrukte der Französischen Revolution, aber auf Brudermord angelegt wie bei Kain und Abel. Integration heißt zwar nicht unbedingt Unterwerfung unter eine erweiterte Identitätsgemeinschaft, aber doch Zugehörigkeit zu einem Gemeinwesen, das die Selbstbestimmung einschränkt. Entgegen John Stuart Mill können stämmige alte Eichen nicht fliegen – was ihm schon Edmund Burke hätte sagen können; denn der wußte, daß »Menschen nicht durch Brief und Siegel aneinander gebunden sind. Zur Gesellung finden sie durch Ähnlichkeiten, Gleichartigkeiten, Sympathien«.[10] Entgegen Rousseau können Schmetterlinge genausowenig Wurzeln schlagen, wie sich vertragsgebundene Rechtssubjekte Gefühle leisten können. Wie jeder Eingebürgerte bezeugen kann, ist ein Wurzelschlagen aufgrund eigener

Entscheidung nicht dasselbe wie Verwurzelung durch Geburt oder Blut. Selbstgewählte Zugehörigkeit kann besondere Wertschätzung mit sich bringen – »Jetzt bin ich Amerikaner!« –, aber nicht die Empfindung askriptiver Identität vermitteln, die der im Lande Geborene hat: »Ich *bin* Amerikaner«. Wenn »die Nation stets als tiefverwurzelte, gleichgelagerte Bruderschaft« um eine gemeinsame Sprache aufgefaßt wird, in der eine gemeinsame Vergangenheit imaginiert werden kann, dürften Freiheit und Integration bestenfalls als Zufallsmerkmale und schlimmstenfalls als einander feindlich betrachtet werden.[11]

In seinem bahnbrechenden sozialanthropologischen Werk *Gemeinschaft und Gesellschaft* kam der Soziologe Ferdinand Tönnies zu dem Schluß, die Erfordernisse der traditionellen Bluts- und Klangemeinschaften machten unweigerlich den Erfordernissen freiwilliger und vertraglicher Zusammenschlüsse in einer rein vorwärtsgerichteten Evolution Platz, weg von Tradition, Religion und Mysterium und hin zu Vertrag, Weltlichkeit und Rationalität. Ihr Endzweck könne nur sein, was Max Weber als Entzauberung der Welt bezeichnet habe. Die Sehnsucht nach einer rekonstruierten und remystifizierten Gemeinschaft wurde im kalten Rationalismus der neuzeitlichen Gesellschaft zugleich geweckt und niedergehalten, ganz wie der Dschihad in neuerer Zeit durch die Postmoderne von McWorld.

Tatsächlich dauerte das Experiment mit dem liberalen Nationalismus in Frankreich und Amerika zum Ende des letzten Jahrhunderts zwar noch an, war aber anderswo weitgehend gescheitert und von Ortegas »Manie« der Zersplitterung verdrängt worden. Zarenreich, Kaiserreich, Kakanien und Empire hatten den Nationalismus tollwütiger gemacht und in kleinräumige Opposition getrieben, und der Kapitalismus hatte ihn den liberalen Individualisten als Subjekten des bürgerlichen Markts ausgetrieben und Blutsbrüdern als Erben imaginierter früherer Klans eingepflanzt. Modernität bedeutete Modernisierung und diese wiederum die aggressive Ausdehnung einer pragmatischen Mentalität der Rationalisierung, Bürokratisierung und Verweltlichung. Diese Bedingungen wiederum entzauberten und entmythologisierten nicht nur die Welt, sondern schufen zunehmend auch eine Daseinspsychologie, in der individuelle Selbstbestimmung und kommerzieller Konsum an die Stelle von gemeinsamer Identität und Gruppenzugehörigkeit traten. Der Konsument ist vielleicht die größte Errungenschaft der Moderne, und er ist im Grunde ein einsamer Tropf.

Viele postmoderne Autoren wollen die Gemeinschaft gegen die Blutleere der Vertragsbeziehungen wiedererfinden. Alle verweisen sie auf die Geschichte, doch schon Eric Hobsbawm bemerkt, »Geschichte ist der Grundstoff für nationalistische, ethnische oder fundamentalistische Ideologien, ganz wie Schlafmohnsaft für Heroin«, und da es »nach der Natur der Dinge normalerweise keine maßgeschneiderte Vergangenheit gibt«, könne sie zur Not »stets erfunden werden«.[12] Auch Gemeinsamkeit ist häufig ein Konglomerat aus gepflegten Ressentiments, die sich auf eine erfundene Vergangenheit beziehen. Tony Judt meint, »die meisten Ungarn wußten gar nichts von der Geburt ihrer eigenen Nation im Jahre 896 n. Chr., bis ihnen das Patrioten Ende des neunzehnten Jahrhunderts klarmachten«.[13] Die Abart von Multikulturalität, bei der die pluralistische »Vielfalt« von einer neuen Ideologie unterwandert wird, etwa der einer weißprotestantischen oder schwarzamerikanischen Monokultur, ist nur ein Beispiel dafür, wie fiktive historische Gemeinschaften erfunden werden – Max Webers Mythen der gemeinsamen Abstammung –, nur um den Bedarf nach einer modernen politischen Basis von Gruppenidentität zu decken. Der ethnische »Nationalismus« liefert weitaus problematischere Beispiele. Sarkastisch meint der polnische Autor und Gesellschaftstheoretiker Adam Michnik zum angeblich von ethnischen Problemen unbehelligten Polen: »Wir können einen polnisch-lettischen, einen polnisch-weißrussischen und einen polnisch-ukrainischen Streit vom Zaun brechen, ganz zu schweigen von einem polnisch-deutschen in Oppeln, einem Pogrom gegen die Zigeuner von Mlawa und einer antisemitischen Kampagne in einem Land, das praktisch keine Juden mehr kennt.«[14] Nationalismus kann also offenbar immer noch nach Bedarf erfunden werden.

Vor mehr als hundert Jahren hatte Marx bemerkt, daß das Zerbrechen der Feudalbande durch den modernen Kapitalismus die traditionelle Gemeinschaft entscheidend gespalten habe. Er sprach von Auflösung aller Bindungen und prophezeite eine fortschreitende kulturelle Einschmelzung: »Alles Feste verflüchtigt sich in Dunst.«[15] Ein halbes Jahrhundert später waren modernistische Ängste so allgemein verbreitet, daß eine Figur des amerikanischen Dramatikers William Saroyan im Vorkriegsklassiker *The Time of Your Life* von der Bühne ständig »Keine Grundlage, auf der ganzen Linie nicht« wiederholen und sich dabei der vollen Sympathie des Publikums gewiß sein konnte, das von den modernen Zeiten schon lange vor Holocaust und Atombombe nicht mehr viel hielt.

In Deutschland wurde darüber allerdings nicht bloß gejammert: In Reaktion auf die angebliche Gleichmacherei der bürgerlichen Gesellschaft beschworen die Nationalsozialisten eine mythische mittelalterliche Teutonenmoral oder feudale Version der Familienwerte und eine altgermanische Identität. An die Macht kamen sie schließlich mit einer rückwärtsgewandten Ideologie des Ressentiments, die nicht viel anders in frei erfundene Vergangenheit gekleidet war als heutzutage die der extremen Rechten in Frankreich, Italien, den USA und erneut in Deutschland. Daß die Nazis die Vernichtung gerade des Mittelstands beschleunigten, der das Gemeinwesen in Gang gehalten hatte, war ein Treppenwitz. Die von ihnen nach außen hin verabscheute Modernisierung betrieben sie selbst. Derlei wiederholte sich unserer Tage im kometenhaften Aufstieg und abrupten Sturz Silvio Berlusconis: ein Medienmogul mit Weltkonzern und Eigentümer von Italiens Spitzenmannschaft AC Mailand nutzt seine Medienprominenz, um sich genau bei den kleinbürgerlichen Wählerschichten demagogisch einzuschmeicheln, die von seiner Medienwelt systematisch euthanasiert werden, und wird dann durch Bestechungsvorwürfe in den Medien zum ganz normalen italienischen Politiker und so zu Fall gebracht. Die gleiche Ironie zeigt sich in Deutschland in der verblüffenden Kombination von Heavy-Metal-Rock, der Spezialität von MTV, und einer Punklyrik, auf die der junge Goebbels stolz gewesen wäre. In einem Stück reaktionärem Dschihad stöhnt die rechtsextreme Rockband Endstufe über die schweren Zeiten für Deutsche nach fünfzig Jahren Besatzung, barmt nach einem »lebenswerten Deutschland«, schimpft auf McDonald's und Umweltverschmutzung und hetzt gegen Ausländer, alles unterlegt mit dem Hiphop von McWorld.

Heute wollen die Kräfte, die ich mit dem Dschihad gleichsetze, überall wissen, wann es wieder ein lebenswertes Serbien, Flandern, Quebec, Ossetien, Tutsiland oder Katalonien geben wird. Auswanderer vom alten Orléans nach New Orleans, vom alten England nach Neuengland, von Seeland nach Neuseeland wollen wissen, wann ihre Abstammungsphantasien wieder Wirklichkeit werden. Und sie rotten sich, zwar säuberlich voneinander getrennt, aber gegen Kommerz und Kosmopolitismus, um eine beliebige schwach erinnerte, aber um so klarer imaginierte ethnische, religiöse und rassische Identität zusammen, in der die ruhelose postmoderne Seele Wurzeln schlagen und sich auf die Schlacht mit ihren Gegnern von McWorld vorbereiten soll. »Lassen wir den Kampfhund von der Leine« und »das wilde Tier deutschen Blutes« auf den ganzen »Abschaum« los, singt die rechte Rockband Störkraft. Nicht alle Anhänger des Dschihad mögen solche Hetze (oder Plattheit), und so sagte sich die Gruppe von den Rechten los und singt heute von Friede, Freude und Eierkuchen. Doch auch wo die Demokratie nicht immer unbedingt als Gegner gesehen wird, wird sie nicht als Bündnispartner betrachtet. Sogar für Neonationalisten, die nicht gegen sie hetzen, ist die Sache klar: Wenn zur Überwindung moderner Zeiten der moderne liberale Nationalstaat mit seinen demokratischen Institutionen über Bord muß, ist das ein gerechtfertigtes Opfer im Krieg um die Wiederbelebung der Gemeinschaft und ihre Abschottung von McWorld.

Die Sprache zur Formulierung der Ziele der neu erfundenen und selbstbeschriebenen Stämme des Dschihad, ob der christlichen Fundamentalisten, ruandischen Rebellen oder heiligen Krieger des Islam, ist und bleibt die Sprache des Nationalismus. Eine Religion reicht vielleicht tiefer in die menschliche Psyche als eine politische Überzeugung, als Politik aber findet sie im Nationalismus ihr Gefäß. Doch Nationalismus kann unklar sein, und der Begriff wird so vielfältig gebraucht und unterschiedlich verwendet, daß keiner weiß, ob überhaupt von derselben Sache die Rede ist. Wenn nach Michael Ignatieff »die Schlüsselerzählung der neuen Weltordnung der Zerfall der Staaten« und die »Schlüsselsprache« dieses Zerfalls der ethnische Nationalismus ist, sollen wir dann annehmen, daß das derselbe Nationalismus ist wie bei Mazzini und Yael Tamir?[16] Oder derselbe wie bei den Nazis und bei Wladimir Schirinowski? Ignatieff spricht vorsichtig von einem »neuen« Nationalismus, aber strenggenommen scheinen die dumpfen Gegner von McWorld weder Nationalisten noch religiöse Eiferer zu sein. Ihre Rhetorik ist für eine echte Religion zu weltlich und für einen echten Nationalismus viel zu sektiererisch und verschroben. Die Kreuzzüge waren in ihrem Fanatismus mörderisch, ihrem Bestreben nach aber universalistisch und expansionistisch, also eher imperialistisch als reaktionär, und gerade deswegen so blutrünstig. Universelle Ideale können ein universelles Chaos anrichten, während die Auswirkungen provinziellen Eiferertums oft viel bescheidener sind. Unsere neuen Stämme sind mordlustig und fanatisch, aber kleinmütig und defensiv: Sie wollen sich Inseln provinzieller Bruderschaft in einem Meer bewahren, welches unbarmherzig das Wesentliche ausschwemmt und brüderliche Bande mit sich fortspült.

Die entscheidende Frage lautet, ob der gegen den Nationalstaat gerichtete postmoderne »neue« Nationalismus mit dem traditionellen Nationalismus vergleichbar ist, auf dem der Nationalstaat gegründet wurde. Anstatt eine phänomenologische Antwort (beides sind Spielarten des Nationalismus) oder eine essentialistische (nur einer von beiden kann Nationalismus sein) zu geben, möchte ich hier einen dialektischeren Ansatz vorschlagen. Der Nationalismus hat jetzt und vielleicht immer schon zwei Momente: eines von Gruppenidentität und Ausschluß und ein anderes, aber ebenso bedeutendes von Integration und Einbeziehung. Die heutigen »Nationalisten« prahlen mit ihrem Zersetzungspotential und lassen Haßtiraden gegen den Staat und seine anderen Wählergruppen los. In seiner frühmodernen Erscheinungsform jedoch brachte der Nationalismus Europa die Befreiung vom feudalen Joch und erleichterte die Errichtung von Nationalstaaten. Früheuropäische Atlanten wie die *Cosmographia* aus dem sechzehnten Jahrhundert verzeichnen Mazedonier und Bulgaren, Dänen und Wandalen, Sizilianer und Ungarn sowohl als Teile eines größeren Ganzen (eines Feudalreiches) als auch als integrative nationale Einheiten, als Zusammenfassung von Provinzstämmen zu Gebilden wie Italia und Germania.

So spiegeln die zwei Momente des Nationalismus die zwei Momente des Feudalismus wider, gegen den sich der frühe Nationalismus auflehnte. Die politischen Gebilde, die den Feudalismus zu Fall brachten und seine Nachfolge antraten, mußten zugleich das alte Europa zerstückeln und wieder bündeln: in ein und derselben Bewegung das Heilige Römische Reich einreißen und Provinznachbarn zusammenschweißen. Vasallentreue und Blutschwur waren eine zu schmale Basis für die neuen Nationalstaaten, Reichskonstitution und kirchliches Lehnswesen eine zu breite. Die Nation erschien als das vollkommene Ganze, das die Stämme in größeren Einheiten zusammenhielt und dennoch etwas wie eine gemeinsame Kultur und bürgerliche Gesellschaft auf Gegenseitigkeit gestattete. Grundlage des neuen Verhältnisses war nicht mehr die Lehnspflicht, sondern der Gesellschaftsvertrag, der in der Neuformulierung von Thomas Hobbes die Macht des Königs als Verkörperung des Volkswillens sah. Die Menschen dieses Volks wurden dabei als Einzelwesen und nicht als Blutsbrüder begriffen. Die Autorität des Herrschers leitete sich unmittelbar aus einem Vertrag zwischen seinen Untertanen ab, die damit zu seinen Auftraggebern, seinen gehorsamen, aber letztendlich souveränen Gefolgsleuten wurden. Von der engen Lehnspflicht gegenüber Sippe und Klan ebenso befreit wie von der Vasallentreue gegenüber Lehnsherrn, konnten sich die neugeschaffenen Untertanen des britischen Königreichs oder der französischen Nation allmählich von Einzeluntertanen in einzelne Freie verwandeln, deren Gehorsam gegenüber der Krone und Verantwortung gegenüber den Mitbürgern aus Rechten und Freiheiten erwuchs, die sie nun selbst als angeborene und natürliche auffaßten. Die Grafschaft Essex hatte enge Bruderschaft bedeutet, England aber war die Freiheit der Engländer. Die Feudalstädte in Burgund und im Baskenland duckten sich hinter Mauern, Frankreich als Idee aber war offen für die Welt. Das feudale Vasallentum hatte ein kompliziertes Netz von Fronpflichten geschaffen, bei dem die Geburt unabänderlich über Identität und Identität über Rechte und Freiheiten entschied (wobei letztere nur einer einzigen Klasse erblich zustanden). Der neue Nationalstaat verwandelte Leibeigene in Staatsbürger und bereitete mit seiner Gleichbehandlung der Menschen die Bühne für eine politische Theorie von Rechten, Widerstand und Gesellschaftsvertrag und so für eine politische Praxis, die schließlich sowohl egalitär als auch demokratisch werden sollte.

Der Nationalismus ist eine Art Gruppenerinnerung an alte Gründungsgeschichten, und Gründungen erfolgten oft durch Brudermord. Doch wie der Historiker Michelet aus der blutigen Lektion der Bartholomäusnacht lernte (in der die protestantischen Hugenotten im Schlaf erschlagen wurden), erfordert der Nationalismus auch entschlossene kollektive Verdrängung: nicht bloß gemeinsames Erinnern, sondern auch gemeinsames Vergessen. In erfolgreichen, differenzierten Gemeinschaften, also starken Bürgernationen, bleiben Spannungen in der Schwebe, und dazu gehört eine gewisse vorsätzliche historische Vergeßlichkeit. Zu lange nachgetragene Verletzungen können nicht heilen. Die größte Gefahr für die bürgerliche Kultur im Amerika von heute ist die Erinnerung an die Sklaverei, die von weiterhin gepflegten Vorurteilen und eingefleischtem institutionellem Rassismus lebendig gehalten wird. Ohne die Möglichkeit, die Sklaverei zu vergessen, hat die Versöhnung der Rassen keine Chance. Diese Last müssen natürlich die Erben der Sklavenhalter und nicht die Erben der Sklaven schultern.

In der seltsamen Wandlung des Nationalismus im neunzehnten Jahrhundert spielte der Imperialismus eine eigentümliche Pufferrolle. Die großen Reiche Österreich-Ungarns, Rußlands und der Osmanen (und im geringeren Ausmaß die Kolonialreiche Frankreichs, Spaniens, Großbritanniens und Hollands) unterdrückten politische Äußerungen kultureller Identität und erzwangen eine Gemeinsamkeit, die eine integrativere Solidarität möglich machte. Dennoch überließen die Reiche der Kultur ihr eigenes Gebiet und schienen ihre Gefährlichkeit zu neutralisieren, ohne ihre Eigenheiten zu erdrücken. Ignatieff und andere Autoren übertreiben vielleicht, mit welchen Methoden diese Reiche den Kulturkampf unter der Decke und das Volkstum in Schach hielten, doch wurde damit zweifellos der mögliche Dschihad verhindert.

Umstrittener ist, ob für das Ideologiereich der Kommunisten oder das Wirtschaftsimperium der Kapitalisten das gleiche gilt. Gewiß wurde unter dem Kommunismus die Nationalitätenfrage, die Lenin so beschäftigt und Stalin so im Hirn herumgespukt hatte, auf Eis gelegt, wenn auch nur durch Propaganda und Gewaltanwendung. Genau wie der Zusammenbruch der großen europäischen Reiche des neunzehnten Jahrhunderts nach dem Ersten Weltkrieg zum Katalysator der Balkanisierung wurde, die Ortega y Gasset besorgt kommentierte, scheint der Zusammenbruch des kommunistischen Reichs die neuen Kräfte des Dschihad entfesselt zu haben, die wir in Osteuropa und im europäischen Asien am Werke sehen. Ob das darauf zurückgeht, daß das Wegdrücken der Nationalitätenfrage unter den Kommunisten nur Ventile verstopft und den Kesseldruck erhöht hat, oder ob die Kräfte auf eine Art ausbalanciert worden wären, die sie irgendwann neutralisiert hätte, ist eine Streitfrage, die wir nicht lösen können. Klar ist jedenfalls, daß auch die kommunistische Reichsversion den Nationalitätenstreit um mehrere Generationen vertagt und Eltern und Großeltern das Blutvergießen erspart hat, das jetzt über ihre Enkel kommt (auch wenn der Sozialismus gewiß einen eigenen Blutzoll gefordert hat).

Das kapitalistische Imperium war als Zuchtmeister der rasenden Derwische des ethnischen Nationalismus nicht so erfolgreich, da sein Einfluß keinen derart ausgeprägten Zwangscharakter hat und Kommerz und Markt, wie wir gesehen haben, das Volkstum und seinen antimaterialistischen Eifer sowohl anstacheln wie besänftigen können. Genau darum geht es beim Dschihad.

Doch wandeln sich die Zeiten rasch. Noch vor ein paar Jahren wiesen kluge Kommentatoren wie Conor Cruise O'Brien warnend auf den Mittleren Osten, Südafrika und Irland als glimmende Lunten am Globus. Wer würde das heute noch so sehen? Gestern machte Libyen Europa Kopfschmerzen, heute gilt die Sorge Algerien, noch vor kurzem Frankreichs »erfolgreichste« ehemalige Kolonie. Der Teufel mag im Detail stecken, doch in der Weltpolitik ist der Teufel ein Chamäleon, und keine Theorie, die sich auf den einen oder anderen Sonderfall beruft, dürfte die nächste politische Wendung überleben.

So hoffe ich, im folgenden eine Typologie des Dschihad mit bestenfalls vorübergehend gültigem Anschauungsmaterial skizzieren zu können. Obwohl ich weder den Fallstudien noch den von ihnen aufgeworfenen Fragen voll gerecht werden kann, konzentriere ich mich also ohne jeden »wissenschaftlichen« Anspruch auf vier verschiedene Versionen der Reaktion auf die Moderne, die zugleich vier verschiedene Blickwinkel auf den Dschihad darstellen.

11. Der Dschihad in den Demokratien

In den gefestigten Demokratien Europas ist der Reiz, Front gegen die Moderne zu machen, eine Aussage dieser Moderne über sich selbst. Die relativ blasse Version des Dschihad in Europa kommt in zwei sich überlagernden Formen vor: der Provinzialismus spielt Randgebiete gegen das Zentrum aus, und der Parochialismus übt sich in der Verachtung des Kosmopolitischen. Beide befehden die Hauptstadt und alles, wofür sie steht. Beide wünschen sich dezentralisierte Macht zur Betonung der Freiheit und besseren Kontrolle. Der Provinzialismus hat etwas vom demokratischen Geist Thomas Jeffersons. Er betrachtet Selbstbestimmung in Kommune und Wahlkreis als unantastbare Rechtsgüter und versteht Freiheit mit Tocqueville als wesentlich lokale oder munizipale Sache, die unter dem Druck großräumiger Zuständigkeiten und abstrakt vertragsbestimmter sozialer Beziehungen verkümmern muß.

Der Parochialismus ergänzt den Provinzialismus um eine Kulturkritik und denunziert die Hauptstädte als kosmopolitische und kommerzialistische Kräfte, die sich äußerst zersetzend auf die menschliche Gemeinschaft auswirken. Atomisierung, Agnostizismus, Anarchie und Anomie – diese Begriffsreihe betont mit der verneinenden Vorsilbe »a« die Entwurzelung oder Vereinzelung in einer modernen Gesellschaft, die in ihre kleinsten Partikel zerfällt und daher völlig bindungslos wird, weil sie ohne die gottgewollte Ordnung, ohne Recht und Gesetz auskommen will. Rousseaus herbe Schilderung schon der Hauptstädte des achtzehnten Jahrhunderts zeigt die rhetorische Kraft einer solchen parochialen Kritik, die aus dem Bauche kommt: »Die Großstadt wimmelt von Intriganten und Müßiggängern ohne Glauben oder Prinzip, deren durch Nichtstun, Laster, Triebhaftigkeit und Gier verlotterte Phantasie nur Ungeheuer gebiert und Verbrechen ersinnt.«[1]

Frankreichs Hauptstadt und seine Provinzen (»la France profonde«) lagen in seiner ganzen Nationalgeschichte über Kreuz. Die regionalen *parlements* standen gegen die Bourbonenmonarchie, der Landadel und seine katholische Kirche gegen die Jakobiner. Als das nationale Zentrum Frankreichs im Zweiten Weltkrieg kapitulierte und Paris mit Nordfrankreich von der Wehrmacht des Dritten Reichs besetzt wurde, wollte die Peripherie unter dem Vichy-Regime ihr Frankreich durch Kollaboration retten und dabei zugleich umdefinieren. Mit der Agrikultur als einzig anständiger und auch unter der Nazibesetzung noch annehmbarer Kultur entdeckten Pariser, die in den zwanziger und dreißiger Jahren alles Dörfliche verabscheut hatten, in den Vierzigern plötzlich längst vergessene Provinzverwandte und Vettern vom Lande und pflogen mit ihnen eine neue, erdverbundene Identität.

Noch heute zieht es die Pariser in Zweitwohnungen der Umgebung, wo sie nicht nur der französischen Moderne entkommen können, sondern auch dem Zivilisations-Talmi von McWorld in Paris oder dem Grinsen von Mickymaus in EuroDisney ein paar Kilometer östlich. Die Ironie dabei ist, daß genau die Hochgeschwindigkeitstraßen und Autobahnen, mit denen diese Wochenendtraditionalisten ins Umland von Paris entfleuchen, sich zerstörend durch die ersehnte Pastorale fressen. Auch stecken sie mit ihrem Überfall auf stille Bauerndörfer dieselben mit ebender kosmopolitischen Auszehrung von McWorld an, von der sie dort Erholung suchen. Hier schneiden sich Dschihad und McWorld: Die ausgelaugten Konsumenten von McWorld, die ein verlängertes Wochenende ohne ihre zweifache Fessel, den Konsumismus des zwanzigsten und die Technik des einundzwanzigsten Jahrhunderts, kaum noch aushalten können, verziehen sich periodisch aus der Großstadt und ihrem Weichbild, um sich in eine herbeiphantasierte ethnische Identität eines Dschihad »vom Lande« zu hüllen.

Um der Illusion einer kulturellen Identität willen läßt es sich McWorld im Dschihad wohl sein und spielen seine entwurzelten Insassen nebenbei, unecht und aufgesetzt die Dorfbewohner. Erhalten gebliebene und von der jeweiligen Zentralmacht wohlwollend geduldete lokale Identitäten sind vorwiegend sprachlicher Art und feilschen derzeit noch um ihren Beitrag zu McWorld. Wenn nach Ignatieffs Formulierung »die Schlüsselsprache unseres Zeitalters der ethnische Nationalismus ist«, dann ist der Schlüssel zum ethnischen Nationalismus die Sprache. In Westeuropas abgemildertem Dschihad ist es die Sprache, über die sich die Teile vom Ganzen lösen wollen. Nicht nur Amerikaner machen sich Gedanken über eine Erst- oder Muttersprache. In Frankreich und allenthalben in Europa entdecken Provinzler die Sprache (den Dialekt) wieder und machen sie zum Talisman ihres wiedererwachten kulturellen Provinznationalismus. Französische Patrioten fragen sich heute, was von Frankreich bleibt, wenn es wieder in seine normannischen, bretonischen und baskischen Teile zerschnitten wird.

Kurioserweise steht das Französische selbst unter Druck von außen. Die Nationalversammlung hat vor einiger Zeit auf Betreiben des Kulturministeriums ein Verbot üblicher fremdsprachiger Begriffe und vor allem der immer zahlreicheren Amerikanismen von McWorld ausgesprochen. *Talk show, chewing gum, software, prime time* und *cheeseburgers* werden nun zu *causerie, gomme à mâcher, logiciels, heures de grande écoute* und zu etwas Ähnlichem wie »au fromage« (für *cheeseburger* ist noch nichts erfunden). Wenn nicht französisch benannt, sollten solche Waren ohne Bezeichnung bleiben (was für eine Ware unzumutbar ist). In Werbeanzeigen müssen modische Anglizismen übersetzt werden, und wissenschaftliche Begriffe aus der neuen globalen Technologie sind durch französische Neologismen auszudrücken, sofern französische Wissenschaftler über sie sprechen oder schreiben wollen. Dieser Mini-Dschihad der französischen Regierung gegen McWorlds arrogantes Esperanto gleicht einem nationalen Spiegel des Kleingeists provinzieller Bestrebungen, sich regional gegen das Hochfranzösische zu behaupten. Zwei Furchen werden in den Sand gezogen: eine zur Abgrenzung Frankreichs nach außen gegen McWorld und eine um die Provinzen Frankreichs gegen die seit mehr als dreihundert Jahren übliche Staatssprache.

Das Baskenland ist das durch immer noch gelegentlichen Bombenterror bekannteste Separatistengebiet beiderseits der spanisch-französischen Grenze. Doch gibt es auch weniger berüchtigte und trotzdem aussagekräftige Beispiele für den kulturellen und sprachlichen Dschihad. In der Bretagne ist der Widerstandswille gegen die Zentralgewalt zwar immer noch auf dem Lande an den verbliebenen Stummeln der Kirchtürme *(clochers rasés)* abzulesen, die von den Bourbonen jeweils nach dem Umfang der Steuerverweigerung gekappt wurden, doch wird die Lostrennung heute nirgends mehr ernsthaft betrieben. Allerdings ist der bretonische Kulturnationalismus in unserer Zeit wohl »stärker als je zuvor in diesem Jahrhundert«.[2] Dudelsäcke in Frankreich? Kaum zu glauben, doch in der bretonischen Kleinstadt Quimper brummeln und trillern sie. Nur hundert Dudelsackpfeifer gab es in der ganzen Bretagne unmittelbar nach dem Zweiten Weltkrieg, aber heute sind es wieder mehr als fünftausend.

In der Provence liegen die Dinge ähnlich. Moderne Vertreter des gemäßigten Dschihad wollen zumindest gewisse Merkmale einer vierhundertjährigen französischen Geschichte auslöschen und den Dialekten und Kulturen des alten Okzitanien wieder zu ihrem Recht verhelfen. Okzitanien umfaßt die Provence, Katalonien und das Baskenland, also Südfrankreich von den Pyrenäen zum Mittelmeer. Die Landessprache dort unterscheidet sich mit ihrem »oc« vom »oui« im Nordfranzösischen. Wie viele genervte Mitspieler in McWorld, die ihre Glaubwürdigkeit durch ostentative Multikulturalität beweisen wollen, ohne deswegen ihren Platz an der Festtafel der Moderne aufzugeben, fördert auch die französische Regierung inzwischen solche Lokalsprachen. Vielleicht will sie damit auch nur dem globalen Speak-American von McWorld noch ein paar Hunde mehr an den Hals hetzen.

Provinzdialekte mögen die zentralistische französische Kultur bedrohen, aber sie machen auch das multikulturelle Frankreich aus und werden so zugleich zur zielgenauen Waffe des französischen Nationalismus gegen die Supranationalität. Auch das übrige Europa, das ebenso um die neu legitimierten Regionalkulturen buhlt, fördert diese.

Welche Strategien auch immer versucht werden, die kleinräumige Kultur wird davon schwerlich gestärkt. Trotz Subventionen und der Eröffnung neuer zweisprachiger Schulen in Nîmes und andernorts ist Provenzalisch schwerlich wieder zu einer lebenden Sprache geworden. Weniger als 50 000 Menschen sprechen noch Bretonisch, und nur die Hälfte kann es schreiben. Flämisch in Dünkirchen, Katalanisch in Südfrankreich oder Deutsch in Südtirol, im Elsaß oder im ehemaligen Königsberg sind leider auch keine Vorzeigebeispiele. Dort hält sich eine Lokalsprache nur, weil sie von einer größeren Population jenseits der Grenze gesprochen wird. Bretonisch und Provenzalisch dagegen existieren wie Korsisch und Ladinisch in völliger Abschottung als Überbleibsel eines ansonsten untergegangenen Kulturerbes. Und ob wirklich drei Millionen Menschen ein paar Worte eines der sechs okzitanischen Dialekte beherrschen und ob die okzitanischen Nachrichtensendungen aus Toulouse und Marseille tatsächlich ein Publikum haben, ist nicht entscheidend: Die Wiederbelebung des Okzitanischen bleibt Teil einer größeren Kampagne, die Provinzen gegen das Pariser Zentrum von McWorld zu vitalisieren und zu legitimieren. Ähnliche Bemühungen gibt es in Belgien oder in der Schweiz. Im Kanton Graubünden etwa sprechen weniger als 40 000 Menschen Rätoromanisch und Ladinisch, und trotz aller amtlichen Bemühungen um Sprachpluralismus dürften die überlebenden romanischen Dialekte nie zu mehr werden als zu einer kantonalen Museumskultur.

Katalonien

Intellektuelle, die sich um die Wiederbelebung westeuropäischer Lokalkulturen bemühen, sind über ihr Tun zutiefst im Zwiespalt. Sie sehen sich nicht unbedingt als Feinde des Kosmopolitismus und leugnen heftig, daß ihr Anliegen mit den Volkstumskriegen weiter östlich verwandt ist. Manche verteidigen ihrer Meinung nach Bastionen lokaler Demokratie, Zuchtbeete für reale Mitbestimmung in einer gesamteuropäischen Föderation, die sich, wenn nicht in unmittelbarer Zukunft, so doch irgendwann im nächsten Jahrtausend, herausbilden wird. Katalonien lobt sich als »Land Europas« und trägt so auf beiden Schultern: Es unterstützt sowohl den Dschihad als auch McWorld, denn es kann sich um so europäischer geben, je stärker es sich von Spanien absetzt. Wir sind nicht Spanier, sondern Katalanen und damit die besseren Europäer!

In einer Anzeigenserie zu den Olympischen Sommerspielen 1992 in Barcelona brachte Katalonien Madrid mit Landkarten auf die Palme, auf denen Katalonien als Teil Europas abgebildet und Spanien überhaupt nicht verzeichnet war. Der katalanische Nationalistenführer und Provinzpräsident Jordi Pujol spielt in der spanischen Innenpolitik das Zünglein an der Waage und kann solchen Druck machen, daß der spanische König Juan Carlos die Eröffnungsrede für die Olympischen Spiele in Barcelona vorsorglich auf Katalanisch hielt. Der beliebte Monarch war dort drei Jahre zuvor bei der Grundsteinlegung für den Ausbau des Olympiastadions ausgebuht worden, und zahlreiche Katalanen hatten auf Pujols Betreiben gefordert, ihre Sportler getrennt von der spanischen Nationalmannschaft antreten zu lassen! Pujol selbst ist ein rabiater Nationalist, der Katalanisch nicht nur zur Amtssprache in Schulen und Universitäten erhoben hat (Nichtkatalanen müssen es für den Unterricht beherrschen), sondern auch behauptet »Katalonien ist ebenso eine eigene Nation wie Slowenien oder Estland«.[3] Wie bei vielen westeuropäischen Nationalseparatisten geht der Kotau des Katalanen vor Europa und McWorld einher mit Verleugnung nationaler Souveränität – hier der spanischen. Katalonien opponiert durchaus nicht gegen die Märkte von McWorld, sondern will sich bei ihnen Vorteile verschaffen.

Anders als Katalonien haben die okzitanischen Regionen noch nicht so richtig gemerkt, daß sie der Hauptstadt die Stirn bieten können, ohne sich gegen McWorld zu wenden. Gérard Gouiran, Professor für Okzitanisch an der Universität von Montpellier, hält seine Bemühungen um die Lokalsprache für frei von Separatismus. Er meint jedoch: »Die Stärkung der Lokalsprache ist entscheidend für die Erhaltung des Charakters der Region, weil Südfrankreich sich so rasch verändert. Neue hochtechnologische Industrien lassen sich im sonnigen Süden nieder, Landfremde kaufen ganze Dörfer als Ferienkolonien auf, und das Fernsehen bombardiert junge Menschen mit Bildern, in denen ihre eigene Welt überhaupt nicht mehr vorkommt.«[4] Gouiran sagt nicht offen, daß der Feind McWorld ist, bezieht aber klar Stellung zugunsten einer »Eindämmung« der Amerikanisierung Frankreichs und Europas. Im Gegensatz zu Pujol hat er noch nicht begriffen, daß die »kalifornischen Industrien« mit ihren Niederlassungen in Frankreichs Südwesten zu Katalysatoren des Lokalstolzes werden und dem kleinkarierten Anspruch auf Autonomie eine wirtschaftliche Grundlage verschaffen können. Dennoch ist Gouiran wie alle Vertreter von Lokalkulturen McWorld gegenüber zutiefst gespalten. In der Schweiz ist diese Ambivalenz ebenso sichtbar wie in Nordamerikas krassestem Fall von Separatismus, in Quebec.

Schweiz

Die Schweiz ist ein Musterbeispiel für die Probleme, vor denen Europa insgesamt steht, weil sie Europa und dem angeblich irreversiblen Druck der Märkte von McWorld als recht erfolgreiche Marktwirtschaft widerstehen will. Das hat allerdings auch tiefe Klüften aufgerissen, die das Gleichgewicht unter den Eidgenossen ins Wanken bringen. Die Schweizer sind ein loser Bund von deutschen, französischen, italienischen (und rätoromanischen) Volksgruppen und betrachten ihr Land als Ausnahme, als *Sonderfall Schweiz.* Mit ihrer geographischen Lage in Europa und ihrer altehrwürdigen bewaffneten Neutralität wollen sie nicht in die Europäische Union und lehnten 1967 in einer Volksabstimmung einen Antrag auf Aufnahme in die Vereinten Nationen ab. Ende 1992 stimmten die Schweizer nach dem unheilverkündenden dänischen »Nein« zum Vertrag von Maastricht auch gegen eine Mitgliedschaft im EWR (einem Zusammenschluß der EG- und EFTA-Staaten). Dieses Nein folgt kulturellen Bruchlinien, denn die Französischschweizer stimmten mit großer Mehrheit für Europa und die Deutschschweizer mit großer Mehrheit dagegen. Es war den Deutschschweizern schon 1848 schwer genug gefallen, ihre kostbare Semisouveränität an eine neue Bundesregierung abzutreten, als die »moderne« Verfassung bestimmte entscheidende Kantonsprivilegien abschaffte. 1992 leistete weniger die Schweiz insgesamt hartnäckigen Widerstand, denn ihre Eliten, die Bundesregierung, die großen konservativen und liberalen Parteien und die führenden Persönlichkeiten von Konzernen, Banken und sogar Gewerkschaften standen voll hinter Europa, sondern es waren die Kantone und Gemeinden. Die Eliten gaben Millionen dafür aus, die Bürgerschaft aus ihrem demokratischen Hinterwäldlertum zu reißen, und mahnten, ein »Nein« werde die Schweizer multinationalen Konzerne aus dem Geschäft (oder zumindest aus der Schweiz) vertreiben und das Land in »ein Nepal Europas« verwandeln.

Europafreundliche Beobachter, das heißt der größte Teil der europäischen Presse, waren völlig bestürzt und stammelten etwas vom »traditionellen Reflex« der Schweiz und ihrem selbstzerstörerischen »Neoisolationismus«. Dazu gab es die Prognose, die Schweiz sei dazu verdammt, zu einem »Land der Dritten Welt« zu werden, wenn sie sich nicht durch den wirtschaftlichen »Elektroschock« Europas wachrütteln lasse. Dennoch haben die Schweizer einen der höchsten Lebensstandards der Welt (höher als die Vereinigten Staaten), sind überzeugte Anhänger des Freihandels und waren an der Errichtung des finanziellen Skeletts von McWorld beteiligt. Den Schweizer Europagegnern ist es nicht um einen reaktionären Dschihad gegen die Moderne zu tun. Vielmehr kämpfen besonders die Deutschschweizer, aber auch die Italienischschweizer, die im Kanton Tessin fast zu 62 Prozent mit Nein stimmten, im Namen von Kulturautonomie und Regionaldemokratie gegen Europa, also für zwei sonst häufig konkurrierende Werte, die aus historischen Gründen in der Schweiz deckungsgleich sind. Tatsächlich genießen in der ältesten und dezentralsten Demokratie Europas nicht bloß die Kantone, sondern auch die Gemeinden Vorrechte, die den Menschen auf lokaler Ebene von wenigen Verfassungen gewährt werden. *Gemeindefreiheit* und *Kantönligeist* sind offenbar immer noch Werte, für die zu kämpfen sich lohnt, selbst unter Verzicht auf Prämien für wirtschaftliche Integration. Die Tradition, an der die Schweizer festhalten, ist ihre Ortsdemokratie, und ihr Beharrungsvermögen könnte teilweise auf die Überzeugung zurückzuführen sein, daß Eurokraten und Vermarkter von McWorld bei ihrem globalen Spiel mit Demokratie wenig im Sinn haben.

In der Schweiz ist der Kampf gegen McWorld also gewissermaßen ein selbstbewußtes Eintreten für eine kleinräumige Kultur, die zufällig einen Entstehungszusammenhang mit Selbstregierung und regionaler Freiheit aufweist. Von allen Anhängern des Dschihad versuchen die Schweizer wohl als einzige, eine traditionelle Kultur im Namen der Demokratie vor der Moderne zu retten. Wo Isolationisten anderweitig Märkte genau wie die Demokratie als Zwillingsprodukte einer befürchteten Gleichmacherei der Moderne bekämpfen, sind die Schweizer gegen die Homogenisierung, weil sie ihre Demokratie bedroht. Da diese die Schweiz lange vor der Aufklärung erreichte, betrachten selbst die härtesten Aufklärungskritiker die Demokratie als Verbündeten und nicht als Feind.

Die Schweizer unterstrichen ihre Verweigerung gegenüber McWorld, der sie sich wegen ihres wirtschaftlichen Erfolges eher zugehörig fühlen müßten, erneut im Februar 1994, als sie in einer weiteren Demonstration eigensinnigen Volkswillens dafür stimmten, allen Schwerlastverkehr durch ihr Alpenland zu verbieten und nach 2004 die Verladung aller Transitfrachten auf die Bahn vorzuschreiben. Damit drehten sie die Uhr fast ein Jahrhundert zurück. Damals sprachen die Bürger Graubündens ein Verbot für allen Automobilverkehr in ihrem Kanton (der ein Viertel der Schweiz umfaßt) aus. Das Automobil, darin waren sich die Einwohner von Davos, St. Moritz und Chur zu dieser Zeit einig, sei eine Gefahr für die regionale Selbstbestimmung und die lokale Freiheit.[5] Für viele Europäer sind die Schweizer unerklärliche Eigenbrötler: ein wohlhabendes Volk, das seinen ganzen Reichtum für ein Prinzip aufs Spiel setzt, dessen Eigensinn bisweilen wie eine Vorahnung wirkt und dessen Vorahnung oft als Eigensinn abgetan wird.

Bei aller ihrer voraufklärerischen Weisheit im Widerstand gegen McWorld riskieren die Schweizer jedoch zugleich ihre multikulturelle Austariertheit. Die französischsprachigen Schweizer hängen viel weniger an deutschschweizerischen Lokaltraditionen und wollen viel lieber mit Frankreich in ein größeres Europa aufbrechen als ihre deutschen, italienischen und rätoromanischen Vettern. Wenn nur Teile für die weitere nationale Selbständigkeit kämpfen wollen, droht dem Ganzen der Zerfall – eine Entwicklung, die die eidgenössische Demokratie der Schweiz genauso vernichtend treffen würde wie eine bedingungslose Unterwerfung unter Europa.

Quebec

Ungefähr dasselbe Dilemma ist jenseits des Atlantiks bei den Quebec-Separatisten auszumachen. Das bundesstaatliche Kanada hat dort mit einer Provinz Quebec zu tun, deren separatistische Bestrebungen durch die ökonomischen Erfolge in jüngster Zeit eher noch verstärkt wurden. Der widersetzliche Teilstaat macht sich hier gar noch viel mehr mit McWorld gemein als das durch die kanadische Regierung vertretene Ganze. Quebec scheint alles zugleich zu wollen. »Ein souveränes Quebec in einem vereinten Kanada«, wie das vielsagende Witzwort lautet. Vielleicht liegt es daran, daß die Quebecer nicht als fast sieben Millionen französischsprachige Kanadier (mit einer weiteren Million außerhalb der Provinz Quebec) zu sehen sind und sich selber sehen, sondern als französische Diaspora in Nordamerika. Der Kampf einer Diaspora als einer sich nach einer fernen Heimat und einstigem Herkunftsland sehnenden Gemeinschaft ist etwas ganz anderes als der Kampf einer unterworfenen oder in einem größeren Ganzen aufgegangenen Bevölkerung von Ureinwohnern.

Minoritäten wie die Franzosen in Kanada, die Inder oder Chinesen im Ausland und die Juden außerhalb Israels haben ein freundschaftlicheres und wirtschaftlich positiveres Verhältnis zu McWorld, vielleicht weil ihre Existenz und ihre kulturelle Identität am Handel hängt. Ein Quebecer, dem Frankreich nichts bedeutet, ist so schutzlos wie ein polnischer Jude ohne Israel. Sicherheit liegt da in der Interdependenz von McWorld, aus der die Mutterkultur ihre Einmischung legitimieren kann. Quebec düngt also zugleich seine frankophonen Wurzeln, wenn es seine wachsende Bedeutung als hochproduktiver Partner nicht nur der anderen kanadischen Provinzen, sondern auch der USA herausstellt. »Quebec libre« ist keine in Armut und Rückständigkeit verharrende frankophone Provinz, die sich von einem florierenden anglophonen Kanada abschotten müßte, sondern eine selbstbewußte französische Enklave auf einem englischsprachigen Kontinent mit einer Wachstumswirtschaft und lebendigen Wirtschaftsbeziehungen weit über Kanada hinaus. Der Quebecer Dschihad verweigert sich dem multikulturellen Nationalstaat und unterwirft sich zugleich der ökonomischen Moderne.

Noch komplizierter wird Quebecs Dschihad durch das doppelte Dilemma mit den eigenen Ureinwohnern, den Cree-Indianern, und der etwa einen Million nichtseparatistischer Frankokanadier außerhalb Quebecs, die bezüglich ihres Status in Kanada in gleichem Maße auf Quebec bauen wie Quebec selbst auf Frankreich. Die eingeborenen Cree wollen sich selbst von Quebec lossagen, drücken sich dabei allerdings mehr wie Gäste denn als »Eigentümer« von Grund und Boden aus. Sie finden wenig Verständnis bei den Quebecern, die nicht erkennen können, wie gleich ihre eigenen Händel mit Kanada und die der Cree mit ihnen gelagert sind. Noch unangenehmer müßten ihnen die etwa eine Million Frankokanadier außerhalb Quebecs sein. Den 300000 frankophonen Akadiern der Provinz New Brunswick etwa ist Gleichbehandlung nur so lange sicher, wie Quebec zu Kanada gehört. Seit fast vierhundert Jahren schlagen sie sich erfolgreich am St.-Lorenz-Strom durch; sie haben sogar ihre Vertreibung durch die Engländer nach deren Sieg über die Franzosen 1763 überstanden (viele zogen nach New Orleans weiter und gründeten als *Cajuns* dort eine neue Diaspora). Ihr heutiges Paradox liegt darin, daß der Quebecer Separatismus ihren eigenen bedroht.[6]

Der Dschihad ist sogar in seinen friedlichsten Erscheinungsformen fast nie ein Kampf einer ethnischen Splittergruppe um Selbstbestimmung, sondern eine komplexe Auseinandersetzung innerhalb dieser Gruppe selbst, die damit weitere Zersplitterung riskiert und allerhand Konfusion obendrein. Sobald Teile sich berechtigt fühlen, sich vom Ganzen zu lösen, ist die Logik des Dschihad nicht mehr aufzuhalten. Löst sich Quebec von Kanada, verlieren die Frankophonen außerhalb

Quebecs ihre Vorrechte in New Brunswick. Und warum sollten die Cree nicht das gleiche Recht auf Separatismus beanspruchen und sich von Quebec trennen? Und warum sollten anglophone Dörfer nicht von Quebec oder aus einer eigenen Cree-Nation wegwollen, wenn sie nach der neuen Grenzziehung plötzlich zu dieser gehören? Und was ist mit dem Status einer Handvoll Frankophoner, die in vorwiegend englischsprachigen Dörfern einer vorwiegend von Cree bewohnten Region eines vorwiegend französischen Quebec leben? Genau wegen derlei Absurditäten ist der multikulturelle, bürgerlich-konstitutionelle Nationalstaat erfunden worden. Man zerschlage ihn, und alle Paradoxe erstehen mit einer Virulenz wieder, die ihrer jahrhundertelangen Unterdrückung entspricht.

Deutschland

Deutschland scheint ein unwahrscheinlicher Kandidat für einen Dschihad zu sein. Es ist immer noch in historischer Schuld befangen und tut mehr als jede andere Nation der Welt gut daran, den Nationalismus in Schach zu halten, denn als Ursache zahlreicher geschichtlicher Katastrophen bleibt er in Deutschland auf ewig suspekt. Außerdem ist Deutschland frisch wiedervereinigt, demokratisch und so stark mit McWorld und seiner amerikanischen Popkultur verbunden wie kaum ein anderes Land. Und dennoch sucht der Dschihad, vielleicht weil er ebenso McWorlds Verbündeter und Zwilling wie sein Gegner ist, das neue Deutschland erstaunlich heftig heim. Deutsche im heutigen Deutschland, die das wahre, echte Deutschland zurückhaben möchten, wollen alle ausländischen, kommerziellen, materialistischen Fahnen herunterreißen, wünschen sich den Nobelpreis für Hitler und singen von Hakenkreuzfahne und Rassenstolz.

Die Neonationalisten lassen sich nicht abschrecken von der offiziellen Scheu, Deutschland ernst bzw. todernst zu nehmen. Vielmehr schämen sie sich ob dieser Feigheit, der Scham. Wo sonst, fragen sie, würden die harmlosesten Bekundungen des Nationalgefühls als Provokation behandelt und lösten Verbote aus? Warum sei ihre Darstellung der jüngsten Vergangenheit tabu? Selbst den Japanern seien der Tenno und ihre eigene Version der Geschichte belassen worden, einschließlich der Bezeichnung der Kapitulation als »Tag der Schande«. Der Skinhead-Punk vertritt nur eine plumpere Version von Ansichten, wie sie die deutschen Republikaner viel diplomatischer formulieren: »Dieser Staat schämt sich der deutschen Geschichte …« Viele rechtsextreme Gruppen wie die Nationale Alternative sind verboten, aber das bestärkt sie nur in ihrem vermeintlichen Widerstand gegen Überfremdung.

Armut heizt, wie ich meine, den Zorn heiliger Krieger an und macht sie zu noch verzweifelteren Feinden von McWorld, die ihnen jede Hilfe verweigert. Zornige Deutsche sind meist arbeitslos oder unterbeschäftigt mit schlechtbezahlter Arbeit, meist jung mit geringer Bildung und wenig Aussichten, oft Ostdeutsche, denen über Nacht sowohl die Arbeit wie das Netz der sozialen Sicherheit abhanden kam. Sie würden wohl gern in McWorld eintreten, wenn man sie nur ließe, und benutzen mit Vorliebe ihre Instrumente (ob kommerzielle Rockbands oder Internet-Briefkästen wie das Thule-Netz) als Waffen in ihrem Kampf.

In gewissem Sinne sind die deutschen Neofaschisten eine Reaktion auf die Wiedervereinigung, mit der die Leere nach der ausgebliebenen antikommunistischen Revolution ausgefüllt wird. Hätten die bodenständigen politischen Kräfte, die zunächst den Eisernen Vorhang und dann die Berliner Mauer einreißen halfen, den traumatischen Übergang zur deutschen Wiedervereinigung überstanden und bei den vom Westen dominierten Wahlen kurz danach erfolgreicher abgeschnitten, wäre der Extremismus der »Ossis« vielleicht versandet. Aber die Bürgerbewegung des Neuen Forums und die Intellektuellen und Arbeiter, die einen »Dritten Weg« einer bürgerlichen Gesellschaft zwischen staatlichem Zwangssozialismus und privatem Marktkapitalismus suchten, wurden von der sogenannten zweiten Welle der Freiheit weggespült. Die Privatisierung strich die Demokratisierung rasch von der deutschen Tagesordnung. Für die Ostdeutschen hieß das, die individuelle Freiheit mit dem völligen Verlust regionaler Selbstbestimmung zu bezahlen. Nach fünf Jahren solcher Erfahrungen überrascht es nicht, daß viele Ostdeutsche, vom Westen abgestoßen und aus Angst vor den Rechtsextremen in ihrer Mitte, sich mit einer umfrisierten kommunistischen Partei arrangiert haben, die selbst zur Stimme gegen McWorld geworden ist. Da der Dritte Weg nicht in Frage kam und der zweite (der kapitalistische) solche Enttäuschungen brachte, streben sie wieder auf den ersten (den sozialistischen) zurück. Bei den Kommunalwahlen im Juni 1994 schnitten (wie in Ungarn, Lettland und mehreren anderen Staaten) Kommunisten mit dem Parteibuch der umbenannten PDS in vielen Kommunen als stärkste Kraft ab und gewannen sogar die Bürgermeisterwahl in Hoyerswerda (wo es im selben Jahr schon zu Gewalt gegen Ausländer gekommen war).

Wo die alte Linke sich in Opposition gegen die Laster des Kapitalismus neu gruppiert, führt die neue Rechte mit pathologisch überzogenen Ressentiments einen Kulturkampf gegen Ausländer und Materialismus. Heute dürften die meisten Neonazis und Skinheads weit außerhalb der Reichweite McWorlds oder der demokratischen sozialistischen Opposition gegen McWorld sein. Wer als verarmter und immer vergangenheitssehnsüchtigerer Ostdeutscher mit einer Arbeitslosigkeit von 16 Prozent (über dem Bundesdurchschnitt und bei Jugendlichen noch krasser) leben muß, wird Westdeutsche bereitwillig als »die anderen«, als aggressive Vertreter von McWorld und Verräter des wahren Deutschland sehen. Bis zu 25 Prozent der Ostdeutschen unter 25 Jahren werden rechtsextreme Einstellungen zugetraut. Und wer die westdeutschen Vettern nicht beschimpfen will, findet in Deutschlands Gastarbeitern (aus der Türkei und aus Ost- und Südeuropa) so richtig schön andere, nämlich Ausländer mit anderen Sitten und Gebräuchen und fremdländischem Akzent, dunklerer Hautfarbe, die Inkarnation des Bösen – und kann gewalttätig Vergeltung üben. Armut vertieft Entfremdung. Die Rocksänger von rechts sind grün eingefärbte Braunhemden, klagen über »Profitgier, die unsere Umwelt vergiftet«, und obzwar sie eher Gleichaltrige schockieren als den alten Herren schmeicheln wollen (in Lederhosen oder im Burschenschafterwichs treten sie nicht auf), wissen sie genau, daß McDonalds's ein »Drecksladen« ist. Sie pflegen Ressentiments gegen die Einbrüche der Globalkultur, die ihnen an ihrer eigenen Unfähigkeit, etwas dagegen zu tun, paradoxerweise vielleicht besonders deutlich wird.

Da haben sie es bei den echten Ausländern viel einfacher. »Ausländer raus!« läßt sich leichter brüllen als »McDonald's raus!« In Deutschland leben fast 2 Millionen Türken, in Berlin allein 140 000, und gegen solche kann man sich nicht nur zusammenrotten, sondern sie auch zusammenschlagen, überfallen und in ihren armseligen Behausungen verbrennen. 1990 gab es ein paar hundert Übergriffe; zwei Jahre später waren es mehrere tausend – von Januar bis Oktober 1992 bereits 1636 »rechtsextremistische Straftaten«. Es gibt in Deutschland heute vermutlich nicht mehr als 50 000 Rechtsextremisten und darunter nicht mehr als 6500 Neonazis.[7] Aber die radikale Rechte in Deutschland schreit ihre unterdrückten Ressentiments hinaus, die viele Deutsche (wenn auch sicher insgesamt nur eine Minderheit) teilen. In der Tat gibt es weitaus mehr Mischehen zwischen Türken und Deutschen als tätliche Angriffe.[8] Dennoch geht aus einer Umfrage des *Spiegel* hervor, daß 73 Prozent der Deutschen meinen, die Ausländer seien »ein Problem«, das man »in den Griff bekommen« müsse[9], obzwar 85 Prozent der Deutschen Gewalt gegen Ausländer verurteilen. Nicht alle Angreifer sind Skinheads und nicht alle Opfer Ausländer. Auch Juden, Journalisten und andere Bürger werden überfallen.

Die Angriffe auf türkische Wohnheime in Städten wie Magdeburg, Solingen, Mölln oder Rostock sind Mittel zum Zweck. Genau wie Polen einen neuen Antisemitismus auch ohne Juden pflegen kann, können deutsche Skinheads ihre Ressentiments gegen Ausländer auch ohne Türken schüren. Diese sind für die Unterschicht nur die sichtbaren und angreifbaren Symbole der Oberschicht von McWorld (und besonders der westdeutschen), von der sie sich verraten und verkauft fühlt. Und weil es nicht nur frustrierte Jugendliche sind, sondern auch politische Krieger, sind nicht Türken oder Griechen die eigentliche Zielscheibe, sondern das Deutschland, das sich McWorld unterworfen hat. Der deutsche Staat wiederum reagiert auf die Angreifer nicht mit bloßen Ermahnungen zu Gerechtigkeit und Menschenrechten, sondern ermuntert die Aktivitäten von rechts, indem er sich öffentlich um sein Bild im Ausland und seine Anziehungskraft auf Investoren sorgt und fragt, ob die Olympischen Spiele 2000 deswegen an Deutschland vorbeigegangen sind.[10]

Ich gehöre nicht zu denen, die die Deutschen für anfällig dafür halten, ihre Geschichte zu wiederholen. Vielmehr glaube ich, daß die Hunderttausende von Demonstranten mit ihren Mahnwachen und Kerzen gegen rechtsextreme Gewalt und Rassismus den Kampf um die postmoderne deutsche Seele gewinnen werden. Aber nicht so sicher bin ich mir hinsichtlich der Fähigkeit der Deutschen (oder anderer Völker), McWorld in die Schranken zu weisen oder zu demokratisieren. Und es könnte der Kampf gegen McWorld sein, der Deutschlands jugendlichen Faschisten und Rocknazis ihre umfangreichste und potentiell gefährlichste Gefolgschaft einbringt.

12. China und die Pazifikstaaten

In ökonomisch und politisch relativ erfolgreichen Gebieten außerhalb Europas und Nordamerikas nehmen lokale Protagonisten des Dschihad den größten Anstoß an McWorlds kultureller Aggressivität. In vielen asiatischen Nationen kann der Dschihad auch vorgehen, ohne Demokraten vor den Kopf stoßen zu müssen, da die Demokratie mit Modernisierung wenig zu tun hat. In diesem Teil der Welt geht es vor allem darum, Nutzen aus der ökonomischen Modernisierung und aus den kapitalistischen Märken zu ziehen, ohne auch nur vor einer der damit zusammenhängenden politischen Werthaltungen (offene Gesellschaft, Menschenrechte, Freiheit, Demokratie) oder Kulturgewohnheiten (städtisch, materialistisch, konsumistisch) zu kapitulieren. Insgesamt erweist es sich als leichter, die politischen Ideen des Westens auszusperren als die verführerischen Lebensstile von McWorld. Die kommunistischen und nichtkommunistischen autoritären Experimente in Vietnam, Singapur, Korea und China sind der Beweis, wie leicht es ist, freie Märkte von freien politischen Institutionen zu trennen. Das demokratische Indien und Japan zeigen dagegen, wie schwer es ist, bei freien Märkten die Lebensweise von McWorld zu vermeiden.

Im nichtdemokratischen Asien werden Märkte vorsichtig im Rahmen eines zurückhaltenden Merkantilismus begrüßt, bei dem die Regierungen die von den Märkten entfesselten, noch unfertigen, aber produktiven Kräfte zunächst anzustoßen und dann zu gängeln versuchen. Die (nach Ansicht von Westlern) für das Funktionieren von Märkten nötigen demokratischen Institutionen sind völlig unerwünscht. Marktliberale vom Schlag Milton Friedmans oder Jeffrey Sachs' versichern uns, beides sei langfristig nicht voneinander zu trennen, aber langfristig kann hier mehrere Generationen bedeuten, und das dauert für eine Überprüfung der Glaubwürdigkeit ihrer Argumentation zu lang.[1] Tatsächlich gibt es keine bessere Widerlegung der libertären kapitalistischen Wirtschaften Vietnams, Chinas, Singapurs und Indonesiens. Ein westlicher Diplomat in China meint: »Chinas Traum ist es, ein zweites Singapur zu werden«, das deswegen so attraktiv ist,

»weil es westlichen Lebensstandard erreicht hat, ohne sich von politischen Grundsätzen des Westens anstecken zu lassen«.[2]

China hat in den letzten Jahren das schnellste Wachstum erlebt, trotz – oder vieleicht wegen? – der brutalen Unterdrückung der Menschenrechte und der politischen Freiheit während der furchtbaren Ereignisse am Platz des Himmlischen Friedens und danach. China kämpft wie seine Nachbarn zugleich gegen Verwestlichung und um ökonomische Marktproduktivität und um Handel mit dem Rest von McWorld. Obwohl es die Prioritäten seiner Handelspartner in Japan und den Vereinigten Staaten genausogut versteht wie die Logik der Märkte, die Politikfreiheit erheischt und sich zum Staat daher indifferent verhält, verweigert es jedes Zugeständnis in der Frage der Menschenrechte. Denn diese Rechte werden mit ihrer Begleitideologie des politischen Individualismus als Anhängsel einer abwendbaren (und vom unwiderstehlichen Markt leicht abzutrennenden) Kultur gesehen. Und Chinas erfolgreiche Betätigung auf dem Markt, ohne Zugeständnis an die politische Kultur, zeigt, daß seine Führer die Lage richtig einschätzen. In Perry Links Worten hat Deng Xiaoping den Chinesen im Grunde die Formel »Schweigt stille, und ich mache euch reich«[3] angeboten, die nicht nur gegenüber den eigenen Untertanen, sondern auch gegenüber dem amerikanischen Außenmimisterium funktioniert. Im Frühjahr 1994 erreichte China von den USA eine Verlängerung der Meistbegünstigungsklausel (ohne die seine Exporte in die Vereinigten Staaten mit doppeltem Zoll belegt würden), ohne auch nur eine einzige bedeutsame politische Konzession machen zu müssen. Ironischerweise war es nur die starre Mißachtung des Copyrights durch China (die Weigerung, auf Raubkopien von Videos und Kassetten zu verzichten), die schließlich 1995 zu amerikanischen Handelssanktionen und pro forma zu einem Vorgehen gegen die Raubkopierer führte.

Der Chinakenner Thomas B. Gold meint vielleicht mit Recht, daß »die kommunistische Partei sich auf das konzentrieren wird, was sie ihrer Meinung nach am besten kann – vermutlich auf politische Herrschaft, Medien, Erziehung – und der Wirtschaft gestatten wird, zum Teil nach ihrer Eigenlogik zu funktionieren«.[4] Ironischerweise ist der chinesische Kampf gegen die Demokratie zwar bislang erfolgreich, doch geht der Kampf gegen den fremden Lebensstil und die Kultur des Auslands allmählich verloren, weil die »Eigenlogik« der Wirtschaft die Logik von McWorld ist und viel eher die Laster des Westens (seine kulturelle Bilderwelt und Konsumideologie sowie eine »logische« Duldung sozialer Ungerechtigkeit und Ungleichheit) mit sich bringen wird als seine Vorzüge (Demokratie und Menschenrechte). Rußland hat sich zuallererst eine Mafia zugelegt und deswegen noch lange keine freie Presse. Vietnam wird immer noch von einer hegemonistischen kommunistischen Partei beherrscht, leistet sich aber auch ein Fünfsterne-Hilton und sieben Golfplätze, bei denen die Spitzen der Partei kostenlos Mitglied werden dürfen. In Singapur kann man fast alles auf der Welt kaufen, nur kein rechtsstaatliches Verfahren. Über das China nach Deng läßt sich mit Sicherheit nur sagen, daß Kentucky Fried Chicken im Rekordtempo immer neue Filialen eröffnen wird.

Der Kampf um Anhänger der Kulturautonomie innerhalb der herrschenden Kreise und unter den Kultureliten darüber hinaus kann also nicht bloß gegen eine Demokratie gehen, die erst geringe Vorstöße erzielt hat, sondern muß gegen eine ausländische Kultur gerichtet werden, die bereits bestimmend auftritt. Die reale Drohung der »Barbaren«, wie die Chinesen Ausländer seit Tausenden von Jahren nennen, ist weniger ihre offen vorgetragene Forderung nach Demokratie als ihr heimliches Programm von McWorld. Auf der vor Jahrtausenden gegen die Barbarenhorden gebauten Großen Mauer schwärmen nur deren Erben aus, die allgegenwärtigen Touristen, die in China zur Grundlage eines sehr einträglichen Erwerbszweigs geworden sind. Die Chinesen reagieren auf die Herausforderung McWorlds mit dem von den Chinesen gern so bezeichneten »Marktsozialismus«, den der frühere Korrespondent der *New York Times* in Peking trocken als »Marktleninismus« bezeichnet.[5] Leninistische politische Institutionen können sehr wohl mit Marktkapitalismus koexistieren, und die dreißig oder vierzig Rolls-Royces, die in letzter Zeit jedes Jahr importiert wurden, haben die kommunistische Herrschaft nicht erschüttern können. Allerdings sind kommunistische und vorkommunistische chinesische Kulturwerte anfällig für die Botschaften auf den CD-Spielern und die Eindrücke, die durch die Innenausstattungen der eingeführten Rolls-Royces (sowie Land Rover und Mercedes) vermittelt werden. Die Chinesen hoffen darauf, sich Kulturimporte aus dem Ausland zu eigen zu machen, die Artefakte von McWorld und die Bilder des traditionellen chinesischen Kommunismus zusammenzuführen, wie der Maler Wang Guangyi in seiner Verschmelzung westlicher Werbebotschaften mit revolutionären Wandzeitungen auf seinen Bildern oder Feng Mengbo mit seiner Video-Endspielserie, bei der Maos revolutionäre Peking-opern als gemalte Videospiele auf der Leinwand erscheinen.

Auch Seifenopern sind sehr beliebt, und die Chinesen sind mit beträchtlichem Erfolg in die eigene Produktion eingestiegen. 1991 erregte die fünfzigteilige Serie *Aspirations* großes Aufsehen und machte den bereits gesendeten Seifenopern aus Hongkong, Taiwan und Mexiko starke Konkurrenz. In Konjunkturstädten wie Schanghai gibt es wenige Anzeichen für eine Lokalkultur, die stumm oder laut den Dschihad antriebe. Schanghai ist nicht *wie* Hongkong und Singapur, sondern es ist Hongkong und Singapur, nur die Verkehrsstaus sind schlimmer. Chu Chia Chien ist aus ihrem New Yorker Exil in die Stadt ihrer Jugend zurückgekehrt und sagt von ihren neuen Nachbarn: »Sie sind sehr modebewußt, und jetzt tragen sie gerne ein Markenetikett – das ist sehr wichtig, weil es sagt, ›ich habe Geld‹.«[6] Unterdessen erscheint die *China Cultural Gazette,* das Amtsblatt des Ministeriums für Kultur, geglättet und modisch und druckt vollbusige westliche Akte und offene Erörterungen über Sexualität und Erotik. Herausgeber Zhang Zuomin redet in der Sprache der Roten Garden der Kulturrevolution dem Markt das Wort: »Ich glaube, wir müssen die chinesische Kultur aufbrechen und den ›großen Geist der Furchtlosigkeit‹ auf unsere Zeitungsarbeit anwenden.«[7]

Angesichts solcher durch amtliche Förderung von Märkten um sich greifenden Entwicklungen ist unschwer zu erkennen, warum asiatische Behörden in kommunistischen und nichtkommunistischen Ländern gleichermaßen unbedingt Nachrichtenwesen und Medien unter staatlicher Kuratel halten wollen, wenn auch größtenteils vergeblich. Indonesien hat in den letzten Jahren krasse Intoleranz gegenüber seinen unabhängigen Medien an den Tag gelegt, hauptsächlich um politischer Opposition vorzubeugen. Doch die Regierung verspürt eindeutig auch ein gewisses Bedürfnis, die Medienaufsicht in ihrem Kampf gegen ausländische Kultur zu nutzen. Schließlich haben die Cola-Konzerne der indonesischen Teekultur den Krieg erklärt. Und während die Philosophie des freien Marktes die Freiheit der Werbung propagiert, nimmt sie das Vorgehen der Zensur gegen die von der Werbung vertretenen freien kulturellen Lebensstile schlicht nicht zur Kenntnis.

China, das seine Kultur nicht weniger erbittert verteidigt als Frankreich, verstärkt die Aufsicht über die Produktion und Vorführung von Filmen noch eifriger als die Franzosen. Es beschränkt ausländische

Filme auf einen Marktanteil von 30 Prozent. Doch obwohl die Regierung die vollständige Kontrolle über politische Ideen behalten will, hascht sie sozusagen mit einem Schmetterlingsnetz nach Moskitos, indem sie kulturelle Bilder und kommerzielle Informationen dem Markt überläßt. Langfristig werden die kulturellen Moskitos das Regime viel eher zu Fall bringen als die politischen Schmetterlinge, die mit dem Netz gefangen werden können. Künstler haben gelernt, Ironie statt Zorn zu zeigen, während Veröffentlichungen wie die *China Cultural Gazette* peinlichst darauf achten, daß sich keine politische Kritik zwischen Nacktfotos und Klatsch einschleicht. Die Behörden verstehen wohl, daß das, was sie mit Schloß und Riegel an der politischen Vordertür draußen halten wollen, häufig durch die sperrangelweit geöffnete Hintertür des Markts hereinsickert. So werden zum Beispiel Satellitenschüsseln von der Armee und dem Ministerium für Rundfunk, Film und Fernsehen verkauft, obwohl sie offiziell verboten sind. Und so wettern Regierungsvertreter einerseits gegen die zersetzende westliche Kultur, während ihre Kollegen fleißig die Instrumente der Zersetzung verhökern. Ein wirtschaftlicher Erfolg der aufstrebenden Branche – eine Satellitenschüssel für jeden Haushalt – wird ein deutliches Zeichen für die kulturelle Niederlage sein. Dann ist McWorld in jedem Haushalt.

Heiße Kriege werden mit Waffengewalt ausgetragen: der kalte Krieg stellt Propaganda und Bilder in seinem Kampf um Herzen und Hirne unmittelbar in den Dienst politischer Ideen. Der Krieg von McWorld geht ohne besondere Absicht vor, umgeht Herz und Hirn zugunsten von Bauch und Sinnen und verführt die Menschen mit dem Sirenengesang von Ichbezogenheit und Begehren, wobei das Ich völlig durch Habenwollen und Konsumbereitschaft definiert ist. Chinesische Zuschauer nach dem Massaker auf dem Platz des Himmlischen Friedens »sollten eigentlich an wahrheitsliebendem Journalismus« interessiert sein, aber als Empfänger der Videologie von McWorld gestehen sie ein, »viel lieber Unterhaltungs- und Krimiserien zu sehen als Nachrichtenprogramme«. Zhang Tse Tung, der einen staatlich konzessionierten Laden für Satellitenschüsseln betreibt, meint, »die Leute wollen Unterhaltung. Sie interessieren sich weniger für BBC als für MTV ...«[8]

China hat noch ein anderes Problem: wie es seine ideologisch motivierten zentralen Direktiven in Regionen mit erheblicher geographischer Selbständigkeit durchsetzen soll, die (schon auf Befehl) mehr auf

Ökonomie als auf Ideologie geben und politische Erlasse häufig zugunsten von Wirtschaftserlassen in den Papierkorb werfen, weil die beiden zwar von derselben Zentralregierung kommen, aber in krassem Widerspruch zueinander stehen. In Sonderwirtschaftsgebieten in Südchina, Schanghai, am Jangtse und in der Mandschurei ist der Dschihad der Zentralregierung gegen die Verwestlichung so gut wie wirkungslos. Wie Katalonien oder die Lombardei erlangen solche Regionen durch direkte Beteiligung am Welthandel eine gewisse Unabhängigkeit von der chinesischen Regierung. Befehle aus Peking an Banken, das Spekulieren einzustellen, werden schlichtweg ignoriert. Befehle, den Ölverbrauch durch lokale Produktionsbeschränkungen zu drosseln, werden in ähnlicher Weise durch gesteigerte Importe aus dem Ausland umgangen. Eine von der Regierung betriebene Familienplanungsklinik verkehrte vor kurzem ihre ideologische Ausrichtung durch die Behörden (ein Kind pro Familie) in ihr Gegenteil, als sie entdeckte, daß mit Fruchtbarkeitsberatung mehr Geld zu verdienen ist. Manche Beobachter sagten voraus, daß Regionen am äußersten Rand wie Tibet oder die ölreiche Provinz Sinkiang ein chinesisches Quebec probieren und sich ganz von China lossagen könnten, obwohl die brutale Unterdrückung in Tibet erkennen läßt, wie interessiert die Führung an der Sicherung ihrer Herrschaft ist.[9] Wie im Westen kann der Zusammenbruch einer zentralistischen kommunistischen Regierung Anarchie bedeuten – ein Argument, das schon die Mandarine der Kaiserzeit gern gegen die Demokratisierung ins Feld führten. Ein Funktionär meint: »In der ganzen chinesischen Geschichte gab es Chaos und Warlords, wenn keine starke Zentralgewalt vorhanden war. Wenn wir zuviel Demokratie wollen, fällt alles wieder auseinander. China wird sich aufspalten, und es wird bei uns schlimmer kommen als in der Sowjetunion.«[10]

Natürlich würde kein aufmerksamer Beobachter behaupten wollen, daß China vor einem inneren Dschihad gegen eine zentrale modernisierende Herrschaft in einem Maßstab wie in Osteuropa und den Regionen der früheren Sowjetunion steht. Weniger als 10 Prozent der Bevölkerung (unter 100 Millionen Menschen) gehören zu den 55 ethnischen Minderheiten Chinas, und diese sind auf den Westen des Landes konzentriert. Dennoch gibt es Befürchtungen, daß zugleich mit dem chinesischen Kampf gegen die Verwestlichung entlegene Regionen wie Sinkiang, Tibet und die Innere Mongolei ihren eigenen Kampf gegen die »Sinifizierung« steigern könnten. Im vorwiegend muslimischen Sinkiang etwa haben die Uiguren mehr mit den Nachbarn jenseits der früheren Sowjetgrenze gemein als mit den Kadern in Peking. Die Zentralregierung hat sich früher etwa in Tibet auf Gewalt verlassen und wird sicher wieder desgleichen tun, besonders in unterentwickelten Regionen. In den Sonderwirtschaftszonen im Süden jedoch, wo ökonomischer Erfolg in Verbindung mit regionaler Autonomie einen natürlichen Katalysator für größere Unabhängigkeit schafft, dürfte die Lage schwerer zu beherrschen sein. Außerdem ist die Furcht vor dem »erneuten Zerfall« tief in Chinas vorkommunistischer Geschichte des Warlord-Unwesens und der Klanfehden verwurzelt, und Fehden flammen in den Provinzen wieder auf, sobald die kommunistische Partei ihren Griff lockert.[11] Die dreifache Bedrohung durch Abtrennung entlegener Regionen, Klanfehden auf Dorfebene und relative ökonomische Unabhängigkeit in den Sonderwirtschaftszonen muß die Zentralregierung sehr beunruhigen.

China ist natürlich ein Sonderfall: Ein riesiges, uraltes hochzivilisiertes, kommunistisches, traditionell Ausländern und ihrer barbarischen Kultur abgeneigtes Land, das zwar mit seiner lebenskräftigen Dorfkultur historisch dezentralisiert, aber in keinem Zeitpunkt seiner langen Geschichte wirklich demokratisch war. Seine Varianten sowohl des Dschihad als auch von McWorld dürften sehr eigentümlich ausfallen. Verblüffenderweise scheint McWorld auch hier unwiderstehlich, obwohl eine tiefverwurzelte Kultur eigentlich die größten Chancen gegen die Kinder der westlichen Aufklärung haben müßte. Wie bei Katalonien und Quebec gehören die Provinzen, die am erfolgreichsten für Befreiung von der Fuchtel der Zentralregierung und der besserwisserischen kommunistischen Parteifunktionäre streiten, eher zu den Anhängern von McWorld als zu dessen ängstlichen Gegnern. Soochow ähnelt allmählich Nanking, Nanking Schanghai und Schanghai Hongkong. Und so sieht China jeden Tag mehr so aus, als erfülle sich, was der oben zitierte Diplomat als den chinesischen Wunschtraum bezeichnete: zu einer gigantischen Version von Singapur zu werden, wo man tun kann, was man will, vor allem Geld güterwagenweise scheffeln, solange man den Mund hält und politisch neutral bleibt.

Gewiß ist China im Eindämmen sowohl seines inneren Dschihad als auch der Außeneinflüsse von McWorld erfolgreicher als etwa Sri Lanka, wo die Regierung des einstigen Inselparadieses Ceylon vom

Aufstand ethnischer Tamilen im Norden (den sogenannten Befreiungstigern) und einem extremistischen Gegen-Dschihad ihrer eigenen singhalesischen Mehrheit in Atem gehalten wird. Oder Indonesien, ein schlummerndes asiatisches Jugoslawien, wo 350 unterschiedliche ethnische Gruppen, die meisten mit eigener Sprache, 13 000 Inseln eines Archipels bewohnen, die hauptsächlich durch die militärische Gewalt eines autoritären Regimes unter dem Kommando Suhartos zusammengehalten werden. Suharto ist ein energischer Diktator, der für seine Liquidierung einer halben Million Kommunisten in den sechziger Jahren genauso bekannt wurde wie für seine blutige Militärinvasion von Ost-Timor in den siebziger Jahren (die mit Iraks Besetzung von Kuweit verglichen wird) und seinem bemerkenswerten Erfolg beim Anwerfen der indonesischen Wirtschaft in den achtziger Jahren. Indonesien, das vielleicht nur als billige Produktionsstätte für Schuhe und Bekleidung des Westens gilt (Arbeiter verdienen 700 Dollar jährlich), hat unter dem in Deutschland ausgebildeten Minister für Forschung und Technologie B. J. Habibie beschlossen, die höchsttechnisierte Seite von McWorld zu verfolgen. Es stellt bereits kleine Verkehrsflugzeuge und Hubschrauber her und hofft andere industrialisierte Nationen zu überspringen, indem es entschlossen in Hochtechnologiebereiche des einundzwanzigsten Jahrhunderts vorstößt. Mit seiner vielfältigen Multikultur braucht Indonesien weniger Angst vor McWorlds Unkultur als vor den multikulturellen und demokratischen politischen Idealen des Westens zu haben. Bevölkerungsverteilung und Topographie begünstigen Zersplitterung, so daß die Kampfaufgabe Suhartos darin besteht, die Teile Indonesiens durch wirtschaftlichen Fortschritt und militärische Gewalt zusammenzuhalten.

Die asiatischen Demokratien in Japan, Indien und (seit neuestem) Korea sind aus anderen Gründen als China Sonderfälle. Als überzeugte Demokratien haben sie sich bereits der Macht der westlichen Ideologie gebeugt und schätzen deren Ideale – und sei es auch nur, weil sie einst Kolonialvölker des Westens waren oder im Krieg von ihm besiegt wurden. Ihr Kampf geht genau in die entgegengesetzte Richtung wie der Kampf Chinas. Sie mißtrauen nicht den westlichen politischen Idealen, sondern jener westlichen Kultur, die sich durch aggressiven Kommerz und die von liberalen Märkten begünstigte Ökonomie des Laissez-faire ausbreitet. Indien steht vor einem inneren Dschihad sowohl von seiten der hinduistischen als auch der muslimischen Fundamentalisten, die einander vielleicht weitaus mehr verabscheuen als das allgegenwärtige McWorld, zudem noch von seiten der Separatisten in Assam.

Japan dürfte die asiatische Nation sein, der es am besten gelungen ist, zuerst ihre Wirtschaft zu modernisieren und dann eine globale wirtschaftliche Führungsstellung zu erringen, ohne einer kompletten Verwestlichung zu erliegen. Demokratie wird mit japanischem Akzent ausgesprochen, und selbst die Wirtschaft wird von einer Politik genährt, die den grobschlächtigen westlichen Marktkapitalismus mit einer sorgfältigen Mischung aus merkantalistischen Staatssubventionen und korporatistischem Paternalismus abdämpft. Der gemeinschaftlichere, konsensbetonte, ja sogar familiäre Charakter des japanischen Unternehmensklimas wird im Westen sogar von Bewunderern übernommen, die sich vom einstigen japanischen Wirtschaftswunder beeindrucken lassen. Obwohl Japan ethnisch nicht so homogen ist, wie manche glauben, hat es sogar die sanfteren Formen des Dschihad vermeiden können, die wir in Frankreich, Italien oder in China gesehen haben. Wie James Fallows überzeugend nachweist, hat Japans ausgeprägte Inselkultur den Einfluß ökonomischer Theorien gemildert und eine Distanz zu den kulturellen Artefakten von McWorld geschaffen, wie sie sonst nirgends üblich ist.[12]

Dennoch bleibt Japan nicht völlig verschont, und die Betonung seiner angeblichen Immunität gegenüber McWorld ist möglicherweise eher ein Produkt westlicher Ängste vor japanischer Überlegenheit als eine realistische Einschätzung seiner kulturellen Autonomie. Immerhin hat Japan amerikanische Kultur mindestens seit der langen und prägenden Besatzungszeit aufgesogen. Karl Taro Greenfeld liefert eine verblüffende Schilderung von »Gangstern, Rockmusikern, Hostessen, Pornostars, Rauschgiftsüchtigen, Computerhackern, Nachtclubbesuchern, Drogenhändlern und Radfahrern«, die darauf schließen läßt, daß Japans gegenwärtige Generation – Greenfeld nennt sie die *Speed Tribes* – eine Scheidelinie zwischen einer traditionellen Inselvergangenheit Japans und einer verblüffend assimilatorischen globalen (McWorld-)Zukunft darstellt.[13] Japanische Rockgruppen (mit Namen wie *Hundesöhne* und *Blaue Herzen*) werden immer zahlreicher, doch laut dem Musikkritiker Neil Strauss sind sie »kulturelle Schwämme, die brasilianischen Bossa Nova, britischen Hard core und amerikanischen Rockabilly übernehmen ... und Popkürzel von überall außer von Japan entlehnen«.[14] Das Urteil darüber, wie umfassend der Wandel in der neueren japanischen Musik, Literatur und Popkultur wirklich ist und ob die Verhaltensänderungen aus dem Aufstieg von McDonald's und Kentucky Fried Chicken auf den jeweils ersten und zweiten Platz des japanischen Gastgewerbes ins kulturelle Urgestein des Landes sickern und es zersetzen werden, muß hier besseren Japankennern überlassen bleiben.

Wie so viele Nationen mit einem Mißtrauen gegenüber McWorld, das sie zur diplomatischen Abwehr (einer Art weichem Dschihad) gegen die kulturelle Überfremdung zwingt, steht Japan vor einem eigenen Protestpotential von Minderheiten, die sich von ihm lösen wollen. Japan erscheint diesen Minderheiten genauso wie McWorld den Japanern, und McWorld wird so zu ihren Verbündeten. Das 1879 von Japan annektierte und von den Vereinigten Staaten im Zweiten Weltkrieg eroberte und 1972 zurückgegebene Okinawa etwa hat in Japan Ängste mit seinen Versuchen geweckt, die Sprache Okinawas und die lokalen Bräuche wiederzubeleben. Die okinawische Bewegung folgt jener eigentümlichen Feudaldynamik, die wir woanders in Fällen beobachten können, wo ein ethnisches Bruchstück eines pluralistischen Nationalstaats die Weltkultur und Weltwirtschaft nutzt, um seinen eigenen Anspruch nach Selbstbestimmung gegen das Mutterland durchzusetzen, das sich vielleicht im Namen seiner eigenen Autonomie gegen die Weltkultur und die Weltwirtschaft wehrt. In ihrem Kampf für eine andere als die japanische Identität griffen die Okinawer zu einer Mischform von Rockmusik mit Anleihen bei Bob Dylan, John Lennon und Bob Marley, um einer lokalen Volksmusik »zum Orchesterkontext aufzuhelfen«.[15] Auf seinem entschlossenen Marsch zurück in die eigene Geschichte scheint das kleine Okinawa unbekümmert vorwärts auf McWorld zuzumarschieren. Das sind die Treppenwitze des Dschihad.

Allgemein scheint bei Japan allerdings der Dschihad auch für flüchtige Beobachter mit oder ohne seine Ironien nicht lediglich einen inneren Kampf von Minderheiten gegen eine japanische Mehrheitskultur zu bezeichnen, sondern den Kampf des offiziellen Japan selbst gegen den zersetzenden Einfluß der globalen Kultur, in die es durch seinen wirtschaftlichen Erfolg gestoßen wird. Was aber für die meisten Völker gilt, die sich zwiespältig gegen McWorld wehren, gilt besonders für die Japaner: Träger der Zersetzung sind schließlich weder Ausländer noch Barbaren, sondern Japans eigene junge Leute, die sich noch während der Bemühungen der eingeborenen Kultur um ihre Sozialisierung zu gebürtigen Japanern als gelehrige Schüler der globalen Praxis von McWorld erweisen.

Aus diesem kurzen Rundblick auf den Kampf gegen McWorld innerhalb der Nationen, in denen der Kapitalismus am erfolgreichsten ist, wird ersichtlich, daß die Konfrontation von Dschihad und McWorld vorrangig weder in der Stadt noch auf dem Lande, weder in übervölkerten Innenstädten noch in blühenden Landschaften stattfindet, sondern in den zerrissenen Seelen der jungen Generation. Ganze Völker mögen unter Feuer genommen werden, doch die eigentliche Zielscheibe ist die Jugend. Auf Okinawa, in Tokio, in jedem Land der Welt wird die junge Generation durch die entgegengesetzten Zugkräfte von Vergangenheit und Zukunft auseinandergerissen. Denn die Jungen tragen die Gewehre für die I.R.A. und die serbische Miliz und dazu die Kopfhörer von Sony und Nintendo. Die Jungen rocken zur harten Musik von MTV und Star Television und rollen zu den noch schrilleren Sirenengesängen von ethnischer Identität und Haß auf die anderen. Zur Schlacht gegen die zersetzenden Kommerzkolonialisten laufen sie auf elastischen Synthetiksohlenkissen von Nike und Reebok. In der Pause zwischen den Stammesschlächtereien erfrischen sie sich mit einem Weltgetränk wie Pepsi oder Coke. Sie zupfen ihre lokalen Volkstumszithern gegen eine zentralistische und überfremdende französische, deutsche oder japanische Kultur, die sie verachten, und schlagen dann auf ihren seltsamen Instrumenten die Töne einer noch zentralistischeren und noch überfremdenderen globalen Kultur an. Sie hecken Verschwörungen gegen eingewanderte Ausländer über von Ausländern hergestellte und im eigenen Land von Einwanderern zusammengesetzte Computermodems aus. Sie sehnen sich nach der kollektiven Geborgenheit des Stammes und der Gang und schätzen doch die Anonymität und Einsamkeit des Cyberspace. Gleichermaßen fasziniert von dem Blut, das sie verbindet, und dem, das sie vergießen, bewegen sie sich dennoch in der blutleeren Welt von Verkaufsförderung und Produkt, als wären sie hineingeboren (was sie auch sind). Ob sie sich mit den Los Angeles *Boods* oder *Cripps* herumtreiben, zur neonazistischen Berliner Nationalen Alternative gehören oder zu den *Speed Tribes* von Tokio, ob sie auf Jugendliche schießen, die aus der bosnischen Todeszone wollen, oder ob auf sie geschossen wird, ob sie als minderjährige Hutus Tutsis oder zwischen den mörderischen Brüdern vermittelnde zwanzigjährige französische Fallschirmjäger töten, sie werden die Gestalter des einundzwanzigsten Jahrhunderts sein – und seine Opfer. Sie halten Dschihad und McWorld in ihren zerrissenen Seelen in der Schwebe, die weder einen abstoßen noch beide beherbergen können. Widerwillig von einer durch Kultur und Stamm definierten Vergangenheit in eine Zukunft gezerrt, in der Geschwindigkeit zur selbständigen Identität wird, beschleunigen sie in Richtung auf die Grenzen der Natur – auf der Suche nach einem Dämpfungsmittel (oder Katalysator?) für ihre eigene Rastlosigkeit. Wie sich ihre zuckenden Seelen entscheiden, dürfte das Ergebnis der Weltzivilisation vorwegnehmen, deren Aussichten damit nicht gerade verheißungsvoll sind.

13. Der Dschihad in den Übergangsdemokratien

Die paradoxe Schnittstelle zwischen Dschihad und McWorld ist nirgendwo sichtbarer als in den »Übergangsdemokratien« hinter dem zusammengefallenen Eisernen Vorhang – die zwar nicht mehr kommunistisch, aber meist auch nicht demokratisch sind, noch dies in nächster Zukunft werden dürften. Wenn es überhaupt eine Entwicklung gibt, verläuft sie rückwärts statt vorwärts. Der zum Führer der als »Weiße Adler« bekanntgewordenen serbischen Privatmiliz aufgestiegene frühere Redakteur und Filmregisseur Dragoslaw Bokan bekennt: »Ich glaube nicht an die Demokratie, weil ich nicht glaube, daß irgendeine Gruppe zu beliebiger Zeit Weg und Ziel ihrer Vorfahren nach eigenem Willen verändern kann.«[1] Ein anderer abgedankter Provinzakademiker kommt zu dem Schluß: »Zuviel Geschichte und zuwenig Raum. Es gibt hier keine Liberalen, nur Nationalisten. Wir sind die Opfer einer alten nationalistischen Idee, die wir nicht mehr loswerden können.«[2] Die nationalistische Idee, die so viele Osteuropäer zugleich fürchten und verehren, ist nicht mehr das Ideal von Zusammenschluß und Staatsgründung wie im 19. Jahrhundert. Jugoslawien, behauptet Zarko Domljan, der 1991 gewählte Parlamentsvorsitzende Kroatiens, »ist keine Nation, sondern eine Gemenge alter Stämme«, und in Zeitungsschlagzeilen figuriert die Region regelmäßig als »Hexenkessel des Hasses«.[3]

Innerhalb der entwickelten Welt, zu der diese scharfkantigen mitteleuropäischen Splitter des früheren Sowjetreichs gehören wollen, gibt es keine Region, in der der Dschihad ein häßlicheres Gesicht zeigt oder spalterischer auftritt. Sowohl als Kampf gegen multikulturelle Nationalstaaten mit ehemals erfolgreicher Einbindung mehrerer Völker, so Jugoslawien, die Tschechoslowakei und die Sowjetunion, wie als Abwehrschlacht gegen die Überfremdung durch die unersättlichen Märkte McWorlds hat der Dschihad in Mitteleuropa und Westasien seine natürliche Heimstatt gefunden. Sein Zirkel schlägt den großen Bogen kämpfender Stämme von der Adriaküste durch Albanien und Jugoslawien und dann an Bulgarien im Süden und Ungarn im Norden vorbei in nordwestlicher Richtung durch Rumänien und Siebenbürgen über Moldawien und Bessarabien in die Ukraine und auf die Krim, um das Schwarze Meer bis nach Transkaukasien, wo Aserbaidschaner und Armenier sich an den Ufern des Kaspischen Meeres und der Grenze zwischen Europa und Asien bekriegen. Dieser blutige Bogen ist schon immer der Kern von Europas Unruhegebiet gewesen. Über ihm spannt sich ein zweiter, kaum weniger blutiger Bogen von der Tschechoslowakei und Polen durch die Baltenstaaten Litauen, Lettland und Estland im Norden nach Weißrußland, Rußland und der Ukraine, mit ganz eigenen multikulturellen Alpträumen.

Unter den Großreichen der Osmanen, Österreich-Ungarns und der Russen wurden diese von zahlreichen unterschiedlichen Bevölkerungsgruppen bewohnten Regionen sauber in pluralistische Toleranzgebiete zerlegt, in denen die Lokalkultur unter dem wachsamen Auge von Monarchien erblühte, die kein anderes Blutvergießen duldeten als solches, das sich aus ihrer eigenen Politik ergab. Die neoimperialistischen Kommunisten erzwangen ebenfalls eine Nationalitätenpolitik, die Kleinstaaterei nicht zuließ und rigoros unterdrückte. Heute haben sich die Maschen dieser imperial gestrickten Zwangsjacke völlig aufgelöst und zwei tollwütige Spielarten des Dschihad hinterlassen – die antipluralistische und die antimoderne –, mit denen die Niederlage des kommunistischen Imperialismus in einen Sieg für Irredenta und Völkermord verwandelt und die Demokratie vor der Tür abgestellt wurde.

In diesem blutigen Bogen ist McWorld sowohl das Ziel als auch die Ursache eines unabwendbaren Dschihad. Kriminalität und neue Märkte versorgen antiwestliche Hitzköpfe und eingefleischte Kommunisten und Nationalisten mit hochbrisanter ideologischer Munition. Der freie Markt in Rußland wird weithin mit Bankrott assoziiert, der die Ersparnisse von Millionen verschlungen und sie ein für allemal gegen das eingenommen hat, was sie als unregulierten und verdorbenen, von Solschenizyn als »wild« bezeichneten Kapitalismus wahrnehmen. In der Ukraine ist nach einer Schätzung mehr als die Hälfte »aller wirtschaftlichen Betätigung illegal«.[4] Das Verbrechen ist auf dem Gebiet der ehemaligen Sowjetunion so allgemein verbreitet, daß ein Beobachter vorgeschlagen hat, man solle es auf oberster Ebene legalisieren, da »die Russen an eine harte Hand gewöhnt sind. Wenn die Unterdrückung durch eine Mafiabürokratie eine Rückkehr zu der relativen Ordnung böte, wie man sie unter der kommunistischen Herrschaft genoß, würden sich viele mit Freuden darauf einlassen.«[5]

Viele neuerdings »freie« Völker, die ihre Regierungen immer noch nicht den Kriminellen des Privatsektors überlassen wollen, haben die Zügel wieder Verbrechern aus dem staatlichen Bereich in die Hand gegeben: Exkommunisten und Nationalisten, die unter dem alten kommunistischen Regime herrschten und nach Eintausch ihrer Kommissarsschulterstücke gegen eine privilegierte Stellung in der neuen kapitalistischen Ordnung und nach Ersetzung der alten leninistischen Lehren durch noch ältere Stammesdogmen mehr als bereit waren, wieder mit der harten Hand zu führen, nach der sich ein verzweifeltes und erschöpftes Wahlvolk inzwischen sehnt. Die neue politische Arithmetik setzt Verbrecher und McWorld (und manchmal Verbrechen und Demokratie) gleich und verleiht dem Stammes-Dschihad gegen sie die höheren Weihen eines Feldzugs für Sauberkeit und Anstand. Lettland, Weißrußland, die Ukraine, Polen, Ungarn, Serbien, Kroatien, Bulgarien und die Mongolei gehören zu den Ländern, in denen enttäuschte Bürger in den zweiten freien Wahlen »neue« Regierungen aus Altkommunisten wählten, die sich auf die eine oder andere Art nationalistischen und ethnischen Doktrinen verpflichtet fühlen. Wo selbst diese Exkommunisten zu gemäßigt sind, schießen sich rechtsextreme Nationalisten und Antisemiten – wie Istvan Csurka in Ungarn und die rumänische Parlamentsmehrheit, die neuerlich dafür stimmte, Ion Antonescu zu ehren, Rumäniens Führer in Krieg und Faschismus – auf die Gemäßigten und ihr parlamentarisches System ein, genau wie Hitler einst auf Weimar.[6] Sie warten nur darauf, daß die Ungeduld der Bevölkerung schwache politische Institutionen überrennt, die häufig deswegen keine Wurzeln schlagen können, weil keine bürgerliche Gesellschaft als Nährboden vorhanden ist.

Der notorischste unter den neuen Götzenanbetern der alten Welt, Wladimir Schirinowski, trifft genau den rechten Ton in seiner Verbindung von engstirnigen Interessen des fanatischen russischen Nationalismus und des Kampfes gegen McWorld und giftet fast noch gedämpft: »Denen (den Westmächten) war es völlig egal, wer Rußland beherrschte, Zaren oder Kommunisten, sie wollten Rußland nur vernichten.« Während die Deutschen in zwei Weltkriegen mit brutaler Gewalt und Blitzkrieg eingefallen seien, kämen die neuen Aggressoren mit »netten Sprüchen von Demokratie und Menschenrechten … Die Amerikaner sind schlau.« In diesem Punkt hat er sicher recht: »Sie wissen, daß sie uns besser mit Kaugummi, Seidenstümpfen und McDonald's kommen.«[7] Mit seiner Anspielung auf die Nylons und Süßigkeiten der Zeit nach dem Zweiten Weltkrieg ist er ein bißchen hinter der Zeit zurück, wenn man aber McDonald's beläßt und Kaugummi und Seidenstrümpfe durch Macintosh-Computer und Nike-Schuhe ersetzt, ist die Vorhut von McWorld treffend benannt.

Es gibt kein Land in Ost- und Mitteleuropa oder in den Republiken der alten Sowjetunion, das sich gegenüber der Seuche des Dschihad als immun erweist und darunter nicht politisch und wirtschaftlich zu leiden hätte. Erzeugt von Angst und Unsicherheit und getrieben vom Fehlschlag plumper und dümmlicher Versuche, westliche politische und wirtschaftliche Institutionen pauschal dafür völlig unvorbereiteten Gesellschaften aufzupfropfen, ist eine Vielzahl kleiner, aber gefährlicher Dschihads erblüht und repräsentiert eine Region, aus der keine wirklich überzeugenden Erfolge zu vermelden sind. Nicht aus Tschechien, trotz dessen unblutiger (wenn nicht ganz »stiller«) Revolution und seines Dichterpräsidenten, der mit seinem ganzen Ansehen als Dissident die Scheidung seines Landes von der Slowakei nicht abwenden konnte; auch nicht aus Ungarn, obwohl dieses ethnisch fast monokulturell und daher angeblich vor den Verheerungen des Stammesdenkens sicher ist, auch nicht aus Polen trotz seines relativen wirtschaftlichen Erfolgs und seiner Tradition von Katholizismus und Gewerkschaft, die es mit dem Westen verbinden, und ganz gewiß nicht aus Rußland. In jedem dieser Länder belauern ethnische Spannungen, auferstandene Heilslehren, separatistisches Grollen oder nationalistisches Eiferertum eine Regierung, die theoretisch der Verfassungskultur des Westens und den Märkten von McWorld verpflichtet ist.

An tragischer Ironie kommt kein Land Jugoslawien gleich, dessen bloße Erwähnung einen Dschihad im Bereich von McWorld beredter heraufbeschwört als eine komplette Bibliothek. Hier war der einzige kommunistische Staat, der wenigstens ein bißchen von linken Demokraten und Idealisten im Westen bewundert werden konnte, tapfer genug, Stalin abzuschütteln, phantasievoll genug, sein sozialistisches System föderalistisch zu gestalten und seinen Arbeitern Mitbestimmung zu gewähren, so einfallsreich, seine feindlichen ethnischen Splitter botmäßig zu machen, und so vorausschauend, eine starke und auf Jugoslawien eingeschworene pluralistische Armee zu schmieden. Sein Versagen – der Sieg der Geschichtsklitterung über tatsächliche Errungenschaften – ist seitdem die Schande des Westens. Die Zukunftsverheißung in Belgrad wurde gegen aufgefrischte Erinnerungen an panslawistische Träume aus dem neunzehnten Jahrhundert wie die von Nikolaj Danilewskij eingetauscht, der von einer dem katholischen Westen feindlichen orthodoxen russischen Seele redete und damals die Phantasie nicht nur der Russen, sondern auch der Bulgaren, Mazedonier und Serben beflügelte. Das zaristische Rußland entsandte tatsächlich 1877 Freiwillige, um den Aufstand von Serben und Montenegrinern gegen die Türken zu unterstützen, und Serbien revanchierte sich (in grober Vereinfachung) 1914 dafür, indem es im Kampf um seine Unabhängigkeit vom österreich-ungarischen Reich Rußland in den Ersten Weltkrieg hineinzog. Serbien rechtfertigt heute seine ethnischen Greueltaten in der Region unter Berufung auf antivatikanische und antideutsche Ressentiments und ist beleidigt, weil es seiner Meinung nach von Rußland »verraten« worden ist (auch wenn eine »Zarenwölfe« genannte Gruppe russischer Freiwilliger am serbischen Feldzug in Bosnien teilnahm).

Ich will allerdings nicht versuchen, dem tragischen Blutbad gerecht zu werden, das so rasch zu Jugoslawiens Schicksal wurde. Diese Geschichte ist in den letzten Jahren ständig in den Schlagzeilen gewesen. Ein Blick auf die absurden Landkarten, die von verzweifelten Möchtegern-Friedensstiftern in dem Versuch gestrichelt wurden, sich aus dem Flächenbrand herauszuhalten, ohne sich der nackten Gewalt völlig zu unterwerfen, zeigt zur Genüge, wieweit das bedauernswerte Jugoslawien in eine brutale und zersplitterte, wenn auch weitgehend eingebildete Vergangenheit zurückgefallen ist. Es ist schwer zu sagen, was zynischer erscheint: der Geist der Selbsttäuschung und Beschwichtigung, mit dem rückgratlose »besorgte« Außenseiter nacheinander ihre diversen Landkarten zeichneten, oder die Heuchelei und Verlogenheit, mit der die Kriegsbeteiligten damit spielten und sie immer wieder ablehnten. Vielleicht ist es auch egal. Denn der Zynismus aller Verhandlungen in der Region ist letztendlich nur eine passende Reaktion auf ihre blanke Vergeblichkeit.

Jugoslawien gerecht zu werden, ganz zu schweigen von den Dutzenden neu entstehenden Stammessplittern, würde erfordern, hier ein mitteleuropäisches Nachschlagewerk über Volkstum und Bürgerkrieg zu erstellen, das gewiß Dutzende von Bänden füllen würde. Es gibt schlicht keine wirksame Methode, den multiplen Dschihads gerecht zu werden, die gegen McWorld aus einer Region entspringen, die innerhalb von McWorlds Grenzen liegt, ohne aber richtig dazuzugehören. Ich will nur ein Beispiel nennen, einen Nationalstaat genau in der Mitte, in dem trotz eines starken Nationalcharakters fast jedes vergiftete Attribut eines spaltenden Dschihad gegenwärtig ist oder droht: die Ukraine. Diese größte und mächtigste unter den neuerlich selbständigen nichtrussischen Nationen der ehemaligen Sowjetunion, für viele »der kranke Mann am Schwarzen Meer«[8], hat Atomwaffen (die abgerüstet werden sollen), eine Flotte (die an Rußland gegen Kredite für Erdöl und Erdgas verhökert werden soll) und den Status einer Großmacht (der noch verhandelt wird). Der Dnjepr, an dem die ukrainische Hauptstadt Kiew liegt, teilt das Land in zwei Teile: in eine stark von Russen bevölkerte Ostregion (über 11 Millionen oder mehr als 20 Prozent der ukrainischen Gesamtbevölkerung von 52 Millionen), die eng mit Rußland verbunden ist. Dies gilt besonders für die Krim, die sogar zu über 60 Prozent russisch ist. Und in eine westliche Region mit einer »Hauptstadt« Lwow (Lemberg), wo Ukrainer ihre Selbständigkeit hochhalten. Der Status der Ukraine als Großmacht verbirgt die Brüchigkeit ihrer Demokratie: Sie liegt nicht nur im Streit mit fast allen ihren Nachbarn, sondern ist auch innerlich zutiefst gespalten. Ein erfahrener westlicher Diplomat warnt: »Wenn die Ukraine explodiert, geht ganz Mitteleuropa und die Schwarzmeerregion in die Luft.«[9]

Die Ukraine ist damit einer Doppelgefahr des Dschihad ausgesetzt: dem Bruch von innen und der Auseinandersetzung mit Nachbarn. Ihr erster nachsowjetischer Präsident war Leonid M. Krawtschuk, der sich ganz wie Milošević in Jugoslawien nach der Unabhängigkeit zu einem tödlichen Nationalismus bekehrte und damit das Mißtrauen und die Angst der 11 Millionen vorwiegend im Osten und auf der Halbinsel Krim im Schwarzen Meer lebenden Russen weckte. Unter seinem Regime schnellte die Inflation auf bis zu 40 Prozent monatlich (zu einer Zeit, als Kritiker in Rußland über eine Inflation von 25 Prozent schimpften), und trotz der gut geschulten Arbeitskräfte der Ukraine und ihrer natürlichen und industriellen Ressourcen fiel die Industrieproduktion (zwischen 1991 und 1993) in einer von der Weltbank so bezeichneten »Hyperrezession«[10] um ein Drittel bis um die Hälfte. 1994 vertrieb der Reformer Leonid D. Kutschma Krawtschuk aus dem Amt und scheint sich zum Schrecken der Ukrainer im Westteil wieder bei den Russen einzuschmeicheln. Nationalistische Ukrainer haben nicht vergessen, wie Stalin nach einer Anfangszeit der »Ukrainisierung«

mit Förderung ukrainischer Kultur und offizieller Anerkennung der Sprache durch die Sowjetunion über die Nationalisten herfiel, Millionen ermordete und die intellektuelle Schicht mit Stumpf und Stiel ausrottete.

Daher stößt Kutschma, obwohl er Krawtschuks Premierminister war (am Ende aber mit ihm brach) heute sowohl in Westeuropa als auch in der Westukraine auf Mißtrauen. Die Westukraine, die erst im Zweiten Weltkrieg an die Sowjetunion kam, hat noch weniger für die Regierung in Moskau übrig als der Teil der Ukraine, der von Stalins antinationalistischen Exzessen heimgesucht wurde. Kutschma gilt im westlichen Teil der Ukraine als Verräter, denn die Krieger des Dschihad sind mit Verratsvorwürfen schnell bei der Hand. Andererseits gibt es Schätzungen, daß fast die Hälfte der Ukrainer inzwischen die Unabhängigkeit mißbilligt, und Kutschmas Annäherung an Moskau findet im östlichen Teil starke Unterstützung, vor allem auf der Krim.

Die Krim, einst die Heimat der Krimtataren, machte 1944 eine ethnische Säuberung durch, als Stalin die Turkbevölkerung nach Tatarstan an der Wolga (heute mit fast 5 Millionen Tataren die größte der halbautonomen Regionen der russischen Republik) umsiedelte oder sie umbrachte und die Krim auf diese Weise völlig russifizierte. Doch nach dem Zusammenbruch des kommunistischen Reichs kehrten eine Viertelmillion Tataren auf die Krim zurück, wo sie heute zu drei Vierteln arbeitslos leben und den ungewissen Status der Krim unter der ukrainischen Souveränität komplizieren. Die Mehrheit der Krimrussen würde vermutlich für eine Wiedervereinigung mit Rußland optieren, doch die tatarische Minderheit mit dem historischen Anspruch auf ihre Heimat will weder eine ukrainische noch eine russische Oberhoheit. Daraus folgt eine noch undurchschaubare östliche (also byzantinische) Fehde. Der derzeitige Regionalpräsident der Krim Juri Meschkow wird überallhin von Leibwächtern mit Kalaschnikows begleitet (mindestens ein halbes Dutzend Politiker der Region sind niedergeschossen worden), und obwohl er Moskau zuneigt, tut er das vermutlich nur, weil er so wenige brauchbare Alternativen hat.

Auf der anderen Seite der Ukraine, wo es weniger Russen gibt und die einheimischen Ukrainer gen Westen blicken, braut sich ein weiterer Konflikt zusammen, diesmal mit Rumänien. Rumänen und Ukrainer streiten sich seit Jahrhunderten um die Region Moldawien (einschließlich Bessarabien). Im Zweiten Weltkrieg und nach einem kurzen Zwischenspiel, als 1940 (2. Wiener Schiedsspruch) Siebenbürgen an die Ungarn und das rumänische Moldawien an die Sowjets fiel, sprengte das von den Nazis gestützte rumänische Regime sowohl die Bukowina im Norden und Bessarabien im Osten (wo rumänisch gesprochen wurde) von der Sowjetunion ab, schlug das ganze Moldawien wieder zur Walachei und übernahm zudem die Herrschaft über die rein ukrainische Region jenseits des Dnjestr einschließlich Odessas. Nach dem Krieg wurde die Ukraine wiederhergestellt, aber Moldawien erneut als selbständige Sowjetrepublik errichtet, als Puffer zwischen der Ukraine und Rumänien – aber auch sein Schwachpunkt. Seine Unabhängigkeit 1989 verschärfte die Spannungen, besonders nachdem Ukrainer am Ostufer des Dnjestr rumänischsprachige Moldawier am Westufer beschossen hatten. Die Kampagne für eine Autonomie auch jenseits des Dnjestr geht weiter und hält sowohl Rumänien wie die Ukraine in Atem. Obwohl der rumänische Präsident Ion Iliescu behauptet: »Unsere Priorität ist die volle Integration in die westliche Wirtschaft und in die Weltwirtschaft«, scheint Rumänien noch mehr auf ethnische Konflikte aus als seine Rivalin, die Ukraine. Im nordwestlichen Siebenbürgen stellen eineinhalb Millionen ungarischsprachige Rumänen (von einer Gesamtbevölkerung von 23 Millionen) potentielle Verbündete für Csurkas Kampagne für ein »Großungarn« dar. Zwar wurde ihnen durch neue Gesetze die Benutzung ihrer Muttersprache gestattet, aber von nationalistischen Rumänen werden sie immer noch als mongolische Wandalen beschimpft.

Die Rumänen verfolgen auch weiterhin Zigeuner, die unter der profaschistischen rumänischen Rassenpolitik während des Krieges genauso gelitten haben wie die Juden. Rumänien ist nicht das einzige Land, das Zigeuner oder »Romani« unterdrückt – aus einer Meinungsumfrage der *Times* geht hervor, daß »das einzige gemeinsame Gefühl in West- und Osteuropa die Abneigung gegen Zigeuner ist«[11] –, aber es ist das Land, wo amtliche Stellungnahmen das allgemeine Vorurteil unterstützen. Rumäniens größte Wochenzeitung *Romania Mare* forderte vor kurzem die Vertreibung aller Zigeuner aus Rumänien (immerhin 2½ Millionen), und etliche Zigeunerwohnungen sind abgefakkelt und mehrere Zigeuner ermordet worden. Im Gegensatz zu den Freien Demokraten in Ungarn, in deren Parteiprogramm eine Aussage zur gerechten Behandlung der Zigeuner enthalten ist, üben sich die rumänischen Parteien zu diesem Thema in beredtem Schweigen.

Premierminister Roman ist wie der frühere rumänische Botschafter in den USA Sylviu Brucan Jude, aber Präsident Iliescu distanziert sich mitnichten von Rumäniens Kriegsdiktator Ion Antonescu, dessen Eiserne Garde den Nazis bei der Ausrottung von Zigeunern und Juden freudig unter die Arme griff. Tatsächlich war Rumänien die einzige Macht außerhalb Deutschlands, die Vernichtungslager errichtete und betrieb. In der Westukraine begruben Antonescus Henker Kinder bei lebendigem Leibe, um Kugeln zu sparen, und zogen schließlich sogar den Zorn von Adolf Eichmann über die ineffiziente und plumpe Brutalität der rumänischen Vernichtungslager auf sich.[12] Im späteren Krieg, als das Menetekel schon an der Wand stand, wechselte Antonescu das Hemd, doch nicht früh genug, um seiner Hinrichtung durch die Russen 1946 zu entgehen. Aber heute wird sein Ruf aufpoliert (»der große Patriot«), während die Juden erneut beschuldigt werden, das nationale Interesse der Rumänen verraten zu haben, indem sie sich während des Holocaust auf die Seite der Sowjets geschlagen und damit ihre eigene Ausrottung herbeigeführt hätten! Revisionistische Historiker wollen die Schuld an den Massenmorden in der Ukraine den Russen und den mit ihnen angeblich verbündeten Juden in die Schuhe schieben.

Bram Stoker, der Verfasser von *Dracula,* schrieb über diese unruhige Region mit ihren hundert heillos ineinander verwickelten, durcheinander heiratenden und sich bekriegenden Völkern: »Jeder bekannte Aberglaube der Welt ist im Hufeisen der Karpaten versammelt, als wäre es der Mittelpunkt eines Strudels der Phantasmagorien ... Das politische Leben ist eigenartig mystisch und theatralisch.« Die Phantasmagorie lebt häufig geschichtliche Mythen, bei denen Vielfalt zum Anlaß für Antagonismus wird und feine, wandelbare und häufig unmerkliche Unterschiede zum mörderischen Haß gegenüber jedem aufreizen, der ein wenig anders ist. Eric Hobsbawm klingt wie ein Echo Stokers mit seiner Bemerkung: »Geschichte ist kein Ahnengedenken und keine kollektive Überlieferung. Sie ist, was Völkern von Pfaffen, Schulmeistern, Geschichtsbuchschreibern und von den Urhebern von Zeitschriftartikeln und Fernsehprogrammen eingeblasen wird.«[13]

Die Haßgefühle der Regionen sind genausooft angelernt wie erinnert und werden häufiger durch ethnische Hetzprogramme im Rundfunk ausgelöst als aus alten Fehden ererbt. Heutige Identitäten sind viel multikultureller. »Für einen älteren Einwohner irgendeiner europäischen Hauptstadt«, schreibt Hobsbawm, »ist es völlig normal, Personalpapiere von drei aufeinanderfolgenden Staaten zu haben. Jemand in meinem Alter aus Lemberg oder Czernowitz hat in vier verschiedenen Staaten gelebt, die Besatzungszeit im Krieg nicht gerechnet; jemand aus Mukatschewo unter fünf.«[14] Leider werden solche toleranzschaffenden Ungewißheiten der Abstammung heute von terroristischer Rhetorik hinweggeleugnet. Aus dem Reichsverband entlassen, der in Österreich-Ungarn und im Osmanenreich partikularistische Identitäten auflöste, streben die heutigen provinznationalistischen Splittergruppen einen Rückzug auf minimalistische Gebilde an, wo Lokaldialekt, Sektenreligion und ethnische Identität verschmelzen und dank einer verengenden Logik der ethnischen Selbstbestimmung eine winzige Nationalität erschaffen können, die wenn schon nicht in der Geschichte, so doch in einem sorgfältig genährten Haß auf die andern wurzelt. Ein serbokroatischsprachiger Bosnier, dessen Ururgroßvater unter den Osmanen Moslem geworden ist, wird zum Objekt ethnischer Säuberung. Ein gemeinsamer Glaube und eine leistungsfähige wirtschaftliche Partnerschaft reichten nicht, um die von neu angefachten »historischen« Leidenschaften mitgerissenen Tschechen und Slowaken abzuhalten, alle Gemeinsamkeiten auszulöschen. »Wenn es keine passende Vergangenheit gibt, kann man sie immer erfinden.«[15] Die Berichte aus allen hier skizzierten Regionen lassen auf wiedererfundene Vergangenheiten zum Zwecke des Kriegführens gegen die Gegenwart schließen, die die Zukunft nur belasten können.

Von Pessimisten wurde die Region beinahe schon aufgegeben, bevor sie den Kommunismus abgeschüttelt hatte. János Vorzsak, Vizepräsident der Demokratischen Union der Ungarn in Rumänien, bemerkte schon 1990: »Die Rumänen sind in ihrer Mehrheit auf die Demokratie nicht vorbereitet. Sie haben so lange in höllischer Finsternis gelebt, daß sie leicht anzuführen sind. Sie haben eine primitive Psychologie.«[16] Doch dies ist nur deswegen wahr, weil die Führer es so wollen, weil der elektronische und digitale Apparat von McWorld zur Förderung des Dschihad eingesetzt wird, weil die Erinnerung an Ressentiments geketet ist. Was auch heißt, wie ich unten darlegen werde, daß sie davon gelöst werden kann. Denn wenn der Dschihad die Voraussetzungen der Demokratie untergräbt, kann die Demokratie auch die Voraussetzungen des Dschihad aufheben. Oder vielleicht doch nicht?

14. Der eigentliche Dschihad:
Islam und Fundamentalismus

Nirgendwo ist die Spannung zwischen Demokratie und Dschihad offensichtlicher als in der islamischen Welt. Dort wurde der Dschihad erfunden, selbst wenn er auch anderweitig vorkommt. Der Islam als komplexes Glaubensbekenntnis ist zwar durchaus nicht synonym mit dem Dschihad, doch der Demokratie sozusagen feind. Diese Demokratiefeindlichkeit wiederum begünstigt Engstirnigkeit, Abneigung gegen die Moderne, Selbstabschottung und Feindseligkeit gegenüber »den anderen« – also die Merkmale dessen, was ich als Dschihad bezeichne.

Obwohl der Dschihad als Begriff gemeinhin mit dem moralischen (und bisweilen bewaffneten) Kampf von Rechtgläubigen gegen Gottlosigkeit und Ungläubige assoziiert wird, gebrauche ich ihn hier allgemein für eine fundamentalistische Gegnerschaft gegen die Moderne, wie sie in den meisten Weltreligionen vorkommt. In ihrer dickleibigen fünfbändigen Untersuchung des Fundamentalismus behandeln Martin E. Marty und R. Scott Appleby den sunnitischen und schiitischen Islam, widmen aber dem Protestantismus und Katholizismus in einer Vielfalt von Erscheinungsformen in Europa, Nord- und Südamerika genausoviel Aufmerksamkeit, und desgleichen dem Hinduismus, den Sikhs, dem Theravada-Buddhismus, dem Konfuzianismus und dem Zionismus. Marty und Appleby gehen davon aus, daß fundamentalistische Religionen die Militanz suchen, eine Art permanenten Kampf. Sie seien »militant, in Worten, Ideen, Wahlverhalten und im äußersten Fall auch mit Gewehren«.[1] Sie verteidigen die Vergangenheit gegen die Gegenwart und ihre religiöse Weltanschauung gegen Säkularismus und Relativismus. Sie kämpfen mit Waffen aller Art, bisweilen vom Gegner entlehnt und unter Wahrung der eigenen Identität sorgfältig ausgesucht. Sie kämpfen gegen die andern, die Verderber, unter dem Banner Gottes für eine heilige Sache, die nie unterliegen kann, auch wenn sie noch nicht obsiegt hat. Dschihad als Kampf ist somit nicht nur ein Merkmal des Islam, sondern jedes Fundamentalismus. Dennoch ist Dschihad ein islamischer Begriff und schreckt dadurch, daß er nicht nur mit Fundamentalismus allgemein assoziiert wird, sondern mit dem bewaffneten Kampf von Hamas und Hisbolla. Es gibt im Islam durchaus gemäßigte und liberale Strömungen, doch sind derzeit die militanten sichtbarer.

Als Glaube tendiert der Islam zum Universalismus und beweist, obwohl kaum ökumenisch, bemerkenswerte Toleranz gegenüber anderen Glaubensgemeinschaften, auch wenn sie in überwiegend moslemischen Ländern in der Minderheit sind. Historisch hat er weniger Bekehrungseifer gezeigt als das Christentum. Er hatte seine eigenen Reiche, betrieb aber keine Kreuzzüge und errichtete auch keine Kolonialreiche wie Großbritannien und Frankreich. Dennoch postuliert der Islam eine Welt, in der die moslemische Religion und der islamische Staat gemeinsam untrennbar zusammengehören, und manche Kritiker meinen, er biete Säkularismus weniger Spielraum als jede andere Weltreligion. So gibt es zwar in jeder Religion fundamentalistische Strömungen, doch im Islam sind sie seit dem achtzehnten Jahrhundert tonangebend. Dies wirft besondere Probleme für Demokratie und Menschenrechte in vorwiegend moslemischen Ländern im gesamten Mittleren Osten, in Nordafrika und Asien auf.

Obendrein ist der Kampf des Dschihad gegen McWorld in solchen Ländern keine bloße Metapher für Stammesdenken oder Ablehnung der Moderne, sondern ein ausgewachsener Krieg gegen Werte, Kultur und Institutionen einer freien Gesellschaft. Selbst erklärte arabische Freunde des Westens sehen sich genötigt, westliche Werte zu relativieren. In einer Anzeige, die Amerikaner über ihren saudiarabischen Verbündeten beruhigen sollte, sah sich Botschafter Prinz Bandar Ibn-Sultan dennoch zu der Formulierung veranlaßt: »Importe sind wunderbar glänzende oder hochtechnisierte ›Dinge‹. Doch soziale und politische Institutionen, die nicht zu verpflanzen sind, können tödlich sein.«[2] Ein Sprecher des iranischen Ministeriums für Kultur und Unterstützung des Islam nimmt da kein Blatt vor den Mund und behauptet von Satellitensendungen nach Teheran: »Diese Programme des internationalen Imperialismus sind Teil einer umfassenden Verschwörung zur Vernichtung der heiligen Werte unseres Glaubens.«[3]

Wo *Denver Clan*, *Donahue*, *Dinky Dog* und *Die Simpsons* über Star-TV zur Konkurrenz für den »Mann auf dem Balkon« werden (wie iranische Spötter die Videokonserven mehrstündiger Reden des verstorbenen Revolutionsführers Ayatollah Khomeini im Fernsehen nennen), kann es nicht überraschen, daß der iranische Staat meint, »der

Satellit zielt auf den ehrwürdigen Propheten«, und Import, Herstellung und Nutzung von Satellitenschüsseln verbieten will.[4]

Der Dschihad ist in diesem ganzen Buch Metapher für den Kampf gegen den Westen und den Universalismus. In diesem Kapitel aber geht es darum, ob er in der moslemischen Gesellschaft, die ihn hervorgebracht hat, nicht weitaus mehr bedeutet. Jede empirische Untersuchung über die derzeitige Ausübung von Regierungsgewalt in islamischen Ländern bestätigt, daß es zwischen Islam und Demokratie keine Gegenliebe gibt. In fast allen moslemischen Staaten wurde Demokratie entweder nie versucht oder nach Mißerfolgen wieder abgeschafft. In Algerien wurden freie Wahlen nach Erdrutschsiegen für die Fundamentalisten annulliert. In Ägypten, das sich noch nie wirklich konsequent auf Demokratie eingelassen hat, werden die geringen Bürgerrechte Schritt um Schritt von einer eingeschüchterten Regierung aufgehoben, die so mit ihren fundamentalistischen Feinden im Innern fertig werden will. In Kuweit wurden auch nach dem Golfkrieg zur »Befreiung« von den irakischen Besatzern durchaus keine demokratischen Verhältnisse eingeführt. Staaten wie Pakistan, Afghanistan und Sudan werden immer undemokratischer und ihre islamischen Fundamentalisten immer einflußreicher. Verbündete der USA wie Saudi-Arabien, Jordanien und die Emirate des Persischen Golfs wahren in ihrem Kampf gegen die Fundamentalisten, den sie immerhin formal im Namen der Demokratie führen, nur mit Mühe eine demokratische Fassade.

Tatsächlich aber könnte es sein, daß der Fundamentalismus die Despoten des Mittleren Ostens konsequenter bekämpft als die mühsam als Bollwerk gegen den Fundamentalismus errichteten Staatssysteme westlicher Prägung. Doch obwohl der Fundamentalismus oft Front macht gegen Tyrannei, gebiert er nie Demokratie. Die historische Bilanz ist so bedrückend, daß Kommentatoren wie John Waterbury von einer »Sonderentwicklung« sprechen und überzeugt sind, die vom Islam geschaffene Situation mache islamische Länder demokratieunfähig und verurteile sie zum ewigen Kampf gegen die Aufklärung und ihre bürgerlichen und demokratischen Errungenschaften. Hilal Khashan meint lakonisch: »In Arabien fehlen alle demokratischen Voraussetzungen. Arabische Demokratie nach westlichem Muster ist Wunschdenken.«[5]

Erwartungsgemäß gibt es aber auch andere Interpretationen innerhalb der islamischen Welt. Kein religiöser Alleinvertretungsanspruch besteht unbestritten. Obwohl der Islam kein eigenes Wort für Demokratie kennt, sondern den griechischen Begriff dafür verwendet (wie wir alle) und demokratische politische Systeme oft als Sache des Westens betrachtet, den das Arabische als seltsamen, finsteren, furchteinflößenden »*gharb*« beschreibt, wo die Sonne über fremden und aggressiven Völkern untergeht, gibt es durchaus auch eine islamische Aufklärung. In mindestens einer Version seiner Geschichte kennt auch der Islam die Auseinandersetzung zwischen Vernunft und Glauben, Konsens und Befehl, Tyrannei und Widerstand. Die marokkanische Soziologin Fatema Mernissi behauptet: »Der Islam ist während seiner ganzen Geschichte durch zwei Strömungen charakterisiert: eine intellektuelle, die Mutmaßungen über die philosophischen Grundlagen der Welt und der Menschen anstellt, und eine andere, die sofort zur Gewalt greift, wenn sie politisch herausgefordert wird.« Die erste Strömung zeige eine Reflexion über die Vernunft ähnlich dem westlichen Humanismus; die zweite aber sei überzeugt, »daß man eine Wende herbeiführen könne, wenn man sich gegen den Imam auflehnt oder ihn gar ermordet«.[6] Beide Traditionen »werfen Fragen auf, von denen uns heute erzählt wird, sie seien vom Westen importiert«. Gemeint sind Fragen von Widerstandsrecht und Rechenschaftspflicht oder kürzer Fragen der Demokratie.

In einem gewissen Sinne sind islamische Fundamentalisten authentische Widerstandskämpfer gegen eine korrupte weltliche, politische Autorität, ganz wie die Urchristen. Die Fanatiker, die 1981 das Attentat auf Anwar as-Sadat verübten, waren Mitglieder einer »Dschihad« genannten Grupe und bekannten wie islamische Freiheitsmärtyrer nach ihrer Bluttat laut: »Ich habe den Pharao getötet und fürchte den Tod nicht.« In Algerien errangen die Fundamentalisten in der Wahl von 1991 die Mehrheit, und die säkulare Partei der Nationalen Befreiungsfront suspendierte die demokratischen Institutionen lieber mit einem Armeeputsch, als sie ihren an den Wahlurnen siegreichen Feinden auszuliefern. Manche Beobachter glauben immer noch, der Islam und die Demokratie könnten eine gemeinsame Zukunft haben. Bei der Konferenz des US-Friedensinstituts 1992 sprachen Teilnehmer von einer »neuen Synthese«, in der der »Meinungsstreit über das Verhältnis zwischen Islam und Demokratie einer neuen verknüpfenden Betrachtung Platz machen könnte, bei der islamische Vorstellungen demokratische

Begriffe über das heutige westliche Verständnis hinaus erweitern und ihnen eine neue Bedeutung verleihen«.[7]

Wie realistisch ist diese Verheißung? Fällt die Demokratie in islamischen Ländern eher den Folgen kolonialer Unterdrückung und postkolonialer Ausbeutung zum Opfer als bodenständigen Kräften des Islam, wie von Kritikern wie Edward W. Said behauptet wird?[8] Oder ist der Islam eine »Sonderentwicklung«, die eine freie bürgerliche Gesellschaft ausschließt und somit echte Demokratie verhindert? Wenn Demokratie westliche Demokratie bedeutet und Modernisierung Verwestlichung, dürfte wenig Hoffnung auf eine Synthese bestehen, da der Islam die säkulare westliche Kultur und ihre Werte als zersetzend und als mit den eigenen moralisch unvereinbar betrachtet. Kann aber die Demokratie vielfältige Formen annehmen, und ist sie sowohl eine uralte wie eine moderne Erscheinungsform des Strebens nach Gemeinschaft mit Selbstbestimmung, so könnte sie vielleicht Begriffe des Korans wie *umma* (Gemeinschaft), *shura* (gegenseitige Beratung) und *al maslaha* (Gemeinwohl) integrieren. Wie andere islamische Gelehrte argumentieren, könnte ein so verstandener Islam durchaus nicht nur »Antithese zum *telos* demokratischer Werte« sein.[9] Islamische Fundamentalisten mögen behaupten, es könne keinen Volkswillen geben, weil Allahs Wille über allem stehe. Gemäßigte Moslems verweisen aber darauf, daß auch dies noch reichlich Spielraum für die Ausübung politischer Gewalt durch die Mehrheit ließe, solange diese im Gesamtrahmen der Anerkennung einer allesbestimmenden göttlichen Gewalt erfolge. Weder Frankreich noch Italien kennen eine formale verfassungsrechtliche Trennung von Kirche und Staat, und beide haben lebensfähige Demokratien aufgebaut. Gottesfurcht kann einer tyrannischen oder zügellosen weltlichen Regierung Zügel anlegen und zugleich einem gläubigen, gemäßigten Volk Spielraum für demokratische Selbstbestimmung gewähren, etwa wie im calvinistischen Genf oder im puritanischen Massachusetts vor der Amerikanischen Revolution.

Das Schwierige an diesem Versöhnungsweg ist, daß der fundamentalistische Islam sich in erster Linie nicht der Demokratie, sondern der Modernisierung widersetzt, besonders wenn sie Verwestlichung bedeutet. Die Demokratie hat alte Wurzeln und steht in ihren vormodernen und vorliberalen Formen nicht unbedingt im Widerspruch zum fundamentalistischen Islam oder zum fundamentalistischen Christentum. Die Gottesstadt besteht für Christen wie für Moslems aus brüderlichen Gläubigen, die gleich sind in ihrer Kindeshaltung zu Gott. Anders als die Demokratie jedoch, die mit dem Glauben vereinbar sein kann (Tocqueville meinte sogar, sie hänge von diesem ab), ist Modernität untrennbar zugleich weltlich und fast definitionsgemäß glaubenszersetzend, vor allem gegenüber einem Glauben, der vom »*umfassenden* und *allgemeingültigen* Charakter der im Koran niedergelegten Gottesbotschaft« ausgeht.[10] Diese umfassende und allgemeingültige Gottesgewalt schafft dem Islam dornige Probleme, die das Christentum durch Postulierung einer Lehre von den »zwei Schwertern« umging, wobei Gott für das Gottesreich und der Kaiser für das Reich der Menschen zuständig war. Das neutestamentliche »So gebt dem Kaiser, was dem Kaiser gehört, und Gott, was Gott gehört« (Matthäus 22,21) ist in Wirklichkeit eine vorkonstitutionelle Trennung von Kirche und Staat. Im Islam, bei dem die Menschen alles Kirchliche und Weltliche, Ewige und Zeitliche Allah überantworten müssen, gibt es dafür kein Analogon. Eine derart monolithische Regelung mag nachteilig für Demokraten sein, ist aber auch schlecht für Könige (die ihre Herrschafts- oder Despotengelüste nicht in einem kirchenfreien, säkularen Raum ausleben können, weil Allah keine anderen Götter neben sich duldet).

Dennoch hat die Demokratie immer einen Weg gefunden, sich dem Glauben anzubequemen. Und der Dschihad bekriegt nicht so sehr die Demokratie als vielmehr McWorld. In den zwanziger Jahren wetterte der Gründer der Moslembruderschaft Hasan al-Banna gegen »die Welle von Gotteslästerung und Lüsternheit« in Ägypten, die »die Zerstörung von Religion und Moral unter dem Vorwand individueller und intellektueller Freiheit eingeleitet« habe.[11] Al-Banna könnte genausogut Rupert Murdoch oder Barry Diller gemeint haben, als er die Abendländer attackierte, weil sie »uns ihre halbnackten Weiber bringen und dazu ihren Fusel, ihre Theater, Tanzcafés, Lüsternheiten, Geschichten, Zeitungen, Romane, Launen, alberne Spiele und Laster«. Er hatte McWorld schon erkannt, lange bevor McWorld soweit war, sich selbst sehen zu können. Er hatte genau erfaßt, daß Wissen und Kommunikation viel zersetzender wirken als Waffen und Heere, und schon in den zwanziger Jahren gewarnt, die Kultur des Abendlands sei »weitaus gefährlicher als politische und militärische Feldzüge«. Wo Kolonialreiche untergehen, scheint er zu prophezeien, wird McWorld obsiegen.

Al-Bannas Empörung nimmt den Kern der Kampagne des Dschihad

gegen die Moderne, gegen das Säkulare, den Kosmopolitismus vorweg. Er fängt das Wesen des Fundamentalismus ein, wie er seit dem siebzehnten Jahrhundert bei Puritanern und Moslems, Buddhisten und Baptisten gleichermaßen vorhanden ist. Man vergleiche al-Bannahs feurige Rhetorik mit den wüsten Bußpredigten des englischen Puritaners Prynne. In seiner fast hysterischen Aufzählung von Lastern des Schauspiels mit dem Titel »Histriomastix« nennt Prynne das Theater ein »rechtes Teuffels-Ding, das wir Baptisten uns abtun … ein sündig, heidnisch, geil und gottlos Stück und schädlichst Verderbnis«, und wettert sodann gegen »schelmenhaft unchristlichen Müßiggang« und allerhand moderne Betätigungen wie »weibischen Paartanz und Würfelspiel, unsittlich Bildnis, leichtfertig Gewand, Schmincken, Trincken, langes Haar, Lockenwickel, Perücken …« und ein Dutzend anderer Entartungen, eine Art Katalog der Vorläufer von McWorld.[12] Enthält die Liste auch nur einen Posten, den ein eifernder Mullah nicht auch verdammen würde? Al-Bannas Empörung können wir auch aus Jean-Jacques Rousseaus Philippika gegen die Hauptstädte heraushören, die wahre Friedhöfe von Gerechtigkeit und Moral seien, von intriganten Müßiggängern ohne Glauben oder Prinzip bewohnt.[13] Rousseau erhebt dieselben Klagen wie die Provencebauern gegen weibische Pariser Hofschranzen und brutal modernisierende Pariser Jakobiner. Es sind die bitteren Beschwerden der Bauern aus Alabama gegen die Kultureliten von Hollywood und New York, denn die Revolte gegen die Moderne ist ein Aufstand gegen den Kosmopolitismus und seine urbane Kultur. Nicht ohne Grund hat der Antikosmopolitismus jeder Art fundamentalistischer Reaktion gelernt, der Aufklärung zu mißtrauen. Wirtschaftswachstum bringt nur weltliche Bedürfnisse und den unstillbaren Drang zu ihrer Befriedigung mit sich. Künste und Wissenschaften aber spotten des schlichten Gemüts und des selbstverständlichen Gottesglaubens einfacher Menschen. Aufklärung gebiert Säkularismus, und Säkularismus zerstört nicht nur den Glauben an sich, sondern auch die Moral und damit das soziale Bindegewebe jeder Gemeinschaft.

Schließlich ist al-Banna gar nicht so weit entfernt von Pat Robertson und Pat Buchanan und der Kampagne der amerikanischen christlichen Rechten für eine Rückbesinnung auf die Werte der Familie des neunzehnten Jahrhunderts, die als unmittelbares Ergebnis von Kirchenbesuch, Schulgebet und Protestantismus verstanden werden. Genau wie die Moslembruderschaft im Christentum einen kreuzzüglerischen

Schaitan erblickte, sahen die unwissenden amerikanischen Protestanten in den achtziger Jahren des vorigen Jahrhunderts in den katholischen Einwanderern aus dem Mittelmeerraum eine Teufelsgefahr für ihre amerikanische Republik, ganz wie sich nervöse Kalifornier heute Sorgen wegen der illegalen Einwanderer aus Mexiko machen, die nicht nur ihrer Brieftasche, sondern auch der Moral ihres zerfallenden Gemeinwesens zur Last fallen könnten. Die Amerikaner halten den Dschihad häufig für ein ausländisches Phänomen, für ein Politikmerkmal des Mittleren Ostens und für einen heiligen Krieg zwischen moslemischer Diaspora und zionistischen Siedlern um heilige Stätten. Doch dürfen wir heute auch vom amerikanischen Dschihad sprechen. Nicht der Dschihad in Amerika, wie er nach dem Bombenanschlag auf das World Trade Center von einer auf US-arabische Helfershelfer der Hamas fixierten Presse verstanden wird – sondern der wahrhaft amerikanische Dschihad, den Stephen Barboza in seinem Buch beschreibt.[14] Der wahre amerikanische Dschihad ist nämlich der staatsfeindliche Fundamentalismus der christlichen Rechten, der zutiefst antimodernen, fundamentalistischen Protestanten, die sich gegen die von McWorld in ihrer Mitte erzeugte Kultur des Unglaubens auflehnen, gegen die sie in ihren eigenen Fernsehprogrammen zur besten Sendezeit wettern und die sie in ihren Hetztiraden im Rundfunk verdammen. Er richtet sich gegen die säkulare Öffentlichkeit, in der verhaßte »liberale« Politiker mit Schulbuchtexten über die darwinistische Evolutionstheorie und Gesetzen gegen das morgendliche Schulgebet das Werk der Hölle betreiben.

Die Moderne hat also noch andere Feinde als den islamischen Heiligen Krieg und manche davon in McWorlds ureigenem amerikanischen Hinterhof. Mindestens seit den dreißiger Jahren des achtzehnten Jahrhunderts, als Amerika seine ersten »großen Erweckungsbewegungen« des protestantischen Fundamentalismus durchmachte, hat es immer wieder rückwärtsgewandtes Eiferertum gegeben. Maßgebende Führer der Vereinigung Christlicher Kirchen bieten heute eine auch nicht gerade gemäßigte Version des Dschihad an. Der Sprecher der Moralischen Mehrheit Jerry Falwell etwa predigt gegen einen Obersten Gerichtshof, der »die Verfassung vergewaltigt und den christlichen Glauben vergewaltigt und die Kirchen vergewaltigt«, und beschwört seine Anhänger, »gegen die radikalen Minderheiten zu kämpfen, die Gott aus unseren Schulbüchern streichen und Christus aus unserer

Nation vertreiben wollen. Wir dürfen unsere Kinder nie vergessen lassen, daß unser Land ein christliches Land ist. Wir müssen uns zurückholen, was uns rechtmäßig gehört«.[15] Pat Buchanan erzählte dem republikanischen Bundesparteitag 1992, das Land stehe vor einem Kulturkampf ums nackte Überleben, und siegreiche Republikaner beschuldigten Präsident Clinton nach den Kongreßwahlen 1994 kulturfeindlicher und unamerikanischer Ansichten. Wenig zimperliche Krieger wie der Abtreibungskreuzzügler Randall Terry werden deutlicher: »Lassen Sie sich von der Welle der Unduldsamkeit mitreißen. Lassen Sie sich von dieser Welle des Hasses erfassen. Jawohl, Haß ist eine gute Sache ... Wir kämpfen um die christliche Nation. Es ist unsere biblische Pflicht: Gott ruft uns, dieses Land für ihn zu erobern.«[16] Diese christlichen Krieger bringen in ihrem erbitterten Feldzug gegen die modernen Zeiten genau die gleiche flammende Wut auf moralische Zersetzung und den Säuberungshaß der Eiferer von Teheran und Kairo ein. Mit McWorld machen sie sich nur insofern gemein, als sie hochmoderne Kommunikationsmittel nutzen, um ihre Wähler zusammenzutrommeln, oder Rockmusik, um ihre Kreuzzugslyrik zu überzuckern. Gruppen wie die Gospel-Gangstas und A-1 S.W.I.F.T. halten sogar Schüsse aus dem fahrenden Auto für Dienst an Jesus Christus.[17]

Sie sind zwar selber keine Engel, diese frommen Gospel-Cowboys, aber mitnichten verrückt: Sie gewinnen Lokalwahlen, trugen zum Sieg der Republikaner bei den Kongreßwahlen 1994 bei und drücken die Republikanische Partei immer weiter nach rechts. Sie brachten Millionen für Oliver North' Wahlkampf um einen Senatorensitz in Virginia zusammen und hätten um ein Haar Erfolg gehabt. Logisch ist nicht nur ihre politische Taktik, sondern auch ihr Urteil über McWorld. Vieles an McWorld ist unangenehm, verletzt das elementare Gerechtigkeitsgefühl und Moralempfinden, setzt Religion und Gläubigkeit herab, macht sowohl die Menschen als auch das Spirituelle verächtlich, dem sie sich zugehörig fühlen müssen, wenn sie sich als Menschen betrachten wollen. Die Sehnsucht der amerikanischen Vorstädter nach den Gewißheiten eines beim Wort genommenen Neuen Testaments sind nicht weniger verständlich als die Sehnsucht der arabischen Märtyrer nach den Gewißheiten eines wörtlich genommenen Korans. Beide wären sie gern wiedergeboren, und zwar vorgestern, in einer Epoche, bevor Nietzsche uns zu überzeugen suchte, daß Gott tot ist. Sie wollen Märtyrer sein, bevor sich Webers Prognose bewahrheiten kann, daß rationale Menschen und bürokratische Regierungen die Welt entzaubern. Manche werfen sich fundamentalistischen Sekten in die Arme, andere pflegen die Einsamkeit der Pioniere des Westens und ziehen los, um die »Neue Weltordnung« zu bekämpfen, die ihrer Meinung nach ihre hochgeschätzten alten Werte bedroht.[18] Vielleicht rennen sie sich den Schädel ein an der Zeit, aber die Zeit war nun mal in den letzten Jahrhunderten nicht auf der Seite von Religion oder Moral. Selbst Pragmatiker, die mit unserer Geschichte durchaus leben können, suchen möglicherweise einen Ausweg aus ihrer heutigen Lebenswelt.

Darüber hinaus gibt es den neuen amerikanischen Pragmatiker: einen furchtsamen Pragmatiker des Heiligen Krieges, der die Wut ausagiert, die er aus tiefempfundenen Ressentiments sorgfältig aufgepäppelt hat. Er ist vielleicht Vietnamveteran, aber nicht unbedingt, und wahrscheinlich Mitglied nicht nur der National Rifle Association, sondern auch einer extremistischen Gruppe wie dem Weißen Arischen Widerstand, dem Ku-Klux-Klan oder einer der »Milizen«, die fast in jedem amerikanischen Bundesstaat wie Pilze aus dem Boden schießen. Die Destruktionstechnik von McWorld, Schnellfeuergewehre und Handgranaten, fasziniert ihn auch dann, wenn er dem Globalismus von McWorld die Schuld am Verlust seiner ureigenen Freiheit als Amerikaner gibt. Sein Zorn spiegelt eine Art gewollte Entartung von Bürgersinn. Für ihn besteht die Verfassung aus dem zweiten Zusatzartikel (dem Recht, Waffen zu tragen). Freiheit heißt für ihn, daß der Staat auf seinem Grund und Boden nichts zu sagen hat (FBI-Beamte sind Agenten des Totalitarismus), und die US-Regierung ist Wachs in den Händen der Kommunisten und der Vereinten Nationen, gegen die ein Abwehrkrieg organisiert und geführt werden muß, bevor sie das ganze Land übernehmen. Paranoid, wie er ist, sind seine Helden Einzelgänger wie der Ku-Klux-Klan-Führer Robert Jay Matthews, der 1984 in Denver den Talkshow-Moderator Alan Berg ermordete und in der anschließenden Schießerei umkam, der weiße Rassist Randy Weaver, dessen Frau und Sohn 1992 in einem Feuergefecht mit der Polizei das Leben verloren, der »Märtyrer« der Davidianersekte, David Koresh, der mit seiner Massenselbstverbrennung beim Sturmangriff des FBI 1993 Tausende von McWorld Ausgestoßene zum Racheschwur motivierte, und der selbsternannte Nazi Richard Wayne Snell, der in Arkansas einen schwarzen Streifenpolizisten ermordete und dessen Hinrichtung am 19. April 1995 stattfand.

An ebendiesem 19. April 1995, auf den Tag genau zwei Jahre nach der Tragödie von Waco, sprengten eine Handvoll Eiferer »zu Ehren« dieser Märtyrer in einer der blutigsten Terrortaten der amerikanischen Geschichte ein Bundesgebäude in Oklahoma City in die Luft. Die Behörden verdächtigten sofort den Dschihad. Sie lagen richtig, obwohl sie irrtümlich angenommen hatten, Dschihad bedeute Ausland, Islam, Arabien oder Iran. Doch der Dschihad war in seiner ganzen Wildheit in Amerika eingefallen. Am eigenen Busen genährt, schlug er im friedlichen Oklahoma zu.

Wenn McWorld in seiner elementarsten Negativform eine Art tierische Gier ist, die Folge eines aggressiven und unwiderstehlichen Triebs, ist der Dschihad in seiner elementarsten Negativform eine Art tierische Furcht, die sich getrieben von der Ungewißheit in selbstaufopferndem Eiferertum lösen kann – als Flucht aus der Geschichte. Weil die Geschichte eine Geschichte von Vereinzelung, Erwerbsstreben, Säkularisierung, Aggressivität, Atomisierung und Verlust der Moral ist, wird sie in den Augen der Jünger des Dschihad zum Vehikel des Bösen, zum Mittel der Zersetzung, das zusammen mit der Jetztzeit über Bord geworfen werden muß. Die Bußprediger in Amerika, Israel, Iran oder Indien müssen der Gegenwart einfach den Krieg erklären, um eine Zukunft nach Art der Vergangenheit zu sichern: entpluralisiert, monokulturell, skepsisfeindlich, rückverzaubert. Homogene Werte, nach denen Menschen ein geordnetes und einfaches Leben führten, waren unter solchen Bedingungen einst geachtet. Heute ist unser Leben zum Groschenroman geworden, und solche *Pulp fiction* als Roman, Film oder Leben verheißt keine Wunder mehr. McWorld ist karge Kost für hungrige Moralisten und zeigt an Spirituellem nur flüchtig Interesse. So ungeheuerlich die Taten des Dschihad sind, ist doch die Auflehnung, die aus ihnen spricht, eine Reaktion auf einen ebenso ungeheuerlichen Wandel.

Diese Vermessung der moralischen Topographie des Dschihad läßt darauf schließen, daß McWorld – die spirituelle Kargheit der Märkte – eine Teilschuld an den Exzessen des Heiligen Kriegs gegen die Moderne trägt und daß der Dschihad als Form der Verneinung zeigt, daß der Dschihad auch etwas bejaht. Der Dschihad hütet die Seele, die von McWorld verkauft worden ist, und strebt die moralische Einbindung an, die McWorld in seiner Fixierung auf die Freiheit der Konsumwahl verachtet. Folglich greift der Dschihad McWorld an, und weil beide

Angst haben, der Gegner könnte die eigene Zielverwirklichung hindern oder unmöglich machen, wird der Krieg zwischen ihnen zu einem Heiligen Krieg. Die Trennlinie ist nicht in Sand gezogen, sondern in Stein gemeißelt. Die Sprache des Hasses gibt sich für Kompromisse nicht her; der »andere« ist ein Feind und kann nicht ohne weiteres zum Gesprächspartner werden. Doch wie McWorld für den Dschihad »der andere« ist, ist der Dschihad das auch für MacWorld. Ein Dialog zwischen beiden ist fast unmöglich, solange Vernunftappelle und Gespräch für die Anhänger des Dschihad Teufelswerk sind und für die Anhänger von McWorld Werkzeug der Verführung zum Konsum. Denn trotz ihres dialektischen Verhältnisses zur Demokratie sind der Dschihad und McWorld moralische Antinomien. Es gibt in der Moschee keinen Platz für Nintendo und für Jesus keinen im Internet – so rasch sich »religiöse« Kanäle dort auch vermehren mögen. Das Leben kann nicht Spiel und Ernst zugleich sein, nicht zugleich nach den niederen Lüsten des bedürftigen Leibes und nach dem ewigen Ruhm der selbstlosen Seele streben. Entweder liegt die Wahrheit im Koran oder sie liegt in einer Quizsendung im Fernsehen. Die Geschichte hat uns den Dschihad als Gegengewicht zu McWorld verpaßt und beide untrennbar verkoppelt; doch der einzelne kann nicht in beiden Welten zugleich leben und muß sich entscheiden. Leider verheißt diese Wahl, wie sie auch ausfällt, Demokraten auf der Suche nach einer freien bürgerlichen Gesellschaft nicht eben viel.

Sollen Anhänger der Demokratie es also mit einer McWorld riskieren, mit der sie den Weg zur Moderne gegangen sind, die aber so wenig Anteil an ihnen nimmt? Oder sollen sie versuchen, sich mit dem Dschihad zu arrangieren, dessen hochmoralisches Ziel das ernsthafte Streben der Demokratie unterstützt, aber äußerst wenig Raum für ihre Freiheitsrechte bietet? Denn weder der Dschihad noch McWorld – und ganz bestimmt nicht der Konflikt zwischen beiden – läßt der Demokratie Luft zum Atmen.

III
Dschihad gegen McWorld

15. Dschihad und McWorld
in der neuen Weltunordnung

Die streitenden Völker reden von einer neuen Weltordnung, aber der Zusammenprall von Dschihad und McWorld fördert eine neue Unordnung der Welt, in der die Demokratie unterzugehen droht. Der bürgerliche Nationalstaat als solcher ist zwar noch keine Garantie für eine demokratische Gesellschaft und vielleicht auch nicht unbedingte Voraussetzung für die freie Entfaltung des Menschen. Die Vorformen der Demokratie wurden schließlich lange, bevor es den Nationalstaat gab, in kleinen Stadtstaaten entwickelt, die sich hervorragend dafür eigneten. In den letzten Jahrhunderten waren demokratische Institutionen meist mit Nationalstaaten verknüpft und egalitäre Bürgerrechte an die Staatsangehörigkeit gebunden. Im Zangenangriff der Spaltungskräfte des Dschihad und der einebnenden Marktkräfte von McWorld auf die demokratischen Bürgerrechte werden deren Institutionen aufgerieben. Die Frage ist, ob demokratische Bürgerrechte im Parochialismus von ethnischer Identität und Ressentiment oder im Universalismus von Profitstreben und Warengesellschaft überhaupt eine neue Perspektive finden können.

Dazu ist nüchtern festzustellen, daß weder der Dschihad noch McWorld auch nur ansatzweise eine demokratische Zukunft verheißen. Eher werden aus ihrer dialektischen Interaktion neue Tyranneien zwischen unterschwelligem Konsumterror und blutrünstiger Barbarei entstehen. Die unsichtbare Hand des Markts wird von einem Arm gesteuert, der von zufälliger Gier manipuliert mal hierhin und mal dorthin zuckt. Diese Tyrannei ist mittelbar und häufig sogar milde. Über sie schrieb Alexis de Tocqueville schon vor 160 Jahren: »Fesseln und Scharfrichter waren die plumpen Instrumente der alten Tyrannei, doch unsere heutige Zivilisation hat sogar den Despotismus vervollkommnet. Monarchen hatten durch materiellen Zwang unterdrückt, heutige Demokratien aber unterdrücken ideell. Der Körper bleibt ungebunden, versklavt wird die Seele.«[1] Die Ideologie der freien Konsumwahl erzeugt den Schein materieller Befreiung (16 Sorten Zahnpasta, 11 Kleinlaster, 7 Sportschuhmarken), macht aber zugleich jede Chance auf ideelle Freiheit zunichte (Wahlenthaltung durch freiwilligen Rückzug vom Markt ist unzulässig).

Die Märkte von McWorld kommen ohne individuelles Urteilsvermögen und ohne Volkswillen aus. Das öffentliche Wohl überlassen sie privaten Interessen, und das Gemeinwesen und seine Werte werden Individualinteressen untergeordnet. Die scheinbare Erweiterung der Konsumfreiheit engt real die Alternativen der Gesellschaft ein und schafft zwangsläufig eine Infrastruktur, für die sich kein Gemeinwesen aus freien Stücken entscheiden würde. Die Amerikaner etwa haben ihre Freiheit der Konsumwahl zwischen Dutzenden von Automarken mit dem Verzicht auf eine bewußte demokratische Entscheidung zwischen Individualverkehr und öffentlichem Transportwesen erkauft und sich damit ungewollt eine Umwelt aus sterilen Innenstädten, wuchernden Vorstädten, Energieverschwendung und Verkehrschaos geschaffen. Die Warengesellschaft erweitert oberflächlich Wahlmöglichkeiten innerhalb eines gegebenen Rahmens, kassiert aber dafür das Recht, diesen Rahmen selbst zu bestimmen. Sie schafft ein Gefühl von Freiheit, läßt jedoch zugleich Alternativen und Einflußmöglichkeiten auf größere Zusammenhänge schrumpfen. Und das soll Freiheit sein?

Auf internationaler Ebene spielt sich ähnliches ab. McWorld propagiert die Freiheit der Konsumwahl, trennt aber die »Freiheit« des Kaufens und Verkaufens von dem Menschenrecht, zusammen mit anderen über das Gemeinwohl oder den Charakter der Gesellschaft zu bestimmen. Internationaler Währungsfonds und Weltbank fördern Märkte, aber nur sehr widerwillig demokratische Verhältnisse. Bedenkenlos opfern sie sogar innere Stabilität und sozialen Frieden für rein ökonomische Ziele wie Privatisierung und Freihandel. Sie zwingen die instabilen neuen Demokratien zu ökonomischen Roßkuren, die zwar auf die Investitionsstrategien ihrer Mitgliedsstaaten (und vor allem ihrer Mitgliedsbanken) abgestimmt sind, aber in der Bevölkerung verzweifelte Wut erzeugen und Sehnsucht nach dem sozialen Netz des alten Sozialismus. Die Gewinner dabei sind Parochialismus und Dschihad. Auf kurze Sicht scheinen Handelsverträge wie GATT harmonisierend zu wirken, da sie Kompetenzen an die Völkergemeinschaft übertragen und internationale Mehrheitsbeschlüsse für Einzelnationen verbindlich machen. Das mindert zwar die Möglichkeiten der Einzelstaaten, in ihre eigene Wirtschaft steuernd einzugreifen, doch angeblich im Namen einer gerechteren Verteilung und eines länderübergreifenden

Gemeinwohls. Langfristig aber schwächen die neuen Regelungen die nationale Souveränität und übertragen Kompetenzen an Märkte, die sich keinerlei demokratischer Kontrolle unterwerfen und alle Alternativen demokratischer Entscheidung für sozialstaatliche Prinzipien drastisch reduzieren.

Der Vorsitzende der US-Textilarbeitergewerkschaft Jack Sheinkman klagt, die GATT-Verträge legitimierten die Ausbeutung von bis zu 200 Millionen Kindern.[2] Die Verlagerung umweltschädlicher Industrien in die Dritte Welt wird in Europa und Amerika gleichermaßen kritisiert. Langfristiger jedoch werden nicht untereinander zerstrittene und immer eingeschränkter souveräne Staaten, sondern multinationale Konzerne und ihre globalen Märkte Amerika und anderen Ländern diktieren, was geht: ob Fünfjährige in Pakistan für dreißig Pfennige am Tag dreizehn Stunden lang arbeiten und filterlose Dreckschleudern in Asien die Umweltschutzauflagen Europas umgehen dürfen. Sogar verantwortungsbewußte amerikanische Firmen wie Levi Strauss mit ihren Umweltschutzauflagen für die Jeansfabriken in Übersee werden von Konkurrenz und Profit auf Billigarbeitsmärkte getrieben, wo krasse Ausbeutung allgemein üblich ist und Umweltschutzrichtlinien pure Public Relations sind.[3]

Der Dschihad ist keineswegs demokratischer. Er definiert das Ich durch Gegenüberstellung zu einem »anderen« und treibt so Politik mit Abschottung und Ressentiment. Wo er Gemeinschaft stiftet, geschieht das auf Kosten von Toleranz und Solidarität. In seiner Welt ist dazugehören wichtiger als Selbstbefreiung und wird demokratische Beschlußfassung durch Entscheidungen charismatischer Führer ersetzt. Der Dschihad spricht die Sprache der Selbstbestimmung, sieht aber keinen Zusammenhang zwischen kollektiver Unabhängigkeit und engagierter Bürgerfreiheit. Das bosnische Serbien erkauft seine ethnische »Selbstbestimmung« durch Preisgabe fast aller demokratischen Rechte der Bevölkerung.

In Mitteleuropa und Asien machte der Wegfall des Eisernen Vorhangs unzählige Völker sowohl für den Dschihad als auch für McWorld zugänglich. Als mit dem Untergang des Sozialismus nicht die Geschichte, sondern bloß der Sowjetimperialismus zu Ende ging, wurden in den Staaten des ehemals kommunistischen Reiches einige Türen aufgestoßen. In der politischen Praxis hatte der Sozialismus nämlich genau die Freiheiten unterdrückt, um derentwillen die Revolution gemacht worden war. Doch bedeutet der Untergang des Sozialismus auch das Obsiegen von mancherlei unangenehmen Folgen der Aufklärung wie Materialismus, Solipsismus und Individualismus über andere, erhabenere ihrer Bestrebungen wie Bürgertugend, gerechtes Gemeinwissen, soziale Gleichheit und Befreiung der unterdrückten Arbeiterklasse. Erwachsen war dieses höhere Streben aus dem Vertrauen des Zeitalters der Vernunft in die befreiende Kraft der Ökonomie und in einen natürlichen Hang der Geschichte zu Fortschritt und Demokratie. Es hat in Frankreich und später in Deutschland und Rußland soziale Revolutionen ausgelöst, von denen allerdings keine besonders erfolgreich war. In dem Maße, wie das Fiasko der sozialistischen Revolution (wie zuvor der jakobinischen) zugleich als Versagen der Aufklärung empfunden wird, erschüttert es aufklärerischen Idealismus und Fortschrittsglauben und versetzt uns in eine zynischere und selbstsüchtigere Welt, in der unser ganzes Streben nur noch auf kurzsichtigen Konsum gerichtet ist. Der allgemeine Glaube an die Demokratie scheint zusammen mit der Hoffnung auf den Sozialismus über Bord gegangen zu sein.

Unter Demokratie verstehe ich nicht nur Regierung durch und für das Volk, sondern Regierung durch und für die Bürger. Bürgerrechte sind die politische Währung der Macht und machen die Demokratie erst solvent. Weder der Dschihad noch McWorld schert sich die Bohne um Bürgerrechte. Thomas Friedman argumentiert zugunsten von McWorld, die Brudermörder in Irland, Südafrika und im Nahen Osten könnten von ihrem Blutrausch abgelenkt und auf den globalen Marktplatz gelockt werden, wo alle »von den ökonomischen Imperativen gezwungen werden, ihre Schwerter simultan zu Pflugscharen umzuschmieden«.[4] Aber Frieden ist nicht gleichbedeutend mit Demokratie. Die Bewohner von McWorld sind Konsumenten und Kunden, deren Freiheit in dem Recht besteht, auf Märkten zu kaufen, auf die sie keinen Einfluß haben. Ihre Identität wird ihnen von einer Konsumhaltung vermittelt, die sie kaum noch bewußt wahrnehmen. Palästinenser, Zulus und Katholiken in Nordirland werden ihre Geschäfte mit dem In- und Ausland freier abwickeln können, wenn ihre Staaten stabilisiert sind, aber deswegen nicht unbedingt freier sein.

Kurz nach dem Zweiten Weltkrieg erkannte Victor Lebow: »Unsere hochproduktive Volkswirtschaft verlangt, daß wir Konsum zu unserer Lebensweise machen, Kaufen und Verkaufen von Ware in Rituale verwandeln, daß wir unsere seelische Befriedigung und Ichzufriedenheit im Konsum suchen.«[5] Heute bemerkt Alan Durning: »Die Worte ›Konsument‹ und ›Person‹ sind praktisch synonym geworden. Die Weltwirtschaft ist derzeit so organisiert, daß sie 1,1 Milliarden Menschen einen Lebensstil mit reichlich Materialismus, aber wenig Zeit vergönnt. Hoher Konsum bedeutet weder Vollbeschäftigung noch ein Ende der Armut.«[6] In diese Welt werden die Konsumenten von Irland, Palästina und Südafrika jetzt aufgenommen. Ob Vollbeschäftigung und soziale Gerechtigkeit herrscht oder ob der Lebensstil überhaupt noch Zeit läßt, Wohlstand und Bildung zu genießen, sind allerdings Fragen an mündige Bürger und nicht an Konsumenten. Vom Dschihad Erlöste sind nicht automatisch bereits Staatsbürger. Solange McWorld noch keinen Kniff gefunden hat, Staatsbürger genauso umfassend zu bedienen wie Käufer und Verkäufer, dürften derlei Ziele systematisch vernachlässigt werden, egal wie viele neue internationale Institutionen noch geschaffen werden. Das soll freilich nicht heißen, daß Bürgersinn unter Bedingungen nationalistischen Bürgerkriegs oder ethnischen Brudermords besser gediehe.

Der Dschihad hat in der Tat genausowenig für Bürger übrig wie McWorld. Seine Bewohner sind Blutsbrüder und -schwestern und in ihrer Identität damit festgelegt. Selbst danach suchen dürfen sie nicht. Zwar können sie als Blutsschwester auch noch Produzentin und als Blutsbruder obendrein Konsument sein. Aber echte Selbstbestimmung über den eigenen Lebensplan gewährt auch das nicht, denn der wird einerseits durch Blut und Boden und andererseits durch Produktion und Konsum gestaltet. Wo sich Selbstbestimmung des Individuums aus seinen Rechten in der Demokratie ergibt, heißt nationale Selbstbestimmung in demokratischen Staaten mit ihrem Primat der Politik nichts anderes, als daß Bürger bewußt über Angelegenheiten ihres Gemeinwesens bestimmen und so durch kollektive Entscheidungen den unliebsamen Folgen ihrer individuellen Präferenzen als Privatleute und Konsumenten entgegenwirken. In einer Welt der Zukunft, die der Suche der Menschenseele nach Identität nur noch entweder kollektivistischen Blutsbrüdermief oder individualistischen Konsumrausch zu bieten hat, gehört die Demokratie auf alle Fälle zu den Verlierern. Weder die Warengesellschaft noch die Kultivierung von Ressentiments verheißt Freiheit. Ein Gemenge aus beiden, die Synthese aus Dschihad und McWorld, also die Verwandlung des Ressentiments zur Ware, verspricht nur eine neuerliche, wenn auch subtilere Sklaverei.

Dennoch glaube ich trotz meiner Skepsis zur Dialektik von Dschihad und McWorld nicht, daß Demokratie nach dem Untergang des Nationalstaats unmöglich wird. Wo Demokratie erfolgreich gelebt wird, ist sie das Ergebnis einer langsamen Entwicklung und die Verfassungsgründung nur symbolischer Höhepunkt. Der Aufbau einer Weltdemokratie braucht Geduld und Beharrungsvermögen, denn der Erhalt oder gar Ausbau der Demokratie unter den veränderlichen Bedingungen einer Belagerungssituation erfordert politische Kühnheit, Phantasie und selbstbewußten politischen Gestaltungswillen. Das dialektische Wechselspiel von Dschihad und McWorld dürfte schwerlich zu einer solchen Merkmalskombination führen.

Die neue Weltunordnung und die alten Organisationen

Die schwierige Frage, wie eine supranationale Welt geordnet werden kann, wird häufig mit der schlichten Empfehlung beantwortet, ein weltweit gültiges Recht zu schaffen, neue internationale Institutionen zu gründen oder vorhandene wie die Vereinten Nationen und den Internationalen Gerichtshof auszubauen. Sowohl das Vertrauen des neunzehnten Jahrhunderts auf die Balancepolitik der Großmächte als auch Woodrow Wilsons Vierzehn Punkte und die Gründung des Völkerbunds (dem die USA nie beitraten) sowie die Errichtung der Vereinten Nationen auf Initiative der Anti-Hitler-Koalition waren von der Hoffnung getragen, souveräne Staaten könnten irgendwie Nationalegoismus und Sektiererpolitik hinter sich lassen und zur Sicherung von Frieden und Zusammenarbeit einen Teil ihrer Souveränität an supranationale Körperschaften abtreten. Obwohl Recht nur dort wirksam gesprochen werden kann, wo eine Staatsgewalt vorhanden ist, die es auch durchsetzt, soll das internationale Recht weltweit uneingeschränkt gelten, auch wenn es keinen Weltstaat mit Gewaltmonopol und Durchsetzungsvermögen gibt. Das Völkerrecht kam immer nur im Troß einer Gewalt daher, die erst militärisch von Imperialismus und Kommunismus und später von Welthandel und Weltmarkt ausgeübt wurde. Nie zügelt es die Macht, sondern es dient ihr und begünstigt sie. Und mit dem Stern der Nationalstaaten sinkt zugleich auch der des internationalen Rechts.

Ironischerweise aber ist das internationale Recht schwach, wenn die

Nationalstaaten stark sind, denn sie lassen sich ihre Souveränität ungern beschneiden. Sind sie jedoch schwach, hat das internationale Recht überhaupt keinen Büttel mehr. Das internationale Recht führt nicht, sondern stolpert hinter jedem realen Machtfaktor auf eine Art und Weise her, die seiner formalen Zuständigkeit hohnspricht. Zwar wird gern auf das Seerecht, die Menschenrechtskonvention, die Abkommen über den Weltraum und die neuerlichen Ansätze zu einem internationalen Umweltrecht (etwa die Deklarationen von Montreal und Rio) verwiesen und voll Genugtuung hervorgehoben, wie der Europäische Gerichtshof die europäische Integration vorantreibt. Dennoch lassen die Ereignisse in Europa seit Maastricht – ja sogar seit der Gründung des Völkerbunds – darauf schließen, daß Macht immer noch vor Recht geht, ob nun Völkerrecht von Nationalstaaten unterlaufen oder mißachtet wird oder der Markt das internationale Fischerei- oder Umweltrecht aushöhlt und umgeht.

Wo internationale Verträge geschlossen werden, spiegeln sie entweder eine seltene Motivgleichheit zwischen Unterzeichnerstaaten (wie beim Seerecht) oder die übergreifenden Interessen weltumspannender Konzerne wider, die die Verhandlungsposition ihrer Staaten bestimmen. Das General Agreement on Tariffs and Trade (GATT), um ein neueres Beispiel zu nennen, enthält sogar Klauseln, die Staaten handelshemmende Umweltschutzmaßnahmen untersagen. Hier wird das »Recht« zum Vorwand für die Durchsetzung nackter Wirtschaftsinteressen, denen sich souveräne Nationen per Vertrag beugen müssen. Das Recht ist bestenfalls Erfüllungsgehilfin der Interessen von Staaten oder Märkten und schlimmstenfalls eine Rationalisierung für verschleierte Gewalt. Hobbes' Aussage über »Verträge ohne Schwert« stimmt noch heute: Sie sind fromme Worte, die Menschen oder Nationen keine Garantien bieten. Internationale Organisationen können der Militärgewalt ihrer souveränen Mitglieder nichts entgegensetzen und haben somit keinerlei Mittel, Recht gegen Macht durchzusetzen. Multinationale Konzerne halten zwar keine Heere, operieren jedoch unter Bedingungen einer supranationalen politischen Anarchie, bei der ökonomische Gewalt völlig genügt.

In internationalen Rechtsjournalen geht es heutzutage ständig darum, daß Nationen und ihre Grenzen von ökologischen, kommerziellen und technologischen Faktoren durchlöchert werden, die zwar nach einer internationalen Regelung schreien, sie aber zugleich sinnlos machen. So schreibt etwa Maurice F. Strong: »Es muß endlich erkannt werden, daß in vielen Bereichen, besonders in Umweltfragen, die souveräne Regelungskompetenz einzelner Nationalstaaten der Sache nicht mehr gerecht werden kann.«[7] Die Nationalstaaten sind zwar zunehmend überfordert, doch gibt es keine übergreifenden Körperschaften, die an ihre Stelle treten könnten. Oscar Schachter klagt, das internationale Umweltrecht sei völlig »zahnlos geblieben, eine Reihe von Prinzipien und Verhaltensmaßstäben, die niemand als verpflichtend akzeptiert und deren Geltung zweifelhaft ist«.[8] Geoffrey Palmer schätzt die Lage noch schlechter ein: »Uns fehlt der institutionelle und rechtliche Apparat, energisch gegen grenzüberschreitende Verschmutzung von Biosphäre und Umwelt vorzugehen. Derzeit haben wir weder die nötigen Regelungen noch die Mittel, solche aufzustellen, und auch nicht die Institutionen, um sie durchzusetzen.«[9] Werden vorhandene internationale Einrichtungen angerufen, hat das den Charakter eines Appells der Schwachen an den guten Willen der Machtlosen.

Was für die Umwelt gilt, läßt sich erst recht auf andere Bereiche übertragen. Neue Techniken der Telekommunikation setzen sich über Staatsgrenzen hinweg, ohne eine Möglichkeit zu lassen, ihre Handhabung staatsübergreifend zu regeln. Auch die virtuellen Netze, die für den Handel mit Aktien, Obligationen und Devisen eingesetzt werden, entziehen sich gleichermaßen der sachlichen Kontrolle durch eine nationale oder internationale Körperschaft. Sogar totalitäre Überwachungsstaaten wie die Sowjetunion und Albanien hatten die Herrschaft über raubkopierte Videokassetten, zusammengeschaltete Computernetze, Fotokopier- und Faxgeräte sowie Satellitensendungen verloren, die allesamt zu ihrem Zusammenbruch beitrugen. Wie sollten da erst vom Markt geknechtete und gar nicht eingriffswillige Staatsregierungen wie etwa in Großbritannien oder Kanada eine solche Aufsicht führen? Dürfen wir ernstlich erwarten, daß die noch machtloseren sogenannten internationalen Organisationen, die häufig nur noch Sonderinteressen von Handel und Markt vertreten, Verantwortungsbereiche ausfüllen, aus denen sich schon souveräne Staaten feige davongestohlen haben?

Internationale Institutionen stoßen ständig an die Grenzen nationaler Souveränität und sind aus diesem Grund wenig handlungsfähig. In völlige Anomie aber verfallen sie, wo es keine nationale Souveränität mehr gibt. Denn ohne die Vermittlungstätigkeit, den guten Willen und besonders die bewaffnete Intervention der maßgebenden Vormächte unter ihren Mitgliedern richten sie nichts mehr aus. Internationale Organisationen können weder mit ihren eigensinnigen souveränen Mitgliedern leben, noch ohne sie, wie die Lähmung von Vereinten Nationen und der NATO in der Bosnienfrage zeigte.

In seinem beeindruckenden Plädoyer, der Laissez-faire-Ideologie in der Weltwirtschaft ein Ende zu machen, fordert Robert Kuttner eine »echte Weltzentralbank« unter »Abtretung erheblicher Teilsouveränität in der Geldpolitik, womit zugleich der wichtigste Teil der politischen Souveränität aufgegeben werden müßte«.[10] Aber an wen soll diese Souveränität denn abgetreten werden? An die Hauptfinanziers der Weltbank? An die Nationalbanken der Mitgliedsländer je nach Einlage? An Einzelbankiers, die zugleich Bürger eines Landes mit eigenen Interessen und Ideologien sind? Kuttner sagt, internationale Regelungsmechanismen seien nötig, aber nicht, wie sie demokratisch legitimiert werden sollen. Wen sollen solche Körperschaften vertreten? Wem rechenschaftspflichtig sein? Wessen Interessen wahrnehmen? Es ist unklar, wem Körperschaften wie das »neue Europa« rechenschaftspflichtig sind. Den Regierungen der Mitgliedsländer? Oder den von den Staatsregierungen vertretenen Einzelbürgern? Oder, wie die deutschen Bundesländer und andere starke regionale Einheiten wie die Lombardei und Katalonien hartnäckig fordern, den Provinzen und Bundesteilen von Nationalstaaten?

In ihrer heutigen Organisationsform ist die EG nur den Führungen rechenschaftspflichtig: dem Ministerrat, den Regierungen der Mitgliedsstaaten und durch eine wuchernde Bürokratie Technokraten mit eigenen Normen und Interessen. Das europäische Parlament wird vielleicht irgendwann die Wähler direkt vertreten, kommt aber derzeit durch »Lokalwahlen« zustande, bei deren Kandidatenaufstellung Eliten und ideologisch festgelegte Parteien immer noch das Sagen haben. Nur wenige parteiunabhängige Mitglieder werden gewählt und vertreten einen eigenen Standpunkt wie etwa Eva Quistorp, die bei den Berliner Grünen aktiv ist und einen Sitz im Europaparlament errungen hat. Zur Zeit aber ist sie eher eine Ausnahme. Letztendlich wird eine länderübergreifende Form der Souveränität aus einer länderübergreifenden Form von Gruppenidentität und Patriotismus erwachsen müssen, doch ist bisher noch keine internationale demokratische Gesellschaft entstanden, in der eine solche internationale Staatsbürgerschaft gedeihen könnte. Schon auf der nationalen Ebene konnten demokratische Einrichtungen erst geschaffen werden, nachdem es selbstbewußte Staatsbürger gab. Wo aber ist der Weltbürger, der eine Weltdemokratie erkämpfen kann? Ein stoischer Kosmopolitismus müßte normale Menschen erst einmal begeistern. Vorschläge für eine Weltregierung sind allenfalls Traumtänzerei.[11] Viele Lokalpolitiker in Europa surfen im Gegenteil auf einer antieuropäischen Welle.

Vor mehr als zwanzig Jahren schlug James Tobin eine Abgabe auf internationale Devisenspekulationen vor, die als Entwicklungshilfe für benachteiligte Länder verwendet werden sollte. In neuerer Zeit hat Robert Reich, inzwischen amerikanischer Arbeitsminister, einen glänzenden Vorschlag für eine »Art GATT für Direktinvestitionen« gemacht, die die Unterbietungspraxis einzelner Länder bei »hochwertigen Investitionen von Weltkonzernen« regeln und »Grundsätze der Fairneß« entwickeln sollte.[12] Um erfolgreich zu sein, müßten solche Vorschläge aber genau von den Ländern aufgegriffen werden, die von der heutigen Praxis profitieren. Sie belohnt die Länder mit fetten Verträgen, die die größten Opfer in Gestalt von Billigarbeitskräften, Subventionen und Verzicht auf Steuern und Umweltauflagen bringen. Dadurch geben Entwicklungsländer faktisch soziale Gerechtigkeit und Gemeinwohl gegen ein Stück vom Kuchen der internationalen Wirtschaft preis. Den US-Regierungen unter Theodore Roosevelt und später unter Franklin Delano Roosevelt fiel es schon sehr schwer, amerikanische Binnenmonopole in Erdöl, Steinkohle, Stahl und Eisenbahnwesen zu begrenzen und zu regulieren. Wo aber können wir eine mobilisierte Bürgerschaft finden, die ähnlich entschlossene internationale Organisationen darin unterstützt, etwa Microsoft, AT&T oder Coca-Cola in ihrem weltweiten Geschäft zu beschränken und zu reglementieren? Das deutsche Grundgesetz sieht wie die Verfassung Dänemarks sogar eine ordnungsgemäße Abtretung bestimmter staatlicher Vollmachten an internationale Institutionen (»zwischenstaatliche Einrichtungen«) vor, aber diese Klausel verhindert keine taktischen Manöver der deutschen Bundesländer in der Europapolitik. Auch erlangt die Europäische Union dadurch keinen erkennbaren Einfluß auf deutsche Verfassungsorgane.[13]

Was für Gerechtigkeit und Gemeinwohl der Welt notwendig ist, ist klar genug: unter anderem Frieden und Sicherheit vor Völkermord, Schutz der Menschenrechte, Vollbeschäftigung bei angemessenem Lohn, weltweit nachhaltige Entwicklungspolitik in einem festgelegten ökologischen Rahmen und Rücksicht auf Länder mit geringen Rohstoffvorkommen und niedrigerem Entwicklungsstand. Abkommen wie bei Tobin oder Reich sind gut vorstellbar. Sie müssen nur politisch gewollt werden, und das hängt wiederum von engagierten Bürgern ab. Wie engagiert Bürger sind, richtet sich wiederum nach ihrer Gesellschaft und ihrem Erziehungswesen. Die Konvention gegen Völkermord hatten auch alle Länder des Westens unterzeichnet, aber während der Völkermord in Ruanda tobte, palaverten sie müßig herum. An Problemverständnis fehlt es bei diesem Abkommen nicht. Jeder weiß, was für ein Verbrechen Völkermord ist. Doch ein international unterzeichnetes Stück Papier kann nichts ausrichten, wo keine Entschlossenheit und Durchsetzungsfähigkeit vorhanden ist.

Auch dort, wo die Vereinten Nationen derzeit Eingreiftruppen haben, die in der Regel von Großmächten wie den Vereinigten Staaten und Frankreich gestellt werden, bleibt der Erfolg meist aus. Somalia und Bosnien sind typisch dafür. UN-Generalsekretär Boutros Boutros-Ghali stellte fest, die meisten lokalen Konflikte auf der Welt könnten durch entschlossenes Eingreifen der Vereinten Nationen gelöst werden, zu einem Bruchteil der Rüstungslasten des kalten Krieges, gestand aber realistisch ein, daß »der politische Wille fehle«.[14] Die Intervention der UN in Somalia hätte genau wie die amerikanische Paralleloperation in ihrer Hilflosigkeit schon fast komisch gewirkt, wäre sie nicht so tragisch gewesen. In Somalia herrscht heute nur im Nordosten ein relativer Zustand von Frieden und Ordnung, wo es keinerlei fremde Militärpräsenz gab.[15]

Schließlich wird die Aufgabe der internationalen Institutionen bei einer versuchten Krisenbewältigung dadurch noch komplizierter, daß oft der Ansatzpunkt fehlt. Wo weder Stämme noch Völker als Schuldige zur Räson gebracht werden können, bleiben die Drahtzieher der Krisenerscheinungen verborgen. Völkermord bietet ein Ziel in Gestalt einer mordenden Armee oder Miliz. Bei Terroristen aber ist es kompliziert. Und wo soll bei den internationalen Märkten, mit denen sich Robert Kuttner beschäftigt, der Hebel angesetzt werden? Viele der länderübergreifenden Kräfte, die bürgerliche Nationalstaaten aushöhlen, sind für keinerlei Sanktionen greifbar. Die von Robert Reich noch vor wenigen Jahren so bezeichnete »künftige Irrelevanz der Nationalität von Konzernen« ist längst Realität.[16]

Thomas Jeffersons Mahnung, Kaufleute hätten kein Vaterland, ist für die multinationalen Konzerne von McWorld eine Binsenwahrheit. Die Märkte der Kaufleute sind heute völlig anonym. Wie sollen Staaten den Markt für raubkopierte CDs oder Videokassetten oder für geschmuggeltes Plutonium überwachen? Wer kann die weltweiten Devisenspekulationen reglementieren? An wen soll man beim Dschihad schreiben und in welchem Stil? »Sehr geehrter, iranfinanzierter, libysch geschulter, russisch oder ukrainisch belieferter und hamasabhängiger Plutoniumterrorist, wir ersuchen Sie höflich um Unterlassung, widrigenfalls wir eine Vertragsstrafe von … geltend machen«. Und selbst wenn es einen Adressaten gibt, bleibt die peinliche Frage, was überhaupt gegen ihn auszurichten ist. Welche Konzerne weltweit die Umwelt verseuchen, kann zwar ermittelt werden, doch ist nur schwer dingfest zu machen, was genau sie freigesetzt haben. Ihr Umweltmüll reagiert zudem chemisch und biologisch mit anderem Abfall, womit die Schuldfrage juristisch schwer faßbar wird und Sanktionen kaum verhängt werden können.

Schließlich scheint in einer Zeit, die zwischen Dschihad und McWorld gespalten ist, wenig Hoffnung zu bestehen, daß herkömmliche internationale Körperschaften länderübergreifend als Retter der Demokratie auftreten. Selbst für Europa, das seine Integration über Regionalparlamente, Nationalversammlungen und Gerichtshöfe relativ weit vorangetrieben hat, besteht bei den Bürgern der Einzelländer immer noch eine demokratische Glaubwürdigkeitslücke. In ihrer Mehrheit interessieren sich die Bürger kaum für Europapolitik. Sie identifizieren sich zwar mit Automarken und fühlen sich als gebürtige Bayern, Wallonen, Basken oder Lombarden, doch es fehlt ihnen eine Identität als europäische Bürger.

Der Dschihad in der Weltunordnung

Wir haben den Dschihad als Kampf lokaler Völker um Solidarität und Tradition sowohl gegen die legalistischen und pluralistischen Abstraktionen des Nationalstaats als auch gegen den neuen Kommerzimperialismus von McWorld behandelt. In dieser Gestalt wirkt der Dschihad nicht zwangsläufig gegen die Demokratie, die letztendlich viel älter ist als der Nationalstaat. Die klassische griechische Demokratie galt für die homogene Polis – für eine Reihe kleiner Stadtstaaten, die durch gemeinsame Sprache, Religion und Geschichte verbunden waren. Die mitteleuropäische Demokratie hatte ursprünglich in Schweizer Kantonen und italienischen und deutschen Handelsstädten Lokal- oder sogar Klancharakter, bevor sie im größeren Nationalstaat ihre Heimstatt fand. Bei Jeffersons Wunschtraum der »Wahlkreisrepubliken« handelte es sich um ideale demokratische Muster von Kommunalregierungen, nach Ansicht mancher Autoren bei den Irokesen entlehnt, während der ursprüngliche russische Sowjet vor der Begriffsbesetzung durch die Bolschewiken eine Ortsversammlung zur Vertretung von Interessen des Landvolks war. Auch die Städte Neuenglands gründeten sich auf tiefverwurzelte Muster von Ratschlag und Abstimmung in der Kleingemeinde.[17] In seinem fesselnden Bericht über Bürgertraditionen in Italien entdeckte Robert Putnam eine Beziehung zwischen traditionellen Gesangvereinen in italienischen Dörfern und deren späteren demokratischen Neigungen und zeigte damit, daß demokratische Lebensformen auch in kleinen, homogenen Gemeinwesen mit geeigneten Institutionen entwickelt werden.[18]

Kurz, in lokalen Gebilden, die in ihrer Überschaubarkeit und relativen Homogenität eher gegen die Anonymisierung durch die Moderne aufbegehren und deswegen zum Dschihad neigen, kann genausogut auch eine Lokaldemokratie mit Mitspracherecht entstehen. Sogar die gefährliche Selbstabschottung, die auf Zurückweisung »der andern« beruht, kann einen Binnenkonsens herbeiführen, wie er zur Bildung eines Gemeinwillens erforderlich ist. Gegen den gigantischen Maßstab moderner Staatsgebilde, der für wägende Debatte und den Meinungsaustausch unter den Betroffenen zu groß ist, verheißen die antimodernen Kräfte des Dschihad kleinräumigere und demokratiefreundlichere Lebensformen.

Dennoch kann der Dschihad zwar die Kleinräumigkeit des politischen Lebens fördern, aber zugleich die Geisteshaltung zerstören, ohne die die Demokratie nicht funktioniert. Von schweizerischen und italienischen Dörfern einmal abgesehen, waren traditionelle Gemeinwesen meist strikt antidemokratisch, in sich geschlossen, konformistisch und hierarchisch. Durch ihre Selbstabschließung wurden sie unzugänglich für Zuwanderer und unduldsam gegenüber Abweichlern, ihre Verwurzelung in einer »askriptiven« Identität (von Blut, Rasse, Religion) machte sie gegen »voluntäre« Identität immun und verhinderte jeden Denkansatz in eine Richtung, wo Menschen ihre sozialen Beziehungen frei wählen oder sich nach freiem Willen neugebildeten sozialen Gruppierungen anschließen können. Die hierarchische Struktur traditioneller Gemeinschaften und ihre Abhängigkeit von charismatischen Führern machte sie gleichheitsfeindlich und sozialer Mobilität abgeneigt. Durch ihre personengebundene und nichtvertragliche Spielart der Gemeindeverfassung waren sie anfällig für Vorurteil, üble Nachrede, Streitsucht und Zerfall.

Die Beschränktheit des Dschihad setzt in einer zunehmend zentralisierten und wechselseitig abhängigen Welt auch seinem Griff nach der Realmacht Grenzen. Die Hutu mögen Tutsi massakrieren, können aber allein nichts gegen die afrikaweite Entwaldung und Bodenerosion ausrichten. Bosnische Serben mögen ihren Kleinkrieg gegen Moslems führen, können aber damit die Importlücke bei Videorecordern nicht schließen. Der Umweltschützerslogan »global denken, lokal handeln« wird von der Realität widerlegt: Lokales Handeln hilft selten gegen wirklich globale Probleme. Kleingeister, die bei Problemen regionaler Politik nach dem Sankt-Florians-Prinzip entscheiden (wo soll die Erdölraffinerie hin, das Drogencenter, das Asylbewerberheim?), sind selbst auch nur machtlose Opfer von regionaler, nationaler und internationaler Politik, auf die sogar demokratisch verfaßte lokale Institutionen kaum Einfluß haben.

Ethnische Stämme und religiöse Klans sind zwar nicht demokratisch chancenlos, doch der Dschihad dürfte keine demokratischen Werte und Institutionen von der Art aufbieten können, über die traditionelle demokratische Nationalstaaten einst verfügten. Ist von den Staatsgebilden, die aus der Zerstückelung von Nationalstaaten durch Völkerhaß, Brudermord und Bürgerkrieg hervorgegangen sind, auch nur eines ansatzweise demokratisch? Sogar dann, wenn solche Gebilde die politischen Strukturen der Demokratie wie Parlamentarismus, Mehrparteiensystem, unabhängige Justiz, turnusmäßige Wahlen oder eine nominell freie Presse übernehmen, fehlen ihnen die gewachsenen Einstellungen, um eine demokratische bürgerliche Gesellschaft von der Art zu errichten, ohne die kein demokratisches Gemeinwesen möglich ist und demokratische politische Strukturen nicht funktionieren. Stammesdenken ist für die Demokratie nur wenig besser als Konsumdenken. Ohne bürgerliche Gesellschaft gibt es keine Staatsbürger und mithin keine richtige Demokratie.

Die Bemühungen westlicher Verfassungsrechtler, ihre eigenen

Rechtstraditionen auf junge Nationen in Osteuropa und in der ehemaligen Sowjetunion zu übertragen, sind sicher anerkennenswert. Das Studienzentrum für Verfassungsrecht in Osteuropa an der University of Chicago Law School und die (ursprünglich von dem Bankier und Philanthropen George Soros finanzierte) Mitteleuropäische Universität in Prag und Budapest konzentrieren sich auf Verfassungsgestaltung. Sie bieten ein erfreuliches Gegenstück zum ökonomischen Reduktionismus von Beratern, die Demokratie schon durch freie Märkte und Privatisierung verwirklicht glauben. Doch ein rein legalistischer Ansatz dürfte kaum erfolgreicher sein als ein rein ökonomistischer. Ein dünner Firnis von Parlamentarismus über dem Tollhaus einer neotribalistischen Gesellschaft schafft noch keine Demokratie.

Stephen Holmes, ein leitender Mitarbeiter des Instituts für Verfassungsrecht in Osteuropa, erkennt diese Grenzen und räumt ein, die Demokratisierung werde auch durch das »weithin unterschätzte Hindernis der derzeitigen übertriebenen Beratung durch den Westen« gebremst. Er meint, Osteuropa könne von einer Art »verfassungsrechtlicher Fristverlängerung« profitieren, bei der Flexibilität und Anpassungsfähigkeit an örtliche Bedingungen Vorrang vor einer formalistischen Anwendung abstrakter Verfassungsprinzipien haben müßte.[19] Er bedauert zwar das Ableben spontaner Bürgerbewegungen wie *Solidarność* und *Neues Forum*, meint aber immer noch, eine bürgerliche Gesellschaft könne durch passende, flexible und überlegte Verfassungserneuerung von oben aufgepfropft werden. Er unterschätzt die Notwendigkeit, eine demokratische Grundlage in Schulen, Bürgervereinen, Stiftungen und anderen Gemeinschaftseinrichtungen zu schaffen, die wiederum das Fundament für ein demokratisches Verfassungsgebäude legen könnten. Wenn Westler bedauern, daß es in Rußland keine bürgerliche Gesellschaft gibt, ignorieren sie deren Keimzellen in den allenthalben sprießenden, regierungsunabhängigen und gemeinnützigen Stiftungen, Vereinigungen und Verbänden.

Die Medien konzentrieren sich auf die Spannungen zwischen Präsident Jelzins reformerischer Exekutive und dem mehrheitlich nationalistisch-konservativ-kommunistischen Parlament. Aus ihnen können interessierte Beobachter also nicht erfahren, daß es daneben bereits schon Dutzende gemeinnütziger Organisationen gibt, die zukunftsträchtiger sein könnten als Schlägereien in der Duma. Darunter sind nicht nur medienpräsente Initiativen aus dem Ausland wie Big Brother / Big Sister, sondern unter anderem auch einheimische Vereinigungen wie der Lehrerverband Regenbogen, die wohltätige Stiftung Menschenseele, die allrussische Stiftung für Behinderte, die sozialökologische Union, die internationale Ideenbank, die christliche Wohlfahrtsgesellschaft, die Stiftung für internationale Diplomatie und Zusammenarbeit, die Vereinigung weiblicher Militärangehöriger, die russische Menschenrechtsgesellschaft »Väter und Söhne«, das unabhängige Frauenforum, der Verband der Eltern gehörloser Kinder und eine internationale Stiftung für politische und juristische Studien.[20]

Daß derzeit eine solche regierungsunabhängige neue Infrastruktur in Rußland entsteht, läßt den Schluß zu, daß lokale Organisationen und kleinräumige Gemeinschaften imstande sind, nicht bloß einen lokalen Dschihad, sondern im Gegenteil auch neue lokale Formen der bürgerlichen Gesellschaft hervorzubringen. Allerdings ergeben sich solche Entwicklungen nicht spontan. Sich selbst überlassen, erzeugt der Dschihad weder eine eigene Demokratie, noch gestattet er anderen seine Demokratisierung durch bloßen Import von Verfassungsmechanismen, die über viele Jahrhunderte in Nationalstaaten mit einer historisch hochentwickelten bürgerlichen Gesellschaft entstanden. Im Gegenteil, er ist eher bestrebt, die zarten Keime von Einrichtungen der jungen bürgerlichen Gesellschaft zu zertreten.

16. Der wilde Kapitalismus
als Gegner der Demokratie

Wenn es schon an den Haaren herbeigezogen wirkt, im Schutt von Nationalstaaten nach einem Dschihad noch ein demokratisches Zukunftspotential ausmachen zu wollen, ist es noch viel schwerer nachvollziehbar, wie McWorlds einseitiges Streben nach schrankenlosen Märkten am Ende zur Demokratie führen soll. Märkte sind mitnichten das ideale Werkzeug zur Regelung und Gestaltung des Gemeinwohls, auch wenn manche Möchtegern-Demokraten behaupten, aus ihnen ergäben sich gemeinwohlstiftende Verhaltensnormen und demokratische Werte von allein. Der Historiker John Pocock fragt sich, »ob die Unterordnung der souveränen Bürgerschaft unter den internationalen Gestaltungswillen postindustrieller Marktkräfte für die Architektur einer postmodernen Politik gut oder schlecht ist«.[1] Ich meine, sie ist nicht nur schlecht, sondern führt zur Katastrophe.

Marktkräfte und liberalistische Ideologien sind bei Intellektuellen der Postmoderne Mode und können durchaus langfristig mehr Produktivität und Wohlstand schaffen. Prä-postmoderne Ökonomen wie Friedrich Hayek und Milton Friedman unterstellen der Ideologie des Laissez-faire einen »unablässigen Kampf zwischen Kollektivismus und Individualismus«. Für sie ist jede »Erweiterung von Regierungskompetenz«, ob durch eine stalinistische Diktatur oder eine demokratische Kommunalverwaltung, »kollektivistisch« und damit a priori ein Anschlag auf die Freiheit.[2] Jede Form von Regierung, auch die demokratische, kann durch diese Brille nur suspekt sein, Märkte nehmen sich da als die reine Wohltat aus. Für liberalistische Ideologen kann mehr Demokratie nur weniger Regierung heißen. Nicht der Aufbau einer handlungsfähigen bürgerlichen Gesellschaft bedeutet für sie Demokratie, sondern die Ausdehnung von Märkten durch Deregulierung, Privatisierung und unumschränkten Freihandel. Wenn heutige Wirtschaftsreformer überhaupt von Regierung reden, dann nur im Sinne eines Verfassungsminimalismus: Novellierung von Recht und Gesetz nur noch in Richtung Politikverbot und Begrenzung von Volkssouveränität und absolut nicht im Sinne von »mehr Demokratie wagen«.

Ernstzunehmende Marktökonomen, die einen Unterschied zwischen totalitärem Kollektivismus und demokratischem Streben nach Gemeinwohl machen, fechten diese nahezu anarchistischen liberalen Dogmen an. Trotz des Hangs zum Laissez-faire in England und Amerika in den letzten Jahrzehnten, dem eine heftige Abneigung gegen Politik und Politiker Vorschub leistete, gibt es immer noch eine anerkannte Lehrtradition, die weder kollektivistisch noch wohlfahrtsorientiert ist und gegen eine Allzuständigkeit des Marktes und dessen angebliche ökonomische Selbststeuerungsfähigkeit Front macht. Zeitgenössische Ökonomen wie Andrew Bard Schmookler und Robert Kuttner kritisieren die gesellschaftlichen Folgekosten des Laissez-faire der Reagan-Thatcher-Ära heftig.

Beziehungen, die der Markt fördert, sind einfach kein Ersatz für soziale Beziehungen und genausowenig für demokratische. Nur eifernde Anhänger des Kapitalismus in seiner extremen (nach Robert Kuttner utopischen) Laissez-faire-Version behaupten etwas anderes. Zwar gibt es eine erkennbare historische Korrelation zwischen Demokratie und Kapitalismus, doch ist es die Demokratie, die den Kapitalismus hervorgebracht hat, und nicht umgekehrt. Das merkantilistische England des siebzehnten Jahrhunderts wurde im Verlauf des achtzehnten demokratisiert, und erst das demokratisierte England des neunzehnten Jahrhunderts konnte sich auf Industrialisierung und Freihandel (Abschaffung der Korngesetze 1846) einlassen und das ökonomische Empire errichten. Auch heute noch hängen die Volkswirtschaften kapitalistischer Nationen vom aktiven Eingreifen demokratischer Regierungen ab, die nicht nur eine entscheidende Bremserrolle bei Marktexzessen spielen und gemeinsame Werte der bürgerlichen Gesellschaft verteidigen, die dem Kapital egal sind, sondern immer zugleich auch Marktpflege betreiben. Die erfolgreichsten »kapitalistischen« Staaten mit sattsam bekanntem Wirtschaftswunder haben in Wirklichkeit einen Markt mit kaum sichtbaren, aber ausschlaggebenden staatlichen Lenkimpulsen.

Unter dem Deckmantel einer »marktwirtschaftlichen« Umgestaltung nach dem Zweiten Weltkrieg verfolgten Japan und Deutschland in Wirklichkeit aggressive nationalökonomische Ziele. Franklin Delano Roosevelts New Deal hat den Kapitalismus ebenso vor der Selbstzerstörung wie das amerikanische Volk vor anhaltender Massenarbeitslosigkeit und Massenarmut bewahrt. Weder Reagans Amerika noch

Thatchers England hätten sich die Illusion einer Rückkehr zur reinen Laissez-faire-Politik leisten können, wären da nicht die Zinsen aus mehreren Generationen ökonomischer Interventionspolitik und Mischwirtschaft gewesen. Wirklich frei entwickelt haben sich in diesem Jahrhundert nur gemischte Volkswirtschaften, in denen demokratische Regierungen für einen Ausgleich zwischen Wirtschaftsinteressen und sozialer Gerechtigkeit sorgten. Norman Birnbaum schildert das westdeutsche Wirtschaftswunder als einen Markt, der »vom Staat nicht zu trennen ist. Subventionen und steuerliche Anreize, ein umfangreicher öffentlicher Sektor, staatliche Forschungsmittel, das duale System der Berufsausbildung, staatliche Versicherung und Kreditierung von Exporten sind koordinierte Elemente einer nationalen Wirtschaftspolitik. Großbanken, Regierung und Bundesbank ziehen (…) in Fortsetzung sozialstaatlicher Traditionen, die bereits von Bismarck begründet wurden, an einem Strang«.[3]

Ähnliches gilt nicht nur für die Deutschen, sondern für alle wirtschaftlich erfolgreichen Nationen der Nachkriegszeit. Diese wußten nur zu gut, daß eine Volkswirtschaft mit reinem Laissez-faire rasch zwischen Aussperrung, Massenarbeitslosigkeit, Monopolbildung und Rezession auseinanderbricht und sich selbst zerstört. Nur die neuen Übergangsdemokratien im Osten ließen sich von ihren Beratern aus dem Westen weismachen und von internationalen Banken dazu drängen, eine kapitalistische Laissez-faire-Wirtschaft sei zugleich auch ein selbststeuerndes Sozialsystem. Mit katastrophalen Ergebnissen, wie zu erwarten war. Wie wir noch sehen werden, hat der von Alexander Solschenizyn so bezeichnete »wilde Kapitalismus« als ein von »unproduktiven, wilden und abstoßenden Verhaltensformen und Ausverkauf des Reichtums der Nation durchsetztes« System das neue Rußland in eine Weltgegend verwandelt, wo »rücksichtslose Wahrnehmung des eigenen Vorteils und die unglaubliche Macht des Geldes« heute schlimmer hausen als je zuvor.[4]

Selbst wenn die Verwüstungen, die der wilde Kapitalismus anrichtet, unter idealen Bedingungen abgemildert werden und die Wirtschaft eine gewisse Selbstregulierung erreicht, können Märkte die Bedürfnisse einer Gesellschaft nur in begrenztem Umfang decken. Ideale Marktbedingungen bedeuten lediglich, daß Verkäufer und Käufer Preise aushandeln, die sich nach Angebot und Nachfrage richten, und so ein produktives Wechselverhältnis zwischen Erzeugern und Verbrauchern entsteht. Damit ist bestenfalls eine Optimierung bei der Erzeugung und Verteilung von Konsumgütern erreicht und sonst gar nichts. Die Prediger des Laissez-faire als wirtschaftspolitischer Strategie nehmen weitaus mehr für sich in Anspruch, und genau da liegt das Problem.

Auf beängstigende Weise wird heute der gemäßigten und durchaus begründbaren Aussage, daß flexibel regulierte Märkte das wirksamste Instrumentarium der Wirtschaftsproduktivität und Wohlstandsmehrung seien, die dümmliche und überzogene Behauptung entgegengestellt, daß der nackte und völlig ungehemmte Markt das einzige Mittel sei, alles für Menschen Wichtige zu erzeugen und gerecht zu verteilen, also sowohl dauerhafte Konsumgüter wie geistige Werte, Kapitalinvestitionen und soziale Gerechtigkeit, hohe Gewinne und Umweltschutz, privaten Reichtum und Gemeinwohl. Mit derlei Behauptungen verlangen profitgierige Freibeuter, so unterschiedliche und eindeutig öffentliche Arbeitsfelder wie Bildung, Kultur, Strafvollzug, Beschäftigungspolitik, Wohlfahrt oder Umweltschutz der Profitwirtschaft zur Disposition und Erledigung zu überlassen. In der Privatisierung sehen sie nicht nur ein Tranchiermesser, mit dem sich aufgeblähte Staatsbürokratien abspecken lassen, sondern ein Hackebeil, mit dem der demokratische Staat zerkleinert und zu Wurstmett verarbeitet werden kann.

In den USA wird das Vertrauen in die Allmacht der Märkte in eine Außenpolitik mit dem Credo umgemünzt, Internationalisierung von Märkten sei dasselbe wie deren Demokratisierung und die Menschen würden in dem Moment frei, wo Nationen oder Stämme die Heilslehren des Freihandels unterschrieben. Die beiden Friedmans gaben ihrer Eloge auf die Märkte den Titel *Free to Choose* (dt.Titel: *Chancen, die ich meine)*, als sei die Auswahl unter Markenartikeln dasselbe wie eine Berufswahl oder Übernahme allgemeingültiger Kulturnormen.[5] Vor einiger Zeit argumentierte Jeffrey Sachs, eifernder Friedman-Anhänger und ehrgeiziger Prokonsul für die kapitalistische Umgestaltung der Übergangsgesellschaften, Osteuropa solle das »kommunistische System abschütteln«, und zwar nicht etwa, um eine offene Gesellschaft zu errichten, sondern um des höheren Zieles willen, »den Kapitalismus zu übernehmen«. Es gehe vor allem um »wirtschaftliche Harmonisierung mit Westeuropa«, und das bedeute radikale Wirtschaftsreform (die Polen nennen es den »Urknall«) und fortgesetzte wirtschaftliche »Schocktherapie«.[6] Das Dogma des Laissez-faire kann den Nationalstaat ins Wanken bringen, doch verfügt dieser wenigstens über eine souveräne Gewalt, die die gemeingefährlichen materialistischen Folgen des rohen Kapitalismus abschwächen kann. In der internationalen Wirtschaft ist Laissez-faire tödlich, denn hier endet jede Souveränität. Aggressive transnationale Konzerne können ihre Marktstrategien in einem absoluten Regelungsvakuum betreiben. Wie Kuttner bemerkt, hat die »Ethik des Laissez-faire nahezu im Gleichtakt mit dem relativen Niedergang ihrer Hochburg (der USA) an Boden gewonnen«.[7] Während früher internationale Institutionen wie der Weltwährungsfonds und die Weltbank das amerikanische Muskelspiel in der Weltarena unterstützten, sind sie infolge der Schwächung der USA jetzt den wahren internationalen Kräften unserer Zeit ausgeliefert, den länderübergreifenden Konzernen und den Abertausenden Interessengruppen und Verbänden, die sich auf dem Weltmarkt tummeln.

Außer bei der Öffentlichkeitsarbeit geht es beispielsweise der Weltbank weniger darum, für beständige Lebensbedingungen oder für lebensfähige Volkswirtschaften in Schuldnernationen zu sorgen, sondern eher um die Beseitigung aller Schranken gegen die internationale Konzernwirtschaft. Die Kredite der Weltbank führen häufig zum Staatsbankrott: Polens Gesamtverschuldung belief sich 1993 auf mehr als 60 Prozent des Jahresbruttosozialprodukts und die ungarische sogar auf 80 Prozent.[8] Uganda hat 62 Prozent seiner Auslandsschulden bei der Weltbank, während das umstrittene, von der Weltbank finanzierte Chixcoy-Wasserkraftwerk in Guatemala dort 40 Prozent der Auslandsschulden ausmacht. Die Bank erzwingt bekanntlich auch massenhafte Bevölkerungsumsiedlungen für Bewässerungsprojekte, bei denen die Betroffenen keinerlei Mitspracherecht in Angelegenheiten ihrer »eigenen« Entwicklung haben.[9]

Wer an die Lebenskraft des Nationalstaats glaubt, mag zuversichtlich sein. Robert Kuttner meint, die »Weltintelligenz hält sich vielleicht für staatenlos, und das Weltkapital sieht Nationalstaaten womöglich als anachronistische Hindernisse an, doch der Staat ist und bleibt für das Gemeinwesen der Ort, wo Marktexzesse noch am besten ausgebügelt werden können«.[10] Der Staat ist gewiß »prädestiniert«, den wilden Kapitalismus zu zügeln, die Frage aber ist, ob er das überhaupt noch kann oder auch nur will. Die Realität dürfte sein, daß »Regierungen sich unter ein System beugen, bei dem sie von den Märkten herumgeschubst werden«.[11] Die neue Regierung von Tschechien rühmt sich, sie wolle »ein Betätigungsfeld für Investoren aus dem In- und Ausland« schaffen, und gelobt »minimale Einmischung durch die Regierung«.[12] Die neuen Staaten im Osten, die trotz der Tatsache, daß »die Gesellschaft fortschreitend dem organisierten Verbrechen ausgeliefert ist«, allmählich »gestaltende Formen von Machtausübung« entdecken, müssen sich dabei sowohl gegen die mißtrauischen Geschädigten des Kommunismus als auch gegen die Laissez-faire-Berater aus dem Ausland durchsetzen, die ihnen einblasen wollen, genau die Instrumente, mit denen sie raubgierige Märkte zügeln könnten, seien als Haupthemmnis der Entwicklung als erste abzuschaffen.[13]

Wo Regierungen noch einschreiten, haben sie auf der internationalen Ebene niemanden, der den multinationalen Konzernen und ihren Märkten stellvertretend Paroli bieten könnte, am allerwenigsten die schwachen internationalen Organisationen. Der Wirtschaftsführer Walter B. Wriston stellt fest, Regierungen könnten die Kapitalbildung nicht einmal mehr »messen«, weil ein so großer Anteil neuen Kapitals geistiger Art sei.[14] Wie sollten sie solches Kapital auch reglementieren oder steuern können? Ironisch bemerkt Wriston, ein Computerfex mit einem raffinierten neuen Programm im Kopf könne es unverzollt über jede Grenze bringen und dabei mehr Kapital transferieren als tausend vollbeladene Hochseefrachter. Wie wir bereits gesehen haben, sind neue Waren eher virtuell als materiell, und ihre Erzeuger stellen eine neue Schicht von faktisch Staatenlosen dar, die sich dem Zugriff einzelstaatlicher Souveränität völlig entziehen. Der Bankausschuß des US-Senats kann der Nationalbank in die Karten gucken (wenn auch nicht besonders gut), aber wer hat noch die Macht oder den Durchblick, dasselbe bei internationalen Bankiers und den Devisenspekulanten zu tun? Oder bei den Programmierern oder Analytikern, die das Bankwesen und die Devisenmärkte in Gang halten? Über die Devisenmärkte laufen bis zu eine Billion Dollar täglich, und keine Nationalbank kann hier noch dagegenhalten, nicht einmal alle zusammen. Als 17 der weltgrößten Zentralbanken (mit der Federal Reserve Bank) den Dollar stützen wollten, konnten sie gerade 5 Milliarden aufbringen. Mit ihren Bemühungen richteten sie nach Thomas Friedmans hübschem Vergleich soviel aus »wie ein Zoowärter, der einen ausgehungerten Gorilla mit einer Rosine ruhigstellen will«.[15]

Freihandelsideologen wie Wriston bramarbasieren, das Versagen des Abkommens von Bretton Woods (wo souveräne Nationen 1944 den

Dollar als neue Leitwährung und fixe Wechselkurse bereits für die Nachkriegszeit [!] festlegten) sei der Beweis, daß der »große Bruder« (Wristons Phantombild aller Regierungen, ob diktatorisch oder demokratisch) endgültig abgewirtschaftet habe. Leider ist dieser auch als Hüter sozialer Gerechtigkeit entbehrlich geworden, und die vielen kleinen Brüder richten nicht mehr viel aus. Tarifpartner und Gesetzgeber mögen sich auf gesetzliche Mindestlöhne, Arbeitslosenversicherung und Arbeitssicherheit einigen, wer aber kann solche Maßstäbe für den Weltmarkt formulieren und durchsetzen, wo unverwurzelte Konzerne Billigarbeitskräfte von Land zu Land verschieben können? Viel dringender noch als im 19. Jahrhundert müßten sich die Proletarier der Welt zusammenschließen, um sich im Weltmaßstab gegen die Ausbeutung durch das Monopolkapital zu wehren. Allerdings war ein solcher Zusammenschluß noch nie unwahrscheinlicher.

Man kann den multinationalen Konzernen keinen Vorwurf daraus machen, daß sie Höchstprofiten um den Preis von Massenarbeitslosigkeit oder Umweltzerstörung nachjagen. Es ist Sache einer demokratischen Gesellschaft und Regierung und nicht des Marktes, auf das Gemeinwohl zu achten und sicherzustellen, daß alle, die aus unserem Planeten Nutzen ziehen, einen gerechten Anteil an alle gemeinsamen Eigentümer zahlen. Wenn Regierungen zugunsten von Märkten abdanken, erklären sie ihr *noli contendere* gerade dort, wo sie vorrangig tätig werden müßten.

Märkte sind einfach nicht darauf eingerichtet zu tun, was demokratische Gemeinwesen leisten müßten. Mit ihnen wird eher ein privater als ein öffentlicher Diskurs geführt. Wir können Warenproduzenten zwar mit unserer Konsumwährung ansprechen, aber nicht als Bürger mit ihnen über die gesellschaftlichen Folgen unserer privaten Marktentscheidungen diskutieren. Die Warenwirtschaft bedient individualistische und nicht gesellschaftliche Wünsche. Sie will von uns Aussagen wie »ich will ein Paar Sportschuhe«, »ich brauche einen neuen Videorecorder« oder »kaufe Yen und verkaufe DM«. Sie interessiert sich nicht für Aussagen, die durch Meinungsaustausch und Beratung zustande kommen, wie »die Innenstadt braucht neue Sportstätten«, »es gibt zuviel Gewalt in Film und Fernsehen« oder »wir sollten die Weltbank zur Vernunft bringen und den Weltwährungsfonds demokratisieren«! Märkte lassen kein Denken und Handeln in »Wir«-Kategorien zu. Sie verlassen sich darauf, daß die Wirkung der gebündelten

Einzelentscheidungen (als unsichtbare Hand) irgendwie schon das Gemeinwohl fördern wird. Konsumenten sagen nur »ich«, nur Bürger reden vom »wir«.

Märkte sind vertrags- und nicht gemeinschaftsbezogen, hätscheln unser einsames Ich, lassen aber unsere Sehnsucht nach Gemeinschaft ungestillt, bieten langlebige Konsumgüter und flüchtige Träume, aber keine gemeinsame Identität oder kollektive Zugehörigkeit. In diese Lücke stoßen die vom Dschihad erfundenen Blutsgemeinschaften, die durch die Fadenscheinigkeit der Beziehungen des schnöden Mammons noch attraktiver werden. Märkte funktionieren nach bestimmten Gesetzen und beruhen keineswegs auf reiflicher Debatte und echter Freiheit der Wahl. Sie zeitigen Folgen für die Gemeinschaft. Einfältige Marktmodelle mit Rückkopplungsschleifen zwischen Verbrauchern und Herstellern versagen bei der Prognose solcher Folgen. Was Ludwig von Mises leichthin als »tägliches Plebiszit« bezeichnet, bei dem »jeder Pfennig« dem Konsumenten das Recht gebe, darüber zu bestimmen, »wem die Fabriken, Läden und Bauernhöfe gehören und wer sie betreiben soll«, ist Etikettenschwindel. Denn die eigensüchtigen Motive, aufgrund derer Konsumenten ihre Pfennige ausgeben, haben überhaupt nichts damit zu tun, wer was betreiben darf, und schon gar nichts mit einer demokratischen Gesellschaft, in der dieselben Konsumenten gerne leben möchten. Solche Pfennige bestimmen auch nicht über demokratische Ziele, wie sie Bürger in öffentlicher Debatte formulieren, um die öffentlichen und politischen Folgen ihrer privaten Konsumentscheidungen zu bewältigen.[16] Man erinnere sich an Felix Rohatyns Warnung, daß Märkte einer »platten darwinistischen Logik folgen, nervös und gierig sind ... Sie prämiieren nicht unbedingt die uns liebgewordene Form der Demokratie«.[17]

Die Demokratie mag den Markt, aber der Markt nicht die Demokratie. Nachdem sie die Bedingungen geschaffen hat, unter denen der Markt überhaupt erst möglich wurde, muß die Demokratie nun alles reparieren und bereitstellen, was der Markt zerstört oder nicht liefern kann. Sie muß ihre Bürger in kluger Ausnutzung der Märkte schulen und Mißbräuche abstellen. Sie muß Werte und eine gemeinsame Kultur hochhalten, die dem Markt egal sind und für die er nichts zahlt. Sie muß Mechanismen entfalten, mit denen sie den Markt an seiner Selbstzerstörung durch Anarchie oder Monopol hindern kann, und sie muß die Anwendbarkeit marktfremder Verfahren gewährleisten, in denen durch kollektive Entscheidungen den ungewollten gesellschaftlichen Konsequenzen individueller Entscheidungen abgeholfen werden kann.

Greifen wir die verkehrspolitische Bemerkung von weiter oben wieder auf. Entscheide ich mich für ein Auto, will ich damit schnell und vielleicht sogar angenehm von A nach B gelangen. Diese Entscheidung kann jedoch Luftverschmutzung, Rohstoffverknappung, Zusammenbruch des öffentlichen Nahverkehrs, Überfüllung von Unfallstationen und Landschaftsverbrauch durch Autobahnbau bedeuten. Als Konsument kann ich solche Folgen nur vermeiden, wenn ich auf das Auto verzichte – ein Akt, der aus einer individuellen ökonomischen Perspektive asketisch und Sand im Getriebe der Marktwirtschaft ist. Spiele ich aber den Konsumenten, dann kaufe ich das Auto. Dem Kapitalismus ist gedient und mir auch – als Konsument. In einer demokratischen Gesellschaft allerdings bin ich nicht bloß Konsument, sondern außerdem Bürger. Und als solcher kann ich gemeinsam mit andern handeln, um die nachteiligen öffentlichen Folgen meiner privaten Entscheidung abzuschwächen. Als Bürger kann ich mit andern koalieren und dafür sorgen, daß verbleiter Kraftstoff verboten, Forschung für das Elektroauto finanziert, der öffentliche Nahverkehr subventioniert und die Landschaft geschont wird. Diese Bürgeraktivitäten schränken unsere Freiheit des Markts nicht ein, sondern stärken sie. Demokratie macht Märkte funktionsfähig, indem sie uns die Freiheit der Konsumwahl in der Gewißheit gestattet, daß wir etwas gegen nachteilige Folgen unternehmen können. Dazu aber brauchen wir alternative Institutionen außerhalb des Markts. Auf der internationalen Ebene aber fehlt dieses demokratische Instrumentarium völlig.

Auch innerhalb von Nationalstaaten wenden wir diese Werkzeuge ungern an. Die Dogmen des Laissez-faire, die in den letzten Jahrzehnten die Politik in Amerika und Europa unterwandert haben, werden durch die Ressentiments einer entfremdeten Wählerschaft, die das Vertrauen in die eigenen demokratischen Institutionen verloren hat, unterstützt. Beides zusammen hat uns zu der Überzeugung gebracht, daß unsere demokratischen Regierungen weder unsere sind noch im Normalfall so funktionieren, daß sie Märkte zügeln oder in Schwung bringen können. Das Ableben von Sozialismus und Kommandowirtschaft hat freiem Markt und Laissez-faire-Dogmen Oberwasser gegeben und zwingt uns zu Friedmans Alternative von radikalem Kollektivismus oder radikalem

Individualismus zurück. Wir verdammen Politiker, als würden sie überhaupt nicht von uns aus unserer Mitte gewählt, und greifen Regierungen an, als lebten wir noch unter dem Absolutismus des achtzehnten Jahrhunderts. Wir berufen uns auf die Verfassung nur noch als auf einen Schutz gegen Tyrannei, anstatt ihre Angebote zum gemeinsamen demokratischen Handeln wahrzunehmen. Bürger schwören dem gemeinsamen »Wir« ab und lassen zu, daß es durch ein »Sie« für korrupte Politiker oder totalitäre Despoten ersetzt wird. Demokratische Autorität und ihr Mißbrauch werden synonym.

Wenn Menschen, die sich vom Kommunismus befreit haben, vom wilden Kapitalismus enttäuscht werden, wenden sie sich nicht an diskreditierte parlamentarische Einrichtungen, sondern laufen wieder den kaltschnäuzigen Apparatschiks hinterher, die das Ableben genau der kommunistischen Regimes überlebt haben, deren Hinterlassenschaft dem Parlamentarismus die Legitimation streitig macht. Diese Entwicklung führt dazu, daß die Demokratie in Nationalstaaten, die unter die Fuchtel radikaler Marktideologien geraten sind, einen schweren Stand hat. Westliche Analytiker haben bei ihrer energisch vorangetriebenen Befreiung der Märkte »das staatswirtschaftliche Kind mit dem Badewasser ausgeschüttet«.[18]

Wenn es die Ideologie des Laissez-faire so schwierig macht, sich eine nichtkollektivistische Demokratie zu denken, wie soll man sich da ein supranationales politisches Gemeinwesen vorstellen? Selbst wenn wir unsere politischen Differenzen überwinden könnten, welche Mechanismen gäben uns als Bürgern die Chancen, ungewollte Übel der globalen Märkte zu heilen? Daß das nationalstaatliche »Wir« sowohl vom Dschihad als auch von McWorld verdunkelt wird, ist Problem genug. Nun müssen wir auch noch mit den Folgen beider ohne jedes weltumspannende staatsbürgerliche und über Landesgrenzen hinweg handlungsfähige »Wir« fertig werden. Wenn das einzige supranationale »Wir« aus anarchischen Massen gieriger »Ichs« abgeleitet werden muß, wird der Markt letztendlich an sich selbst zugrunde gehen. Wir bekommen die Waren, aber nicht das Leben, das wir uns wünschen. Für wenige bedeutet es Wohlstand, für viele aber Verzweiflung und Würde für niemand. Die mehr als 26 000 internationalen Vereinigungen von McWorld können es mit den ersten 500 multinationalen Konzernen der *Fortune*-Liste nicht aufnehmen. Kartelle sind nicht bürgerfreundlich. McWorld reguliert sich nicht selbst und wird dies nie können.

Auch dürfte es kaum die demokratischen Körperschaften hervortreiben, die es selber braucht, um im Geschäft zu bleiben. Das ist das Paradox von McWorld: Es kann in der Welt, die es zwangsläufig schaffen muß, selbst nicht überleben, wenn nicht genau die staatsbürgerlichen und demokratischen Kräfte dagegenhalten, die McWorld unweigerlich auszuhöhlen bemüht ist.

Nach den Maßstäben der Makroökonomik mögen diese Mißstände überhaupt keine sein. Sie sind es nur nach den Maßstäben der Politik. Zu Mißständen des Marktes jedoch werden sie, wenn Makroökonomie und Märkten gestattet wird, die Rolle der Politik zu usurpieren. Die katastrophalen Folgen, die sich durch Gestaltung politischer Reformen nach makroökonomischen Theorien ergeben, sind überall in Lateinamerika und Afrika spürbar, wo »die öffentliche Sphäre zerfällt, während die Privatsphäre gedeiht«. Für den führenden lateinamerikanischen Politikwissenschaftler Guillermo O'Donnell ist die Antwort einfach: »Privatisierung ist keine Demokratisierung.«[19] Punktum.

Dem Chaos, das mit dem Versuch angerichtet wurde, in den Entwicklungsregionen der Welt Probleme der Demokratie durch ökonomischen Zwang zu lösen, kann ich hier nicht gerecht werden. Ich will hier nur ein kurzes Porträt eines postkommunistischen Landes zeichnen, in dem durch Verwechslung von Privatisierung mit Demokratisierung in den letzten fünf Jahren der wilde Kapitalismus zur obersten Instanz staatsbürgerlicher Werte geworden ist und die neue Demokratie vor einer schweren Herausforderung ihres demokratischen Strebens steht.

17. Kapitalismus gegen Demokratie
in Rußland

Es gibt sachliche Gründe genug für die heftige Kritik, die Beobachter
wie Solschenizyn an Rußlands Versuch einer Blitzdemokratisierung
über einen Schnellkursus in Kapitalismus üben. Es gibt kaum Beteiligte
an diesem Prozeß, die sich nicht schwere Sorgen über die Auswirkung
der kapitalistischen »Schocktherapie« sowohl auf Rußlands Verfassung, dieses »Dokument von begrenzter Legitimität und Autorität«[1],
als auch auf die Zukunft der russischen Demokratie machen, die »noch
nie ungewisser war«[2]. John H. Fairbanks glaubt, »viele Voraussetzungen für den Faschismus sind derzeit in Rußland erfüllt oder werden es
bald sein: Hyperinflation, Massenarbeitslosigkeit, massive Ressentiments, Enttäuschung über die Demokratie, eine ›entchristianisierte‹
Gesellschaft, die sich aber immer noch nach ›Spiritualität‹ sehnt, heftige
Grenzkonflikte, ständige Kämpfe mit freikorpsähnlichen Freiwilligen-
gruppen und Restsympathien für Sozialismus und Nationalisierung«.[3]
Nicht jeder Beobachter sagt es so dramatisch, aber auch nüchterne
Ökonomen wie Padma Desai kommen zu dem Schluß, daß die Schocktherapie »nicht funktioniert hat und auch nicht funktionieren kann«.[4]
Er schätzt die Abnahme des russischen Bruttosozialprodukts für 1992
auf 19 Prozent und 1993 auf weitere 11 Prozent bei einer Inflation von
2500 Prozent 1992 und danach kontinuierlich rund 25 Prozent im Mo-
nat. Überall in Osteuropa haben selbst als »erfolgreich« gepriesene
Volkswirtschaften eine starke Abnahme der industriellen Produktion
hinnehmen müssen (mehr als 50 Prozent in Ungarn, Tschechien und
Slowakei und mehr als 75 Prozent in Bulgarien), und dazu eine kräftige
Erhöhung der Einzelhandelspreise, eine anhaltende Inflation und eine
Arbeitslosigkeit zwischen 10 und 20 Prozent.

In Rußland selbst, wo ausländische Berater wie die konservative
Hoover Institution, Investmentbanken wie Goldman, Sachs und Company und radikale Freihandelsökonomen wie Jeffrey Sachs Schocktherapie predigen, ist die Industrieproduktion in der ersten Jahreshälfte
1994 um weitere 50 Prozent gefallen (rascher als während der großen
Rezession im Amerika der dreißiger Jahre). Die landwirtschaftliche

Produktion ist inzwischen auf dem Stand von vor 30 Jahren. Schätzungen besagen, daß die russische Bevölkerung zu 25 Prozent mittellos ist und weitere 40 Prozent unterhalb der Armutsgrenze leben.[5] Während die Reichen Funktelefone, amerikanischen Hummer und Aufputschmittel kaufen, liegt der durchschnittliche Arbeiterlohn zwischen 40 und 70 Dollar monatlich.[6] Riesige Luxuslimousinen für 150 000 Dollar und Cartier-Uhren für 30 000 Dollar werden in Geschäften, die früher vor allem von Ausländern besucht wurden, heute vorwiegend an reiche Einheimische verkauft. Unter 150 Millionen Russen können sich etwa eine Million solche Luxusgüter leisten. Ende 1993 waren fast 40 000 Autos ausländischer Marken in Moskau zugelassen.[7] Auf dem ehemaligen Ausstellungsgelände der Allrussischen Föderation, das einst den ersehnten Wundern der sowjetischen Industrie und Wissenschaft gewidmet war, steht heute ein riesiges Einkaufszentrum, eine Zitadelle von McWorld, wo »Moskowiter neu erstandene Fernsehapparate von Sony und Panasonic so hastig wegschleppen, daß es wie Plünderung aussieht«, und russische Besucher ausrufen: »Ich bin platt, ich bin platt, ich glaube, wir sind hier im 51. Staat von Amerika.«[8] *Glasnost* wurde umgedreht zu *naglost* (alles geht), dem Schlachtruf des neuen Kapitalismus. Schneeballsysteme werden den Leuten als einmalige Anlagechance und Flaschen von schwarzgebranntem Rachenputzer als echter Chivas Regal angedreht. Ohne Schutzgeldzahlungen und bewaffnete Privatwachleute geht in Geschäften gar nichts.

Mittlerweile sind mehr als 15 Millionen Menschen arbeitslos, und nicht nur konservative, nationalistische oder kommunistische Kritiker meinen, aus der Schocktherapie werde allmählich ein Schock ohne Therapie. Der konservative Redakteur Alexander Prochanow schreibt, »die Wirtschaft stirbt, die sozialen Bindungen zerreißen. Irgendwann in nächster Zeit wird das Land unregierbar«.[9] Wiktor Tschernomyrdin, der von Jelzin nach dem Scheitern der Radikalreform eingesetzte Premier, verkündet: »Die Zeit der Marktromantik ist vorbei.« Er muß Wege finden, 25 Milliarden Dollar Auslandskredite umzuschulden, die zumeist ausländischen Investoren von Nutzen waren.[10] Die 11 Milliarden Dollar bilaterale Wirtschaftshilfe westlicher Staaten für 1993 und 1994 sollten ebenfalls Importe aus dem Westen finanzieren, während die 4,5 Milliarden Dollar Direkthilfe seitens internationaler Organisationen nur tropfenweise ankommt – wie überall in Osteuropa, wo Versprechungen des Westens noch nicht eingelöst sind.[11]

Der *New-York-Times*-Reporter James Sterngold schrieb in seinem Bericht über den Wirtschaftsgipfel in Tokio 1993, das Wirtschaftshilfepaket für Rußland sei »eindeutig kleiner, als es aussieht, und nur eine Umschichtung längst zugesagter Mittel«.[12] Während Rußland ernsthafter Investitionen in die russische Wirtschaft harrt, macht sich der Konsum von McWorld zunehmend breit. Das größte McDonald's der Welt liegt jetzt in der Nähe des Roten Platzes und ist nur für Betuchte zugänglich, weil ein (auf Englisch oder Russisch bestellbarer) Bic Mac einen Wochenlohn kostet. Ben and Jerry's hat inzwischen Filialen in den Provinzen und hält im Gegensatz zu Pizza Hut vorläufig Abstand von Moskau. Avon verhökert Kosmetik an Hausfrauen, die dafür von den Medien mit ihren westlichen Seifenopern, Gangsterfilmen und Quiz-Shows empfänglich gemacht werden. Alle internationalen Elektronik- und Unterhaltungskonzerne sind bemüht, sich auf dem entstehenden Riesenmarkt des neuen Jahrhunderts ihr Gebiet abzustecken.

Die alten, starren Staatsfirmen gehen ächzend zugrunde, doch statt ihrer treten neben sich mühsam durchbeißenden russischen Firmen amerikanische Konzerne als Büchsenspanner für Joint-Ventures auf den Plan, die russische Naturschätze zu Rubelpreisen aufkaufen und sie gegen Dollar ins Ausland verschleudern. Kommentatoren im Westen feiern feindliche Übernahmen, als würden damit im Kampf um die Demokratisierung Schlachten gewonnen. Joseph Blasi, ein Volkswirtschaftler der Rutgers University, meldet von der Traktorenfabrik in Wladimir bei Moskau stolz: »Ein russischer Geschäftsmann mit einem Harvard-Diplom konnte mittels eines New Yorker Investmentfonds mit nur einem Sechstel des Aktienkaptials den Fabrikdirektor verdrängen.«[13] Was in New York ein spektakulärer Coup ist, nennt sich in Moskau Modernisierung der Wirtschaft. Viele russische Investmentfirmen kaufen die Gutscheine auf, die zu Beginn der Privatisierungskampagne an alle Russen als Anteil am gesellschaftlichen Produktivvermögen ausgegeben wurden. Dabei nutzen sie aus, daß die meisten Menschen dringend Bargeld für Miete und Lebensmittel brauchen und nicht abwarten können, bis die Gutscheine real etwas wert sind. Wie ihre amerikanischen Brüder scheffeln solche Spekulationsgesellschaften ohne jede reale Wertschöpfung ihren Profit aus der Substanz. Andere, wie die berüchtigte MMM, die 1994 in den Bankrott stürzte, sind reine Schneeballsysteme, die gutgläubige Babuschkas mit ihren Lebensersparnissen zum Aktienkauf bei Holdings verlocken sollen, die keinerlei Betriebsvermögen besitzen und nichts produzieren außer enttäuschten Hoffnungen der Abgezockten.[14] Für die Reichen wurden ein paar Dutzend Spielkasinos in Moskau eröffnet, und die Minderbetuchten finden in fast jedem Lebensmittelladen amerikanische Automaten für Rubbel-Lose.[15]

Der wilde Kapitalismus hat zur innigen Verschwägerung von Geschäft und Verbrechen geführt, und niemand kann mehr sicher sein, wo das eine aufhört und das andere anfängt. Kriminalität und Mord auf offener Straße im Stil der Mafia sind nur die Spitze des Eisbergs. Oft sind dieselben Leute, die einst Staatsfirmen leiteten, inzwischen deren »private« Eigentümer, und ehemalige kommunistische Direktoren plündern die Firmen aus, die sie eigentlich privatisieren sollen, schaffen Devisen über dunkle Kanäle in die Schweiz und verhökern Öl, Nikkel und Scandium zu Spottpreisen außer Landes, ohne daß der russische Staat oder die gutgläubigen Gutscheininhaber von den Erlösen auch nur eine Kopeke zu Gesicht bekommen.[16] Ambulante Makler lungern in der Moskauer Metro mit »Kaufe Gutscheine«-Schildern herum, und von keinerlei Börsenaufsicht gehemmte Berufsspekulanten brüsten sich öffentlich: »Wir machen Geld aus Luft!«[17]

Dieses Geld wird allerdings nicht aus Luft gemacht, sondern den Durchschnittsrussen aus der Tasche gezogen. Was Robert Reich in den USA als »Sezession der Reichen« vom Staat verurteilt, erlangt auch in Rußland wachsende Bedeutung. Zweierlei Arten von Gesellschaften sind im Entstehen begriffen, die eine reich und privat abgeschottet, die andere arm, auf den Staat angewiesen und allen Leiden des russischen Volks (also des Markts) ausgesetzt. Während die oberen Zehntausend in Komplizenschaft mit Investoren aus dem Ausland steinreich werden, hängt der Rest der Gesellschaft an einer bankrotten Staatswirtschaft, die weder soziale Sicherheit noch Beschäftigung noch einen gerechten Lohn zu bieten hat. Sogar die Vertreter der Privatisierungspolitik räumen inzwischen ein, daß subventionierte Löhne viele Arbeiter vor der sogenannten »Freisetzung« durch Privatisierung bewahrt hätten, wodurch die Firmen für solche Kapitalgeber attraktiv gemacht werden sollten, die sich nicht gleich zu Beginn ihrer Tätigkeit mit der Entlassung der halben Belegschaft belasten wollten. Praktisch besteht die Masse der Gesellschaft aus Armen, sozial Schwachen und Arbeitslosen, die hilflos auf den Wogen der Privatisierung dahintreiben, von den privaten Neueignern als überflüssig und nutzlos ausgegrenzt. Die

Demokratisierung in Rußland und in anderen osteuropäischen Staaten wird gegen die Spannungen zwischen den Besitzenden und den Besitzlosen erkämpft werden müssen.

Wie der politische Körper der russischen Gesellschaft verfällt, läßt sich am Rückgang der politischen Aktivität und dem verstärkten Auftreten nationalistischer und neokommunistischer antiwestlicher Demagogen ablesen, von denen Wladimir Schirinowskij nur der auffälligste ist. Der physische russische Volkskörper hat hinsichtlich Geburtenziffer und Lebenserwartung die galoppierende Schwindsucht. Kriminelle haben inzwischen sowohl beim Staat wie auf dem Markt die Oberhand, und kriminalitätsgeprägt ist auch das problematische Verhältnis zwischen beiden. Die russische Seele ist in Gefahr, da sich die russische Kultur und Geschichte angesteckt hat mit dem Talmi von McWorlds Popkultur und dem allgegenwärtigen Materialismus, dessen Geländegewinne offenbar Erfolgsmerkmale des neuen russischen postindustriellen Kapitalismus sind.

Nach einem Wirtschaftskurs der Eiswasserduschen steht auch die russische Politik naß und zitternd da. In den Dumawahlen Ende 1993 zeigte das Wahlvolk seine Enttäuschung über die Wirtschaftspolitik vorwiegend durch Enthaltung: Mehr als die Hälfte der Wähler gingen nicht zur Urne und erreichten so schon bei der ersten freien Wahl einen Tiefpunkt der Wahlbeteiligung, für den die Amerikaner immerhin zwei Jahrhunderte Verfassungsgeschichte brauchten. Zum Prügelknaben wurde Jelzins Reformpartei, an deren Wahlkampf er sich vorsichtshalber gar nicht erst beteiligt hatte und die nur 15 Prozent der Stimmen erhielt. Fast die Hälfte der Stimmen gingen dagegen an Jelzins radikalste Gegner: 23 Prozent an Schirinowskijs ultranationalistische »liberaldemokratische« Partei, mehr als 12 Prozent an die neu erstandene kommunistische Partei und 8 Prozent an die Agrarpartei. Daß die Kommunisten so kurz nach dem Beschuß des Weißen Hauses und der Verhaftung von Kommunistenführern wie Ruzkoj 32 Sitze gewinnen konnten, wäre erstaunlich, wüßte man nicht, daß sie in allen außer in fünf Staaten des ehemaligen Sowjetreichs die Macht haben oder an ihr beteiligt sind.[18] Märkte mögen Energien freisetzen, aber im Osten gehen diese vorwiegend in reaktionäre Ressentiments.

Das Phänomen Schirinowskij ist in den Medien so gegenwärtig, daß hier ein paar Zeilen genügen. Der Wirtschaftsreformer Jegor Gaidar vergleicht ihn mit Hitler, und Schirinowskijs Autobiographie *The Last*

Thrust to the South enthält offenbar massenhaft Belege dafür. An Bücherständen seiner Partei werden Goebbels' *Tagebücher* und Hitlers *Mein Kampf* verkauft. Er selber hält Brandreden von der Art: »Vielleicht muß ich 100 000 Menschen erschießen lassen, aber die restlichen 300 Millionen (des wiedererstandenen Großreichs) können dann in Frieden leben.«[19] Manche Beobachter meinen, er sei zwar Symbol für einen drohenden russischen Faschismus, aber als Person keine Gefahr, denn er habe wohl jüdische Vorfahren und sei ein politischer Opportunist reinsten Wassers. Er ist zu beschränkt und großmäulig, inzwischen auch in der von Jelzin und seiner Regierung weitgehend ausgeschalteten Duma isoliert.[20] Doch steht er für eine potentielle Totgeburt von Rußlands Demokratie. Als vom Markt berufen kann man ihn wohl nicht bezeichnen, aber die katastrophalen Folgen des Markts für viele Russen verschaffen ihm sicher Auftrieb.

Die Verheerungen, die der hektische Übergang zum Kapitalismus angerichtet hat, sind schon in der russischen Politik recht deutlich, noch offensichtlicher aber werden sie im Lande selbst. Der schon unter dem Sozialismus betriebene Ruin der Umwelt geht ungebremst weiter.[21] Die Menschen leiden darunter: Aus neuesten Bevölkerungsstatistiken geht eine Lebenserwartung russischer Männer von weniger als 60 Jahren hervor, also eine geringere als in Indonesien oder auf den Philippinen. Gebärfähige russische Frauen haben im Durchschnitt nur noch 1,4 Kinder (gegenüber 2,17 in der Sowjetzeit).[22] Eine Gesellschaft mit Sterbeziffern aus der Dritten Welt und Geburtenraten aus der Ersten zeigt sich nicht nur skeptisch gegenüber der Demokratie, sondern auch gegenüber ihrer eigenen Zukunft.[23]

Die rasant zunehmende Kriminalität unterstreicht die Gefahren, die Rußland drohen. Pessimistische Beobachter schätzen, daß bis zu 40 Prozent des russischen Bruttosozialprodukts kriminell erwirtschaftet werden und daß bis zu 40 000 Läden und Kleinunternehmen Eigentum von mehr als 1000 Verbrechersyndikaten sind oder für diese arbeiten. Unter mehreren tausend Verbrechercliquen rühmen sich etwa 150 internationaler Verbindungen. Nach Jelzins eigenen Angaben zahlen 80 Prozent der Banken und Privatunternehmen Schutzgelder an die neue russische Mafia.[24] Die Bezeichnung stammt von den russischen Verbrecherbanden selbst. Diese kleiden sich wie Gangster und treten auch wie solche auf. Ihre Vorbilder sind Westvideos von *Der Pate* und *Good Fellas* und Filme aus den dreißiger Jahren mit Darstellungen Al Capones und anderer berüchtigter Gangster durch James Cagney und Edward G. Robinson entlehnt.[25]

Das Stadtkrankenhaus Nr. 1 in Moskau muß täglich 40 Opfer von Raubüberfällen notversorgen.[26] Zwischen 1989 und 1992 kamen mehr als 1000 russische Polizisten in Schießereien mit Verbrechern um, und allein 1993 wurden 10 Direktoren der größten russischen Handelsbanken umgebracht. 1994 ging die Regierung Jelzin frontal gegen das sogenannte »Verbrecherpack« vor, doch die Kur könnte für die Demokratie gefährlicher als die Krankheit werden, denn sie setzt per Dekret Grundrechte außer Kraft und gestattet die Inhaftierung Verdächtiger bis zu vier Wochen ohne Beschuldigung und dazu verfassungswidrige Durchsuchungs- und Beschlagnahmepraktiken.

In Gestalten wie Schirinowskij belauert der Dschihad die russische Gesellschaft. Doch braucht die russische Seele vielleicht diesen slawophilen und nationalistischen Mief, um sich im langen kalten Winter von McWorld daran zu wärmen. Nationalistische Volkslieder allerdings werden im Rundfunk regelmäßig von westlicher Rockmusik verdrängt, und auch einheimische russische Rockmusiker können nicht mehr mithalten. Boris Grebenschtschikow verkaufte seine Alben früher in Millionenauflage. Gegen die Konkurrenz des »echten« Rocks kann er sich jetzt glücklich schätzen, wenn es 15 000 sind.[27] Kann es da verwundern, daß selbst kosmopolitische Russen heute eine gewisse Sehnsucht nach dem Großrußland von gestern äußern? Oder daß diese Nostalgie mit gieriger Vorfreude auf die großen Märkte von morgen wetteifert? National empfindende Russen sträuben sich gegen die westliche Kultur, doch der Werbeslogan »Test the West« für die neue Zigarette findet sich überall. Was der Dramatiker Janusz Glowacki über Polen äußert, gilt auch für den Niedergang der Kultur in Rußland und jedem anderen exkommunistischen Land: »Heutzutage wird ein Theater nach dem andern dichtgemacht. In den Läden lauter Bücher, auf deren Lektüre früher Gefängnis stand. Jede Woche geht ein Literaturmagazin bankrott. Schund aber ist allgegenwärtig und ebenso Filme mit Schwarzenegger oder Stallone.«[28]

In Rußland werden heute mehr Barbies als Matrjoschkas und mehr Veronikas (eine russische Imitation von Barbie) als russische Mischa-Bärchen verkauft.[29] Bedeutet dies weniger Wahlfreiheit oder mehr? Das traditionelle Holzspielzeug wird von Lego, Plastiksoldaten und Gameboys verdrängt. Gameboys sind heimliche Kulturträger und infiltrieren russische Haushalte und Kinder stetig mit westlichen Spielen, Comicfiguren und für die Marktstrategien von McWorld unerläßlichen Einstellungen zu Konkurrenz, Gewalt, Konsum und Glücksspiel. Rußlands Ministerium für Kultur und Tourismus verwandelt das Kulturerbe der Nation mit großen Schritten in einen Vergnügungspark – um es zu erhalten, denn jetzt muß es ohne staatliche Subventionen auskommen. Sechs Mannschaften mit Namen wie *Die Schwäne* und *Die Bären* spielen in Moskau bereits *American Football,* und Coca-Cola nutzt seinen Monopolkontrakt, um statt des Kwaß Limos wie Coke, Fanta und Sprite zu russischen Nationalgetränken zu machen.[30] Schirinowskij macht zwar noch immer in den Medien von sich reden, aber ein echter konservativer Slawophiler wie der Autor von *Ein Tag im Leben des Iwan Denissowitsch* wird vom breiten Publikum verhöhnt oder ignoriert. Solschenizyns Rückkehr nach Rußland machte 1994 in den Westmedien mehr Furore als in der russischen Presse, auch wenn er inzwischen in Talkshows auftritt. Soviel zur russischen Seele.

Es ist natürlich äußerst schwierig zu ermessen, wie hoch der materielle und ideelle Preis des überstürzten Eintritts in den Kapitalismus und die Märkte von McWorld für die russische Demokratie sein wird. In einer Periode beschleunigten Übergangs wird eine Gesellschaft bis an ihre Grenzen gefordert, und 75 Jahre Bolschewismus haben die Nation so verkrüppelt, daß das Volk noch lange Zeit daran zu knapsen haben wird, welches Nachfolgesystem auch immer es sich zu schaffen vermag. Außerdem hat die Errichtung einer Demokratie auch ihren Preis und geht meist mit Gewalt, Unordnung, Ungewißheit und Chaos einher. Es wäre daher ungerecht, die derzeitigen russischen Mißstände nur auf die ökonomischen Erschütterungen des Übergangs zur Marktwirtschaft zurückzuführen. Indessen ist der Markt auch in Rußland außerstande, gesellschaftlichen Ausgleich für negative allgemeine Konsequenzen privater Marktentscheidungen zu schaffen. Die Aussichten auf Demokratie sind daher schlechter, als sie sein müßten. Skeptiker mit dem Wissen, wieviel Geduld die Schaffung einer demokratischen Verfassungswirklichkeit braucht und welche Wechselwirkung zwischen staatlicher Autorität und zunehmender Freiheit sie erfordert, fragen sich, ob nicht China noch vor Rußland eine wahrhaft demokratische Gesellschaft haben wird.

In der Tat läßt wenig darauf schließen, daß der abrupte Wechsel von einer Kommandowirtschaft in eine entfesselte Marktwirtschaft demokratische Verhältnisse in Rußland auf irgendeine Weise begünstigt hat. Von Verbrechen, Trägheit und Verzweiflung erschöpftes Bürgerbewußtsein ergibt sich einem vom Anthropologen David Lempert so bezeichneten »Glasperlenkult«, bei dem die »Eingeborenen« passiv abwarten, was ihnen exotische und gottähnliche Weiße an märchenhaftem Talmi von westlichen Märkten und amerikanischer Popkultur übers Meer herbeischaffen.[31] Lemperts Metapher ist hart oder sogar beleidigend. Doch das Neuerstehen nicht nur der russischen Kirche, sondern auch von Gesundbetern, Fernsehhypnotikern, UFO-Sekten und von den Medien unterstütztem politischem Extremismus, der dem Westen die Schuld an jedem alten und neuen russischen Mißstand gibt, läßt auf tödlichen Fatalismus schließen. Ein russischer Soziologe warnt: »Es gibt in diesem Land mehr völlig passive Menschen als auf der ganzen übrigen Welt. Daß sie sich nicht gegenseitig abschlachten, liegt nur daran, daß sie dafür zu träge sind.«[32]

Daß die russische Gesellschaft verkommen sei, klagen also nicht nur Nationalisten oder ressentimentgeladene abgehalfterte Apparatschiks. Ansichten eines Schirinowskij oder eines konservativen Mystikers wie Solschenizyn dürften sehr verbreitet sein. Wenn der 36jährige Fernsehmann Alexander G. Newzorow im liberalen St. Petersburg mit dem Slogan »Die Reform bringt nur Banditen, Bettler und Blut und nichts für den Rentner neben dem Laden mit importierten Delikatessen!« als Nationalist in die neue Duma (1994) gewählt wird, läßt sich das noch als Wahlkampfgeschrei und rechtsextreme Propaganda abtun, doch verwundert, daß solches im bürgerlichsten und prowestlichsten Regierungsbezirk Rußlands geschieht.[33] Dissidenten aus dem Exil, die weder dem alten Sowjetregime noch den extremen nationalistischen Kritikern des jetzigen Regimes das Wort reden, sind sehr besorgt. Der Radikalreformer unter Gorbatschow, Nikolai Petradow, klagt: »Wir brauchen eine Reform mit menschlichem Antlitz. Wenn sie weiterhin so grausam zu den Menschen ist wie bisher, wählen sie Schirinowskij in den Kreml.«[34] Der Dissident Edward Limonow kehrte 1992 aus Paris nach Rußland zurück und äußerte gegen Jelzin: »Ich bin Nationalist wider Willen ... obgleich ich hochkultivierten Kosmopolitismus liebe, kann ich nicht anders. Nationalist ist man in Rußland heute schon, wenn man sich selbst mal vergißt und den Leuten helfen will. In Sibirien habe ich gesehen, wie Bibliotheken aus Geldmangel geschlossen werden, Orchester verstummen, die Armut zur nationalen Tragödie wird. Die jetzigen demokratischen Machthaber riskieren den kulturellen Selbstmord.«[35]

Das nimmt sich wie ein Dschihad mangels Alternativen aus. Nach Limonows Meinung hat »eine Parteidiktatur von 69 Jahren den Kommunismus unglaubwürdig gemacht«, aber ebenso » Jelzin die westliche Demokratie«. »Die Demokratie darf den Menschen keine Gewalt antun.« Wenn schon Kosmopoliten glauben, die Demokratie sei der Dämon, und Jelzins eigener Premierminister Wiktor Tschernomyrdin behauptet: »Die Zeit der Marktromantik ist vorbei … Die mechanische Übertragung westlicher Wirtschaftsmethoden auf russischen Boden hat mehr Schlechtes als Gutes bewirkt«, muß der Kapitalismus einen sehr hohen Preis gefordert haben.[36] Vielleicht deswegen behauptet Boris Jelzin, daß »Rußland einfach nicht dafür geeignet ist. Rußland ist ein Sonderfall. Es wird weder sozialistisch noch kapitalistisch sein.«[37]

Die Sache ist allerdings noch nicht ausgestanden, und es geht nicht darum, ob Rußland sozialistisch oder kapitalistisch, sondern darum, ob es demokratisch wird. Rußland geht es so schlecht, daß manche Beobachter schon voreilig meinen, man müßte das de facto vorhandene Gewaltmonopol der Kriminellen über Staat und Markt gesetzlich verankern! Michael Scammell, Professor für russische Literatur an der Cornell University, kritisiert, daß viele so ein »Gewese« um den »Niedergang oder Zusammenbruch von Verlagen, Zeitschriften, Theatern, Künstlerklubs und akademischen Institutionen machen, denen jetzt die staatlichen Subventionen gekürzt oder gestrichen werden«, denn solche Einrichtungen seien in der Sowjetzeit übermäßig aufgebläht gewesen. Er meint, wir sollten nicht zurückschrecken vor dem, was im Grunde nur ein Abglanz der »rauhen Gründerzeit Amerikas vor hundert Jahren« sei, mit einer »neuen Schicht von Geschäftsleuten, Unternehmern und Abenteurern, denen niemand was zu sagen hat außer sie selbst«, und die den Laden zum Wohle aller übrigen schmeißen. Für Scammell »ist das Vorhandensein einer Mafia der Barometerstand, wieweit eine Gesellschaft demokratisiert ist. Verschwindet die Mafia, ist es auch um Rußlands neue Freiheit geschehen.«[38] Ähnlich meint auch Nikolai Zlobin, kluge Kriminelle und mit ihnen verbündete »bestechliche Staatsdiener, denen wirklich an einem Voranschreiten von Demokratie und freier Marktwirtschaft liegt«, könnten überhaupt kein Interesse an einer »willkürlichen Plünderung ihres Landes haben. Vielmehr wollen sie ein organisiertes System schaffen, mit dem sie das Geschehen in den Griff bekommen und sich so langfristig eine starke Position sichern«. Zlobin folgert, da sich »die Macht in Rußland auf vielerlei Weise bereits auf das neue kriminelle Netz verlagert hat, das die alte kommunistische Struktur ersetzt« und da »die Kriminellen nach einer Übergangsphase vermutlich Gewalt als immer geschäftsschädigender empfinden und investieren, um die Anarchie in den Griff zu bekommen«, könne man doch aus der Not eine Tugend machen und der Mafia gleich die Regierungsgewalt übertragen.[39] Eine Wahl zwischen Mafia und Demokratie oder zwischen Mafia und freiem Markt gibt es also gar nicht: Markt ist Mafia. Mafia ist Demokratie.

Zum Glück sind McWorld und die kriminellen Mitläufer nicht die einzigen Kräfte im neuen Rußland. Es gibt noch weitere bedeutsame Faktoren, darunter auch die sich abzeichnende Kultur einer neuen bürgerlichen Gesellschaft und demokratischen Infrastruktur, die sich auf Vereinigungen konzentriert, die weder zum Staat noch zum Markt gehören (vgl. S. 242). Dazu gehört eine Schicht junger freiberuflicher Akademiker, Juristen und hochqualifizierter Profis, die ohne demokratische Gesellschaft und Geltung des Rechts nicht auskommen wollen; ein wachsendes Interesse an einem »dritten Sektor«, der weder vom Kapitalismus noch vom Staatssozialismus vereinnahmt werden kann; ein Interesse an Verfassungsfragen über die Tagespolitik hinaus und das zunehmende Bewußtsein, daß es nötig ist, die Legislative (auch wenn sie in den »falschen« Händen ist) vor der Willkür der Exekutive in Schutz zu nehmen (auch wenn diese den Markt fördert).

In seiner Rede vor der Duma 1994 machte Boris Jelzin Aussagen, die bedeutsamer waren als alles, was er bis dahin über Demokratie geäußert hatte: »Ohne eine entwickelte demokratische Gesellschaft gewinnt die Staatsmacht unweigerlich einen despotischen und totalitären Charakter. Nur dank einer demokratischen Gesellschaft ist diese Staatsmacht gehalten, dem einzelnen zu dienen und die Freiheit zu schützen.«[40] Wo solche Vorstellungen sogar in offiziellen Protokollen stehen und Institutionen im Entstehen begriffen sind, die sie verkörpern, sollte man Rußland noch nicht als potentiellen Hort der Demokratie abschreiben. Doch wie aus dem hier zusammengetragenen Material hervorgeht, wäre es auch ein Fehler zu glauben, daß Märkte, besonders solche, von denen aggressive westliche Investoren profitieren, auch nur das geringste an realer Förderung für solche demokratischen Institutionen oder der von diesen erstrebten Demokratie beisteuern werden.

Stephen Cohen, einer der scharfsinnigen Beobachter des neuen Rußland und ein Wissenschaftler, der sich von den Argumenten zugunsten eines ökonomischen »Königswegs« zur Demokratie überhaupt nicht beeindrucken läßt, fragt sich ebenfalls, ob es im neuen Rußland tatsächlich mehr Demokratie gibt oder vielleicht sogar weniger. Er sorgt sich, daß Jelzins Beschießung des Weißen Hauses und sein Hang zum Regieren per Ukas – also mit genau den Dekreten, mit denen die Kommissare wie die Zaren gewählte Versammlungen und Dumas aushebelten – die in Rußland endemische Neigung bekräftigen könnten, die Exekutive auf Kosten der Legislative zu stärken. Letztere sei immer wieder der wichtigste Ort der Demokratie, auch wenn wir die dort Hineingewählten verabscheuten. Er stellt die entscheidende und fast tabuisierte Frage: »Soll wirklich alles während der Sowjetzeit Entstandene als verbrecherisch oder unwürdig verworfen und alles von Grund auf neu aufgebaut werden?«[41]

Die Tabuisierung der Jahre des Bolschewismus läßt den Russen und ihren Freunden nur die schwierige Wahl zwischen einem wabernden und ressentimentgeladenen slawophilen Nationalismus mit dem Wahlspruch »Vsegda Rossia!« (Immer Rußland) und dem neuen Werbeslogan »Vsegda Coke!«, mit dem ganz Moskau nach dem »Cokefest '94« zur Eröffnung der ersten Abfüllanlage bepflastert wurde. Ein Witz – die unmögliche Wahl zwischen Dschihad und McWorld. Beiden muß Rußland sich entziehen, wenn es als Demokratie überleben will. Der Markt mag theoretisch frei sein. In der Praxis aber erweist er sich zumindest in einer Nation, die aus dem Schatten des gestürzten Bolschewismus treten will, weniger als Weg in die Freiheit denn als Weg in neue und subtilere Formen der Abhängigkeit.

18. Die Demokratie in der Welt von McWorld sichern

Rußland zeigt zur Genüge, wie schlecht sich der Markt als Vehikel der Demokratie eignet, doch ist das nur die eine Seite. McWorld hat durchaus auch technische Innovationen im Infotainment-Telesektor mit sich gebracht, die der Demokratie nicht ganz so feind sind. Die alte Weisheit Francis Bacons, daß Wissen Macht sei, daß wir durch die Wissenschaft die Welt beherrschen lernen und sich des Menschen Los bessert, wenn er verständiger wird, war die Kernüberzeugung der Aufklärung, derzufolge die Materialisierung der Vernunft in Wissenschaft und Technik die Gattung Mensch von Vorurteil, Unwissenheit und Ungerechtigkeit befreit und ihre gesellschaftlichen Einrichtungen demokratisiert. Walter B. Wriston ist nur der letzte in einer langen Reihe aufgeklärter Futurologen von Condorcet bis Alvin Toffler. Sie glauben an die beste aller möglichen Welten und verfassen Elogen auf die emanzipatorische und demokratische Kraft der verblüffenden neuen Technologien, die McWorld antreiben und den Kapitalismus aus einem System der Befriedigung von Bedürfnissen in eines der Erzeugung und Manipulation von solchen verwandeln. In seinem Buch *The Twilight of Sovereignty* überschreibt Wriston sein Schlußkapitel mit dem Songtitel »Power to the People«. Offenbar schon in seiner eigenen Mythologie befangen, behauptete er, »das Zeitalter der Information tritt immer mehr Macht an das Volk ab« und treibt uns voran auf »unserem Weg zu immer größerer Freiheit des Menschen«.[1]

Natürlich haben die Mandarine der Technik recht, wenn sie eine bessere Information und Kommunikation als Voraussetzung für eine Stärkung der Demokratie ansehen. Seit der Zeit der alten Griechen, die überzeugt waren, Prometheus' Diebstahl des Feuers von den Göttern habe den Weg zur menschlichen Zivilisation (wenn auch zur Tragödie) geebnet, werden technische Geräte zur Unterstützung der Demokratie erfunden. Im antiken Athen wurden für die Geschworenenauswahl kleine stochastische Apparate benutzt, die eine Zufallsverteilung der weißen und schwarzen Kiesel gewährleisteten. Während der Renaissance wurde die Gesellschaft durch die beweglichen Lettern, das

Schießpulver und den Kompaß transformiert. Der Buchdruck demokratisierte das Lesen (und nahm Priestern und Fürsten das Monopol über das Wort), das Pulver machte die Menschen auf dem Schlachtfeld gleich (die Ritterrüstung taugte nicht gegen Musketen), und der Kompaß erschloß die Neue Welt (per Schiff konnte man fortan Leibeigenschaft und politischem Druck entfliehen). Und inzwischen könnten Rundfunk, Fernsehen und schließlich auch massenproduzierte Computer die Fortsetzung der Demokratisierung des Wortes durch die Technik bieten, Bildung und politisches Wissen verbreiten und beim Wahlvolk Urteilsvermögen und Gestaltungswillen stärken.

In der gleichen Tradition könnte die geplante Datenautobahn jedem Menschen auf dem Erdball Zugang zu endlosen Datenbanken und weltweitem Meinungsaustausch bieten. Mit elektronischen Nachrichtenbörsen könnten sich Gleichgesinnte um ihre Interessenschwerpunkte sammeln und Foren für Debatten unter Menschen mit unterschiedlichen Werten anbieten. In Videokonferenzen könnten sich unterschiedliche lokale Stadtversammlungen regional, national oder weltweit zusammenschalten und über die Begrenztheit einer Kommunikation von Angesicht zu Angesicht hinausgreifen, ohne zugleich deren Unmittelbarkeit aufgeben zu müssen. Das interaktive Fernsehen, ein passives Medium für inaktive Konsumenten von Unterhaltung und Reklame, könnte in eine lebendige Bühne für gesellschaftlichen Diskurs und politische Rückkopplung verwandelt werden und vom Sofa aus die Möglichkeit zu allgemeinen Volksbefragungen über politische Alternativen eröffnen. Suppentellerkleine Satellitenschüsseln statten Völker unter den despotischsten Regimes mit einem Ohr zur Welt aus und erwiesen sich in Ländern wie China und Iran als wertvoll, wo sie trotz regierungsamtlichen Verbots immer größere Verbreitung finden und informationshungrigen Konsumenten unzensierte Bilder frei Haus liefern.

In der Kombination könnten diese Techniken potentiell die horizontale Kommunikation zwischen Bürgern verbessern, jedermann Zugang zu Informationen eröffnen und Bürger über Entfernungen hinweg, die früher direkte Demokratie oder sogar Austausch jeder Art unmöglich machten, miteinander in Verbindung bringen. Wo die Größenordnung der klassischen Demokratie noch auf das Gebiet beschränkt war, das ein Mann in einem Tage auf dem Weg zur Versammlung zu Fuß durchmessen konnte, wäre die lichtschnelle Telekommunikation in der Lage, den ganzen Globus in eine verdrahtete Stadt potentieller Nachbarn – in McLuhans Weltdorf – zu verwandeln. Natürlich müßte die Demokratie, wenn sie als meinungsbildende und mitbestimmende Tätigkeit verantwortlicher Bürger verstanden werden soll, gegen innovative Formen der Demagogie gefeit werden, die mit der neuen Technik einhergehen. Denn Wahlen per interaktivem Fernsehen vom Sofa aus könnte die Politik noch mehr privatisieren und die meinungsbildende Debatte in der Öffentlichkeit durch die unüberlegte Augenblicksäußerung privater Vorurteile ersetzen. Demokratie erfordert nicht nur Stimmzettel, sondern auch gute Argumente, nicht nur Meinung, sondern auch deren vernünftige Begründung. Rundfunkprovokationen und Schreiduelle im Fernsehen werten unsere politische Münze ab, und neue Technologien dürften diesen Trend eher verstärken, werden sie nicht ständig an der wägenden Debatte gemessen.

Die Utopien der Futurologen sind also mit einer gewissen Skepsis zu nehmen. Die Geschichte von Wissenschaft und Technik ist bestenfalls die einer ewigen Ambivalenz. Die Technik der Telekommunikation kann eine demokratische Gesellschaft stärken, sie aber auch auf bisher unerhörte Weise überwachen und nicht nur Zugang zu Informationen gewähren, sondern diese auch vorenthalten und manipulieren. Wird sie dem Markt überlassen, kann sie sich in ein Ungeheuer verwandeln, das unangefochten und nur für den Profit herrscht. Wie schon bemerkt, ist der Markt an den demokratischen Möglichkeiten der Technik nicht besonders interessiert – außer wenn sie fette Gewinne abwerfen (was sie im allgemeinen nicht tun). Wo Gewinn das Hauptziel ist, dürfte die technische Innovation vorhandene Ungleichheiten verschlimmern und aus Einkommensschwachen auch noch Wissensschwache machen. Computerkompetenz ist auf dem Arbeitsmarkt inzwischen so bedeutsam geworden wie Sprach- und Rechenkompetenz, und sie dürfte auch für die demokratische Kompetenz zum kritischen Faktor werden. Die Aufspaltung der Arbeitskraft in virtuelle Computerarbeit und herkömmliche Waren- und Dienstleistungsproduktion hat die soziale Ungleichheit in Amerika in der Tat verstärkt.

Robert Reich zeichnet ein beklemmendes Bild der USA, wo privilegierte Fachleute für Information und Kommunikation der Gesellschaft insgesamt zunehmend die Solidarität aufkündigen. In seiner Analyse schildert er, wie sie in umzäunte Vororte ziehen und sich für ihre Inseln die Erholungsstätten und Bildungsmöglichkeiten, Wachleute und Gesundheitsdienste kaufen, die sich die Allgemeinheit nicht mehr leisten kann. In der Folge können sie sich auch weigern, Steuern für immer eingeschränktere staatliche Leistungen zu zahlen, die sie nicht mehr brauchen. Nach ihrem Rückzug (Reich nennt ihn Sezession) verbleiben die Armen noch ärmer, ist der Staat bankrott und die Gesellschaft noch stärker in wirtschaftlich Ungleiche gespalten.[2] Ein ähnliches Muster der »Sezession« der neuen symbolischen Eliten läßt sich im weltweiten Maßstab ausmachen, wo sich Eliteländer ihrer Verantwortung für den Planeten genauso eilfertig entziehen, wie dies ihre eigenen Eliten gegenüber ihrem Staat tun. Die Dritte Welt wird sich künftig aus zweierlei Armenghettos zusammensetzen: aus den großstädtischen Armenvierteln der Ersten Welt und den armen Ländern der Dritten Welt. Die »Umstrukturierung« der Weltwirtschaft nach den Erfordernissen des neuen Informations- und Unterhaltungssektors errichtet immer höhere Schranken zwischen den Privilegierten und allen übrigen.

Selbst wenn wir gesellschaftliche und schichtspezifische Fragen beiseite lassen, kann die Beherrschung der Technik durch den Markt unbeabsichtigte Folgen haben. Die Technik kann sowohl Werkzeug der Freiheit wie der Unterdrückung werden. Schon Henry Thoreau erkannte, wie leicht wir zu »Werkzeugen unserer Werkzeuge« werden. Die neuen Werkzeuge des Nach-Gutenbergschen Zeitalters der Elektronik bestätigen seine Befürchtungen. Das interaktive Fernsehen ist ein machtvolles Überwachungsinstrument: Wenn Konsumenten über das Einkaufsfernsehen ihre Kaufgewohnheiten mitteilen, ihre Kontenführung abwickeln und Meinungsumfrageinstituten ihre Ansichten zur Abtreibung kundtun, erhalten die Datenempfänger Zugang zu einem umfangreichen Wissen über private Gewohnheiten, Einstellungen und Verhaltensweisen von Verbrauchern. Diese Daten können wiederum dazu genutzt werden, solche Gewohnheiten und Einstellungen so umzupolen, daß die Produzenten und ihre Marktpfleger davon profitieren. Bei der derzeitigen Agitation gegen jede staatliche Reglementierung geht es darum, daß die aus Interaktion und Überwachung entstehenden neuen Datenbanken dem Staat weder Einsichtnahme noch Begrenzung oder Kontrolle einräumen wollen (etwa durch turnusmäßige Datenvernichtung).

Fred Friendly fordert schon seit Jahren ein »elektronisches Grundgesetz«, doch der Staat bewegt sich in die entgegengesetzte Richtung, und die Regierung Clinton hat sich trotz aller Lippenbekenntnisse zur allgemeinen Zugänglichkeit von Datennetzen verpflichtet und dazu, den Markt mit einem Minimum von Reglementierung schalten und walten zu lassen. Staatliche Rundfunkfrequenzen werden immer noch meistbietend an Privat versteigert und müssen im Wahlkampf von den Kandidaten zu Mondpreisen zurückgekauft werden, was deren Abhängigkeit von Großspendern erhöht. Das Kabelgesetz von 1984 überantwortet die Kabelnetze nicht dem Staat oder den Regierungen von US-Bundesstaaten, sondern Städten und Kommunen und überläßt sie damit Marktkräften, die keine Rücksicht auf öffentliche Belange kennen.[3] Der Gesetzentwurf Senator Inouyes von 1994 sollte für die »Reservierung von Kapazität der Telekommunikationsnetze für öffentliche Zwecke« sorgen. Damit sollte die Öffentlichkeit ein Mitbestimmungsrecht bei der Entwicklung der Datenautobahn erhalten. Der Entwurf fand in der Presse nur ein schwaches Echo und wurde mit Ende der Wahlperiode sang- und klanglos beerdigt.

Es mag durchaus Genugtuung verschaffen, wie Walter Wriston meint, wenn heute der Bürger den Großen Bruder observiert und nicht umgekehrt. Zwar werden die Bürger in postkommunistischen Gesellschaften und Marktwirtschaften nicht mehr vom Großen Bruder überwacht, aber leider überwacht der Große Bruder auch nicht mehr diejenigen, die uns Bürger in Wahrheit beobachten. Das müßte eigentlich auch Gegnern jeder staatlichen Reglementierung zu denken geben. Wenn es das klassische Dilemma des Liberalismus ist, wer denn eigentlich die Polizei überwacht, müßte die relevante Frage in McWorld von heute sein, wer diejenigen observieren soll, die uns observieren. Wer hindert die Medien daran, ihre Klienten und Konsumenten fremdzubestimmen? Wer wird die Aufgaben von Regierungen übernehmen, die sich aus der Vertretung des öffentlichen Interesses verabschiedet haben?

Es bestände vielleicht weniger Anlaß zu Sorge, wären die Märkte für Technik und Telekommunikation wirklich diversifiziert und konkurrenzbetont. Wie wir jedoch gesehen haben, läßt der Zusammenschluß von Konzernen, die sich mit Datenübermittlung, Programmgestaltung, Nachrichtenwesen und Unterhaltung befassen, darauf schließen, daß der Große Bruder sich nur noch zwergenhaft ausnimmt im Vergleich zu den Telefongesellschaften und ihren Riesenbabys, die derzeit den Kabelmarkt aufkaufen und Produzenten und Unterhaltungs- und Programmwahl so schnell schlucken, wie es nur geht, um mit Infotainment-Konzernen wie Time Warner mithalten zu können. So erwarb die Telefongesellschaft US West (zusammen mit Toshiba und C. Itoh) eine erhebliche Minderheitsbeteiligung an Warner Brothers und Home Box Office, nur um zusehen zu müssen, wie Time Warner 1995 Cablevision (für 2,2 Milliarden Dollar) und Houston Industries (für 2,3 Milliarden Dollar) aufkaufte und damit wieder Oberwasser bekam. Je mehr sich der amerikanische Staat befleißigt, sich aus der Entwicklung der Datenautobahn des freien Markts herauszuhalten, desto stärker bemühen sich die nationalen Konzerne um die Herrschaft darüber. Sollten sie die Datenautobahn nicht ganz übernehmen können, streben sie zumindest die Kontrolle über deren Einfahrten und Mautstellen an.

Demokraten sollten keine Maschinenstürmer werden wie die verängstigten Stammeskrieger des Dschihad. Sie können es sich nicht leisten, Technik und Moderne zu Feinden von Selbstbestimmung und Freiheit zu erklären. Die Technik ist ein neutrales Werkzeug: Als Verbündete der Demokratie vermag sie die demokratische Kommunikation zu verbessern und das Urteilsvermögen der Bürger zu erhöhen. Dem Markt überlassen, dürfte sie jedoch den niedrigsten Motiven von McWorld Vorschub leisten, darunter auch der Überwachung und Manipulierung der öffentlichen Meinung und der Schaffung künstlicher Bedürfnisse nach wechselnden Lifestyles.

Vor nicht allzu langer Zeit meinte der Historiker J. G. A. Pocock: »Heute leben wir in einer postindustriellen und postmodernen Welt, in der immer mehr Menschen Informationen nur konsumieren und immer weniger etwas produzieren oder besitzen, nicht einmal die eigene Identität. Wenn eine Welt von Personen, Handlungen und Sachen zu einer Welt von Personen, Handlungen und sprachlichen oder elektronischen Konstrukten ohne Urheber wird, können sich die jetzt viel mächtigeren, weil nicht länger realen Sachen viel eher vermehren, die Oberhand erlangen und so über Menschen herrschen, die nicht länger über sie bestimmen und sie nicht einmal mehr produzieren können.«[4]

Was Pocock beschreibt, ist McWorld, von Neil Postman, einem anderen klugen Kritiker der Tyrannei der Technik über ihre Schöpfer, *Technopol* genannt. Technopol meint »die Unterordnung aller Formen des Kulturlebens unter die Bestimmungsgewalt von Technik und Technologie«.[5] Postman ist kein technologischer Determinist und erkennt durchaus an, daß die Technik sowohl Freund als auch Feind sein kann. Wird sie aber unserem demokratischen Bestimmungsrecht entzogen und dem Markt überlassen, dürften wir es eher mit einem Feind zu tun haben. Vielleicht deswegen meint John Pocock, der Schlüssel für das Leben in der postindustriellen und postmodernen Welt bestehe darin, »Mittel und Wege zu finden, uns als Bürger durchzusetzen, uns als selbstständige Menschen mit anderen zusammenzuschließen, damit wir uns bei der Gestaltung unserer Welt Stimmrecht und Handlungsmöglichkeiten bewahren«.[6]

Viele skeptische Beobachter von McWorld attackieren besonders deren allgegenwärtigen Materialismus. Darunter sind traditionalistische Vertreter eines moralischen Dschihad gegen die westliche Konsumkultur wie Alexander Solschenizyn oder seine militanteren moslemischen Brüder, aber auch einige der härtesten Kritiker des Dschihad wie Zbigniew Brzezinski, der der »Überflußgesellschaft« des Westens, der materialistischen Selbstbefriedigung und der von einer »dynamischen Steigerung des Strebens nach sinnlicher und materieller Lust beherrschten Kulturwirklichkeit« die Schuld am Aufflammen des Stammensdenkens zuweist.[7] Amerikanische Jugendliche aus Kleinstädten auf dem Lande, die über Hunderte von Meilen auf die Sirenengesänge der Einkaufsparadiese lauschen, verhalten sich nicht viel anders als die leidgeprüften russischen Veteranen des Sozialismus, die dem durchdringenden Kommerzgeklingel aus ihren neuen japanischen Fernsehapparaten erliegen. »Mein Papa läßt uns nicht mal MTV gucken«, beschwert sich ein Teenager aus Nebraska, dessen Freunde »Einkaufsparadiese als Treffpunkt der ganzen Nation ansehen und dabei selber keine haben«.[8] Also ziehen die Kinder aus Nebraska oder Smolensk nach Los Angeles oder St. Petersburg, wo jede kulturelle Identität aus ihrer Jugend weggeschmirgelt und durch die Videologie von McWorld ersetzt wird, die sich nicht die Bohne um kulturelle Vielfalt oder Demokratie schert.

Derlei Einstellungen und Verhaltensweisen sind zugleich Ursache und Produkt der Strategien von McWorld und machen das Bündnis des Dschihad, bei dem sich prämoderne Stammeskrieger und postmoderne Puritaner gegen die Weltkultur von McWorld zusammenrotten, verständlich. Spielen diese aufgeregten und eifernden Mitläufer des Dschihad mit ihrer Verdammung des Materialismus und dem Ruf nach den Bedürfnissen der menschlichen Seele angepaßteren Lebensformen eigentlich wirklich verrückt? Unterscheidet sich ihre Rhetorik von der strengeren und weltlicheren Argumentation, wie sie so heftig von

Václav Havel vorgetragen wird? Der Schriftsteller und Präsident Tschechiens fordert uns auf, uns der »stummen Ordnung des Weltalls« bewußt zu werden, die »wahres Gewissen und echte Verantwortung nur als Ausdruck der stillschweigenden Überzeugung erklärbar macht«, daß es Einen gebe, der »von oben« auf uns herabsieht.[9]

McWorld wird nicht nur deswegen abgelehnt, weil sie aus konsumgierigen Märkten besteht und technokratische Zwänge setzt, sondern auch weil sie in ihrer Hohlheit keine Grundlage für ein sinnvolles moralisches Dasein bietet. Diese Lücke verursacht eine tiefe Entfremdung der Bürger, die sie von ihrem Gemeinwesen löst und von ihren immateriellen Daseinsgrundlagen trennt. Spirituelle Leere blockiert demokratischen Bürgersinn und mindert die Fähigkeit zur Schaffung genau der gemeinschaftlichen Institutionen, auf die sich eine demokratische Gesellschaft und Kultur verlassen können muß.

Robert Putnam bemerkt treffend: »Normen und Netzwerke des Bürgerengagements wirken sich stark auf die Leistung einer gewählten Regierung aus.« Wenn also Leute anfangen, für sich allein zu kegeln anstatt in Vereinen, kann sogar derlei Profanes ein Hinweis darauf sein, daß mit der Demokratie etwas nicht stimmt.[10] Aus diesem Grund meinen Harry C. Boyte und andere Anhänger einer demokratischen Erneuerung, daß wir uns als Staatsbürger nicht vorrangig in der Politik, sondern in den »Freiräumen« von Schule, Sportvereinen und CVJM einüben.[11] Eine Kultur von Werbung, Hollywoodfilmen, MTV, Vergnügungsparks und Einkaufsparadiesen, die durch virtuelle Knoten miteinander zur Datenautobahn verknüpft sind, engt solche Freiräume ein. Diese Kultur ist fraglos dabei, ein weltweites Irgendwas zu schaffen: Was es auch immer sein mag, eine Demokratie ist es bestimmt nicht.

Eine demokratische Weltgesellschaft?

Als Rahmen der Demokratie ist der Nationalstaat doppelt betroffen: Gegen die Angriffe einer weltumspannenden McWorld und eines regionalen Dschihad ist er wehrlos, und die Ideologie des Laissez-faire, die McWorld begleitet und wie ein Mantra von deren Anhängern heruntergebetet wird, untergräbt die Restkompetenzen nationaler Regierungen zum Handeln für das öffentliche Wohl. Im postkommunisti-

schen Osten wird der Staat zu sehr mit totalitärem Despotismus assoziiert: Wer von Staatsbürgern redet, spricht immer noch die Sprache
der Genossen und der Apparatschiks. Im demokratischen Westen wird
der Staat zu sehr mit Bürokratie, Ineffizienz und einer Schicht von Berufspolitikern identifiziert, die allenthalben das Vertrauen der Menschen verloren haben. Vielleicht auch, weil diese kein Selbstvertrauen
mehr haben. Wenn wir unsere staatlichen Institutionen nicht wiederbeleben und sie nicht wieder mit realer Macht ausstatten, können der
Staat und seine Kommunikationstechniken nicht Werkzeuge sein, mit
denen wir gegen eine entfremdete Welt vorgehen, sondern werden zu
deren Bestandteil. Wir müssen uns den Staat wieder zu eigen machen
und unsere demokratischen Einstellungen neu beleben, und das geht
nur in einer lebendigen demokratischen Gesellschaft, in der Rechte und
Pflichten in gemeinsamer Selbstbestimmung miteinander verwoben
sind.

Zugleich erfordert die Demokratie neue staatliche Institutionen und
neue Einstellungen, die stärker auf die direkte Zuständigkeit der Menschen für ihre eigene Freiheit ausgerichtet sind. Natürlich bleibt die
Weltregierung, besonders eine demokratische, eine ferne Hoffnung.
Der globale Bürgersinn, der für sie notwendig ist, ist allerdings nicht so
entlegen. Demokratischer Bürgersinn entsteht zuallererst in einer demokratischen bürgerlichen Gesellschaft. Eine Weltbürgerschaft verlangt nach einem Gegenbereich zu McWorld, in dem kooperierende
Gemeinschaften bewußt und für das Allgemeinwohl leisten, was die
Märkte unbewußt für gebündelte Privatinteressen tun. Das ist keine
leichte Aufgabe. Schon vor beinahe 70 Jahren meinte John Dewey, das
Problem bestehe darin, herauszufinden, was demokratische Öffentlichkeit sei. »Nicht, daß es keine Öffentlichkeit gäbe, keine große Zahl
von Personen mit gemeinsamem Interesse am Ergebnis gesellschaft-
licher Transaktionen«, schrieb er. »Es gibt eher ein Zuviel an Öffentlichkeit, eine zu diffuse und gestreute und zu kompliziert zusammengesetzte. Und es gibt zu viele Öffentlichkeiten, denn gemeinsames
Handeln mit indirekten, ernsten und nachhaltigen Folgen ist unver-
gleichlich vielfältig.«[12] Wieviel ungreifbarer als Deweys amerikanische
»Öffentlichkeit« ist eine »Weltöffentlichkeit« – nicht bloß über ein
Netz von Bürgerinitiativen, sondern eine Verbindung über alle
Grenzen hinweg, nicht bloß Gruppen wie »Ärzte ohne Grenzen«,
sondern eine Welt von Bürgern ohne Grenzen?

Die Schaffung einer Öffentlichkeit ist die Aufgabe einer demokratischen Gesellschaft. Nur dort können sich Einstellungen bilden, die die Demokratie fördern und gegen den Sirenengesang von McWorld immun sind. Nur dort sind Gemeinwesen möglich, die das Bedürfnis des Menschen nach kommunalem Austausch auf eine Art und Weise befriedigen die zugänglich und für Weltbürgergefühle offen bleibt. Doch wie läßt sich eine demokratische Gesellschaft auf internationaler Ebene aufbauen? Wer das versuchen will, nicht nur in Rußland, wo Geduld und Raffinesse erforderlich sind, sondern auch im demokratisch träge gewordenen Amerika und Westeuropa, muß sich auf das Fundament der Demokratie besinnen und zugleich neue Institutionen für neuartige globale Bedingungen erfinden. Für alte Demokratien wird ihr langes Bestehen häufig zum Problem. Sie vergessen die Lektion aus der eigenen Geschichte, wie gewaltsam und zerstörerisch die Demokratisierung verlaufen kann und wie lange es dauert, das Fundament einer freien Gesellschaft zu bauen, bevor eine demokratische Verfassung darauf errichtet werden kann.

Manche Spezialisten scheinen davon überzeugt, daß der Aufbau einer neuen Demokratie, ob in Rußland, Somalia oder für den ganzen Planeten, nichts weiter erfordert als den Export vorgefertigter Verfassungen und maßgeschneiderter parlamentarischer Systeme. Ein perfektes Beispiel dafür ist Joshua Murawschik schon mit dem Titel seines neuen Buchs: *Exporting Democracy*.[13] Man schicke die Federalist Papers des amerikanischen Verfassungsvaters James Madison per Federal Express nach Weißrußland, expediere ein Päckchen Mehrparteiensystem nach Nigeria, sende den Chinesen per E-mail ein Grundgesetz, stelle der UN eine Freiwilligenarmee aus einem fügsamen, selbstlosen Land mit hoher Gewissenskultur und genügend Toleranz für heimkehrende Zinksärge. Und hoppla, schon hat man Demokratie! Und will man eine Weltregierung, muß man eben weltweit das gleiche tun.

So geht es nicht. Demokratien werden langsam aufgebaut, jede Kultur für sich, mit ihren eigenen Stärken und Bedürfnissen, über Jahrhunderte hinweg, und deswegen hätten die Westdeutschen vielleicht dem Neuen Forum mehr entgegenkommen und die Russen womöglich eigene traditionelle Institutionen wie *mir* (Dorfversammlung) oder *sowjet* (Arbeiterrat) wiederbeleben und weniger auf importierte westliche Institutionen setzen sollen. Denn die Lektion aus der Demokratiegeschichte des Westens heißt Geduld und Selbstreflexion. Zwischen dem ersten Rechtsbegehren der Vasallen des englischen Königs in der Magna Charta und der Glorreichen Revolution von 1688, die die Vorherrschaft des Parlaments einläutete, erstreckten sich 450 Jahre Krieg, und es sollte noch 150 weitere dauern, bis das Parlament auch nur dem Namen nach »demokratisch« war. Die Eidgenossenschaft der Schweizer hatte 1291 ihre Anfänge im »Ewigen Bund«, schuf sich 1848 eine demokratische Verfassung (die 1874 völlig revidiert wurde), also mehr als 500 Jahre später. Frankreich experimentierte Jahrhunderte vor seiner Revolution von 1789 erst mit regionalen Adelsparlamenten und brauchte anschließend noch ein weiteres Jahrhundert, bevor eine funktionierende demokratische Republik zustande kam.

In den 150 Jahren zwischen den Stadtgründungen in Jamestown und Plymouth Rock und der Proklamierung der Vereinigten Staaten von Amerika im Jahre 1789 hatten die Amerikaner ein halbes Dutzend Generationen Erfahrungen mit königlichen Freibriefen, Kolonialgouverneuren, Stadtversammlungen und von Wildnis umgebenen Städten gemacht, die ihr Gespür für Autonomie stärkte und Begabungen zur Selbstregierung weckte, die für die Arbeit an der Verfassung unerläßlich waren. Außerdem brauchte die junge Republik weitere 75 Jahre und einen blutigen Bürgerkrieg, um die in der Verfassung von 1789 offengelassenen Probleme von Sklaverei und Bundeshoheit zu lösen.

Ein vom Stammesdenken zersetztes und von McWorld betäubtes Volk ist so wenig imstande, eine vorgefertigte demokratische Verfassung zu übernehmen wie ein Volk, das aus einer langen Geschichte von Despotismus und Tyrannei hervortritt. Auch kann Demokratie kein Geschenk an die Machtlosen sein. Sie müssen sie selbst anpacken, weil sie nicht mehr ohne Freiheit leben wollen und Gerechtigkeit für alle fordern. Heute der Demokratie in Übergangsgesellschaften oder im Weltmaßstab den Boden zu bereiten heißt zunächst, wieder Bürger zu schaffen, die nach Demokratie rufen: also mit einer demokratischen Gesellschaft und Bürgerkultur das Fundament zu legen. Demokratie ist kein Universalrezept für eine besonders bemerkenswerte Staatsform, sondern die ständige Mahnung an Menschen, auf eine bestimmte Art zu leben: verantwortlich, autonom, in selbstbestimmten Gemeinwesen, die dennoch für Fremde offenbleiben, in Toleranz und gegenseitiger Achtung, aber mit einem guten Gespür für eigene Werte. Als John Dewey die Demokratie nicht als Staatsform, sondern als Lebensweise bezeichnete, als Idee des Gemeinschaftslebens selbst, meinte er damit, daß sie nur in der demokratischen Gesellschaft gedeihen könne. Eine Weltdemokratie, die den antidemokratischen Tendenzen von Dschihad und McWorld Paroli bieten kann, läßt sich nicht aus dem Archiv irgendeiner Nation ausborgen oder nach einer abstrakten konstitutionellen Paßform gestalten. Ob global oder lokal, zuallererst kommt der Bürgersinn.

Diese Lektionen wären für die trägen Einwohner von McWorld und die zornigen Blutsbrüder des Dschihad weniger schwer zu lernen, wenn der Gedanke der demokratischen Gesellschaften allen geläufig geblieben wäre, die sich heute Demokraten nennen. Doch von der Geschichte gebeutelt und zwischen zwei gleichermaßen wildwüchsige Sektoren von Staat und Markt gezwängt, ist die bürgerliche Gesellschaft sowohl als Theorie als auch als demokratische Praxis so gut wie erloschen. Sogar in Amerika, wo er von John Lockes Vermächtnis lebendig gehalten werden müßte, ist der Gedanke der bürgerlichen Gesellschaft versteinert und zerbröselt und werden seine vertrockneten Überbleibsel leicht von ein paar vereinfachenden Gegensätzen weggefegt: der Staat gegen den einzelnen, die Regierung gegen den privaten Sektor, die Staatsbürokratie gegen freie Märkte, korrupte Politiker gegen zornige Wähler. Politisch entfremdete und konsummüde Menschen, denen der von ihnen als raffgierig und mitleidlos betrachtete Staat und der zersplitterte und mit sich selbst beschäftigte private Sektor gleichermaßen zuwider sind, finden sich ohne Heimat wieder. Weder der Markt noch die Staatsbürokratie scheint sie anzusprechen oder ihnen in ihrer öffentlichen Identität zu dienen. Obwohl die Regierung den Menschen in ihrer Eigenschaft als Wähler letztendlich rechenschaftspflichtig ist, wird sie von ihnen fast wie ein Fremdkörper betrachtet: eine bedrohliche Sphäre pseudolegitimer Zwangsgewalt, von unzugänglichen Volksvertretern, Berufspolitikern und bürokratischen Managern verwaltet, die viel von ihrer Autorität als authentisches Sprachrohr der von ihnen angeblich vertretenen Allgemeinheit eingebüßt hat.

Auf der anderen Seite vertritt der private Sektor als Lobby von Märkten, Konzernen und Privatleuten eine Öffentlichkeit nur insofern, als er manche von deren Anliegen gebündelt vorbringt und einen öffentlichen Charakter für diese Privatwünsche und Sonderinteressen in Anspruch nimmt, den sie durch nichts verdienen. Die »offene Handelsgesellschaft« tut nichts, um sich ihres juristischen Adjektivs würdig zu erweisen. Sie ist in allem außer ihrem Namen privat. Die wahre Öffentlichkeit bleibt nicht nur ohne Sprachrohr und Heimstatt, sondern auch Regierende, die immer noch guten Glaubens die schon zum Phantom gewordene Öffentlichkeit befragen wollen, wissen nicht so recht, an wen sie sich wenden sollen, weil sogenannte Meinungsumfragen nur private Vorurteile erfassen und Sonderinteressengruppen nur sich vertreten und sonst niemanden. In Amerika und den meisten anderen Demokratien verwandeln sich Politiker, die vordem auf Zeit in ein Amt gewählte Normalbürger waren, durch die Macht in von ihrer Wählerschaft abgehobene Berufspolitiker, während die Bürger in ihrer Machtlosigkeit nur noch keifende Gegner der von ihnen gewählten Amtsinhaber sind und mürrisch staatliche Leistungen einfordern, ohne dafür zahlen zu wollen. Wenn Völker, die ihre demokratischen Einrichtungen selbst so zynisch sehen, ihren Verwandten in Übergangsstaaten die Demokratie empfehlen oder sich eine weltweite Demokratie über nationale Grenzen hinaus vorstellen wollen, ist das problematisch. Denn die unreifen Bürger von heute vertrauen selbst nicht auf die Demokratie und auf ihre eigene Kraft. Anstatt sich selbst zu engagieren, delegieren sie alle Entscheidungen an parlamentarische Mehrheiten und gewählte Amtsträger, die notfalls sogar die Verfassung ändern. Auch den Markt empfehlen sie als Allheilmittel weiter, ohne selbst an ihn zu glauben. Sie wissen nur zu gut, daß er nur Materielles anbieten und damit noch nicht mal ihre gewachsenen Bedürfnisse stillen, geschweige denn bürgerliche Rechte und Freiheiten garantieren kann.

Ein demokratisches Gemeinwesen, dessen Bürger sich selbst zu regieren imstande sind, muß also über das sattsam bekannte Modell von Staat gegen Privatsektor hinausgreifen. Statt in der traditionellen Doppeldarstellung der bürgerlichen Gesellschaft müssen wir uns die Bedingungen, unter denen Menschen ihrem Tagesgeschäft nachgehen, mindestens dreifach zusammengesetzt vorstellen. Sowohl in Stammesenklaven, in Nationalstaaten als auch in einer globalen Gesellschaft bestehen sie natürlich aus dem Staat und dem privaten Sektor, aber auch aus dem bürgerlich-demokratischen Bereich, also dem öffentlichen Raum.

Die demokratische Gesellschaft oder der öffentliche Raum besetzt das Mittelfeld zwischen Staat und Privatsektor. Dort wählen wir nicht und kaufen und verkaufen auch nicht, sondern dort reden wir mit

Nachbarn, planen einen Basar für die Kirche, erörtern die Beherbergung von Obdachlosen durch unsere Kirche oder Synagoge oder organisieren im Sommer eine wilde Fußballiga für unsere Kinder. Dort sind wir »öffentlich« und haben mit dem Staat den öffentlichen Charakter und die Sorge um die Allgemeinheit gemein. Im Gegensatz zum Staat aber erheben wir keinen Anspruch auf ein Gewaltmonopol. Vielmehr arbeiten wir dort freiwillig und besetzen in diesem Sinne ein »privates« Feld der kooperativen (und zwangsfreien) Förderung des Gemeinwohls. Dieses nachbarschaftliche und kooperative Feld der demokratischen Gesellschaft hat mit dem privaten Sektor die Freiheit gemein: Es beruht auf Freiwilligkeit und entsteht aus dem freien Zusammenschluß von einzelnen und Gruppen. Anders als der private Sektor jedoch zielen diese Initiativen auf Gemeinsamkeit und konsensbetonte (das heißt auf Einbeziehung und Zusammenarbeit gerichtete) Handlungsweisen ab. Die demokratische Gesellschaft ist also öffentlich, aber ohne Zwangscharakter, und freiwillig, aber ohne private Aneignungsabsicht.

Leider ist diese bürgerliche Gesellschaft durch die Polarität von Staat und Markt in den Hintergrund gedrängt und ihre vermittelnde Kraft zugunsten der vereinfachenden Konfrontation von Staat und Individuum eliminiert worden: Kommandowirtschaft oder freier Markt. Dieser Gegensatz hat Menschen, die sich nicht im staatlichen Feld freiwillig betätigen wollen, in den privaten Sektor verdrängt, wo sie unzutreffenderweise als Vertreter von »Sonderinteressen« erscheinen, die sich angeblich nicht um Gemeinwohl oder staatliche Normen scheren. In allem, was wir tun, haben wir gefälligst entweder Wähler oder Konsumenten zu sein. Wollen wir Bürger sein, mitregieren, anstatt die Regierenden nur zu wählen, finden wir keinen Platz mehr.

Im ganzen 19. Jahrhundert, in Tocquevilles Amerika und später, empfand sich die amerikanische Gesellschaft als demokratisch. Ohne die gesellschaftlichen Verhältnisse dieser Epoche romantisch zu überhöhen, läßt sich doch sagen, daß sie in ihrer atomistischen Zusammensetzung aus lauter selbständigen und in ihrer Bedürfnisbefriedigung weitgehend autarken Farmern kleinräumiger und demokratischer war. Kirchengemeinden und Schulvereine hatten größere praktische Bedeutung als Markt und Staat. Der Staat war besonders auf Bundesebene noch eine mickrige Angelegenheit (für einige seiner Aufgaben vielleicht zu klein zugeschnitten), weil die Verfassung alle nicht ausdrücklich auf den Bund übertragene Hoheitsgewalt bei den Einzelstaaten und den Bürgern beließ. Auch die Märkte waren recht begrenzt, von regionalem Charakter und wegen der hohen Selbstversorgung der vorwiegend agrarischen Gesellschaft eher nebensächlich.

Erst als Menschen sich statt als Bürger als Konsumenten zu sehen begannen und an die Stelle freiwillig zusammengeschlossener Gruppen natürlicher Personen zunehmend als »juristische Personen« auftretende Firmen traten, begannen die Marktkräfte das Feld der bürgerlichen Gesellschaft zu erobern und von der Seite des Privatsektors her zu besetzen. Sobald die Märkte sich bestimmend breitmachten, ging der Staat in Vertretung des Gemeinwohls entschlossen gegen die neuen Monopole vor und besetzte ungewollt das Feld der bürgerlichen Gesellschaft. Bedrängt und beschnitten von diesen zwei einander bekriegenden und expandierenden Monopolen, von Markt und Staatsgewalt, verlor die demokratische Gesellschaft ihre Vorrangstellung im amerikanischen Leben. Bis zu den Amtszeiten der beiden Roosevelts war sie fast verschwunden, und ihre Staatsbürger hatten Zuflucht unter den feudalen Fittichen entweder des übermächtigen Staates oder im privaten Sektor suchen müssen, dem Schulen, Kirchen, Gewerkschaften, Stiftungen und andere spendenfinanzierte, freiwillige und um das Gemeinwohl bemühte Vereinigungen nun kurzerhand als spezielle Interessengruppen für die partikularistischen Ziele ihrer Mitglieder zugeschlagen wurden. Ob diese Ziele Marktprofit oder Umweltschutz hießen, war nunmehr irrelevant, denn definitionsgemäß konnten alle privaten Vereinigungen nur noch private Ziele haben. Schulen wurden aus Keimzellen einer freien Gesellschaft zum Interessenschwerpunkt für Menschen mit Kindern, Kirchen aus Quellen der Moral für die Gesamtgesellschaft zu konfessionellen Interessenverbänden mit Sonderzielen, Vereine aus Freiräumen, in denen die Menschen freie Bürger zu werden lernten, zu einer Spielart privaten Lobbyismus.

Nachdem die demokratische Gesellschaft zur privaten kommerzialisiert war, sahen sich Gruppen, die energisch das öffentliche Interesse verteidigen wollten, paradoxerweise als Musterbeispiele egoistischer Privatinteressen hingestellt. Gewerkschaften zum Beispiel wurden trotz ihres Bemühens um gerechten Lohn, Vollbeschäftigung und Würde der Arbeit für alle als Gegenspieler der Unternehmer dem privaten Sektor zugeschlagen und lernten mit der Zeit ihre Rolle nur zu gut. Wenn sie den würgenden Zugriff der Konzerne auf die Arbeit zu brechen versuchten, wurden sie als bloße Lobby dargestellt, die kein Jota besser sei als ihr Gegenüber und vielleicht sogar schlimmer (da die bestreikten Firmen produktiv zum Wohlstand beitrügen). Umweltschutzgruppen werden in neuerer Zeit ebenso umetikettiert. Obwohl sie saubere Luft für alle anstreben, was eigentlich von öffentlichem Interesse sein sollte, werden sie als weitere Sonderinteressengruppe gesehen, die bei ihren Bemühungen eben einen Kompromiß mit den Giftmüllproduzenten suchen muß. Die Medien haben ihre Verantwortung abgegeben, die Eigner der Demokratie zu informieren, und sind zu Verkäufern von Klatsch und zu Lakaien der Eigentümer des privaten Sektors geworden, die für nichts anderes mehr zuständig sind als für ihre Profitrate. Unter solchen Bedingungen konnte das »Gemeinwohl« als Ideal der Vernunft nicht überleben. Den Nachruf hielt ihm David B. Truman 1951 in seinem einflußreichen Buch *The Governmental Process*, das das Paradigma der Sozialwissenschaft für die sechziger und siebziger Jahre mitbegründete. Er urteilte schlankweg, bei der Handhabung von Pressure-groups in Amerika brauche »keine Rücksicht mehr auf ein höheres gesellschaftliches Interesse genommen zu werden, weil es ein solches nicht gibt«.[14] McWorld hat Trumans Behauptung lediglich mit einem Ausrufungszeichen versehen.

Wenn diese traurigen Beobachtungen begründet sind und die Demokratie in Amerika und anderen westlichen Staaten am Polarisierungseffekt einer untergehenden bürgerlichen Gesellschaft leidet, stehen die Menschen, die unter den Bedingungen von Dschihad oder McWorld neue Demokratien gründen wollen, vor großen Herausforderungen. Ihre erste Priorität muß der Wiederaufbau der bürgerlichen Gesellschaft als Rahmen der Wiederfindung einer demokratischen Staatsbürgerschaft sein, eines vermittelnden Felds zwischen dem wuchernden, aber zunehmend handlungsunfähigen Staat und dem metastasierenden Markt. Es kann dabei nicht um eine Alternative zwischen dem Riesenwachstum einer unbeweglichen Bürokratie oder dem des Markts von McWorld gehen. Obwohl das genau die Alternative ist, die Rußland angeboten wird, sind wir nicht gebunden, uns zwischen einem Zerrbild des Großen Bruders, der gleiches Recht für alle vollstreckt, aber dafür den Tyrannen spielt, oder einem Zerrbild des wildwuchernden Markts zu entscheiden, der zwar Freiheit gewährleistet, aber im Austausch dafür Ungleichheit und soziale Ungerechtigkeit verbreitet und das Allgemeinwohl untergräbt. Denn dann hätten wir nur die

Wahl zwischen McWorld oder der Tyrannei. Wenn der Nationalstaat seine Hoheitsgewalt verliert, wird aber nicht die Wahl zwischen Tyrannei und McWorld unser Los sein, sondern die Tyrannei von McWorld selbst. Nur eine demokratische Weltgesellschaft kann hoffen, sich diesem ungewollten Despotismus zu entziehen.

Die bürgerliche Gesellschaft begründet die Demokratie als eine Regierungsform, in der nicht Politiker und Bürokraten, sondern emanzipierte Menschen legitime Gewalt ausüben, um ihre Freiheit mit Leben zu erfüllen. Diese Freiheit enthält zugleich die Pflicht zu sozialer Verantwortung und zur Wahrnehmung staatsbürgerlicher Rechte. Als Mittler zwischen Staat und Markt kann die bürgerliche Gesellschaft einen aufdringlichen Staat eindämmen, ohne das öffentliche Wohl an die Privatsphäre auszuliefern. Zugleich kann sie das Miasma von Vereinzelung und Gier wegblasen, das den Markt umgibt, ohne in der Abluft eines übermächtigen Staats zu ersticken. Auf dem internationalen Feld, wo Staaten schwach und Märkte dominant sind, kann die bürgerliche Gesellschaft Menschen eine alternative Identität bieten, die sonst nur Klienten oder Konsumenten oder passive Beobachter globaler Trends ohne jede eigene Einwirkungsmöglichkeit wären. Sie kann den Internationalismus zur Bewußtseinsform von Weltbürgern erheben und im Rahmen von Nationalstaaten sowohl den Staat als auch den privaten Sektor raumgreifend zügeln, indem sie einen Teil des Strebens der Öffentlichkeit nach Selbstregierung in sich aufnimmt, ohne ihre Liberalität als zwangsfreie Vereinigung von Gleichen abzulegen. Weil sie sich um ureigene Dinge kümmern und selbst Verantwortung übernehmen, interessieren sich Bürger in einer Gesellschaft mit lebendiger Demokratie nicht mehr so sehr für Führerpersönlichkeiten und deren Skandale und befreien sich zugleich von den »freien« Märkten, von denen sie auf eine Kommerzmentalität ohne Raum für Gemeinsamkeiten oder Geistiges beschränkt werden.

Um die bürgerliche Gesellschaft nach diesem Rezept wiederzuerschaffen, muß man nicht den Staat neu aufbauen, sondern vorhandene Institutionen neu denken und ordnen oder Mittel und Wege finden, sie im internationalen Maßstab abzubilden.[15] In den USA etwa bedeutet dies, sich zurückzubesinnen auf Schulen, Stiftungen, eingetragene Vereine, Kirchen, Tempel und Moscheen, Bürgerinitiativen und Medien und sie aus dem privaten Sektor herauszulösen und wieder auf dem Feld der bürgerlichen Gesellschaft anzusiedeln. Damit würden

Bürger ihre eigene Öffentlichkeit und politische Legitimität gegen Kräfte zurückerobern, von denen sie als Lobbyisten heuchlerisch vorgetragener Sonderinteressen hingestellt werden. In Rußland und anderen Übergangsgesellschaften bedeutet diese Demokratisierung, die neue bürgerliche Infrastruktur zu stützen und das Engagement von Menschen in lokalen Zusammenschlüssen wichtiger zu nehmen als Wahlergebnisse oder Streitigkeiten und Mehrheitsverhältnisse zwischen konkurrierenden nationalistischen, sozialistischen, kapitalistischen und reformistischen Parteien in der Duma. Es bedeutet, Gegengewichte zu McWorld nicht im Völkerrecht und in internationalen Organisationen zu suchen, sondern in einer neuen Reihe länderübergreifender Vereinigungen, die nationalen demokratischen Gesellschaften Gelegenheit geben, sich zu verbünden, und den Bürgern verschiedener Länder die Chance, in regionalen und globalen Bürgerbewegungen über Ländergrenzen hinweg zu kooperieren.

Einschneidender als auf alles andere hat sich der Zusammenprall zwischen Dschihad und McWorld auf die Idee der Öffentlichkeit ausgewirkt, wenn diese mehr sein soll als eine zufällige Ansammlung von Konsumenten oder politischen Sonderinteressen. Die Stimme der Öffentlichkeit erweist sich als die Stimme der demokratischen Gesellschaft, ein amerikanisches, russisches oder weltweites Bürgerforum als interaktives Vertretungsorgan einer demokratischen Gesellschaft. Wir haben bereits festgestellt, daß eine Demokratisierung des Staats nur mit demokratischen Bürgern funktioniert. Nun wird klar, daß die bürgerliche Gesellschaft Bedingungen für die Erziehung demokratischer Bürger bietet. Ein Bürger ist ein Individuum, das seine Stimme öffentlich erhebt, sich als Teil einer größeren Gemeinschaft versteht und mit andern zusammen ein Gemeinwohl vertritt. Öffentlichkeit ist der Schlüssel zur Bürgereigenschaft. Wie diese öffentliche Stimme beschaffen ist, ist daher wesentlich dafür, wie sich der Bürger definiert. Denn öffentlich ist nicht schon eine beliebige Stimme, die sich auch mal an die Öffentlichkeit wenden kann. Hetzreden im amerikanischen Talk-Radio oder Schnellfeuerdialoge im Fernsehen veranschaulichen auf vollendete Weise, was öffentlicher Dialog *nicht* ist.

Vieles von dem, was als Journalismus durchgeht, ist in Wirklichkeit aufgeblasener Klatsch oder kaum kaschiertes Vorurteil. Die Medien haben die bürgerliche Gesellschaft um des privaten Profits willen im Stich gelassen, denn dort legt keine Verantwortung vor der Öffentlichkeit ihrem Drang nach Kommerz Fesseln an. Wie lange wird es dauern, bis Menschen, die in Privatheit aufwuchsen und gewöhnt sind, sich nur noch über einen Tarifvertrag oder die Blutsbrüderschaft des Dschihad miteinander zu identifizieren, die demokratische Gesellschaft suchen und mit deren maßvoller öffentlicher Stimme sprechen? Die Stimme der demokratischen Gesellschaft, die Stimme von Bürgern im abwägenden Gespräch gibt der Ausschließlichkeit und Irrationalität des Geschreis eines Dschihad Kontra, aber genauso dem Anspruch der Privatmärkte von McWorld. Weder der Dschihad noch McWorld können erfassen, was »Öffentlichkeit« bedeutet, und genau deswegen ist die Durchsetzung von Öffentlichkeit ein wirksames Mittel gegen die Privatisierungs- und Entdemokratisierungstendenzen aggressiver Völkerstämme und Märkte.

Wenn die bürgerliche Gesellschaft der Schlüssel zur Demokratie ist, bedarf es zu einer starken Weltdemokratie einer systematischen Internationalisierung dieser bürgerlichen Gesellschaft. Die bürgerliche Gesellschaft wiederum muß auf der nationalen Ebene adäquate Ausdrucksformen wiederentdecken, damit sie sie auf die Welt übertragen kann. Auf der Suche nach einem historischen Vorbild könnten wir uns auf die amerikanischen Committees of Correspondence besinnen, die im Revolutionskrieg von Bürgern ohne legitime politische Äußerungsmöglichkeiten gegründet wurden (die Briten hielten die staatlichen Institutionen besetzt). In diesen Ausschüssen konnten sie formlos in Gruppen zusammentreten, die weder öffentlich noch privat waren, und gemeinsam die Grundlagen erarbeiten, mit denen die neue Republik erkämpft und gewonnen werden konnte. Sind virtuelle Komitees dieser Art im Internet möglich? Können sich Bürger über Landesgrenzen hinweg in eine demokratische Nachrichtenbörse einloggen? Hier wäre ein Ansatzpunkt für wahrhaft demokratische Telekommunikation.

Nicht lange nachdem die Amerikaner auf diese Weise ihre erfolgreiche Revolution gegen die englische Tyrannei einfädelten, schlug Thomas Jefferson lokale Bürgerversammlungen als Fortsetzung einer direkten und dezentralisierten Selbstregierung vor: »Wo jedermann Anteil an der Leitung seiner Wahlkreisrepublik hat«, schrieb er, »sich als Teilhaber in der Verwaltung der Dinge fühlt, und das nicht bloß einmal im Jahr zur Wahl, sondern Tag für Tag; wenn es keinen Mann im Staate gibt, der nicht Mitglied der einen oder anderen großen oder kleinen Ratsversammlung ist, wird er sich lieber das Herz ausreißen als seine Macht wegnehmen lassen.«[16] Nur auf der lokalen und regionalen Ebene, wo auch der Dschihad sein Spiel treibt, läßt sich eine alternative Form der Identität gewinnen, die am Ende McWorld auf der globalen Ebene in Schach halten kann. Weder der Kreis des Stammes noch das Einkaufsparadies bieten den passenden öffentlichen Raum für die Art demokratischer Gemeinschaft, die Bürger sowohl mit Identität als auch mit Zugehörigkeit ausstatten kann. Affinitäten, die sich aus lokalen Zusammenschlüssen ergeben, dürfen den Weg zu regionalen Zugehörigkeitsgefühlen, nationaler Identifikation und globaler Allianz nicht verstellen, wie es Stämme und Klans (ob historisch oder neu erfunden) allzu häufig tun. Mit Hilfe der Technik können wir vielleicht elektronische Wahlkreise und Nachbarschaftsversammlungen über große Distanzen aufbauen. Doch wird das nur dann geschehen, wenn nicht den Märkten überlassen bleibt, wie diese Technologien entwickelt und verbreitet werden, und wenn die globale Kommunikation durch bedächtigen Ratschlag und Bürgereingriff im Zaum gehalten wird. Eine bürgerliche Gesellschaft auf internationaler Ebene zu schaffen, ist eine ungeheure Herausforderung. Die Erkenntnis aber, daß sie geschaffen werden muß, ist der erste Schritt, der nötig ist, um Raum für eine starke Demokratie in der Welt von McWorld freizuschlagen.

Es gibt auch noch einen zweiten, institutionelleren Schritt. Die Teile mögen demokratischer und partizipatorischer werden, ihre Mitglieder bessere Demokraten, doch müssen sie in irgendeiner Form weltweiter Organisation zusammengefaßt werden, welche Kooperation ohne Aufhebung ihrer Autonomie gestattet. Eine globale demokratische Gesellschaft ist Grundlage einer demokratischen Weltregierung, aber noch nicht dasselbe wie sie.

Demokratie und Staatenbund

Wie kann eine durch Märkte verbundene, aber ansonsten völlig zersplitterte Welt zusammengehalten werden, wenn nicht durch eine Weltregierung und ein Völkerrecht mit unmittelbarer Geltung? Die vorrangige Form der Neuordnung in den letzten Jahren war dank des Dschihad die Aufteilung. Wie sieht die Alternative aus? Ein *Bundesstaat* ist eine vielleicht zu aggressive und zentralistische Lösung für so gespaltene Länder wie Kroatien oder Afghanistan und kann nicht einmal den Zusammenhalt von Ländern wie der Schweiz, Indien oder Deutschland gewährleisten. Ein *Staatenbund* ist vielversprechender, denn er gestattet bereits vorhandenen Nationalstaaten, einen weltweiten Zusammenschluß von unten her aufzubauen. Die Alternative, ein staatlicher Rahmen von oben, erheischt einen internationalen Souverän, einen Weltgesetzgeber, und einen solchen haben wir nicht.

Madisons *Federalist Papers* sind Pflichtlektüre verzweifelter Regierungen geworden, die den raschen Zerfall bremsen wollen. Doch sind die vorrevolutionären *Articles of Confederation* viel relevanter. Ihr Artikel III bietet in Verbindung mit einer lokal wiederbelebten demokratischen Gesellschaft einen bescheidenen Rahmen für einen Zusammenschluß rivalisierender Fragmente zu einem losen Bund wie dem, den die drei Urkantone der Schweiz 1291 auf dem Rütli schlossen. Artikel III gewährleistet die volle Autonomie der Mitgliedsstaaten und achtet ihre (für die Identität unerläßliche) Unabhängigkeit, erklärt aber auch: »Besagte Staaten treten hierdurch in ein enges Freundschaftsbündnis miteinander zur gemeinsamen Verteidigung, zum Schutz ihrer Freiheiten und zur gegenseitigen allgemeinen Wohlfahrt ein und verpflichten sich zur gegenseitigen Hilfe gegen jede Gewaltanwendung oder Angriff gegen alle oder einen der Ihren aus Gründen der Religion, der Souveränität, des Handels oder unter anderen Vorwänden.« Dies dürfte einen Ansatzpunkt zur Abwehr sowohl der Verheerungen des Dschihad wie der von McWorld bieten. Der Artikel unterstellt eine gewisse bodenständige Bürgerschaft innerhalb jedes Einzelstaats und entfaltet seine Wirkung vermutlich nur dort, wo die bürgerliche Gesellschaft schon entsprechende Wurzeln geschlagen hat. Artikel IV sieht vor, daß »die freien Einwohner jedes Staates alle Gerechtsamen und Freiheiten der freien Bürger der beteiligten Staaten genießen und die Bürger eines jeden Staates das Recht auf Einreise in und Ausreise von jedem anderen Staat besitzen und dort alle Vorrechte von Handel und Wandel haben«. Ethnische Säuberungen und Massenflucht würden verhindert, Gleichbehandlung und Freizügigkeit verbindlich.

Ähnliche Vorschriften hielten den Helvetischen Bund zusammen, der die Schweizer zu einem so hervorragenden Beispiel des demokratischen Zusammenschlusses machte, lange bevor parlamentarische Institutionen andernorts ihren Weg zu einer echten repräsentativen Regierungsform gefunden hatten. Die zersplitterten Fraktionen vieler zerrissener Nationalstaaten könnten Schlechteres tun, als sich selbst in einer Staatsform ähnlich der schweizerischen Eidgenossenschaft zusammenzuschließen, um ihre gemeinsamen Freiheiten neu zu definieren. Ein Staatenbund ist kein Allheilmittel, aber eine praktikable Alternative zu zentralistischeren, zwangsbetonteren und folglich unbrauchbaren Abhilfen gegen den Zerfall des Nationalstaats. Nicht nach der amerikanischen Bundesverfassung gestaltet, sondern nach ihrem Vorläufer, der den 13 amerikanischen Einzelkolonialstaaten Zeit genug zum Zusammenwachsen und zur Entwicklung des Bedürfnisses nach noch integrativeren Formen und nach Vertrautheit und Toleranz ließ, bietet eine solche Lösung eine auf Freiwilligkeit und Vertrauensbildung fußende Strategie von Einzelschritten zur Supranationalität. Wie die Demokratie selbst sind solche integrativen Formen des Staatenbunds vom Charakter her entwicklungsfähig und abhängig davon, daß viel unverbindlichere Zusammenschlüsse funktionieren. Das Vorbild ist eher die Schweiz vor 1800 als die Europäische Union, denn die Schweizer vergewisserten sich der demokratischen Lebensfähigkeit der Teile, bevor sie sie zu einem größeren Ganzen zusammenfaßten. Sie begreifen ihr Bürgerrecht als eine Summe lokaler Attribute (um Schweizer zu werden, muß man sich erst in einer Gemeinde einbürgern lassen, dann erhält man den Schweizer Paß) und sichern den demokratischen Charakter des Bündnisganzen durch Verankerung in partizipatorischen Institutionen.

Das neue Europa erscheint in der Tat nicht in seiner starren Vertretung von Nationalstaaten und ihren Regierungen und ganz gewiß nicht in seiner technokratischen Abhängigkeit von den Marktkräften am demokratischsten, sondern vielmehr in seiner Vertretung der Regionen. Wir haben gesehen, wie die deutschen Bundesländer und die spanischen Provinzen nach einer Mitgliedschaft in Europa streben, die stark den Charakter eines Staatenbunds hat. Da sie ihren Völkern näher sind, kann ihre potentielle Angliederung an Europa Bindungen schaffen, die ihre Bürger vielleicht als für sich selbst relevant betrachten.

Das Problem der Demokratie unter modernen Bedingungen ist ungeheuer kompliziert. Im Kontext des dialektischen Wechselspiels zwischen Dschihad und McWorld beißen sich Argumente zugunsten einer Reform tendenziell in den eigenen Schwanz. Eine starke Demokratie braucht Bürger, Bürger brauchen eine demokratische Gesellschaft, eine demokratische Gesellschaft braucht eine Form des Zusammenschlusses, die nicht auf Stammesidentität beruht, erst eine solche Form des Zusammenschlusses ist demokratisch. Oder die weltweite Demokratie braucht den Staatenbund, eine zwangsfreie Form des Zusammenschlusses, die auf Freundschaft und gegenseitigem Interesse fußt, der Staatenbund braucht Mitgliedsstaaten, die tiefe Wurzeln in einer demokratischen Gesellschaft benötigen und Bürger, für die der andere nicht der Feind ist; demokratische Gesellschaft und Staatsbürgerschaft sind Ergebnis demokratischer Lebensart. Wir fassen die Herausforderung in Ruanda oder Bosnien, Osttimor oder Haiti vielleicht falsch auf, wenn wir fragen, wie wir ein zerfallenes Land aufteilen, internationalisieren oder befrieden sollen. Die wahre Herausforderung ist vielleicht, wie wir es demokratisieren können. Die Demokratie ist mit Sicherheit das Ziel für alle, die den Planeten retten wollen. Doch sie muß auch schon von Anfang an Leitgedanke sein.

Wenn die demokratische Alternative als Reaktion auf den Dschihad unwahrscheinlich klingt, denke man an die derzeit erörterten »realistischen« Lösungen – Frieden und Stabilisierung durch Invasion von außen, Vertreibung, Aufteilung und Umsiedlung, Treuhänderschaft der Vereinten Nationen, Militärintervention oder schlicht Zerstückelung. Können die Feuersbrünste des Dschihad so gelöscht werden? Und wer die demokratische Alternative zum Infotainment-Telesektor mit seiner ansteckenden Videologie und seinen unsichtbaren elektronischen Tentakeln um Herz und Verstand der Menschen utopisch findet, bedenke, was sonst bevorsteht: die Kapitulation vor den Märkten und damit vor den niedersten Gelüsten der menschlichen Zivilisation, die diese so effizient erfüllen. Dann schrumpft unsere vielfach gepriesene Freiheit der Wahl auf die elende Alternative zwischen dem »lokalen Ayatollah und Coca-Cola«.[17]

Mitten im Bürgerkrieg sah Abraham Lincoln in der Demokratie die letzte und höchste Hoffnung. Auf unserem paradoxen Planeten von heute mit seinen einerseits zerfallenden und andererseits sich neu zusammenschließenden Nationen und angesichts sich wegduckender Nationalregierungen und eines Völkerrechts, das kaum bellen und schon gar nicht beißen kann, könnte die Demokratie tatsächlich unsere erste und einzige Hoffnung sein.

Anmerkungen

Vorwort

1 Francis Fukuyama, *Das Ende der Geschichte. Wo stehen wir?* (München: Kindler, 1992) und Walter B. Wriston, *Twilight of Sovereignty* (New York: Scribner's, 1992).

2 Rohatyn zitiert in Thomas L. Friedman, »When Money Talks, Governments Listen«, *The New York Times*, 24. Juli 1994, S. E 3.

3 George Steiner, *Granta*, zitiert in: Anthony Lewis, »A Quake Hits the Summit«, *International Herald Tribune*, 2. Juni 1990.

4 Zitiert in Aleksa Djilas, »A House Divided«, *The New Republic*, 25. Januar 1993, S. 38.

5 Für Näheres vgl. Brian Hall, »Blue Helmets, Empty Guns«, *The New York Times, Magazine*, 2. Januar 1994, S. 18–25, 30, 38 und 41.

6 Carter Center, Atlanta

7 Vgl. Arthur Schlesinger, Jr., *Disuniting America* (New York: Norton, 1993).

8 *The Washington Post*, National Weekly Edition, 21.–27. Dezember 1992, S. 28.

9 Zitiert in David Binder, »Trouble Spots: As Ethnic Wars Multiply, U.S. Strives for a Policy«, a.a.O. Natürlich war Lansing kein Freund von Wilsons Vision und hintertrieb seine Politik sogar in Teilen.

10 Der britische Diplomat und Historiker Harold Nicholson beschreibt, wie der britische Premier David Lloyd George auf einer Balkankonferenz nach dem Ersten Weltkrieg die Landkartenfarben Grün (für Niederungen) und Braun (für Gebirge) für die Kennzeichnung griechischer und türkischer Gebiete hielt. Auf das grüne Scala Nova deutend, sagte er zu den italienischen Abgesandten: »Das können Sie nicht haben, da sind lauter Griechen!« Harold George Nicholson, *Peace-Making: 1919* (New York: Harcourt and Brace & Co., 1939).

11 Günter Grass, zitiert in Maria Stone, »Nationalism and Identity in (Former) East Germany«, *Tikkun*, Bd. 7, Nr. 6, November/Dezember 1992, S. 41–46.

12 Vgl. Orlando Patterson, »Global Culture and the American Cosmos«, Paper No. 2 in der Andy Warhol Foundation for the Visual Arts Paper Series.

13 Der ehemalige US-Außenminister George Shultz, zitiert nach Walter B. Wriston, *Twilight of Sovereignty*, a.a.O., S. 10. Vgl. auch Ithiel de Sola Pool, *Technologies Without Boundaries* (Cambridge: Harvard University Press, 1990), Peter Drucker, *Neue Realitäten. Wertewandel in Politik, Wirtschaft und Gesellschaft* (Düsseldorf: Econ, 1989) und George Gilder, *Mirocosm* (New York: Simon & Schuster, 1989). Eine frühe Studie ist Friedrich A. von Hayek, *Entnationalisierung des Geldes. Eine Analyse der Theorie und Praxis konkurrierender Umlaufmittel* (Tübingen: J. C. B. Mohr, 1977).

14 Präsident Clintons Außenminister bekannte 1993, seine Begegnung mit Boris Jelzin sei als »Bekenntnis zu Demokratie und Freihandelsreform in Rußland zu betrachten«. Warren Christopher, zitiert nach Elaine Sciolino, »Clinton Will Visit Yeltsin«, *The New York Times*, 23. Oktober 1993, S. A 1.

15 *The New York Times* druckte einen Aufmacher Philip Henons mit der Aufforderung an die Clinton-Regierung, den Markt Vietnam zu öffnen, unter der Schlagzeile »Missing Out on a Glittering Market«, 12. September 1993, Sect. 3, S. 1.

16 Alexander Solschenizyn, »To Tame Savage Capitalism«, *The New York Times*, 28. November 1993, S. E 11.

17 Robert McIntyre, »Why Communism Is Rising from the Ash Heap«, *The Washington Post*, National Weekly Edition, 20.–26. Juni 1994, S. 24.

18 »Der Iran kämpft gegen neuen Feind: Das Westfernsehen« und »Für die Mullahs ist MTV über Satellit tödlicher als Kanonen«, hieß es in Schlagzeilen des *Wall Street Journal* vom 8. August 1994 über einem Artikel Peter Waldmans, der einen iranischen Geistlichen mit der Klage zitierte, Satellitenschüsseln verbreiteten die »familienzerstörenden Seuchen des Westens«, S. 10.

19 Jon Pareles, »Striving to Become Rock's Next Seattle«, *The New York Times*, 17. Juli 1994, Section 2, S. 1.

20 Von McDonald's fast 15 000 Restaurants sind beinahe 4500 oder ein Drittel außerhalb der USA, allein mehr als 1000 in Japan. Gary Hoover, *Hoover's Handbook of American Business* (Austin: Reference Press, 1994), S. 746–747.

21 National Public Radio, *All Things Considered*, 2. Dezember 1993, aus dem Sendetyposkript.

22 Slavenka Drakulic, »Love Story: A True Tale from Sarajevo«, *The New Republic*, 26. Oktober 1993, S. 14–16.

1. Die Entstehung von McWorld

1 Er fügt hinzu: »Wir haben beschlossen, keine Produkte an Märkte anzupassen, sondern alle Märkte gleich zu behandeln.« Zitiert in Louis Uchitelle, »Gillette's World View: One Blade Fits All«, *The New York Times*, 3. Januar 1994, S. C 3.

2 Andrew E. Serwer, »McDonald's Conquers the World«, *Fortune*, 17. Oktober 1994, S. 101–106.

3 General Motors beschäftigte 1989 775 000, 1986 waren es sogar noch 876 000. Trotz der Rationalisierungen der letzten Jahre sind es heute immer noch etwa 700 000.

4 Nach den neuesten Zahlen (1985–1988) liegen die Staatshaushalte in Senegal bei etwa 686 Millionen Dollar, in Uganda bei 327 Millionen, in Bolivien bei 619 Millionen und in Island bei circa 867 Millionen Dollar. *The Economist Book of Vital World Statistics* (New York: Times Books, 1990), S. 136. Dominos Zahlen aus: Gary Hoover, *Hoover's Handbook of American Business* (Austin: Reference Press, 1994), S. 243.

5 1985–1988 betrug Argentiniens Staatshaushalt durchschnittlich 27,5 Milliarden Dollar. *The Economist Book of Vital World Statistics*, S. 137.

6 James Bennet, »Want a U.S. Car? Read the Label«, *The New York Times*, 18. September 1994, S. E 6. In einer Anzeigenkampagne preist Mitsubishi seine Autos als »made in America« und rühmt sich, sie würden von der rein amerikanischen Mitsubishi Motor Sales of America, Inc. verkauft. In der »Tradition der Amerikanisierung« seien außerdem 3700 Amerikaner im US-Zweigwerk beschäftigt.

7 Asahi Glass of Japan hält 49 % an der Zweigfirma Corning, und Nippon Electric Glass besitzt Owens in Illinois. In diesen beiden amerikanischen Fabriken werden die meisten Bildröhren hergestellt. Keith Bradsher, »In Twist, Protection Used to Sell Trade Pact«, *The New York Times*, 7. November 1993, Section 1, S. 77.

8 »Mondialisation et ségrégations«, *Le Monde diplomatique: Les Frontières de l'économie globale*, Mai 1993, S. 7.

9 Robert Kuttner, »Brave New Corporate ›Workplace of the Future‹«, *The Berkshire Eagle*, 1. August 1993, Section C, S. 1.

10 William Gibson führte mit seiner Trilogie *Neuromancer, Count Zero* und *Mona Lisa Overdrive* anfang der 80er Jahre den Begriff Cyberspace in den Sprachgebrauch ein (in Anlehnung an Norbert Wieners Klassiker *Mensch und Menschmaschine* aus den vierziger Jahren über Nachrichtentechnik und Übermittlung bei Mensch und Maschine.) Technisch wird mit Cyberspace der unsichtbare elektronische Datenraum zwischen Tastatur (input) und Bildschirm (output) bezeichnet.

11 Julie Edelson Halpert, »Technology: One Car, Worldwide, with Strings Pulled from Michigan«, *The New York Times*, 29. August 1993, Section 3, S. F 7.

12 IBM wird nach einem Verlust von 40 Millionen Dollar bei einem Konzernumsatz von 15,5 Milliarden Dollar jetzt 60000 Arbeitsplätze streichen, um so mit einmaligen Kosten von 9 Milliarden Dollar 4 Milliarden Dollar jährlich einzusparen. Don Phillips, »Pulling the Plug on American Flag Ships«, *The Washington Post*, National Weekly Edition, 24.–30. Mai 1993, S. 33.

13 Der Irak kaufte Kerntechnik aus den USA, Deutschland, Frankreich, England und Saudi-Arabien, die alle den Atomwaffen-Sperrvertrag unterzeichnet haben. Robert J. Samuelson, »The Global Village Revisited«, in: *The Economist Book of Vital World Statistics* (New York: Times Books, 1990), S. 4.

14 Deutschland konnten 102 Lieferverträge nachgewiesen werden, aber auch den USA, der Schweiz und England jeweils fast zwei Dutzend, und Brasilien, Italien, Österreich, Frankreich und Japan zwischen 5 und 14. Douglas Jehl, »The World: Who Armed Iraq? Answers the West Didn't Want to Hear«, *The New York Times*, 18. Juli 1993, S.E.

15 Vgl. Louis Uchitelle, »Gillette's World View«, a. a. O.

16 Lester Brown, u. a. (Hgs.) *Lebenszeichen. Trends für die Gestaltung der Zukunft* (Frankfurt / M.: S. Fischer, 1993).

17 Andrew Pollack, »Honda Set to Increase U.S. Output«, *The New York Times*, 20. September 1993, S. D 1.

18 Andrew Pollack, »Today's Corporate Game Plans Know No Boundaries: Mabuchi Motors: an Un-Japanese Model for Japan«, *The New York Times*, 3. Januar 1994, S. C 1.

2. Rohstoffverknappung: Das Ende der Autarkie und der Untergang des Abendlandes

1 Seit 1950 ist nicht Boden, sondern Dünger in der Welternährung der kritische Faktor. Der Ackerboden pro Kopf geht mit dem Bevölkerungswachstum zurück, und der Düngerumsatz nimmt zu, bis vor wenigen Jahren schneller als die Weltbevölkerung. Agrarwirtschaften wurden von diesen Trends begünstigt und Nationen mit stark wachsender Bevölkerung benachteiligt. Die Rolle des Agrarsektors in der Gesamtwirtschaft und die Zahl seiner Arbeitskräfte korrelieren nicht mit dem Bruttoagrarprodukt. Die Länder der OECD produzieren mit weniger als 3 Prozent ihres BSP 28 Prozent des Weltgetreideertrags. *The Economist Book of Vital World Statistics*, a. a. O. S. 56. Die USA beschäftigen auf ihren Farmen nur 2,5 Prozent ihrer Arbeitskräfte, hielten aber 1988 beim Getreide Platz 2 (hinter China mit 70 Prozent der Arbeitskräfte im Agrarsektor), bei Obst Platz 2 (hinter Brasilien mit 25 Prozent der Arbeitskräfte) und beim Gemüse Platz 4 (hinter China, Indien und der ehemaligen UdSSR). *The Economist Book of Vital World Statistics*, a. a. O., S. 62–66. Schlüsselvariable ist hier die Leistungsfähigkeit, gemessen in Traktor- und Düngemitteleinsatz, a. a. O., S. 58–59 und Lester Brown u. a. (Hg.) *Lebenszeichen. Trends für die Gestaltung der Zukunft*, a. a. O.

2 *The Economist Book of Vital World Statistics*, a. a. O., S. 36–38.

3 Paul Kennedy, *In Vorbereitung auf das 21. Jahrhundert* (Frankfurt / M.: S. Fischer, 1993).

4 Christopher J. Schmitz, *World Nonferrous Metal Production and Prices: 1700–1976* (Totowa, N. J.: Frank Cass & Co., 1979), S. 48–53. Frankreich stand zu Beginn der Industrialisierung auf Platz 1. In neuerer Zeit haben sich Jamaika, Surinam, Guyana und Australien an die Spitze gesetzt.

5 *Historical Statistics of the United States: Colonial Times to 1970*, Teil 1 und 2 (Washington, D.C.: U.S. Department of Commerce, Bureau of the Census), 1975.

6 Statistik nach 1970 aus: *Metallstatistik* (Frankfurt / M.: Metallgesellschaft AG, 1993).

7 Christopher J. Schmitz, *World Nonferrous Metal Production and Prices*, a. a. O., S. 53. Noch 3 US-Firmen sind unter den 6 weltweit beherrschenden. Umweltschutzauflagen und Lohnkosten treiben auch Schmelzen ins Ausland und erhöhen damit die amerikanische Abhängigkeit. Zu näheren Angaben über die USA vgl. Steven Kendall Holloway, *The Aluminum Multinationals and the Bauxite Cartel* (New York: St. Martin's Press, 1988). Für detailliertere Statistik vgl. U.S. Bureau of Mines, *Aluminum, Alumina and Bauxite Annual Reports* (Washington, D.C.: Department of the Interior, Bureau of Mines, 1994).

8 Das gilt für die gesamte Verhüttung, z. B. betrugen die Umweltschutzkosten etwa 12 Cent pro Kilo Blei und zwischen 18 und 30 Cent pro Kilo Kupfer, also 1986 etwa 20 Prozent des Preises; inzwischen wegen der gestiegenen Metallpreise aber eher 10 Prozent. National Research Council, *Committee on the Competitiveness of the Minerals and Metals Industry*, 1990, S. 14. In den letzten Jah-

ren werden bis zu 25 Prozent des Metallbedarfs wiedergewonnen, was allerdings ebenso Probleme der Umweltverschmutzung aufwirft, vgl. *Lead Annual Review: 1993* (Washington, D.C.: Department of the Interior, Bureau of Mines, 1994).

9 Rocco Michael Paone, *Strategic Nonfuel Minerals and Eastern Security* (Lanham: University Press of America, 1992), S. 57.

10 Clyde S. Brooks, *Metal Recovery from Industrial Wastes* (Chelsea: Lewis Publishers, 1991), S. 5. Dem sind jedoch Grenzen gesetzt. Das für die Eisen- und Stahlproduktion unerläßliche Mangan z. B. läßt sich nicht wiedergewinnen; Ersatz ist nicht in Sicht. Vgl. *Manganese Annual Report 1991* (Washington, D.C.: Department of the Interior, Bureau of Mines, 1992), S. 3.

11 Nach Schätzungen enthalten die Knollen auf dem pazifischen Meeresboden das 359fache an Kobalt, das 83fache an Nickel und das 9fache an Kupfer der sonstigen bekannten Weltreserven. Tiefseetauchboote werden in mehreren Ländern entwickelt, und ein japanisches Firmenkonsortium von Hitachi, Sumitomo und Mitsubishi will die Sammelroboter noch 1996 einsatzfähig haben. Tony Emerson und H. Takayama, »Into the Challenger Deep«, *Newsweek*, 5. Juli 1993, S. 62−63.

12 Genauere Zahlen in Lester Brown u. a. (Hg.), *Lebenszeichen. Trends für die Gestaltung der Zukunft*, a. a. O.

13 Die USA gewinnen z. B. fast 75 Prozent ihres Stroms aus Steinkohle, Erdöl und Erdgas, 17 Prozent aus Kernkraft, 9,5 Prozent aus Wasserkraft und nur 5 Prozent aus Erdwärme. Nur wenige Länder gewinnen den Hauptteil ihrer Energie nicht aus fossilen Brennstoffen. Frankreich und Belgien sind sehr atomabhängig (jeweils zu mehr als 60 Prozent), während Neuseeland, Kanada, Österreich und die Schweiz ihren Strom überwiegend aus Wasserkraft gewinnen. Dagegen müssen Dutzende Länder in Afrika und im Mittleren Osten praktisch 100 Prozent aus fossilen Brennstoffen gewinnen (vgl. *The Economist Book of Vital World Statistics*, a. a. O., S. 80−81).

14 C. A. S. Hall, C. J. Cleveland und R. Kaufmann, *Energy and Resource Quality: The Ecology of the Economic Process* (New York: John Wiley and Sons, 1986), S. 161.

15 The Energy Information Administration, *Annual Energy Review: 1991* (Washington, D.C.: Department of the Interior, 1991).

16 Zahlen aus R. J. Samuelson, »The Global Village«, Einführung zu *The Economist Book of Vital World Statistics*, a. a. O., o. S.

17 The Energy Information Administration, *Annual Energy Reports* (Washington, D.C.: Department of the Interior, 1992).

18 Etwa 7/8 des Gesamtenergieverbrauchs werden aus Importen gedeckt. Auch die Franzosen sind passionierte Autofahrer.

3. Der industrielle Sektor und der Aufstieg des Ostens

1 Paul Kennedy, *Aufstieg und Fall der großen Mächte. Ökonomischer Wandel und militärischer Konflikt von 1500 bis 2000* (Frankfurt / M.: S. Fischer, 1991), Paul Kennedy, *In Vorbereitung auf das 21. Jahrhundert* (Frankfurt / M.: S. Fischer, 1993) und David P. Calleo, *Beyond American Hegemony: The Future of the Western Alliance* (Brighton: Wheatsheaf, 1987).

2 *The Economist Book of Vital World Statistics* (New York: Times Books, 1990), S. 39.

3 Joseph Nye, *Bound to Lead: The Changing Character of American Power* (New York: Basic Books, 1991), S. 33.

4 Nye, Huntington und andere meinen, bei den Prognosen über die USA herrsche Schwarzmalerei. Wenn die entstehende Dienstleistungswirtschaft in ihren neuen Konturen von Datenverarbeitung und Kommunikation zum Maßstab des Wachstums wird, werden China und Japan weniger bedrohlich wirken. Laut Nye ist Japan trotz seiner Kapazitäten eine »eindimensionale Wirtschaftsmacht«. Es fehlen die globalen kulturellen und institutionellen Ressourcen – die weiche Macht des neuen Dienstleistungssektors – zur Behauptung der gegenwärtigen Führungsrolle. Joseph Nye, a. a. O., S. 166.

5 *Business America*, 6. April 1992, S. 5.

6 Alle Zahlen in Gary Hoover, *Hoover's Handbook of World Business* (Austin: Reference Press, 1994), S. 158–161.

7 Nigerias Expräsident General Olusegun Obasanjo zitiert in Paul Kennedy, *In Vorbereitung auf das 21. Jahrhundert*, a. a. O.

8 *Forbes*, 19. Juli 1993, S. 182–184.

9 Alle Zahlen in Gary Hoover, *Hoover's Handbook of American Business* (Austin: Reference Press, 1994) und in *Hoover's Handbook of World Business*, a. a. O.

10 Richard W. Stevenson, »IKEA's New Realities«, *The New York Times*, 25. April 1993, S. F 4.

4. Von harten Konsumgütern zu weicher Programmware

1 Bill Keller, »Transition in Africa«, *The New York Times*, 25. September 1993, Section 1, S. 1.

2 *Fortune*, 26. Juli 1993, S. 188–204. Die Schätzungen gehen so stark auseinander, weil sie verschiedene Medien enthalten – Druck, Funk und Fernsehen, Plakat-wände, Werbedrucksachen.

3 Ben H. Bagdikian, *The Media Monopoly*, 4. Aufl. (Boston: Beacon Press, 1992), S. 246.

4 Lewis Cole, »Screenplay Culture«, *The Nation*, 4. November 1991, S. 560–566.

5 Bernard Weinraub, »Ovitz Firm Gets AT & T Executive«, *The New York Times*, 17. Juni 1994, S. D 1.

6 Lester Brown u. a. (Hgs.), *Lebenszeichen. Trends für die Gestaltung der Zukunft* (Frankfurt / M.: S. Fischer, 1993).

7 Ebd.; vgl. auch Jackson Lears, *Fables of Abundance: A Cultural History of Advertising in America* (New York: Basic Books, 1994).

8 *Fortune,* 26. Juli 1993, S. 188–204.

9 Luciano Benetton in einem Interview »Krieg ist Realität«, in *Der Spiegel,* September 1994, S. 127.

10 Roddick mußte inzwischen einiges von ihrer Umweltwerbung zurücknehmen.

11 Quantum Systems Inc. in Ramsey, New Jersey, hält das Patent auf ein System, das Läut- und Besetztzeichen des Telefons durch 15-Sekunden-Werbung ersetzt. Theresa Riordan, »Patents«, *The New York Times,* 27. Juni 1994, S. B 2.

12 Zitiert in Donella Meadows, »The Global Citizen«, *The Berkshire Eagle, 5.* Juli 1993.

13 Annetta Miller und Seema Nayyar, »Ads of Our Lives«, *Newsweek,* 26. September 1994, S. 48–50.

14 Stuart Elliot, »In Search of Fun for Creativity's Sake«, *The New York Times,* 3. Januar 1994, S. C 19.

15 *Time Magazine,* zitiert in Stuart Elliot, »Advertising«, *The New York Times,* 1. Juni 1994, S. D 15.

16 »The LOOK«, BBC-Sondersendung zur Modebranche.

17 Sallie Hofmeister, »In the Realm of Marketing, the Lion King Rules«, *The New York Times,* 12. Juli 1994, S. D 1.

18 Vgl. Frank Deford, »Running Man«, *Vanity Fair,* August 1993, S. 54. Vgl. auch Donald Katz, *Just Do It: The Nike Spirit in the Corporate World* (New York: Random House, 1994).

19 Christine Brennan, »The Athletic Shoe Company That Won't Treat Softly«, *The Washington Post,* National Weekly Edition, 31. Mai – 6. Juni 1993, S. 20.

20 Nikes Jahresbericht 1992.

21 Curry Kirkpatrick, »Up, Up, and Away«, *Newsweek,* 18. Oktober 1993, S. 65–67.

22 Michael Lev, »Store of Future: It Also Sells Shoes«, *The New York Times,* 17. Juni 1991, S. D 1. Ken Hamburg, »Nike Planning Lay-offs Globally«, *The Oregonian,* 21. September 1993, S. B 18.

23 Coca-Colas Jahresbericht 1992. Eine Darstellung der Wirkung von Werbung auf eine Kultur in Earl Shorris, *A Nation of Salesmen: The Tyranny of the Market and the Subversion of Culture* (New York: Norton, 1994).

24 Der Jahresbericht 1992 von Coca-Cola trägt den Titel »Worlds of Opportunity«.

25 Vgl. Edward C. Banfield und Laura Fasano Banfield, *The Moral Basis of a Backward Society* (New York: The Free Press, 1958).

5. Von der Programmware zu Dienstleistungen

1 Zahlen aus Bill Orr, *The Global Economy* (New York: New York University Press, 1992), S. 101.

2 Ebd. S. 99.

3 John Holusha, »The Risks for High Tech«, *The New York Times,* 5. September 1993, S. F 7.

4 *Fortune*, 25. August 1991, S. 165–188.

5 *Fortune*, 23. August 1993, S. 160–196.

6 Zahlen und Zitate aus D. J. Connors und D. S. Heller, »Viewpoints: The Good Word in Trade is ›Service‹«, *The New York Times*, 5. September 1993, Section 3, S. 9.

7 *Fortune*, 31. Mai 1993, S. 206–208.

8 Pat Cardigan, zitiert in John Leonard, »Gravity's Rainbow«, *The Nation*, 15. November 1993, S. 580–588.

9 Zitiert in Bernard Weinraub, »Robert Altman«, *The New York Times*, 29. Juli 1993, S. B 1.

10 Roger Cohen, »Aux Armes! France Rallies«, *The New York Times*, 2. Januar 1994, S. H 1.

11 Ebd.

12 Zitiert in Daniel Pipes, »The American Conspiracy to Run the World«, *The Washington Post*, National Weekly Edition, 14.–20. November 1994, S. 25.

13 Vgl. die Sonderausgabe von *International Political Science Review* (Bd. 14, Nr. 3, Juli 1993), »Language System«, S. 219 und 223.

14 Vgl. William Leach, *Land of Desire: Merchants, Power and the Rise of a New American Culture* (New York: Vintage Books, 1994).

6. Hollywood: Die Videologie von McWorld

1 Jeff Miller, »Viewpoints: Should Phone Companies Make Films?« *The New York Times*, 2. Januar 1994, Section 3, S. 11.

2 Roger Cohen, »Europeans Back French Curbs on U.S. Movies«, *The New York Times*, 12. Dezember 1993, Section 1, S. A 24.

3 Zitiert in Roger Cohen, »Aux Armes! France Rallies«, *The New York Times*, 2. Januar 1994, S. H1.

4 Marselli Sumarno, »Indonesia«, in: *Variety International Film Guide* (Hollywood: Samuel French Trade, 1993), S. 210.

5 Roger Cohen, »Europeans Back French Curbs on U.S. Movies«, a. a. O., S. A 24.

6 Alan Riding, »French Film Industry Circles the Wagons«, *The New York Times*, 18. September 1993, Section 1, S. 11.

7 Bernard Weinraub, »Directors Battle Over GATT«, *The New York Times*, 12. Dezember 1993, Section 1, S. 24.

8 Paul Chutkow, »Who Will Control the Soul of French Cinema?« *The New York Times*, 9. August 1993, Section 2, S. 22.

9 Roger Cohen, »Barbarians at the Box Offices«, *The New York Times*, 11. Juli 1993, Section 9, S. 3.

10 Deutschland wehrt sich schlechter gegen Hollywood und ist für Europa typischer als Frankreich. Ende der 50er Jahre gab es über 7000 Filmtheater mit 750 Millionen verkauften Karten, wobei deutsche Filme mehr als 50 %, amerikanische ungefähr 25 % und italienische und französische jeweils 10 % Marktanteil

hatten. 1975 bestanden noch 3200 Filmtheater und wurden 128 Millionen Karten verkauft. Der amerikanische Marktanteil betrug 41 % und der deutsche noch 13 %. 1992 waren schon 83 % US-Filme (alle Zahlen aus einem Brief der Spitzenorganisation der Filmwirtschaft e. V. vom 28. Juni 1993).

11 David Stratton, »Gone with the Wind«, *Variety International Film Guide*, a. a. O., S. 14.

12 Zahlen von der Spitzenorganisation der Filmwirtschaft e. V., a. a. O.

13 »Sleeping With the Enemy: Europe's Film Industry«, *The Economist*, 26. Oktober 26, 1991, S. 91.

14 Uma de Cunha, »India«, *Variety International Film Guide*, a. a. O., S. 205.

15 Deborah Young, »Iranian Cinema Now«, in: *Variety International Film Guide*, a. a. O., S. 30.

16 Zitiert in David Hansen, »The Real Cultural Revolution«, *Newsweek*, 1. November 1993, S. 74.

17 Zitiert in Andrew Horton, »Russia«, *Variety International Film Guide*, a. a. O., S. 324.

18 Vgl. *Variety International Film Guide*, a. a. O. Demnach lag *Der mit dem Wolf tanzt* in Ägypten, Dänemark, Frankreich, Island, den Niederlanden, Polen, Schweiz, Spanien, Österreich auf Platz 1 und in Argentinien, Brasilien, Chile und Deutschland auf Platz 2. *Terminator II* erreichte Platz 1 in Argentinien, Brasilien, Chile, Japan, Malaysia, Mexiko und Platz 2 in Frankreich, Großbritannien, Spanien und Ungarn.

19 Vgl. *Variety International Film Guide 1993*. Die untersuchten Länder waren: Ägypten, Argentinien, Brasilien, Chile, Dänemark, Deutschland, Finnland, Frankreich, Griechenland, Großbritannien, Island, Italien, Japan, Malaysia, Mexiko, Niederlande, Österreich, Polen, Schweden, Schweiz, Spanien und Ungarn.

20 Volker Schlöndorff, der Australier Peter Weir, der Kanadier Bruce Beresford und Paul Verhoeven gehören zu den Regisseuren, deren großes Talent in Hollywood eher klein gemacht wurde. Der Engländer David Puttnam, der Hollywood wieder den Rücken kehrte, fordert wie Wim Wenders und andere für ganz Europa Quoten und Subventionen wie in Frankreich.

21 Vgl. Philip Weiss, »Hollywood at a Fever Pitch«, *The New York Times Magazine*, 26. Dezember 1993, S. 22.

22 *Variety International Film Guide*, a. a. O., S. 163.

23 Philip Shenon, »Indonesian Films Squeezed Out«, *The New York Times*, 29. Oktober 1992, S. A 19.

24 Die Weltherrschaft der USA im Filmgeschäft kommt erst noch. John Marcom schreibt in seinem Aufsatz »Dream Factory to the World«: »Hollywood ist jetzt schon einer der weltgrößten Anbieter von Konsumgütern. Doch sind die Auslandsmärkte noch gar nicht richtig angezapft.« In: *Forbes*, 29. April 1991, S. 98.

7. Fernsehen und MTV: McWorlds lärmende Seele

1 Geraldine Fabrikant, »Bell Atlantic's Acquisition«, *The New York Times*, 14. Oktober 1993, S. C 7.

2 Steven Daly, »London Is Dead: Invasion of U.S. Pop Culture«, *The New Republic*, 14. Juni 1993, S. 12.

3 Miklos Vamos, »U.S. Cultural Invasion: Hungary for American Pop«, *The Nation*, 25. März 1991, S. 11–12.

4 Polen liegt beim Kabelfernsehen in Europa an 7. Stelle, mit 400 000 Teilnehmern mehr als Frankreich. Jane Perlez, »Poland Exercises the Right to Channel Surf«, *The New York Times*, 14. November 1993, S. E 18.

5 Patrick E. Tyler, »CNN and MTV Hangin' by a Heavenly Thread«, *The New York Times*, 22. November 1993, S. A 4.

6 Philip Shenon, »Star TV extends Murdoch's Reach«, *The New York Times*, 23. August 1993, S. C 1.

7 Seabrook schreibt, »die Werbeabteilung wird häufig als Kern von MTV bezeichnet. Alles in MTV ist Promotion für irgendwas, und das ist genau die Aufgabe der Abteilung«. John Seabrook, »Rocking in Shangri-La«, *The New Yorker*, 10. Oktober 1994, S. 64–78.

8 Steve Clarke, »Rock Conquers Continent«, *Variety*, 16. November 1992, S. 35.

9 Helmut Fest, »MTV Europe Ignores Lecal Acts«, *Billboard*, 7. März 1992, S. 8.

10 Uma de Cunha, »India«, *Variety International Film Guide* (Hollywood: Samuel French Trade, 1993), S. 205–210.

11 Zitiert in Peter Waldman, »Iran Fights New Foe: Western Television«, *The Wall Street Journal*, 8. August 1994, S. A 10.

12 Vgl. Elisabeth A. Brown, »Music Television Turns 10«, *The Christian Science Monitor*, 6. August 1991, S. 10–11.

13 Steve Clarke, »Rock Conquers Continent«, a.a.O., S. 199.

14 Celestine Bohlen, »Russia Parties Subdued by Early Vote Returns«, *The New York Times*, 13. Dezember 1993, S. A 6.

15 Zitiert in Nadeshda Azhginkhina, »High Culture Meets Trash TV«, *Bulletin of the Atomic Scientists*, Januar / Februar 1993, S. 193.

16 John Seabrook, »Rocking in Shangri-La«, a.a.O., S. 75.

17 Vgl. John Seabrook, a.a.O., S. 69. Etliche Rapmusiker wurden straffällig, darunter Tupac Shakur, der in seinem Album 1991 *Apocalypse Now* von »droppin' the cop!« (Bullen umlegen) rappt, was er im Oktober 1993 angeblich auch tat. Der Rapper Flavor Flav der Band Public Enemy wurde nach Schüssen auf einen Nachbarn wegen versuchten Mordes festgenommen. Nicht die Rapper aber profitieren von der Welle, sondern die Plattenfirmen.

18 Robert Scheer, »Mega-Michael«, *The Nation*, 11. Oktober 1993, S. 376–377.

19 Michael J. O'Neill, *The Roar of the Crowd: How Television and People Power Are Changing the World* (New York: Times Books, 1993), S. 110.

20 Adrian Lyttelton, »Italy: The Triumph of TV«, *The New York Review of Books*, 11. August 1994, S. 25–29.

21 Gore Vidal, *Screening History* (Cambridge: Harvard University Press, 1992), S. 81.

22 Mark Crispin Miller, *Boxed In: The Culture of TV* (Evanston, Illinois: Northwestern University Press, 1988), S. 19.

23 Kenichi Ohmae, *Die neue Logik der Weltwirtschaft. Zukunftsstrategien der internationalen Konzerne* (Hamburg: Hoffmann u. Campe, 1992).

24 Moisi, Vizedirektor des französischen Instituts für Internationale Beziehungen, zitiert in Roger Cohen, »The French, Disneyed and Jurassick, Fear Erosion«, *The New York Times*, 21. November 1993, S. E 2.

8. McWorlds Bildschirmliteratur und Vergnügungsparks

1 Meine eigenen Erfahrungen mit großen Bildungsprojekten im Fernsehen, etwa aus der 10teiligen Serie mit Patrick Watson *The Struggle for Democracy* (Begleitbuch bei Little, Brown and Company, 1988). Erfolg im Fernsehen kann pädagogisches Fiasko bedeuten.

2 Robert Lynch von McGraw-Hill zitiert in Meg Cox, »Electronic Campus«, *The Wall Street Journal*, 1. Juni 1993, S. A 5.

3 The Authors Guild, *Electronic Publishing Rights: A Publishing Statement*, 18. Oktober 1993.

4 *User's Guide for Great Literature*, Personal Library Series, Bureau Development, Inc., 1992.

5 Meg Cox, »Electronic Campus«.

6 Ornstein zitiert in Jennifer Senior, »Hollywood on the Potomac«, sehr passend in der Section »Style« der *Sunday New York Times*, 12. Dezember 1993, Section 9, S. 1.

7 Nadeshda Azhginkhina, »High Culture Meets Trash TV«, *Bulletin of the Atomic Scientists*, Januar / Februar 1993, S. 42.

8 German Information Service, *The Week in Germany*, 26. November 1993.

9 Bagdikian verfolgt Medienmonopole, aber auch die ebenso beängstigende »subtile, aber tiefe Wirkung von Massenwerbung auf Form und Inhalt werbefinanzierter Medien«. Ben H. Bagdikian, *The Media Monopoly*, 4. Aufl. (Boston: Beacon Press, 1992).

10 Ebd., S. 4.

11 Ebd., S. 21 – 22. Bertelsmann zog 1995 ein Joint-Venture für 100 Millionen Dollar mit America Online auf.

12 Zitiert in Bernard Weinraub, »A Hollywood Recipe: Vision, Wealth, Ego«, *The New York Times*, 16. Oktober 1994, S. A 1.

13 Zitiert in M. Meyer und N. Hass, »Simon Says, ›Out!‹, Viacom Ousts Simon & Schuster's CEO«, *Newsweek*, 27. Juni 1994, S. 42 – 44.

14 1995 wurde Macmillan von der deutschen Verlagsgruppe von Holtzbrinck aufgekauft (Anm. d. Red.).

15 Sarah Lyall, »The Media Business: Paramount Publishing to Cut Jobs and Books«, *The New York Times*, 24. Januar 1994, S. D 8.

16 Ben H. Bagdikian, *The Media Monopoly*, a. a. O., S. 19.

17 Ebd.

18 *1992 Report to Shareholders*, McDonald's Corporation, Oak Brook, Illinois. Der US-Umsatz betrug 13,2 Milliarden Dollar, außerhalb der USA kamen nochmals 8,6 Milliarden Dollar hinzu.

19 Andrew E. Serwer, »McDonald's Conquers the World«, *Fortune*, 17. Oktober 1994, S. 104.

20 McDonald's Jahresbericht 1992.

21 Prinz Albert am 1. Mai 1851 in seiner Eröffnungsrede, zitiert in Michael Sorkin, *Variations on a Theme Park* (New York: Noonday Press, 1992), S. 209.

22 Margaret Crawford, »The World in a Shopping Mail«, in Michael Sorkin, *Variations on a Theme Park*, a. a. O., S. 4.

23 Ebd., S. 14.

24 Zitiert und glänzend analysiert in Edward W. Soja, »Inside Exopolis: Scenes from Orange County«, in Michael Sorkin, *Variations on a Theme Park*, a. a. O., S. 94.

25 Linda Killian von der Renaissance Capital Corporation, zitiert in Ann Imse, »Hang on for the Ride of Your Life«, *The New York Times*, 12. Dezember 1993, S. F 6.

26 William Booth, »Wayne's World«, *The Washington Post*, National Weekly Edition, 29. August – 4. September 1994.

27 *Der Spiegel*, Zusammenfassung in German Information Service, *The Week in Germany*. 5. November 1993.

28 Zitiert in Michael Sorkin, »See You in Disneyland«, in *Variations on a Theme Park*, a. a. O., S. 206.

29 *The Disney Annual Report 1992*, S. 14.

30 Ebd., S. 8.

31 Michael Wine, »Yes, Virginia, the Past Can Be Plasticized«, *The New York Times*, 28. November 1993, S. E 4.

32 Zu Dexter Kings Kampf um einen Vergnügungspark für 60 Millionen Dollar zur Sommerolympiade in Atlanta gegen die zuständige US-Denkmalschutzbehörde vgl. Ken Ringle, »A Dream Turned Nightmare«, *The Washington Post*, National Weekly Edition, 23. – 29. Januar 1995, S. 9.

9. Wem gehört McWorld: Die fieberhafte Medienfusion

1 Ben H. Bagdikian, *The Media Monopoly*, 4. Aufl. (Boston: Beacon Press, 1992), S. 19.

2 Jolie Soloman, »Hollywood and Vice: Here Comes a New Golden Age«, *Newsweek*, 23. August 1993, S. 51.

3 Zitiert in Cindy Skrzyki, »Today, AT&T; Tomorrow, the Wireless World«, *The Washington Post*, National Weekly Edition, 30. August – 5. September 1993.

4 Zitiert in Ken Auletta, »The Last Studio in Play«, *The New Yorker*, 4. Oktober 1993, S. 80.

5 Calvin Sims, »Synergy: The Unspoken Word«, *The New York Times,* 5. Oktober 1993, S. D 1.

6 Ted Turner ist Chef von Turner Broadcasting, TNT u. a., Sumner Redstone Chef von Viacom und Konkurrent um Paramount, Martin S. Davis der frühere Chef von Paramount, Michael Ovitz Chef der Creative Artists Agency und wesentlich am Deal zwischen MGM und dem Crédit Lyonnais beteiligt, Bill Gates Chef von Microsoft und John C. Malone Chef von Tele-Communication, Mitgeschäftsführer von Liberty Media sowie 25 %-Eigner von Turner Broadcasting. Zur Biographie eines der größten Medienmogule vgl. Connie Bruck, *Master of the Game: Steve Ross and the Creation of Time Warner* (New York: Simon & Schuster, 1994).

7 Vgl. Allen R. Myerson, »A Corporate Man and a Cable King«, *The New York Times,* 14. Oktober 1993, S. C 7.

8 Erklärung im Anhang von Kenichi Ohmae, *Die neue Logik der Weltwirtschaft. Zukunftsstrategien der internationalen Konzerne* (Hamburg: Hoffmann u. Campe, 1992).

9 Zitiert in Ken Auletta, »Under the Wire«, *The New Yorker,* 17. Januar 1994, S. 52.

10. Dschihad gegen McWorld oder Durch McWorld zum Dschihad?

1 Vgl. David Gonzalez, »The Computer Age Bids Religious World to Enter«, *The New York Times,* 24. Juli 1994, Section 1, S. 1.

2 Allan Bloom, *The Closing of the American Mind* (New York: Simon & Schuster, 1987).

3 Benedict Anderson, *Die Erfindung der Nation. Zur Karriere eines erfolgreichen Konzepts* (Frankfurt / M.: Campus, 1993).

4 Walter Russell Mead in einer Rezension von William Pfaffs *The Wrath of Nations* (New York: Simon & Schuster, 1993), dt.: *Die Furien des Nationalismus. Politische Kultur am Ende des 20. Jahrhunderts* (Frankfurt / M.: Eichborn, 1994), *The New York Times Book Review,* 7. November 1993, S. 25.

5 G. Mazzini, *The Duties of Man and Other Essays,* zitiert in S. Baron, *Modern Nationalism and Religion* (New York: Meridian Books, 1960), S. 49. Für eine ausführliche Darstellung von Mazzinis Rolle als nationalliberaler Revolutionär vgl. Dennis Mack Smith, *Mazzini* (New Haven: Yale University Press, 1994).

6 Paul Hazard, *European Thought in the Eighteenth Century* (Gloucester: Peter Smith, 1972), S. 471–472.

7 Eric J. Hobsbawm, *Nationen und Nationalismus. Mythos und Realität seit 1780.* (Frankfurt / M.: Campus, 1992).

8 José Ortega y Gasset, *Der Aufstand der Massen* (Stuttgart: Deutsche Verlagsanstalt, 1993).

9 Yael Tamir, *Liberal Nationalism,* S. 6 und 14.

10 Edmund Burke, *The Works,* London, 1907, VI, S. 155.

11 Benedict Anderson, *Die Erfindung der Nation*, a.a.O.

12 Eric Hobsbawm, »The New Threat to History«, Vorlesung an der Universität Budapest, abgedruckt in *The New York Review of Books*, 16. Dezember 1993, S. 62–63.

13 Tony Judt, »The Old New Nationalism«, *The New York Review of Books*, 26. Mai 1994, S. 45.

14 Adam Michnik in »›More Humility, Fewer Illusions‹ – A Talk Between Adam Michnik and Jürgen Habermas«, *The New York Review of Books*, 24. März 1994, S. 24–29.

15 Marshall Berman verwendete Marx' Zitat als Titel eines Buches über die Lage der amerikanischen Städte: *All That Is Solid Melts into Air* (New York: Viking Penguin, 1988).

16 Michael Ignatieff, *Reisen in den neuen Nationalismus* (Frankfurt/M.: Insel, 1994).

11. Der Dschihad in den Demokratien

1 J.-J. Rousseau, *Politics and the Arts: Letter to M. D'Alembert on the Theater*, herausgegeben von Allan Bloom (Ithaca, N. Y.: Cornell University Press, 1960), S. 58.

2 Vgl. Alan Riding, »Celts and Proud of It (Even if They Are French)«, *The New York Times*, 2. Aug. 1991, S. A 4.

3 Alan Riding, »The Olympics Crown a King with Laurels«, *The New York Times*, 12. August 1992, S. A 5.

4 Marlise Simons, »A Reborn Provençal Heralds Revival of Regional Tongues«, *The New York Times*, 3. Mai 1993, S. A 1 und 8.

5 Das Verbot hatte nur wenige Jahre Bestand und wurde aus naheliegenden Gründen von der Eisenbahngesellschaft unterstützt. Vgl. auch Benjamin R. Barber, *The Death of Communal Liberty: the History of Freedom in a Swiss Mountain Canton* (Princeton: Princeton University Press, 1974).

6 Eine Ergänzung der kanadischen Verfassung garantiert Gleichbehandlung von Englisch und Französisch in New Brunswick, ist aber ein Ergebnis der Beschwichtigungspolitik gegenüber den Québecois. Vgl. Clyde Farnsworth, »Acadians Cling to Their Culture, and to Canada«, *The New York Times*, 5. Juli 1994, S. A 4.

7 Nach Angaben des Bundesverfassungsschutzes. Vgl. Ferdinand Protzman, »German Attacks Rise as Foreigners Become Scapegoats«, *The New York Times*, 2. November 1992, S. A 1.

8 1991 etwa wurden 44 000 (oder fast 10 Prozent) der Ehen zwischen Deutschen und Ausländern geschlossen, darunter 3500 zwischen türkischen Männern und deutschen Frauen und 880 zwischen deutschen Männern und türkischen Frauen. *The Week in Germany*, 29. Januar 1994.

9 *Der Spiegel*, 26. Oktober 1992.

10 Ausländerfeindlichkeit ist »gegen den olympischen Geist, da jeder im olympischen Dorf ›Ausländer‹ ist«, in Stephen Kinzer, »German Violence Worries Investors«, *The New York Times*, 1. Januar 1993, S. A 3.

12. China und die Pazifikstaaten

1 Milton Friedman, *Kapitalismus und Freiheit* (Berlin: Ullstein, 1984) und Jeffrey Sachs, *Poland's Jump to the Market Economy*, basierend auf den Lionel-Robbins-Memorial-Vorlesungen an der School of Economics, Januar 1991 (Cambridge: MIT Press, 1993).

2 Zitiert in Nicholas D. Kristof, »China Sees ›Market-Leninism‹ a Way to Future«, *The New York Times*, 6. September 1991, S. 1. Vgl. auch Kristof und Sheryl WuDunn, *China Wakes: The Struggle for the Soul of a Rising Power* (New York: Times Books, 1994).

3 Perry Link, »The Old Man's New China«, *The New York Review of Books*, 9. Juni 1994, S. 31–36.

4 Zitiert in Nicholas D. Kristof, »Chinese Communism's Secret Aim: Capitalism«, *The New York Times*, 19. Oktober 1992, S. A 6.

5 Nicholas D. Kristof, »China Sees ›Market-Leninism‹ a Way to Future«, a.a.O., S. 1.

6 Zitiert in Suzy Menkes, »Yuppie Shanghai Shows an Old Flair«, *International Herald Tribune*, 25. Mai 1993.

7 Zitiert in Jianying Zha, »China Goes Pop: Mao Meets Muzak«, *The Nation*, 21. März 1994, S. 373–376.

8 Nicholas D. Kristof, »Satellites Bring Information Revolution to China«, *The New York Times*, 11. April 1993, S. 1 und 12.

9 Dave Lindorff, »China's Economic Miracle Runs Out«, *The Nation*, 30. Mai 1994, S. 742–744.

10 Nicholas D. Kristof, »China Sees ›Market-Leninism‹ a Way to Future«, a.a.O., S. 1.

11 Sheryl WuDunn, »Clan Feuds«, *The New York Times*, 17. Januar 1993, S. A 10.

12 James Fallows, *Looking at the Sun: The Rise of the New East Asian Economic and Political System* (New York: Pantheon, 1994). Fallows meint, die Rezession von 1994 sei nichts weiter als eine Delle in der japanischen Konjunkturkurve, und kritisiert Autoren wie Bill Emmott, *Japanophobia: The Myth of the Invincible Japanese* (New York: Times Books, 1994), die Japan für ein Land wie jedes andere halten.

13 Karl Taro Greenfeld, *Speed Tribes: Days and Nights with Japan's Next Generation* (New York: Harper Collins, 1994).

14 Neil Strauss, »In Performance«, *The New York Times*, 23. Juli 1994, Section 1, S. 12.

15 Vgl. Neil Strauss, »Okinawa Gives Its Flavor to Rock«, *The New York Times*, 16. Juli 1994, S. 11.

13. Der Dschihad in den Übergangsdemokratien

1 Zitiert in John Kifner, »The World through the Serbian Mind's Eye«, in The Week in Review, *The New York Times*, 10. April 1994, Section 4, S. 1.

2 Vladimir Goati, zitiert a. a. O.

3 Domljan zitiert in Milton Viorst, »The Yugoslav Idea«, *The New Yorker*, 18. März 1991, S. 58–79. Vgl. auch »A Whirlwind of Hatreds: How the Balkans Broke Up«, *The New York Times*, 14. Februar 1993, S. E 5.

4 Alexander Paskhaver vom Zentrum für Wirtschaftsreform in Kiew, zitiert in Misha Glenny, »Ukraine's Great Divide«, *The New York Times*, 14. Juli 1994, S. A 23.

5 Nikolai Zlobin, »Mafiacracy Takes Over«, *The New York Times*, 26. Juli 1994, S. A 19.

6 Am 45. Jahrestag (1991) seiner Hinrichtung als Kriegsverbrecher wurde Marschall Ion Antonescu, der sich im Zweiten Weltkrieg an Hitlers Einfall in die Sowjetunion beteiligt hatte und an der Ermordung von 250 000 Juden schuldig war, vom neuen rumänischen Parlament einhellig geehrt.

7 Celestine Bohlen, »Zhirinovsky Cult Grows«, *The New York Times*, 5. April 1994, S. A 1 und 12. Gesammelt und kommentiert sind seine Reden in Graham Frazer und George Lancelle, *Ich werde sofort eine Diktatur ausrufen! Schirinowskijs totalitärer Machtanspruch* (München: Droemer Knaur, 1994).

8 Misha Glenny, »Ukraine's Great Divide«, *The New York Times*, 14. Juli 1994, S. A 23.

9 Zitiert in Misha Glenny, »Ukraine's Great Divide«, a. a. O.

10 Steve Erlanger, »Ukraine Questions Price Tag of Independence«, *The New York Times*, 8. September 1993, S. A 8.

11 Toby F. Sonneman, »Old Hatreds and the New Europe: Roma after the Revolutions«, *Tikkun*, Bd. 7, Nr. 1. Januar 1992, S. 49–52.

12 Vgl. Robert D. Kaplan, »Bloody Romani«, *The New Republic*, 30. Juli und 6. August 1990, und Toby F. Sonneman, »Old Hatreds and the New Europe: Roma after the Revolutions«, a. a. O.

13 Eric Hobsbawm, »A New Threat to History«, *The New York Review of Books*, 16. Dezember 1993, S. 62–64.

14 Ebd.

15 Ebd., S. 62. Hobsbawm verweist auf eine Untersuchung des Industals mit dem Titel »5000 Years of Pakistan«, obwohl »vor 1932–33, als der Name vom radikalen Studenten erfunden wurde, niemand überhaupt an Pakistan dachte. Zum ernsthaften politischen Ziel wurde es erst 1940. Als Staat besteht es erst seit 1947.«

16 Zitiert in Celestine Bohlen, »Ethnic Rivalries Revive, in E. Europe«, *The New York Times*, 12. November 1990, S. A 1 und 12.

14. Der eigentliche Dschihad: Islam und Fundamentalismus

1 Martin E. Marty und R. Scott Appleby, *Fundamentalisms Observed*, Bd. 1 (Chicago: University of Chicago Press, 1991), S. VIII–X.

2 Anzeige in *The New York Times*, 20. Juli 1994.

3 Chris Hedges, »Teheran Journal«, *The New York Times*, 16. August 1994, S. A 2.

4 Leslie Planner und Cherry Mosteshar, »Bringing a Beam of Delight to the Closed World of Iran«, *The Guardian*, 5. August 1994, S. 14.

5 Hilal Khashan, »The Limits of Arab Democracy«, *World Affairs*, Bd. 153, Nr. 4, Frühjahr 1991, S. 127–135.

6 Fatema Mernissi, *Die Angst vor der Moderne. Frauen und Männer zwischen Islam und Demokratie* (Hamburg: Luchterhand, 1992).

7 Timothy D. Sisk (Hg.), *Islam and Democracy* (Washington, D. C.: United States Institute of Peace, 1992), S. X.

8 Vgl. etwa Edward W. Said, *Kultur und Imperialismus. Einbildungskraft und Politik im Zeitalter der Macht* (Frankfurt: S. Fischer, 1994).

9 Sisk, *Islam and Democracy*, a. a. O., S. 23.

10 John O. Voll, »Fundamentalism in the Sunni Arab World«, in M. E. Marty und R. S. Appleby, *Fundamentalisms Observed*, a. a. O., S. 348.

11 Ebd., S. 360.

12 Prynne zitiert in Jonas Barish, *The Antitheatrical Prelude* (Berkeley, California: The University of California Press, 1981), S. 84–85.

13 Jean-Jacques Rousseau, *Politics and the Letter to M. D'Alembert on the Theater*, herausgegeben von Allan Bloom (Ithaca, N. Y.: Cornell University Press, 1960), S. 58.

14 Vgl. Stephen Barboza, *American Jihad: Islam after Malcolm X* (New York: Doubleday, 1994).

15 Jerry Falwell, Gründer und Vorsitzender der Moralischen Mehrheit in einer Predigt vom März 1994, zitiert in The Anti-Defamation League, *The Religious Right: The Assault on Tolerance and Pluralism in America* (New York: The Anti-Defamation League, 1994), S. 4.

16 Ebd. Terry ist der Gründer der »Operation Rescue«, der Abtreibungsgegner.

17 Aus »Drive by Witness« von A-1 S.W.I.F.T, zitiert in Michael Marriot, »Rhymes of Redemption«, *Newsweek*, 28. November 1994, S. 64. Vgl. auch Nicholas Dawidoff, »No Sex, No Drugs, But Rock 'n' Roll«, *The New York Times Magazine*, 5. Februar 1995, S. 40–44.

18 Philip Weiss liefert einen beklemmenden Bericht über neue reaktionäre Außenseiter in »Off the Grid«, *The New York Times Magazine*, 6. Januar 1995, S. 24–52.

15. Dschihad und McWorld in der neuen Weltunordnung

1 Alexis de Tocqueville, *Werke und Briefe. Über die Demokratie in Amerika*, Band 1 (Stuttgart: Deutsche Verlagsanstalt, 1959).

2 Jack Sheinkman, »When Children Do the Work«, *The New York Times*, 9. August 1994, S. A 23.

3 Vgl. hierzu Laurie Udesky, »Sweatshops Behind the Labels«, *The Nation*, 16. Mai 1994, S. 665–668, und die Reaktion von Levi Strauss & Company in *The Nation*, August 1994, S. 146 und 176.

4 Thomas L. Friedman, »A Peace Deal Today Really Is a Bargain«, *The New York Times*, 11. September 1994, Section 4, S. 1.

5 Zitiert in Vance Packard, *Die große Verschwendung* (Düsseldorf: Econ, 1966) und erneut in Alan B. Durnings Studie für das Worldwatch Institute *How Much Is Enough: The Consumer Society and the Future of Earth* (New York: W. W. Norton & Company, 1992), S. 21–22.

6 Alan Durning, *How Much Is Enough: The Consumer Society and the Future of Earth*, a. a. O., S. 22 und 116.

7 Maurice F. Strong, »ECO '92: Critical Challenges and Global Solutions«, *Journal of International Affairs*, Nr. 44, 1991, S. 287–298. Eine Konferenz untersuchte 1994 die Umgestaltung internationaler Körperschaften wie der Weltbank und des Weltwährungsfonds, vgl. *Rethinking Bretton Woods* (Washington, D. C.: Center for Concern, 1995).

8 Oscar Schachter, »The Emergence of International Environmental Law«, *Journal of International Affairs*, Nr. 44, 1991, S. 457.

9 Geoffrey Palmer, »New Ways to Make International Environmental Laws«, *American Journal of International Law*, Nr. 86, 1992, S. 259. Vgl. auch Benjamin B. Ferencz, *New Legal Foundations for Global Survival* (New York: Oceana Publications, 1994).

10 Robert Kuttner, *The End of Laissez-Faire: National Purpose and the Global Economy after the Cold War* (New York: Alfred A. Knopf, 1991), S. 260. Kuttner zeigt eindrucksvoll, wie katastrophal sich die Illusionen des Laissez-faire auf die amerikanische Volkswirtschaft auswirken.

11 Vgl. Martha Nussbaum, »Patriotism or Cosmopolitanism? Martha Nussbaum in Debate«, *Boston Review*, Sonderausgabe, Bd. XIX, Nr. 5, Okt./Nov. 1994.

12 Robert Reich, *Die neue Weltwirtschaft. Das Ende der nationalen Ökonomie* (Berlin: Ullstein, 1993).

13 Artikel 24/1 des Grundgesetzes besagt: »Der Bund kann durch Gesetze Hoheitsrechte auf zwischenstaatliche Einrichtungen übertragen.« Er wurde 1992 durch einen Europaartikel ersetzt. Vgl. Charlie Jeffrey, »The Laender Strike Back: Structures and Procedures of European Integration: Policy-Making in the German Federal System«, Forschungsbeitrag zum 26th World Congress of the International Political Science Association, Berlin, 21.–25. August 1994.

14 Zitiert in Stuart Elliot, »In Search of Fun for Creativity's Sake«, *The New York Times*, 3. Januar 1994, S. C 19.

15 Joan Lewis, »UN Blues: Responding to the Crisis in Somalia«, *LSE Magazine*, Frühjahr 1994.
16 Robert Reich, *Die neue Weltwirtschaft. Das Ende der nationalen Ökonomie.* a. a. O., Kap. 12.
17 Hannah Arendt bringt alle drei unter einen Hut in ihrer Erörterung der Ur-demokratie in *Über die Revolution* (München: Piper, 1994).
18 In *Making Democracy Work: Civic Traditions in Modern Italy* (Princeton: Princeton University Press, 1993) zeigt Robert Putnam die prägende Wirkung traditioneller Gesangvereine auf italienische Städte.
19 Stephen Holmes, »Back to the Drawing Board«, *East European Constitutional Review*, Bd. 2, Nr. 1, Winter 1993, S. 21–25.
20 Eine Liste solcher Vereinigungen mit Mitteilungen über ihre laufende Arbeit erscheint in dem monatlichen Rundbrief *Third Sector* der Redaktionsgruppe der Interlegal International Foundation in Moskau. (Moskau: Belka Technology Publishers, 1994).

16. Der wilde Kapitalismus als Gegner der Demokratie

1 J. G. A. Pocock, »The Ideal of Citizenship Since Classical Times«, *Queen's Quarterly*, Frühjahr 1992, S. 55.
2 Milton Friedman in seinem Vorwort zur Neuauflage des Klassikers von Friedrich von Hayek, *The Road to Serfdom* (Chicago: University of Chicago Press, 1994).
3 Norman Birnbaum, »How New Is the New Germany?« Teil I, *Salmagundi*, Nr. 88–89, Herbst / Winter 1991, S. 234–263; Teil II, *Salmagundi*, Nr. 90–91, Frühjahr / Sommer 1991, S. 131–178 und 292–296.
4 Alexander Solschenizyn, »To Tame Savage Capitalism«, *The New York Times*, 28. November 1993, S. E 11.
5 Milton und Rose Friedman, *Chancen, die ich meine. Plädoyer für eine freie Marktwirtschaft* (Berlin: Ullstein, 1983).
6 Jeffrey Sachs, *Poland's Jump to the Market Economy* (Cambridge, Mass.: The M.I.T. Press, 1993), S. 4–5 und 57. Zur Kritik von links vgl. Jon Wiener, »The Sachs Plan in Poland«, *The Nation*, 25. Juni 1990, S. 877.
7 Robert Kuttner, *The End of Laissez-Faire: National Purpose and the Global Economy after the Cold War* (New York: Alfred A. Knopf, 1991), S. 18.
8 *The Economist*, 13. März 1993, S. 21.
9 Vgl. Bruce Rich, *Mortgaging the Earth: The World Bank Environmental Impoverishment and the Crisis of Development* (Boston: Beacon Press, 1994); ebenso Andrew Cohens Rezension »Potemkin Environmentalism«, *The Nation*, 18. Juli 1994, S. 101–103. Vgl. auch Thomas L. Friedman, »World Bank at 50, Vows to Do Better«, *The New York Times*, 24. Juli 1994, S. A 4.
10 Robert Kuttner, *The End of Laissez-Faire: National Purpose and the Global Economy after the Cold War*, a. a. O., S. 24.
11 Thomas L. Friedman, »When Money Talks, Governments Listen«, *The New York Times*, 24. Juli 1994, S. E 3.

12 Anzeige für »The Czech Republic«, *The New York Times*, 7. Januar 1994, S. 6.

13 Stephen Holmes, »Back to the Drawing Board«, *East European Constitutional Review*, Bd. 2, Nr. 1, Winter 1993, S. 21–25.

14 Walter B. Wriston, *Twilight of Sovereignty* (New York: Scribner's, 1992), S. 12.

15 Thomas L. Friedman, »When Money Talks, Governments Listen«, a. a.O.

16 Ludwig von Mises, *Human Action: A Treatise on Economics* (New York: Van Nostrand, 1949), S. 2. Vgl. auch Andrew Bard Schmookler in *The Illusion of Choice. Market Economy Shapes Our Destiny* (London: Whitaker, 1992).

17 Rohatyn zitiert in Thomas L. Friedman, »When Money Talks, Governments Listen«, *The New York Times*, 24. Juli 1994, S. E 3.

18 Robert McIntyre, »Why Communism is Rising from the Ash Heap«, *The Washington Post*, National Weekly Edition, 20. – 26. Juni 1994, S. 24.

19 Zitiert in Guillermo O'Donnell, »The Browning of Latin America«, *New Perspectives Quarterly*, Bd. 10, Herbst 1993, S. 50.

17. Kapitalismus gegen Demokratie in Rußland

1 Peter Reddaway, »Instability and Fragmentation«, in »Is Russian Democracy Doomed?«, *Journal of Democracy*, Bd. 5, Nr. 2, April 1994, S. 16.

2 Michael McFaul, »Explaining the Vote«, a.a.O., S. 4.

3 John H. Fairbanks, »The Politics of Resentment«, a.a.O., S. 41.

4 Padma Desai, »Ease Up on Russia«, *The New York Times*, 10. Dezember 1993, S. A 35. Vgl. auch Saul Estrin, *Privatization in Central and Eastern Europe* (New York: Lengman, 1994), S. 4.

5 Margaret Shapiro und Fred Hiatt, »The Agony of Reform«, *The Washington Post*, National Weekly Edition, 14.–20. März 1994, S. 6.

6 Michael Specter, »The Great Russia Will Live Again«, *The New York Times Magazine*, 19. Juni 1994, S. 31.

7 Celestine Bohlen, »Russia's New Rich on a Giant Buying Spree«, *The New York Times*, 31. August 1993, S. A 1.

8 AP report, »Russia's Reckless Capitalism«, *The Berkshire Eagle*, 4. August 1994.

9 Michael Specter, »The Great Russia Will Live Again«, a.a.O., S. 32.

10 David M. Kotz, »The End of the Market Romance«, *The Nation*, 28. Februar 1994, S. 263–265.

11 Melvin Fagen, »Russia: Shock Therapy Isn't the Way to Promote Democracy«, *The International Herald Tribune*, 12. Mai 1992.

12 James Sterngold, »Summit in Tokyo: Yeltsin Arrives in Tokyo as Aid Plan Is Prepared«, *The New York Times*, 9. Juli 1993, S. A 7.

13 Joseph Blasi, »Privatizing Russia – A Success Story«, *The New York Times*, 30. Juni 1994, S. A 23.

14 Vgl. Louis Uchitelle, »In the New Russia, an Era of Takeovers«, *The New York Times*, 17. April 1994, S. C 1. Immer noch »eine Welt von Investoren, die lieber weiterhin russische Firmen zu einem Bruchteil ihres Werts aufkaufen, als zu verbessern, was sie bereits besitzen«.

15 Liesl Schillinger, »Uneasy Rider«, *The New Republic*, 19. April 1993, S. 9–11.

16 Michael Dobbs und Steve Coll, »The Free Market's Ugly Face«, *The Washington Post*, National Weekly Edition, 1.–7. März 1993. Vgl. auch »From Russia with Cash«, *The Washington Post*, National Weekly Edition, 15. – 21. Februar 1993.

17 Bill Gifford, »Art of the Zdyelka«, *The New Republic*, 28. Februar 1994, S. 12.

18 Nur Albanien, Armenien, Tschechien, Estland und Lettland halten die Kommunisten von der Regierung fern.

19 »Every Man a Tsar«, *The New Yorker*, Bd. 69, 27. Dezember 1993, S. 8.

20 Bei den Präsidentschaftswahlen 1996 erreichte Schirinowskij nur noch 5,7 % (Anm. d. Red.).

21 Zu den Umweltschäden durch den Übergang vgl. Murral Feshbach und Alfred Friendly, Jr., *Ecocide in the USSR: Health and Nature Under Siege* (New York: Basic Books, 1992), S. 565–566.

22 Michael Specter, »Climb in Russia's Death Rate«, *The New York Times*, 6. März 1994, S. A 1.

23 Nachzulesen in UNICEF, *Crisis in Mortality, Health and Nutrition,* einer Untersuchung zum Gesundheitsstand 1989–1994 in Rußland, Albanien, Bulgarien, Tschechien, der Slowakei, Ungarn, Polen, Rumänien und der Ukraine. UNICEF-Director James P. Grant erklärt: »Diese Gesundheitskrise ist in Friedenszeiten im Europa dieses Jahrhunderts beispiellos und untergräbt offensichtlich die politische Unterstützung für die derzeitigen Reformen«. Barbara Crossette, »U.N. Study Finds a Free Eastern Europe Less Healthy«, *The New York Times*, 7. Oktober 1994, S. A 13.

24 Claire Sterling, »Redfellas«, *The New Republic*, 11. April 1994, S. 19–20. Vgl. auch ihr Buch *Verbrecher kennen keine Grenzen. Die internationale Mafia übernimmt die Macht* (München: Droemer Knaur, 1994).

25 Celestine Bohlen, »Russian Mobsters Grow More Violent and Pervasive«, *The New York Times*, 16. August 1993, S. A 1.

26 Serge Schmemann, »Russia Lurches into Reform«, *The New York Times*, 20. Februar 1994, S.A 1.

27 Andrew Solomon, »Young Russia's Defiant Decadence«, *The New York Times Magazine*, 18. Juli 1993, S. 16–23; vgl. auch sein Buch *The Irony Tower: Soviet Artists in a Time of Glasnost* (New York: Alfred A. Knopf, 1991).

28 Janusz Glowacki, »Given the Realities It's Impossible to Be Absurd«, *The New York Times*, 19. September 1993, Section 2, S. 7.

29 Liesl Schillinger, »Barbski«, *The New Republic*, 20. September 1993, S. 10–11.

30 Vgl. William Schmidt, »Moscow Journal: West Sets Up Store and the Russians Are Seduced«, *The New York Times*, 27. September 1991, S. A 4.

31 David Lempert, »Changing Russian Political Culture in the 1990's – Parasites, Paradigms, and Perestroika«, *Journal for the Comparative Study of Society and History*, Bd. 35, Nr. 3, Juli 1993, S. 628–646.

32 Zitiert in Andrew Solomon, »Young Russia's Defiant Decadence«, a.a.O.

33 »Russian Gadfly From TV to Politics«, *The New York Times*, 26. Dezember 1993, S. A 18.

34 Zitiert in Margaret Shapiro und Fred Hiatt, »The Agony of Reform«, a.a.O., S. 6.
35 Interview, »L'ecrivain international choisit la Grande Russie«, *Liberation*, 6. April 1992.
36 Zitiert in David M. Kotz, »The End of the Market Romance«, a.a.O., S. 263.
37 Zitiert in *The Washington Post*, Weekly National Edition, 5.–11. April 1993.
38 Michael Scammell, »What's Good for the Mafia Is Good for Russia«, *The New York Times*, 26. Dezember 1993, Section 1, S. 11.
39 Nikolai Zlobin, »The Mafiacracy Takes Over«, *The New York Times*, 26. Juli 1994, S. A 19.
40 Boris Jelzin in einer Rede vor der Duma am 24. Februar 1994. Ins Englische übersetzt von Nina Belyaeva in »Rule of Law for Civil Society« für den 26th World Congress of the International Political Science Association in Berlin im August 1994, S. 10.
41 Interview mit Stephen Cohen, »What's Really Happening in Russia«, *The Nation*, 2. März 1992, S. 259–264.

18. Die Demokratie in der Welt von McWorld sichern

1 Walter B. Wriston, *Twilight of Sovereignty* (New York: Scribner's, 1992), S. 170 und 176. Wriston glaubt: »Die moderne Informationstechnologie zwingt Staaten zur Kooperation, so daß die Tagesaufgaben der Welt auch erledigt werden«, S. 174.
2 Robert Reich, *Work of Nations* (New York: Alfred A. Knopf), Kap. 23, »The New Community«.
3 Vgl. Brock, *Telecommunications Policy* (Cambridge, Mass.: Harvard University Press, 1994).
4 J. G. A. Pocock, »The Ideal of Citizenship Since Classical Times«, *Queen's Quarterly*, Frühjahr 1992, S. 55.
5 Neil Postman, *Das Technopol. Die Macht der Technologie und ihre Entmündigung der Gesellschaft* (Frankfurt/M.: S. Fischer, 1992).
6 J. G. A. Pocock, »The Ideal of Citizenship Since Classical Times«, a.a.O.
7 Zbigniew Brzezinski, *Macht und Moral. Neue Werte für die Weltpolitik* (Hamburg: Hoffmann u. Campe, 1994).
8 Zitiert in Dirk Johnson, »It's Not Hip to Stay, Say Small-Town Youth«, *The New York Times*, 5. September 1994, S. A 1.
9 Václav Havel, *Sommermeditationen* (Reinbek: Rowohlt, 1994).
10 Robert Putnam, »Bowling Alone: America's Declining Social Capital«, *Journal of Democray*, Bd. 6, Nr. 1, Januar 1995, S. 65.
11 Harry Boyte und Sara Evans, *Free Spaces: The Sources of Democratic Changes in America* (Chicago: University of Chicago Press, 1992).
12 John Dewey, *The Public and Its Problems* (New York: Henry Holt and Company, 1927), S. 137.

13 Joshua Murawschik, *Exporting Democracy: Fulfilling America's Destiny* (Washington, D. C.: American Enterprise Institute Press, 1994).

14 David B. Truman, *The Governmental Process*, 2. Aufl. (Berkeley: Institute of Governmental Studies, 1971).

15 Die neue internationale Organisation CIVICUS soll einen Rahmen für länderübergreifende Zusammenarbeit von Vorständen schaffen. Vgl. auch Peter J. Spiro, »New Global Communities: Nongovernmental Organizations in International Decision-Making Institutions«, *The Washington Quarterly*, 18:1, Winter 1995, S. 45–56.

16 Thomas Jefferson in einem Brief an Joseph C. Cabell, 2. Februar 1816.

17 Regis Debray schreibt: »Eine amerikanische Monokultur würde die Welt einer Zukunft ausliefern, in der der Planet zu einem globalen Supermarkt wird, wo die Leute nur noch zwischen dem lokalen Ayatollah und Coca Cola wählen können.« Zitiert in Roger Cohen, »Aux Armes! France Rallies«, *The New York Times*, 2. Januar 1994, S. H 1.

Harald Müller

Das Zusammenleben der Kulturen

Ein Gegenentwurf zu Huntington

Band 13915

Die Thesen des US-amerikanischen Politologen Huntington mit dem Schlüsselbegriff des »Kampfes der Kulturen« haben in den letzten Jahren großes Aufsehen erregt. Einer seiner qualifiziertesten Kritiker meldet sich nun zu Wort: Dr. Harald Müller von der Hessischen Stiftung für Friedens- und Konfliktforschung in Frankfurt legt seinen *Gegenentwurf* vor. Kritisch betrachtet er Huntingtons Weltsicht, die geprägt ist von den angeblich feindseligen Zivilisationen, die den Westen bedrohen. Müller zeigt, wie gefährlich und verführerisch es ist, vereinfachte Welt- und Feindbilder zu zeichnen oder sie zu übernehmen. Die Weltgesellschaft muß auf Kooperation setzen und nicht auf Konfrontation. Die Komplexität der internationalen Beziehungen gilt es nicht nur auszuhalten, sondern zu nutzen. Globaler Friede ist nur möglich, wenn die wichtigen Akteure der Weltpolitik Offenheit und Interesse an anderen Kulturen zeigen. In eindringlicher Weise macht der Autor deutlich, daß nicht der Kampf, sondern der Dialog der Kulturen eine friedliche Zukunft der Weltgemeinschaft garantieren kann – und daß dies ein durchaus realistischer Weg ist.

Fischer Taschenbuch Verlag

Claus Leggewie

America first?

Der Fall einer konservativen Revolution
Band 13496

Auf dem Höhepunkt einer »konservativen Revolution«, die bereits in den 70er Jahren begonnen hatte, mit Ronald Reagan 1980 das Weiße Haus erreichte und mit dem Erdrutschsieg der »Neuen Republikaner« 1994 auch den Kongreß unter ihre Kontrolle brachte, konnte der Demokrat Clinton nur deshalb siegen, weil er sich die Hauptforderungen der konservativen Umstürzler zu eigen gemacht hatte. Wenige Monate vor der Wahl unterzeichnete Clinton ein Gesetz, mit dem die soziale Sicherung der ärmsten US-Bürger praktisch abgeschafft wurde.
Gleichzeitig jedoch siegte er, weil die Wähler genug hatten vom revolutionären Gehabe der Gingrich-Republikaner. Sie wünschten kein Parlament, das es als seine dringlichste Aufgabe betrachtet, den Washingtoner Bundesstaat und damit sich selbst überflüssig zu machen.
Der Höhepunkt der konservativen Welle, markiert auch den Zeitpunkt ihres Umkippens. Der Autor zeigt in diesem Buch, worin die konservative Revolution bestand, was ihren Niedergang einleitete – und was von ihr bleibt.

Fischer Taschenbuch Verlag

fi 1939 / 4

M. Selim Çürükkaya

PKK

Die Diktatur des Abdullah Öcalan

Band 13587

Der Kampf, den die Kurden in der Türkei um Selbstbestimmung und Unabhängigkeit und gegen die massive und blutige
Unterdrückung durch den türkischen Staat führen, ist durch
die Aktionen militanter PKK-Anhänger in Europa vielfach dis-
kreditiert worden. Die »kurdische Arbeiterpartei« PKK und ihr
in einem Führerkult vergötterter »großer Führer« Öcalan versuchen, sich selbst als einzige legitime Vertreter des kurdischen
Volkes darzustellen.

Aber die PKK ist nur ein Teil des politischen Spektrums der
Kurden. Als Çürükkaya, eines der Gründungsmitglieder der
PKK, 1992 nach elfjähriger Haft in der Türkei im Exil-Haupt-
quartier der Partei bei Damaskus ankam, fand er eine verän-
derte Organisation vor: Ihr »großer Führer« Öcalan hatte die
Bewegung, die sich ursprünglich für ein freies Kurdistan eingesetzt hatte, in eine stalinistische Kaderpartei verwandelt. Zunächst begehrte Çürükkaya auf; als er erkannte, daß auch für
die kleinste Abweichung von der Linie des »Führers« der Tod
droht, entschloß er sich zur Flucht.

Seine Abrechnung mit Öcalan ist ein mutiger Bericht und lie-
fert ein differenziertes Bild der Geschichte und beklemmenden
Gegenwart der PKK sowie der türkischen Unterdrückung der
Kurden.

Fischer Taschenbuch Verlag

fi 1326 / 4

Kai Hafez (Hg.)

Der Islam und der Westen

Anstiftung zum Dialog

Mit einer Rede von Roman Herzog und einem Nachwort
von Udo Steinbach

Band 13379

Die Symptome einer tiefgreifenden Beziehungskrise zwischen
der westlichen und der islamischen Welt sind spätestens seit der
islamischen Revolution im Iran 1979 offensichtlich: Rushdie-
Affäre, Golfkrieg, Algerienkrise, Bosnienkonflikt. Der islamische Fundamentalismus rührt mit seinem Rückgriff auf den
Koran und das islamische Recht buchstäblich an die Funda-
mente des westlichen Selbstverständnisses.
Der islamische Orient pendelt in seiner Geschichte stets zwischen Phasen relativer Abgeschlossenheit oder Traditionsver-
liebtheit und stärkerer Weltoffenheit und Westorientierung. Wer
das zweite will, muß etwas dafür tun. Die »Ostpolitik« der Ära
Willy Brandt im Übergang zu den siebzigern Jahren hat gezeigt,
daß eine Kombination aus Prinzipienfestigkeit und Gesprächs-
bereitschaft, aus Protest gegen staatliche Menschenrechtsverlet-
zungen und Förderung der Beziehungen zwischen den Völkern
autoritäre und abgeschottete Systeme unter Druck geraten läßt,
während Spannungen und Gewalt auf ein Minimum reduziert
werden. Dieses Buch plädiert also für ein Gegenmodell zum
»kalten Krieg« zwischen dem Islam und dem Westen: für eine
Entspannungs- und Dialogpolitik.

Fischer Taschenbuch Verlag

Maurice Bertrand

UNO

Geschichte und Bilanz

Aus dem Französischen von Thorsten Schmidt

Band 12812

1995 beging die UNO ihren fünfzigsten Geburtstag. Keine andere internationale Organisation provoziert so viele Hoffnungen, Erwartungen – und Enttäuschungen.

Bertrand zeigt in seiner kritischen Bilanz des bisherigen Wirkens der Vereinten Nationen, daß man der Organisation selbst nur wenig Vorwürfe machen kann. Die Hauptverantwortung für die Zahnlosigkeit der UNO liegt bei den Mitgliedsstaaten und hier insbesondere bei den fünf ständigen Mitgliedern des Sicherheitsrates, die die UNO stets nur als Bühne zum Ausfechten des Kalten Krieges und als Propagandaforum zum Niederhalten der berechtigten Forderungen der Entwicklungsländer mißbraucht haben. Dagegen bekam die Weltorganisation nie die erforderlichen Machtmittel in die Hand, um als eigenständiger, friedensstiftender Akteur auf der Weltbühne aufzutreten.

Das Fazit Bertrands lautet, daß die Gründerväter der UNO aus den Fehlern und dem Scheitern des Völkerbunds nichts gelernt hätten; seine Forderung zielt auf eine grundlegende Reform der UNO, ja eigentlich auf ihre Neugründung.

Fischer Taschenbuch Verlag

Amos Elon

Nachrichten aus Jerusalem

Reportagen aus vier Jahrzehnten

Aus dem Englischen von
Matthias Fienbork und Reinhard Kaiser

Band 13868

Amos Elon ist einer der ganz großen israelischen Journalisten –
und seine Reportagen sind faszinierende Dokumente des Wandels in Nahost: Vom atemberaubenden Bericht über seine ris-
kante erste Reise ins feindliche Ägypten 1968 bis zu seinen Besuchen bei fanatischen Siedlern, von der Intifada der 80er Jahre
bis zum Golfkrieg 1990. Für die Taschenbuch-Ausgabe hat er
zwei neue Beiträge geliefert sowie ein aktuelles Vorwort verfaßt.
Amos Elon, geboren 1926 in Wien, blickt von innen und außen
auf sein Land und die unruhige Region, in der es liegt.

Fischer Taschenbuch Verlag

Sigrid Hunke

Allahs Sonne über dem Abendland

Unser arabisches Erbe

Band 3543

»›Allahs Sonne über dem Abendland‹ von Sigrid Hunke ist zu
einem Standardwerk geworden, in dem mit wissenschaftlicher
Akribie, feinsinnigem Verständnis und überlegener Vernunft alles dargestellt wird, was der Mitteleuropäer über Zivilisation
und Kultur des Morgenlandes und seine weitgehenden Einflüsse
auf das Abendland wissen sollte – von der Entwicklung des arabischen Zahlensystems, ohne das es keine europäische Wissenschaft geben könnte, bis zu dem Staufer Friedrich II., der im
politischen und geistigen Bereich zwischen Abendland und Mor-
genland Brücken schlug...« (Generalanzeiger, Bonn).
Die Autorin räumt zwei Vorurteile unserer Geschichtsschrei-
bung aus: Wir sind nicht nur die Erben der Kultur Griechen-
lands und Roms, sondern ebenso der arabischen Geisteswelt,
der das Abendland seine entscheidenden Anregungen verdankt.
Auch waren die Araber keineswegs nur »Mittler« – sie wirkten
durch eigene epochemachende Leistungen bis heute in die westliche Kulturwelt hinein.

Fischer Taschenbuch Verlag

Paul Kennedy

In Vorbereitung auf das 21. Jahrhundert

Aus dem Amerikanischen von Gerd Hörmann

Band 13285

In Vorbereitung auf das 21. Jahrhundert ist ein in seinen Prognosen und Einschätzungen kühnes und für einen Historiker ungewöhnliches und nicht risikoloses Werk, das die jetzt in ihren Ansätzen sichtbaren Trends von Ökologie, Wirtschaft und Politik in das nächste Jahrtausend fortschreibt.

Kennedy hat einen enormen Reichtum von Quellenmaterial verarbeitet, um seine Schlüsse auf eine solide wissenschaftliche Basis zu stellen. Mit dem kühlen Blick und der Konzentration auf die wesentlichen Strömungen, die für Kennedy charakteristisch sind, schätzt er die Chancen einzelner Länder und Regionen ein, mit dem bevorstehenden globalen Wandel fertigzuwerden. Ganz am Anfang von Paul Kennedys Ausblick steht das große Problem der Menschheitsentwicklung: die Bevölkerungsexplosion, die allein bereits die Zukunft der Weltgesellschaft bedroht.

Teil II des Buches wendet sich einzelnen Staaten oder Regionen zu und versucht, ihre Chancen im nächsten Jahrhundert einzuschätzen. Der japanische »Plan« für die Welt nach 2000 macht den Anfang, dann folgen Indien und China, die Staaten der früheren UdSSR, Europa und die Vereinigten Staaten.

Fischer Taschenbuch Verlag

fi 1821 / 8